JN493175

핵심 API로 배우는 윈도우 프로그래밍

강경우 지음

한빛아카데미
Hanbit Academy, Inc.

지은이 **강경우** kwkang@bu.ac.kr

KAIST 전산학과에서 프로그래밍 언어 설계 및 컴파일러 개발 분야를 전공하고 KISTI 슈퍼컴퓨팅센터에서 분산 컴퓨팅 관련 주요 프로젝트를 수행했다. 2000년 3월부터 백석대학교 정보통신학부에서 C 언어, 컴파일러 개발, 프로그래밍 언어론, 비주얼 C++, 윈도우 API 프로그래밍, 웹 서비스 컴퓨팅 등을 강의하고 있다. 프로그래밍 언어 분야와 분산 컴퓨팅 분야에서 논문을 저술해 '마르퀴즈 후즈후 인더월드 2010'에 등재되기도 했다. 저서로 『IT CookBook, 윈도우 API 프로그래밍』(한빛아카데미), 공저로 『컴퓨터 입문과 응용』(정익사), 『C 언어 길잡이』(생능출판사), 『Yes C』(생능출판사), 『IT 기술의 이해』(OK프레스), 『컴퓨터 교양 필수』(정익사) 등이 있다.

핵심 API로 배우는 윈도우 프로그래밍

초판발행 2015년 6월 22일
5쇄발행 2023년 1월 3일

지은이 강경우 / **펴낸이** 전태호
펴낸곳 한빛아카데미(주) / **주소** 서울시 서대문구 연희로2길 62 한빛아카데미(주) 2층
전화 02-336-7195 / **팩스** 02-336-7199
등록 2013년 1월 14일 제2013-000063호 / **ISBN** 979-11-5664-187-2 93000

책임편집 김성무 / **기획** 김지선 / **편집** 김지선, 박민정 / **진행** 박하나
디자인 표지 더그라프, 내지 여동일
영업 김태진, 김성삼, 이정훈, 임현기, 이성훈, 김주성 / **마케팅** 길진철, 김호철, 주희

이 책에 대한 의견이나 오탈자 및 잘못된 내용에 대한 수정 정보는 아래의 홈페이지나 이메일로 알려주십시오.
잘못된 책은 구입하신 서점에서 교환해 드립니다. 책값은 뒤표지에 표시되어 있습니다.
홈페이지 www.hanbit.co.kr / 이메일 question@hanbit.co.kr

원리를 알면 IT가 맛있다

IT COOKBOOK

1시간 강의를 위해 3시간을 준비하는 마음!

군더더기 없는 핵심 원리 + 말랑말랑 쉬운 콘텐츠

핵심 원리 하나만 제대로 알면 열 가지 상황도 해결할 수 있습니다.
친절한 설명과 명확한 기승전결식 내용 전개로 학습 의욕을 배가해줍니다.

핵심 원리 → 풍부한 예제와 연습문제 → 프로젝트로 이어지는 계단 학습법

기본 원리를 다져주는 예제, 본문에서 배운 내용을 촘촘하게 점검해볼 수 있는 연습문제,
현장에서 바로 응용할 수 있는 프로젝트를 단계별로 구성해 학습의 완성도를 높였습니다.

학습욕구를 높여주는 현장 이야기가 담긴 IT 교과서

필드 어드바이저의 인터뷰와 주옥 같은 현업 이야기를 담았습니다.
강의실 밖 현장의 요구를 접하는 기회를 제공하고,
학생들 스스로 필요한 공부를 할 수 있도록 방향을 제시합니다.

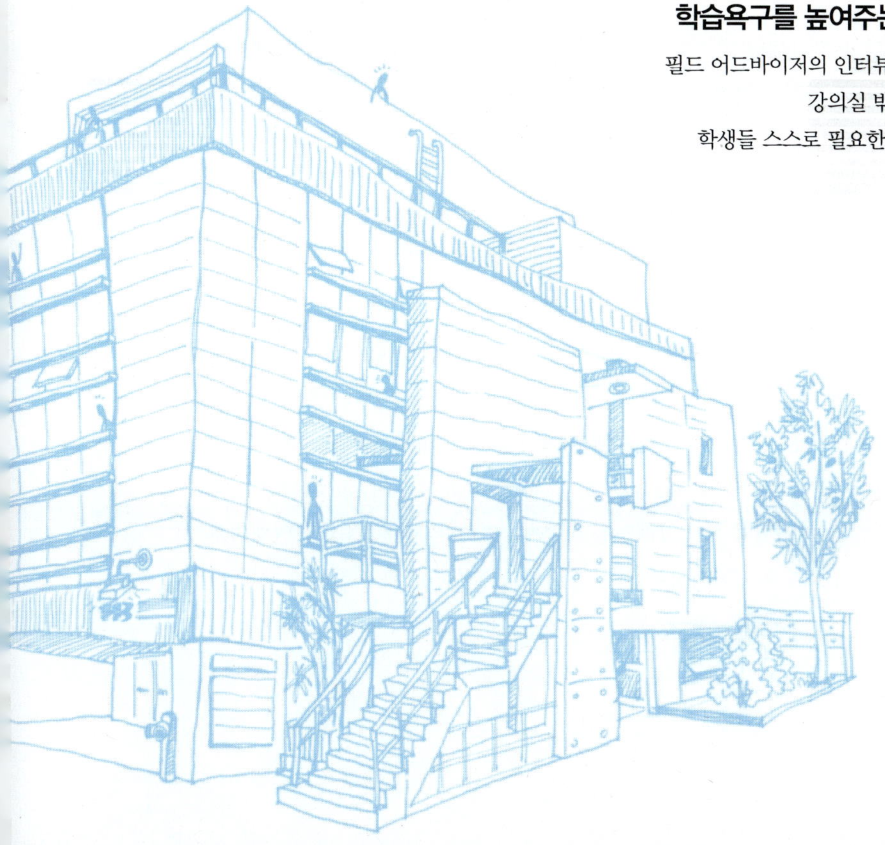

프로그래밍의 기쁨을 찾아서

프로그램을 작성한다는 것은 약속된 일의 단위를 가지고 전체 일을 구성하는 것이다. 사회에서 요구하는 일의 단위가 커짐에 따라 모든 프로그램이 복잡해지고 있지만, 그중에서도 컴퓨터에서 행해지는 프로그래밍은 컴퓨터의 기능이 고도화되고 응용 분야의 요구가 복잡해지면서 점차 방대해지고 있다. 원하는 응용 프로그램을 작성하기 위해 프로그래머는 혼신의 힘을 기울여야 한다. 프로그래밍은 다른 어떤 일보다도 고도의 집중력과 지구력을 필요로 하기 때문이다. 사실 프로그래밍 자체에 재미를 느끼지 못하는 사람이라면 아무리 고수익이 보장되더라도 프로그래머라는 직업이 맞지 않을 것이다.

프로그램은 컴퓨터와 사람 사이에 약속된 언어를 가지고 작성한다는 점에서 저술이나 작곡과 유사하다. 저술가는 독자와 약속된 문자를 가지고 작가의 생각이나 이론을 표현하고, 작곡가는 연주자와 약속된 음악 기호를 가지고 곡을 표현한다. 마찬가지로 프로그래머도 프로그래밍 언어를 가지고 컴퓨터 프로그램을 작성한다. 저술이나 작곡이 새로운 것을 만들어내는 기쁨을 주는 것처럼 프로그래밍도 프로그래머에게 새로운 것을 만들어내는 기쁨을 안겨준다. 하지만 프로그래밍 언어라는 도구에 익숙해지기까지 지난한 과정을 거쳐야 한다. 저술을 위해 문법을 배우거나 작곡을 위해 음악 이론을 배울 때 어려움을 느끼는 것처럼 프로그래밍 기술도 배우기가 어려울 수 있다. 따라서 어떤 책으로 공부하는가는 이러한 고통의 시간을 쉽게 극복할 수 있는 열쇠가 된다.

필자는 대학에 입학해 BASIC이란 언어를 만나면서 처음 프로그래밍을 접하게 되었다. 지금과는 아주 다른 환경이었던, 25년도 더 지난 오래전 일이지만 프로그래밍에 빠져 살았던 그 시절을 떠올리면 웃음이 흘러나온다. 전산학 분야에 있으면서 프로그래밍으로 가장 행복했던 순간을 꼽으라면 바로 그때일 것이다. 지금은 사용하지 않는 이동 저장장치인 디스켓조차 사용하지 못하고 하드디스크도 없는 8비트 컴퓨터로 정말 재미있게 프로그래밍을 했다. 사람이 요청한 일을 컴퓨터가 자동으로 처리해 결과를 알려주는 것이 신기했고, 컴퓨터에 논리적인 과정의 일을 시킬 수 있다는 것이 흥미로웠다. 프로그래밍을 하다가 수업에 들어가야 할 때는 다음에 이어서 코딩을 하기 위해 공책에 그 긴 코드를 모두 옮겨 적었다가 나중에 다시 일일이 타이핑을 했다. 그때 필자에게는『Apple BASIC 500제』라는 책이 있었는데 그 책 덕분에 재미있게 프로그래밍을 배울 수 있었다. 쉬운 설명과 단계별로 구성된 예제가 아주 좋았고, 처음 프로그래밍을 접하는 필자의 흥미를 유발하기에 적절한 예제를 담고 있었다.

이 책을 펴내면서 소망이 있다면 필자가 프로그래밍의 세계에서 느꼈던 재미를 모든 독자가 이 책을 통해 느꼈으면 하는 것이다. 그동안 다른 사람들이 개발한 프로그램을 신기한 눈으로 바라보며 부러워하기만 했다면 이제는 간단한 프로그램이라도 직접 개발해보기 바란다. 이 과정에서 얻는 즐거움은 엄청나다. 느껴본 사람만이 알 수 있겠지만 이 즐거움은 다른 오락에서 느낄 수 있는 것보다 훨씬 크다. 실제로 필자가 가르친 학생 중에는 컴퓨터 게임에 빠졌다가 나중에 프로그래밍의 즐거움을 맛본 후 컴퓨터 게임을 그만둔 학생도 여럿 있다. 이 책을 통해 독자는 윈도우 API 프로그래밍이라는 세계를 여행하게 될 것이다. 때로는 어렵고 포기하고 싶을지라도 한발씩 나아가다 보면 프로그래밍의 매력에 푹 빠져들 것이라 확신한다.

이 책은 C 언어를 기반으로 윈도우 프로그래밍을 배우고자 하는 독자가 단계별 실습을 통해 학습할 수 있도록 구성했다. Win32 API 중 필자가 API 프로그래밍을 강의하면서 꼭 필요하다고 판단한 함수를 주로 포함했다. 또한 개정하면서 초판에는 담지 않았던 문자 집합에 대해 많이 다뤘다.

비주얼 스튜디오가 업그레이드되면서 기본적으로 유니코드를 채택하고 있다. 따라서 이 개정판에서는 모든 프로그램이 유니코드 환경에서도 문제없이 작동할 수 있도록 변경했다. 그리고 그래픽 처리에서 동영상을 만드는 방법을 좀 더 추가했다.

이 책은 API 함수의 필요성을 쉽게 이해할 수 있도록 많은 예제를 수록했다. 특히 앞서 배운 예제를 계속 활용하도록 구성되어 있다. 그러므로 독자도 자신이 만든 예제 및 연습문제 프로그램을 별도의 저장장치에 저장해두는 습관을 갖기 바란다. 또한 예제 프로그램 소스코드를 보기 전에 먼저 예제에 대한 설명을 읽고 스스로 직접 작성해보며, 예제 소스코드와 자신이 작성한 것을 비교해보기 바란다. 모든 프로그램은 스스로 작성해 테스트해보고 연습문제도 자신의 힘으로 해결하기를 강력하게 권한다. 그것만이 프로그래밍 실력을 향상하는 유일한 방법이기 때문이다. 필자는 이 책으로 공부하는 모든 독자가 자기 자신 속에 잠재되어 있는 프로그래밍 능력을 전산학 분야에서 유감없이 펼치리라 기대한다.

2015년을 보내며 **강경우**

누구를 위한 책인가

이 책은 C 언어를 배운 다음 처음으로 윈도우 프로그래밍을 시작하는 소프트웨어 관련 학과 학부생을 대상으로 한다. 바이블처럼 모든 내용을 다루지는 않지만 중요 주제를 깊이 있게 살펴보기 때문에 강의 교재로 사용할 수 있을 뿐만 아니라 독학으로 공부하는 독자에게도 많은 도움이 될 것이다.

선수 연계 과목

C 언어를 복습하는 과정을 따로 담지 않았기 때문에 부족한 지식은 관련 서적을 참고해야 한다. 또한 윈도우 프로그래밍 경험은 필요하지 않지만 윈도우 환경에 익숙해야 원활하게 학습할 수 있다. 윈도우 API에 관한 지식이 조금 있다면 MFC를 좀 더 쉽게 배울 수 있으므로 미리 공부해두는 것도 좋다.

무엇을 다루는가

이 책은 총 4부로 구성되었다. 윈도우 프로그램의 기본 구조와 동작 메커니즘을 기반으로 메시지 처리, 리소스 활용을 통해 시각적인 출력 방법을 배우고, MDI와 파일 처리를 통해 문서 저장 및 편집을 배운다. 마지막으로 4부에서는 네트워킹 기법과 멀티스레딩 기법을 학습함으로써 프로그램의 기능을 향상시킨다.

1장~3장 : 윈도우 프로그래밍의 이해

윈도우 프로그램의 기본 원리와 구조를 학습한다. 특히 메시지를 처리하는 기본 원리와 입출력 함수를 살펴봄으로써 윈도우 프로그램의 동작 원리를 이해한다.

4장~6장 : 리소스 활용

윈도우 프로그램의 기능을 향상시킬 수 있는 리소스의 종류를 학습한다. 윈도우 메뉴, 단축키, 비트맵, 대화상자와 같은 리소스를 생성하고 편집해 프로그램에서 활용하는 방법을 익힌다. 또한 이러한 리소스에서 발생하는 메시지를 비롯해 메시지를 처리하는 방법을 살펴본다.

7장~8장 : MDI와 파일 처리

MDI(multiple document interface)를 지원하는 방법과 윈도우를 분할하는 방법을 학습한다. Win32 API에서 지원하는 파일 입출력 방법을 파일 공용 대화상자와 함께 이용해 프로그램의 완성도를 높인다.

9장~10장 : 소켓과 멀티스레드

TCP/IP 프로토콜을 사용하기 위한 소켓 시스템을 학습한다. 윈도우 소켓 프로그래밍을 이용해 분산 컴퓨팅을 시도하고, 프로그램의 효율을 높이기 위해 멀티스레드를 이용하는 방법을 익힌다.

이 책의 구성 요소

❶ **이론** : API 함수 원형과 동작 원리를 먼저 살펴봄으로써 이론적인 지식 기반을 다진다.

❷ **실습** : 이론으로 익힌 개념과 문법을 실제 프로그램을 통해 다진다. 각 과정을 단계별로 정리해 쉽게 따라 할 수 있고, 프로그램의 주요 부분을 행별로 설명해 이해력을 높일 수 있다.

❸ **팁** : 본문의 내용 중 부연 설명이 필요한 부분을 추가했다.

❹ **요약** : 각 장이 끝날 때마다 핵심 내용을 요약 및 정리했다. 본문에서 익힌 세분화된 지식을 전체적으로 조립해 완성된 모습을 볼 수 있다.

❺ **연습문제** : 각 장이 끝날 때마다 핵심 내용을 문제 형식을 통해 정리함으로써 본문에서 배운 내용을 확인하고 응용력을 기를 수 있다(다소 어려울 수 있는 심화문제에는 ※ 표시가 되어 있으니 수준에 따라서 나중에 풀어보는 방식을 취해도 좋다).

이 책의 실습 환경

- **운영체제** : Windows 7 이상
- **개발도구** : Visual Studio 2013(Visual Studio 2008 이후라면 모두 사용 가능)

예제 소스

- 실습에 필요한 자료는 아래 주소에서 내려받을 수 있습니다.

  http://www.hanbit.co.kr/exam/4187

연습문제 해답 안내

- 본 도서는 대학 강의용 교재로 개발되었으므로 연습문제 해답은 제공하지 않습니다.

참고문헌 및 사이트

- http://www.soen.kr/

  '소프트웨어 공학 연구소'라고 불리는, 프로그래머와 예비 개발자의 학습 및 놀이 동아리이다.
- http://www.devpia.com/

  '데브피아'는 국내 개발자 커뮤니티로, 개발자들의 온라인 정보 공유 공간이다.
- 김상형, 『윈도우즈 API 정복(개정판)』, 한빛미디어, 2006
- 김선우 역, 『찰스 페졸드의 Programming Windows, 5th Edition』, 한빛미디어, 2004

윈도우 API 성장 전략맵

Q. 윈도우 API는 왜 배워야 하나요?

A. C 언어를 배운 다음 윈도우 환경에서 응용 프로그램을 개발하면 GUI 측면에서 아쉬울 수밖에 없습니다. 윈도우 API는 C 언어에 기반을 두고 윈도우 환경에서 제공하는 GUI, 멀티스레드, 소켓 통신, 메모리 관리 등을 쉽게 이용할 수 있게 합니다. 이러한 기능을 배워야 게임이나 문서 작업을 위한 워드프로세서, 동영상 플레이어, 채팅 프로그램 같은 윈도우 프로그램을 개발할 수 있습니다. 물론 윈도우 API를 한 학기 동안 배웠다고 해서 이 모든 것을 개발할 수 있는 것은 아니지만, 윈도우 환경에서 메시지 처리를 어떻게 하는지, 출력을 어떻게 하는지, 리소스를 어떻게 이용하는지 등을 전반적으로 이해해야 MFC나 DirectX, COM, ODBC 등을 배울 때 어렵지 않습니다.

Q. 윈도우 API와 윈도우 MFC는 무엇이 다른가요?

A. 둘 다 윈도우 프로그램을 개발하는 데 사용된다는 점에서는 비슷합니다. 윈도우 API는 C 언어를 학습한 사람이 윈도우 환경에서 제공하는 기능을 함수 호출을 통해 이용할 수 있도록 한 라이브러리입니다. 반면에 윈도우 MFC는 C++ 언어를 학습한 사람이 윈도우 프로그램을 쉽게 개발할 수 있도록 만든 클래스 라이브러리입니다. 이 두 가지는 서로 상충되거나 독립적인 것이 아니라 C와 C++ 언어처럼 보완 및 확장된 개념이라고 보면 됩니다. 일반적으로 윈도우 MFC보다 윈도우 API를 먼저 배우는데, 그 이유는 객체 지향 개념을 몰라도 학습이 가능하고 API 함수를 배우면 윈도우 환경에서 커널과 응용 프로그램의 관계를 잘 이해할 수 있기 때문입니다. 또한 API 함수는 모두 MFC 환경에서 작성하는 프로그램에서 사용할 수 있습니다.

1단계 : 기초 체력 다지기

API를 이용해 윈도우 프로그래밍을 하려면 다음 항목의 기본을 제대로 익혀야 합니다.

- 프로그램의 개념 잡기
- C 언어

목표 : C 언어를 이용한 콘솔 프로그램 설계 및 구현
수준 : C 언어 연습문제를 혼자 해결할 수 있다.

이 책은 여기까지

2단계 : 초보자 탈피하기

API를 이용해 다음과 같은 내용을 학습합니다. 여기까지 배우면 윈도우 프로그래밍의 기본은 갖춰진 셈입니다.

- 윈도우 프로그래밍의 기초
- 사용자 인터페이스 구현
- 파일 입출력 및 윈도우 관리

목표 : API를 이용해 원하는 GUI 설계 및 개발
수준 : 간단한 윈도우 프로그램을 혼자 개발할 수 있다.

3단계 : 중급자로 거듭나기

API의 고급 기술을 이용해 효율적인 응용 프로그램을 개발하는 수준이 된다.

- 멀티스레드를 이용한 프로그램 효율 향상
- 네트워크 프로그래밍 등 고급 기술 습득

목표 : API를 이용한 효율적인 프로그램 제작
수준 : 개발한 프로그램의 효율과 기능을 고려할 수 있다.

4단계 : 전문가로 거듭나기

윈도우 환경에서 제공하는 다양한 기술을 자유자재로 활용할 수 있는 수준이 된다.

- 컴포넌트 프로그래밍
- 웹/데이터베이스 프로그래밍
- 그래픽/멀티미디어 프로그래밍
- 데이터베이스 프로그래밍
- 시스템 프로그래밍

목표 : 고급 기술을 적용한 프로그램 제작
수준 : 프로젝트 단위의 기획, 설계 및 개발이 가능하다.

윈도우 API 관련 학습 로드맵

다음은 윈도우 API를 학습한 다음 향후 나아갈 수 있는 방향과 주요 기술 및 직업을 제시한 것이다.

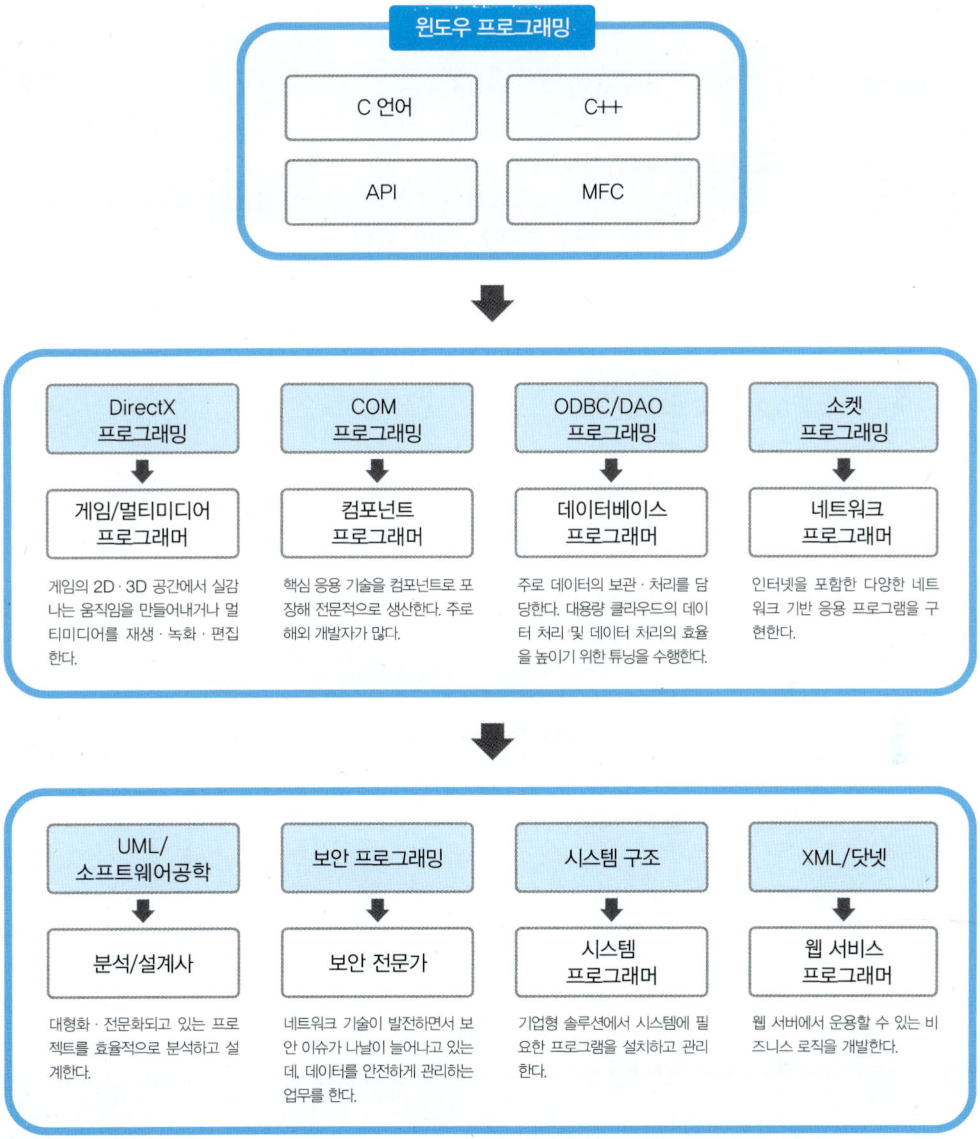

차례

Chapter 01

윈도우 프로그래밍의 기초

학습목표

- 윈도우 프로그래밍이 무엇인지 이해할 수 있다.
- 윈도우 프로그램을 개발하는 툴인 비주얼 스튜디오를 사용할 수 있다.
- 윈도우 프로그램의 기본 구조를 이해하고 간단한 윈도우 프로그램을 작성할 수 있다.

01 윈도우 프로그래밍의 개요

일반적으로 윈도우 프로그램은 MS 윈도우 운영체제 기반의 응용 프로그램을 말한다. 대부분의 개인용 컴퓨터는 MS 윈도우 기반이며, 우리가 컴퓨터에서 주로 이용하는 게임이나 워드프로세서, 그래픽 편집 툴, 메신저, 인터넷 익스플로러 등도 모두 윈도우 프로그램이다.

이 장에서는 윈도우 프로그래밍의 개념을 파악한 후 윈도우 API 프로그램 개발 도구와 개발 방법을 살펴볼 것이다. 윈도우 API 프로그래밍에서도 C 언어 콘솔 프로그래밍에서 사용하는 개발 도구를 사용하지만 방법이 조금 다르다.

예전에는 컴퓨터의 성능이 낮거나 프로그램 개발 환경이 좋지 않아 윈도우 프로그램을 개발하기가 쉽지 않았고, 극소수 전문가만 개발할 수 있었다. 하지만 요즘은 다양한 윈도우 프로그램 개발 환경이 등장해 윈도우 프로그램을 쉽게 개발할 수 있다. 윈도우 프로그램 개발을 위한 학습 과정은 [그림 1-1]과 같다.

그림 1-1 윈도우 프로그램 개발 학습 과정

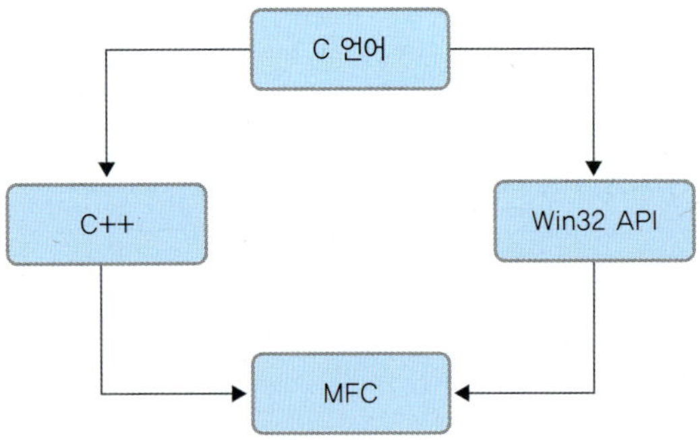

C나 C++는 표준화 언어이기 때문에 MS 윈도우뿐만 아니라 유닉스(UNIX), 리눅스(LINUX)와 같은 운영체제에서도 사용된다. 프로그램을 작성할 때는 프로그램이 실행되는 운영체제에서 제공하는 함수를 이용한다. 즉 MS 윈도우에서 C 언어와 Win32 API를 사용해 윈도우 프로그램

을 개발할 수 있고, C++ 언어와 Win32 API를 안다면 MFC(Microsoft foundation class)를 활용할 수도 있다. 이 책은 C 언어를 알고 있는 독자가 윈도우 프로그램을 개발하도록 하는 것이 목표이므로 Win32 API를 다룬다. MS 윈도우 환경으로 가정하므로 Win32 API를 간략하게 윈도우 API 또는 API라고 부를 것이다.

윈도우 API는 윈도우 응용 프로그램에서 필요한 기능을 라이브러리 함수 호출 형태로 사용할 수 있게 해준다. API에서 제공하는 기능은 주로 화면 제어, 그래픽 출력, 통신, 프로세스 관리, 오디오 처리, 보안 등이다. 이런 기능을 이용한 응용 프로그램은 사용자가 사용하기 편한 GUI(graphical user interface)를 제공하고 네트워크나 데이터베이스를 이용할 수 있다.

윈도우 API가 등장한 초창기에는 윈도우 API 함수가 몇 백 개 정도였지만, 응용 프로그램 분야가 광범위하고 다양해지면서 그 개수도 몇 천 개 이상으로 증가했다. 윈도우 API로 구현한 라이브러리나 헤더 파일 등을 윈도우 SDK(software development kit)라고 한다.

이 책에서 작성하는 윈도우 프로그램은 운영체제인 윈도우의 특징을 반영한다. 즉 윈도우 프로그램은 GUI 기반 프로그램, 이벤트 기반 프로그램, 멀티스레드 기반 프로그램이라는 세 가지 특징이 있다.

- **GUI 기반 프로그램** : 생성한 윈도우에 메뉴, 툴바, 다양한 컨트롤을 표현해 사용자에게 편의성을 제공한다.
- **이벤트 기반 프로그램** : 사용자가 GUI를 통해 응용 프로그램과 소통할 때 사용자나 또 다른 누군가에 의해 발생하는 사건을 이벤트라고 한다. 운영체제인 윈도우가 이벤트를 감지하고 메시지를 보내면 윈도우 프로그램은 수신한 메시지에 따라 반응한다.
- **멀티스레드 기반 프로그램** : 윈도우는 멀티스레드를 이용해 여러 가지 작업을 동시에 처리하고, 이런 작업들은 메모리, CPU, 디스크 등을 공유한다. 우리가 작성하는 윈도우 프로그램도 여러 가지 작업을 동시에 처리할 수 있다. 멀티스레드 개념은 윈도우 프로그램의 성능을 향상해 준다.

02 윈도우 프로그램 개발 도구와 개발 방법

이 책에서 사용할 프로그램 개발 도구는 MS에서 개발한 비주얼 스튜디오(Visual Studio)이다. 비주얼 스튜디오는 버전이 다양한데 최신 버전인 비주얼 스튜디오 2013을 기준으로 설명할 것이다. 이미 C 언어 콘솔 프로그래밍 학습 과정에서 비주얼 스튜디오 2013을 사용해보았다면 도구 사용에 익숙하겠지만, 콘솔 프로그래밍에서 다루지 않았던 기능을 이용하기 때문에 차이가 있을 것이다. 여기서는 Win32 API라는 라이브러리를 주로 사용한다.

윈도우 API 프로그래밍을 배우려면 C 언어 콘솔 프로그래밍 학습이 필수일 뿐만 아니라 어느 정도 실력을 갖춰야 API 프로그래밍 학습 과정을 따라가는 데 문제가 없다. 그러므로 실력이 부족하다고 생각되면 C 언어 콘솔 프로그래밍을 다시 공부하거나 C 언어 학습을 함께 하길 바란다.

비주얼 스튜디오 2013을 이용해 윈도우 API 프로그램을 개발하는 과정은 다음과 같다.

❶ 프로젝트를 생성한다. 이 과정은 C 언어 콘솔 프로그래밍에서 이미 경험한 것이므로 생소하지 않을 것이다.

❷ 생성된 프로젝트에서 소스코드 편집 창을 열고 Win32 API를 이용해 코드를 작성한다.

❸ 작성한 소스코드를 컴파일 및 디버깅하고 실행한다. 방법은 C 언어 콘솔 프로그래밍에서 했던 것과 같다.

그림 1-2 윈도우 API 프로그램 개발 과정

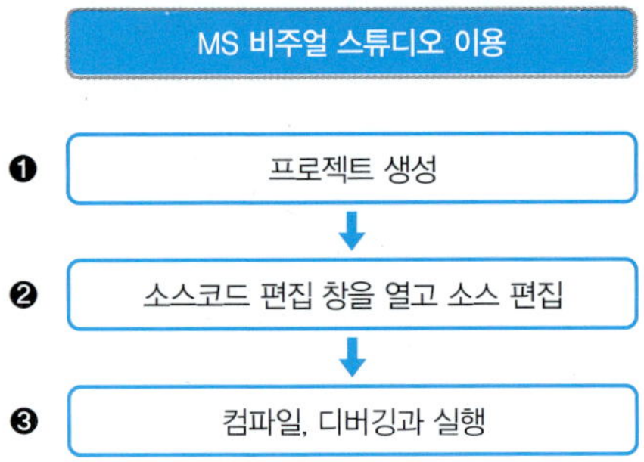

1 비주얼 스튜디오 2013 실행하기 : 윈도우의 〈시작〉 버튼을 누른 후 [모든 프로그램]–[Visual Studio 2013]–[Visual Studio 2013] 메뉴를 차례로 선택하거나, 바탕화면의 비주얼 스튜디오 2013 바로가기 아이콘을 더블클릭해 비주얼 스튜디오 2013을 실행한다. 잠시 후 비주얼 스튜디오에 로그인하라는 창이 나온다. 여기서 로그인을 하면 다른 컴퓨터에서 작업하더라도 동일한 작업 환경을 이용할 수 있다. 하지만 반드시 로그인을 해야 하는 것은 아니다.

그림 1-3 비주얼 스튜디오 2013 프로그램 실행

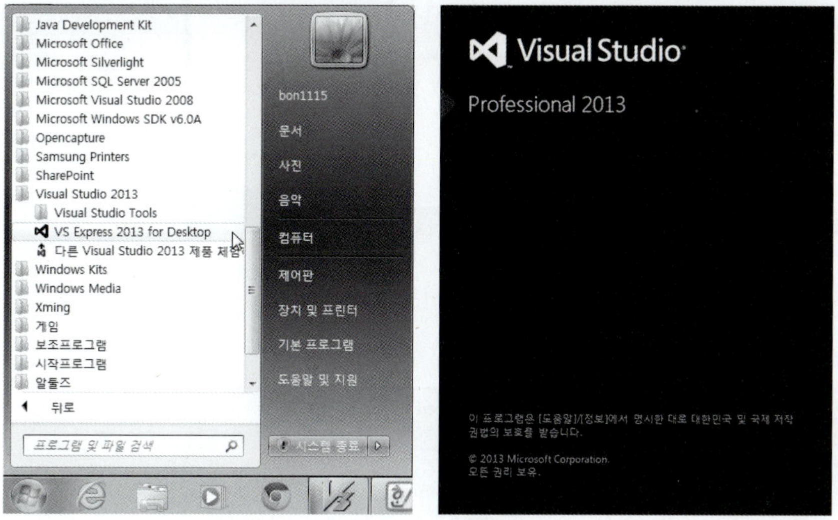

그림 1-4 비주얼 스튜디오 로그인

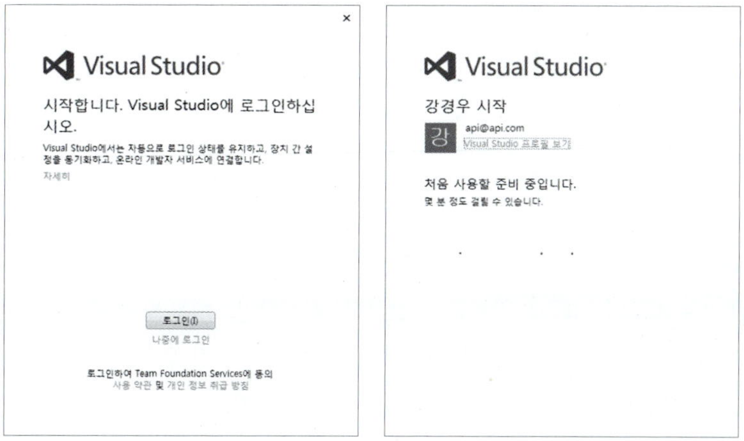

그림 1-5 비주얼 스튜디오 시작 페이지

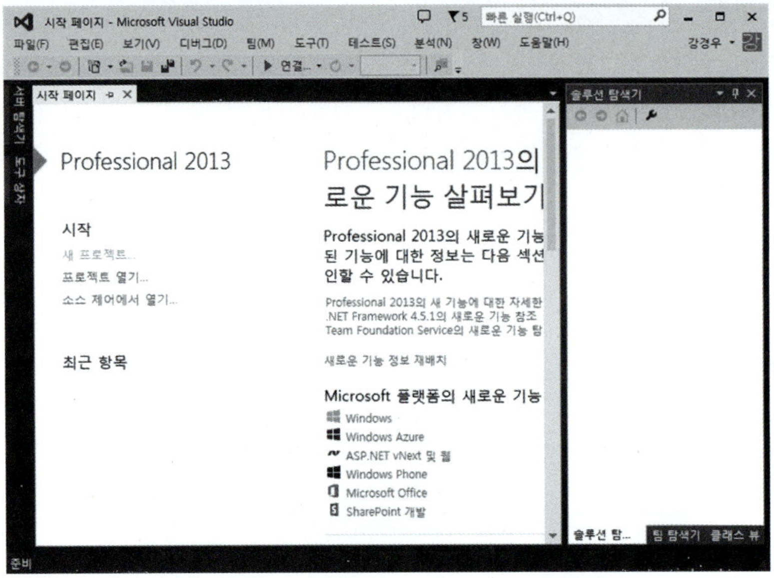

2 시작 페이지에서 [파일]-[새로 만들기]-[프로젝트]를 선택한다.

그림 1-6 프로젝트 새로 만들기

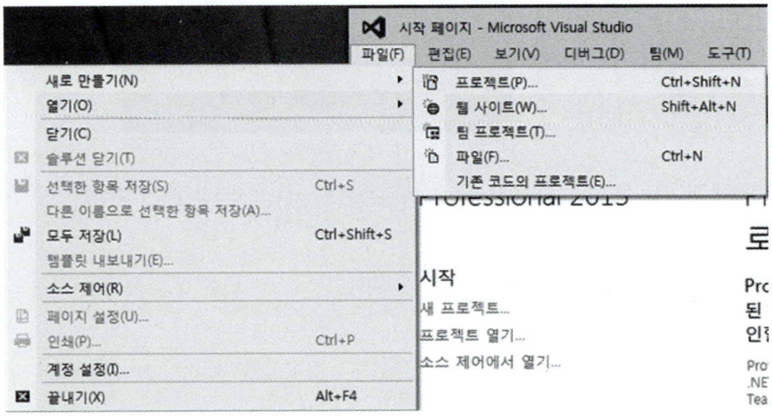

3 **새 프로젝트 만들기** : ❶ [새 프로젝트] 창의 템플릿에서 [Win32]를 선택한다. ❷ [Win32 프로젝트]를 선택한다. ❸ 프로젝트의 이름과 위치를 지정하고, ❹ 〈확인〉 버튼을 누른다. 위치는 〈찾아보기〉 버튼을 눌러서 직접 해당 폴더를 선택한다. 프로젝트의 저장 위치를 기억하지 못하면 작성한 소스코드가 어디에 있는지 찾지 못하는 경우도 발생하기 때문이다.

그림 1-7 새 프로젝트 만들기

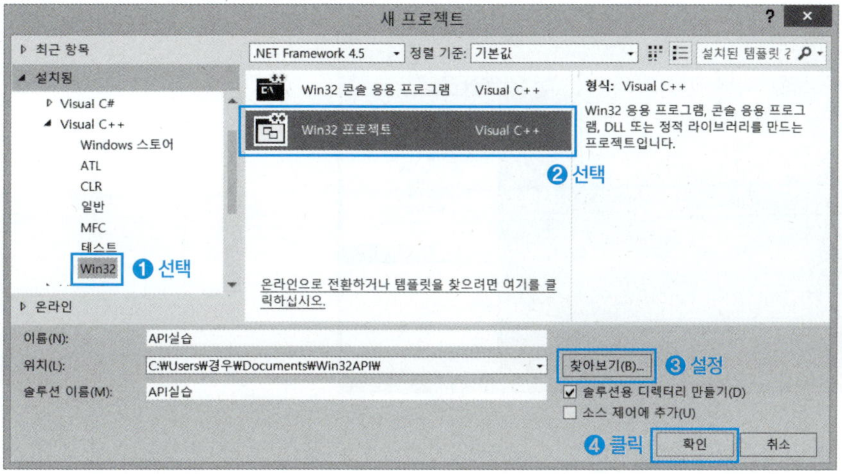

4 프로그램 마법사의 시작 화면이 나타난다. 마법사 시작 화면에서 〈다음〉 버튼을 누른다. 응용 프로그램 설정 화면에서 ❶ '빈 프로젝트'를 선택하고, ❷ 〈마침〉 버튼을 눌러서 마법사를 종료한다. 이제 마법사가 새로운 프로젝트를 생성하지만 소스코드를 생성하지는 않는다.

그림 1-8 생성하는 프로젝트 정보 확인

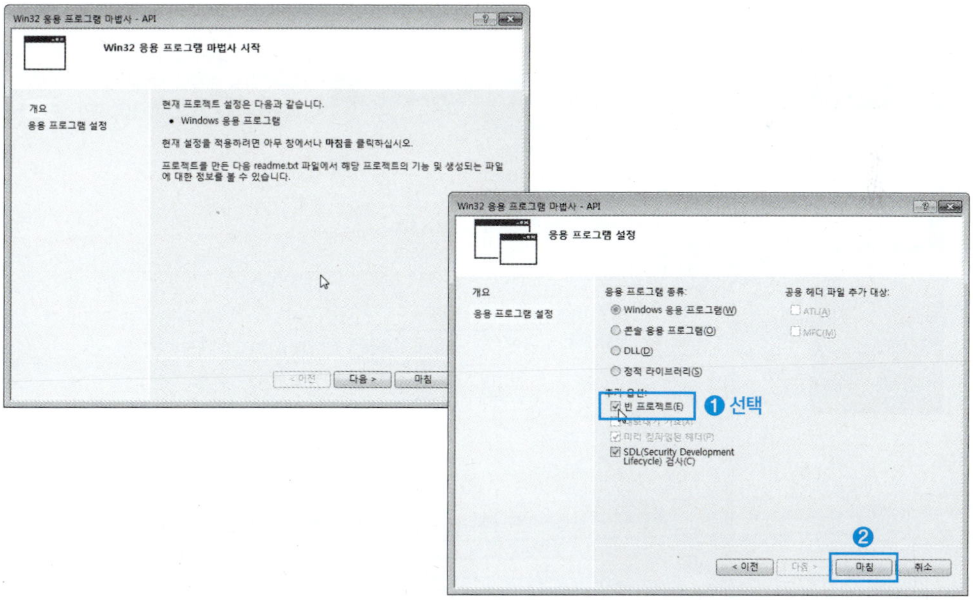

그림 1-9 마법사가 생성한 프로젝트 화면

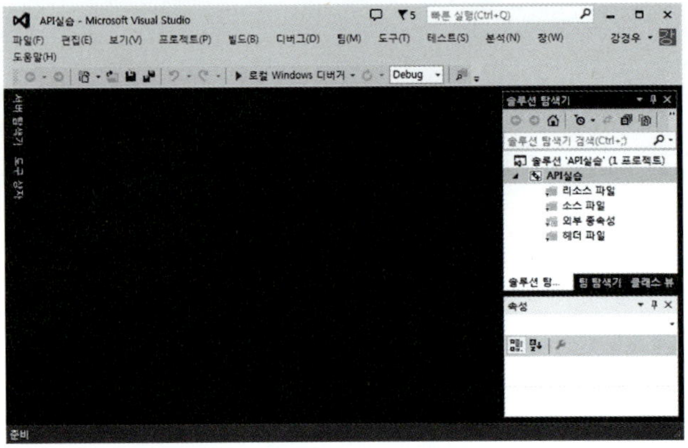

5 소스 파일 만들고 소스코드 작성하기 : 소스코드를 저장할 파일을 만들고 소스코드 편집 창을 열어보자. ❶ 솔루션 탐색기의 [소스 파일] 폴더에서 마우스 오른쪽 버튼을 누른다. ❷ 팝업 메뉴에서 [추가]를 선택하고, ❸ [새 항목]을 선택하면 [새 항목 추가] 창이 나타난다. ❹ [새 항목 추가] 창에서 [Visual C++]를 선택한다. ❺ [C++ 파일(.cpp)]을 선택한다. ❻ 위치 칸에 파일을 저장할 위치를 지정하는데 기본 위치는 포함시킬 프로젝트의 위치와 같다. 이름 칸에 파일 이름을 입력한다. ❼ 〈추가〉 버튼을 눌러 소스코드 편집 창을 연다.

그림 1-10 소스 파일 만들기

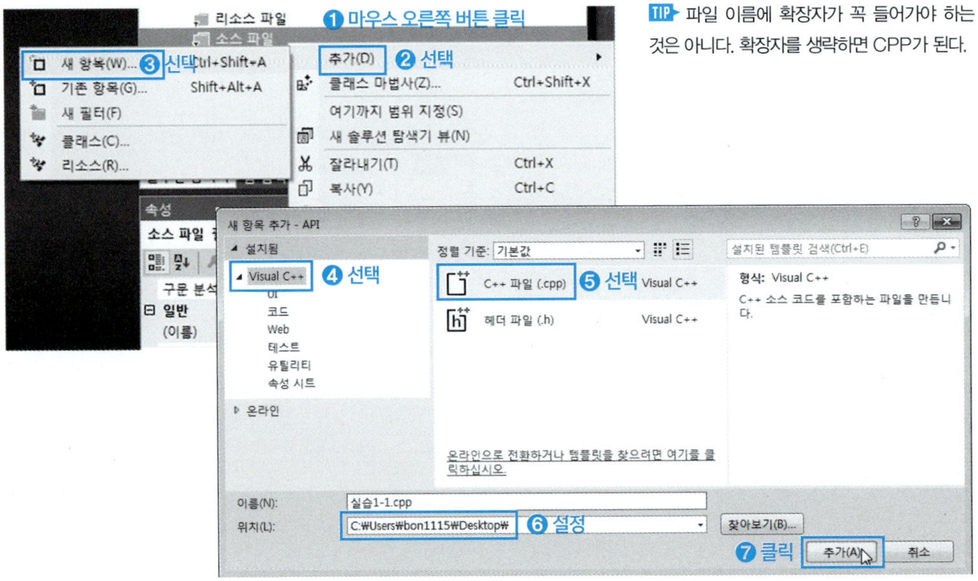

TIP 파일 이름에 확장자가 꼭 들어가야 하는 것은 아니다. 확장자를 생략하면 CPP가 된다.

6 소스코드 편집 창의 오른쪽 상단 윈도우가 소스를 편집하는 곳이다. C 언어 콘솔 프로그래밍을 해본 사람은 익숙할 텐데 바로 여기에 소스코드를 작성하면 된다. 실습해보기 위해 1장의 연습문제에 나와 있는 소스코드를 여기에 입력한다.

그림 1-11 소스코드 편집 창에서 소스코드 작성하기

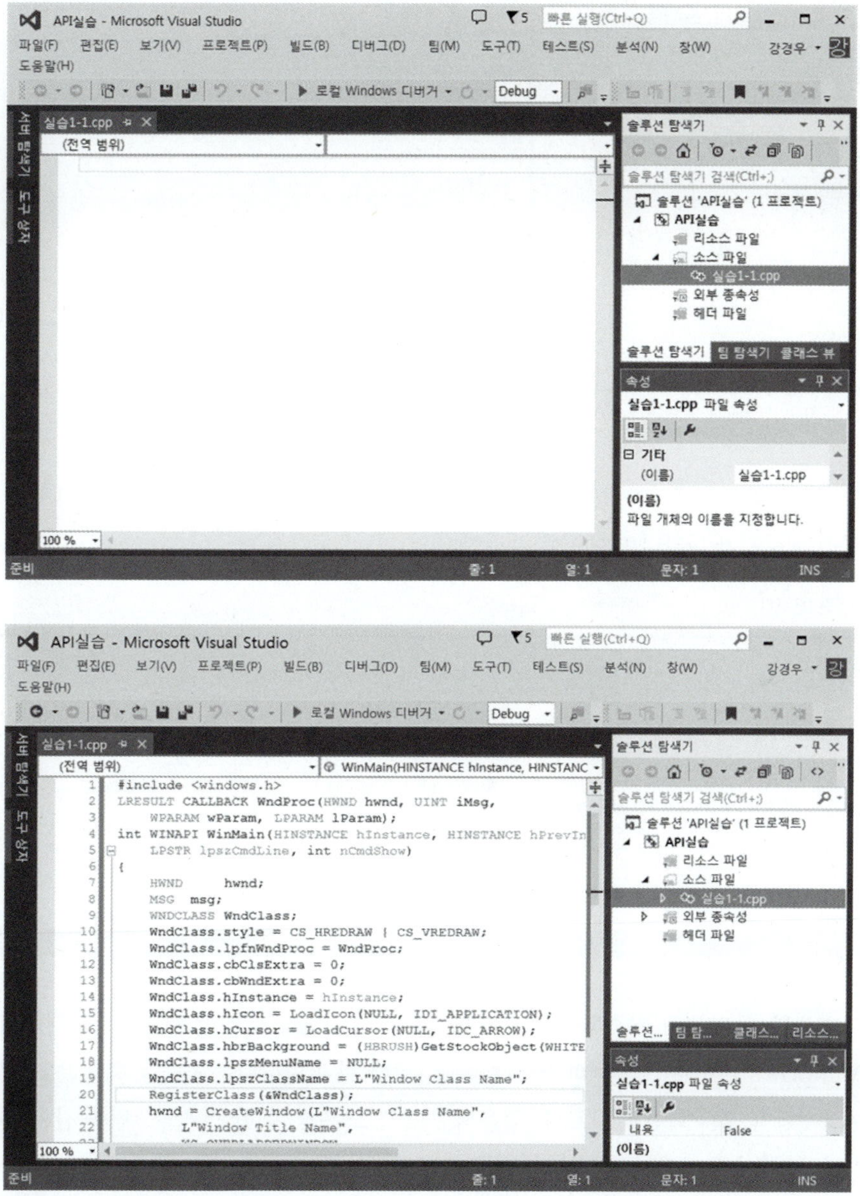

7 컴파일하기 : 소스코드를 작성하면 컴파일과 실행을 할 수 있다. [빌드]에서 [솔루션 빌드]를 선택한다. 에러가 발생하면 관련 메시지가 하단 윈도우에 나타난다.

그림 1-12 컴파일하기

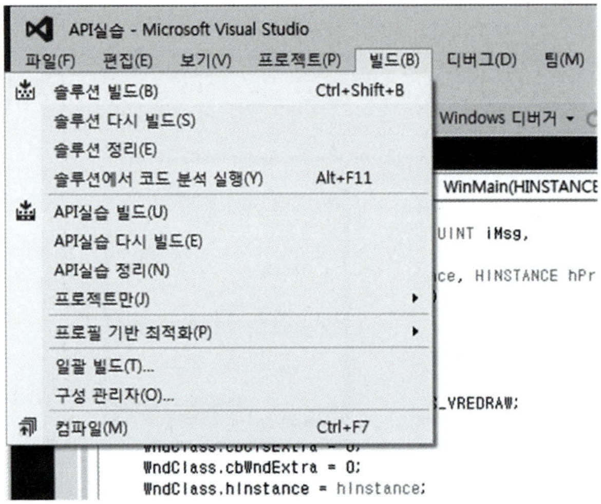

8 디버깅하기 : 프로그램에 에러가 있으면 윈도우 하단에 [그림 1-13]과 같이 에러 메시지가 나타난다. 에러 메시지가 나타나면 에러를 수정한다.

그림 1-13 에러 메시지

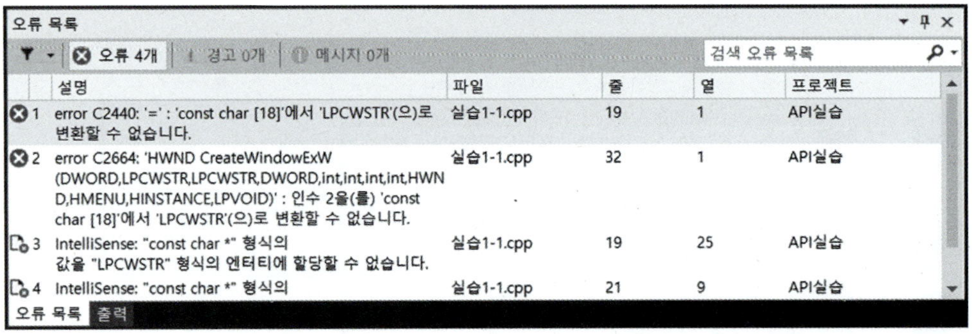

9 실행하기 : 컴파일 후 에러가 발견되지 않으면 작성한 프로그램을 실행할 수 있다. 실행하려면 [▶로컬 Windows 디버거](또는 F5)를 클릭한다. 실행 결과 나타나는 윈도우 화면은 C 언어 콘솔 프로그래밍의 결과 화면과 다르다. 검은색 콘솔 윈도우가 아니라 다음 그림과 같은 윈도우가 등장한다. 여기서 나타난 윈도우 자체가 프로그램의 결과물로, 윈도우에 텍스트를 출력

하고 그림도 그리며 마우스나 키보드로 입력을 할 것이다.

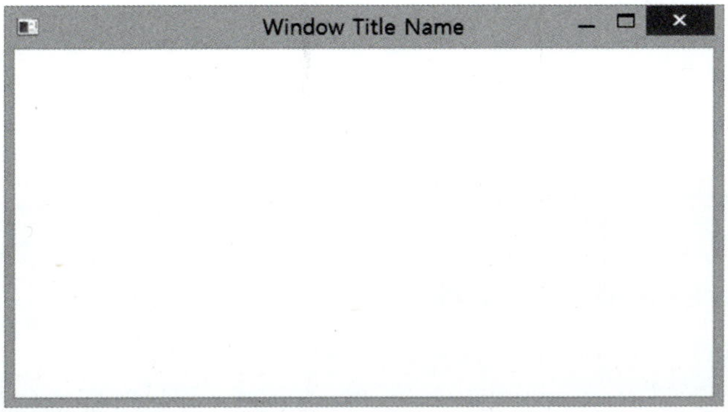

저자 한마디 **프로젝트와 솔루션**

여러 개의 소스 파일을 묶어 프로그램을 하나로 작성하기도 한다. 여러 파일로 이뤄진 프로그램을 프로젝트라고 하며, 프로젝트는 하나의 솔루션에서 관리할 수 있다. 즉 솔루션은 프로젝트들의 집합이고, 프로젝트는 소스 파일들의 집합이라고 볼 수 있다.

이미 개발한 윈도우 프로그램을 비주얼 스튜디오에서 열 수도 있다. 해당 폴더의 확장자가 sln인 파일을 더블클릭하면 개발한 프로그램의 소스를 편집할 수 있는 상태가 되는데, 그 화면은 [그림 1-11]과 같다.

03 윈도우 프로그램의 구조

콘솔 기반의 C 언어 프로그램은 메인 함수를 기본으로 하고, 필요에 따라 다른 함수를 추가해서 사용한다. 반면에 윈도우 프로그램은 크게 메인 부분과 메시지 처리 부분으로 나뉜다.

- **메인 부분** : 윈도우를 만들고, 화면에 윈도우를 띄우며, 윈도우나 응용 프로그램과 관련해서 발생하는 모든 메시지를 전송하는 역할을 한다. 엄밀히 말하면 메시지는 이벤트가 발생하면 오는 신호인데, 이때 신호는 윈도우 커널이 보낸다. 메인 부분은 이 신호를 하나씩 받아서 메시지 처리 부분으로 보낸다.

그림 1-14 윈도우 프로그램의 구조

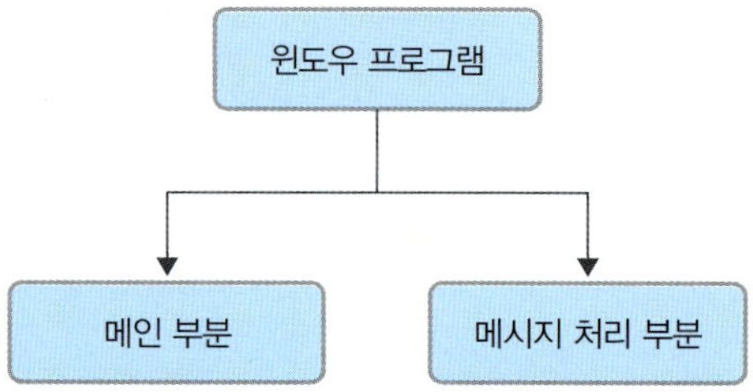

- **메시지 처리 부분** : 메시지를 받고 메시지에 약속된 반응을 나타낸다. 메시지에는 마우스의 움직임이나 버튼 클릭에 따른 메시지, 키보드 눌림에 따른 메시지, 다양한 컨트롤에서 발생하는 메시지, 메뉴에서 발생하는 메시지 등이 있다.

다음은 윈도우 프로그램 함수 구성의 예를 나타낸 것이다.

윈도우 프로그램 함수 구성의 예

```
int WINAPI WinMain(......)
{
    윈도우 생성
    메시지 전송
}
```

메인 부분

```
LRESULT CALLBACK WndProc(....)
{
    메시지에 따른 반응
}
```

메시지 처리 부분

콘솔 모드의 C 언어 프로그램에서는 메인 함수가 main()이지만 윈도우 프로그램의 메인 함수는

WinMain( )이다. 이 함수의 반환 타입이 프로그램의 정상 종료 또는 비정상 종료를 정수로 알려준다. WINAPI는 프로그램이 콘솔 응용 프로그램이 아니라 Win32 API를 이용하는 윈도우 응용 프로그램임을 명시한다.

윈도우 프로그램의 경우 WinMain( )에서 보내온 메시지를 처리하기 위해 메시지 처리 함수가 필요하다. 앞의 예에서는 함수 이름을 WndProc( )라고 했는데, WndProc라는 함수 이름은 WinMain( )에서 윈도우 클래스를 등록할 때 같이 등록되어야 한다. WndProc( ) 함수 앞에 선언된 CALLBACK은 이 함수가 콜백 함수라는 것을 명시한다. 그리고 WndProc( ) 함수는 LRESULT 타입의 값을 반환하는데 이는 32비트의 값을 반환함을 뜻한다.

3.1 윈도우 프로그램 메인 함수 : WinMain( )

WinMain( ) 함수를 좀 더 자세히 살펴보자. WinMain( ) 함수는 다음과 같은 일을 수행한다.

❶ 윈도우 클래스를 만든다. 윈도우 클래스는 만들려는 윈도우의 속성을 저장하는 구조체이다.

❷ 구조체에 여러 속성을 저장한 후 이를 등록한다. 이때 윈도우 클래스를 하나 이상 등록할 수 있는데, 각각을 구분하려면 각 윈도우 클래스에 고유한 이름을 부여해야 한다.

❸ 윈도우 클래스를 등록하면 윈도우를 만들 수 있다. 윈도우를 만들 때는 반드시 등록된 윈도우 클래스 중 하나를 사용할 윈도우 클래스로 지정한다.

❹ 화면에 나타난 윈도우에서 다양한 이벤트가 발생하는데, 이에 대한 메시지는 커널에 의해 프로그램으로 전달된다. 여러 이벤트가 연속해서 발생하므로 많은 메시지가 동시다발적으로 들어오고, 도착한 메시지는 메시지 큐에 차례로 저장된다.

❺ 마지막으로 메시지 큐에서 메시지를 하나씩 꺼낸다. 이렇게 꺼낸 메시지는 메시지를 처리하는 WndProc( ) 함수에 보낸다.

WinMain( ) 함수

```
int WINAPI WinMain(HINSTANCE hInstance, HINSTANCE hPrevInstance, PSTR szCmdLine,
                   int iCmdShow)
```

- WINAPI : 윈도우 프로그램을 의미
- hInstance : 운영체제의 커널이 응용 프로그램에 부여한 ID로 메모리에서의 위치
- szCmdLine : 명령 라인에서 프로그램 구동 시 전달할 문자열
- iCmdShow : 윈도우에 출력하는 형태

WinMain( ) 함수 원형을 보면 메인 함수인 WinMain( )으로 들어가는 매개변수는 4개이다. 이 값은 프로그램 실행 시 윈도우 커널에서 보낸다.

- **첫 번째 HINSTANCE 타입** : 프로그램에 커널이 부여하는 ID로, 메모리에 적재된 많은 응용 프로그램으로부터 프로그램을 구분하려고 사용한다. 프로그램이 수행될 때 부여받는다.
- **두 번째 HINSTANCE 타입** : 이전에 부여받은 값으로 지금은 사용하지 않으므로 신경 쓸 필요가 없다.
- **PSTR 타입** : 여기서는 간단하게 char *와 같다고 보면 된다. 즉 문자열이 넘어온다는 것이다. 프로그램이 실행될 때 외부에서 같이 넘어오는 문자열로, C 언어 콘솔 프로그래밍의 argv와 비슷하다.
- **int 타입** : 정숫값으로 윈도우가 화면에 출력될 때 형태를 정의한다. 이 값은 커널에 의해 넘어온다.

3.2 윈도우 클래스

윈도우 클래스는 생성하려는 윈도우의 속성 값을 저장해 등록하는 구조체이다. 윈도우 클래스 타입의 이름은 WNDCLASSEX이고 12개의 필드로 구성된다. 여기서 12개 필드의 유형과 용도를 모두 설명하기는 어려우니 필요한 부분만 살펴보자.

WNDCLASSEX 구조체

```
typedef struct _WNDCLASSEX {
    UINT        cbSize;            // 구조체 크기
    UINT        style;             // 출력 형태
    WNDPROC     lpfnWndProc;       // 프로시저 함수
    int         cbClsExtra;        // 클래스 여분 메모리
    int         cbWndExtra;        // 윈도우 여분 메모리
    HANDLE      hInstance;         // 윈도우 인스턴스
    HICON       hIcon;             // 아이콘
    HCURSOR     hCursor            // 커서
    HBRUSH      hbrBackground;     // 배경 색
    LPCTSTR     lpszMenuName;      // 메뉴 이름
    LPCTSTR     lpszClassName;     // 클래스 이름
    HICON       hIconSm;           // 작은 아이콘
} WNDCLASSEX;
```

- **cbSize** : UINT 타입은 'unsigned integer'의 약어로 양의 정수를 의미한다. WNDCLASSEX 구조체의 크기이다.
- **style** : 윈도우가 출력되는 형태이다.
- **lpfnWndProc** : 메시지 처리에 사용될 함수의 이름을 기재한다. 앞에서 윈도우 클래스를 등록할 때 메시지 처리 함수의 이름을 같이 등록해야 한다고 했는데 여기에 그 함수의 이름을 쓴다.
- **cbClsExtra, cbWndExtra** : 클래스와 윈도우를 위한 여분의 메모리 크기이다.
- **hInstance** : WinMain( ) 함수에 첫 번째 매개변수로 넘어온 응용 프로그램 인스턴스의 값을 넘겨준다.
- **hIcon, hCursor** : 기본 아이콘과 기본 커서를 지정할 때 사용한다.
- **hbrBackground** : 윈도우의 배경 색을 지정한다.
- **lpszMenuName** : 메뉴의 이름을 쓴다.
- **lpszClassName** : 윈도우 클래스의 이름을 문자열 타입으로 쓴다. 윈도우를 만들 때 이 이름을 이용하므로 꼭 기억해야 한다.
- **hIconSm** : 작은 아이콘을 등록한다.

다음은 윈도우 클래스를 생성하는 기본 예이다.

윈도우 클래스 생성 예

```
WNDCLASSEX wndclass;
wndclass.cbSize = sizeof(wndclass);
wndclass.style = CS_HREDRAW | CS_VREDRAW;
wndclass.lpfnWndProc = WndProc;
wndclass.cbClsExtra = 0;
wndclass.cbWndExtra = 0;
wndclass.hInstance = hInstance;
wndclass.hIcon = LoadIcon(NULL, IDI_APPLICATION);
wndclass.hCursor = LoadCursor(NULL, IDC_ARROW);
wndclass.hbrBackground =(HBRUSH) GetStockObject(WHITE_BRUSH);
wndclass.lpszMenuName = NULL;
wndclass.lpszClassName = _T("ClassNameEx");
wndclass.hIconSm = LoadIcon(NULL, IDI_APPLICATION);
```

01행 : 윈도우 클래스 타입인 WNDCLASSEX의 변수를 만들고 각 필드에 값을 부여한다.

02행 : cbSize는 윈도우 클래스의 크기이므로 sizeof(wndclass)나 sizeof(WNDCLASSEX)로 쓴다.

03행 : CS_HREDRAW | CS_VREDRAW는 윈도우의 크기를 변경하면 다시 그리는 형태의 윈도우라는 의미이다.

04행 : WndProc는 메시지 처리를 위한 함수의 이름이다.

05~07행 : 일반적으로 클래스와 윈도우를 위한 여분의 메모리는 사용하지 않으므로 05, 06행처럼 값으로 0을 쓰고, 07행에서 응용 프로그램 인스턴스로 WinMain( )의 첫 번째 매개변수를 넣는다.

08, 09행, 13행 : 로드하는 아이콘과 커서는 이미 등록된 것이다. 윈도우에 나타나는 아이콘과 커서의 모양을 다른 것으로 사용해보고 싶다면 다음과 같이 변화를 준다.

- 아이콘 : IDI_APPLICATION, IDI_ASTERISK, IDI_ERROR, IDI_QUESTION, IDI_WARNING, IDI_SHIELD, IDI_HAND, IDI_EXCLAMATION, IDI_INFORMATION
- 커서 : IDC_APPSTARTING, IDC_ARROW, IDC_CROSS, IDC_HAND, IDC_HELP, IDC_IBEAM, IDC_SIZEALL, IDC_SIZENESW, IDC_SIZENS, IDC_SIZENWSE, IDC_SIZEWE, IDC_UPARROW, IDC_WAIT

10행 : 흰색 바탕(WHITE_BRUSH)의 윈도우를 생성한다. 다른 색을 사용하려면 다음 중 하나를 선택한다. 컬러를 만들 때는 숫자 3개가 필요한데 각각 빨간색, 초록색, 파란색에 해당한다. 사용할 수 있는 숫자의 범위는 0~255이다.

- 검은색 : GetStockObject(BLACK_BRUSH)
- 회색 : GetStockObject(GRAY_BRUSH)
- 어두운 회색 : GetStockObject(DKGRAY_BRUSH)
- 밝은 회색 : GetStockObject(LTGRAY_BRUSH)
- 흰색 : GetStockObject(WHITE_BRUSH)
- 컬러 : CreateSolidBrush(RGB(255, 0, 0)) // 빨간색

11행 : 아직은 메뉴도 만들지 않고 사용하지 않으므로 NULL이다. 메뉴는 4장에서 자세히 살펴볼 것이다.

12행 : 윈도우 클래스의 이름은 ClassNameEx라고 했다. 윈도우를 만들려면 클래스 이름인 ClassNameEx를 기억해야 한다. 문자열 앞에 매크로 _T( )를 붙인 것은 프로젝트에서 사용하는 문자 집합이 멀티바이트든 유니코드든 상관없이 처리하기 위함이다. _T를 이용하려면 소스코드 처음 부분에 #include 〈TCHAR.H〉를 추가해야 한다. 참고로 비주얼 스튜디오 2013에서 기본 문자 코드는 유

니코드이다.

앞 절에서 만든 윈도우 클래스는 RegisterClassEx( ) 함수를 이용해 커널에 등록한다. 등록하는 방법은 만들어진 윈도우 클래스 변수의 주소를 RegisterClassEx( ) 함수의 매개변수로 넘기면 된다.

RegisterClassEx() 함수

```
ATOM RegisterClassEx(CONST WNDCLASSEX*lpwcx);
```

커널에 등록된 윈도우 클래스는 이후에 윈도우를 생성할 때 사용한다. 윈도우 클래스를 여러 개 등록할 수 있기 때문에 윈도우 생성 시 사용할 윈도우 클래스의 이름을 반드시 기재해야 한다. 윈도우 클래스가 만들어졌다면 다음과 같이 등록할 수 있다.

윈도우 클래스 등록 예

```
RegisterClassEx(&wndclass);
```

3.3 윈도우 생성

윈도우를 만드는 함수는 CreateWindow( )이다.

CreateWindow() 함수

```
HWND CreateWindow(               // 윈도우 핸들 값 반환
     LPCTSTR lpClassName,        // 윈도우 클래스 이름
     LPCTSTR lpWindowName,       // 윈도우 타이틀 이름
     DWORD dwStyle,              // 윈도우 스타일
     int x,                      // 윈도우 위치 x 좌표
     int y,                      // 윈도우 위치 y 좌표
     int nWidth,                 // 윈도우 가로 크기
     int nHeight,                // 윈도우 세로 크기
     HWND hWndParent,            // 부모 윈도우 핸들
     HMENU hMenu,                // 메뉴 핸들
     HINSTANCE hInstance,        // 응용 프로그램 인스턴스
     LPVOID lpParam              // 생성 윈도우 정보
);
```

다음의 윈도우 생성 예에서는 등록할 때 이미 사용한 윈도우 클래스인 ClassNameEx를 이용해 윈도우를 만든다.

윈도우 생성 예

```
01  hwnd = CreateWindow(
02        _T("ClassNameEx"),
03        _T("Window Title Name"),
04        WS_OVERLAPPEDWINDOW,
05        CW_USEDEFAULT,
06        CW_USEDEFAULT,
07        CW_USEDEFAULT,
08        CW_USEDEFAULT,
09        NULL,
10        NULL,
11        hInstance,
12        NULL
13  );
```

02행 : 윈도우 클래스의 이름을 알려준다. 유니코드로 변환해야 하기 때문에 매크로 _T( )를 붙인 것이다.

03행 : 만들어질 윈도우의 타이틀 바에 나타나는 문자열이다.

04행 : 이미 정의된 윈도우 스타일 값 가운데에서 선택할 수 있는데, 여기서 사용한 WS_OVERLAPPEDWINDOW는 타이틀 바에 최소화, 최대화, 닫기 버튼이 나타나고 마우스 오른쪽 버튼을 눌렀을 때 시스템 메뉴가 나타나는 형태의 윈도우이다. 윈도우 스타일로 지정할 수 있는 값은 다양하며 여러 가지를 조합해 사용한다. 조합 가능한 스타일은 다음과 같다.

- WS_OVERLAPPED : 기본적인 윈도우로 아이콘이 없고 최소화, 최대화, 닫기 버튼도 없다. 또한 시스템 메뉴가 나타나지 않는다.
- WS_POPUP : 독립적으로 나타나는 팝업 윈도우를 만든다. WS_CHILD와 함께 쓸 수 없다.
- WS_CHILD : 다른 윈도우의 자식 윈도우를 만든다. WS_POPUP와 함께 쓸 수 없다.
- WS_MINIMIZE : 처음 등장할 때 최소화된 상태로 윈도우를 만든다.
- WS_MAXIMIZE : 최대화된 상태로 윈도우를 만든다.
- WS_VISIBLE : 윈도우가 만들어지면 화면에 나타난다.
- WS_CAPTION : 타이틀 바가 있는 윈도우 형태를 만드는데 WS_BORDER와 WS_DLGFRAME를 같이 쓴 것과 같다.
- WS_BORDER : 윈도우의 테두리가 선으로 이뤄진다. 윈도우의 크기는 변경할 수 없다.

- WS_DLGFRAME : 윈도우의 테두리가 선이 아닌 일반적인 프레임 모양으로 타이틀 바를 포함한다. 윈도우의 크기는 변경할 수 없다.
- WS_VSCROLL : 윈도우에 수직 스크롤바를 포함한다.
- WS_HSCROLL : 윈도우에 수평 스크롤바를 포함한다.
- WS_SYSMENU : 타이틀 바에서 마우스 오른쪽 버튼을 누르면 시스템 메뉴가 나타난다.
- WS_THICKFRAME : 윈도우의 테두리가 선이 아닌 일반적인 프레임 모양이고 윈도우의 크기 변경이 가능하다. 하지만 타이틀 바는 없다.
- WS_MINIMIZEBOX : 윈도우 타이틀 바에 최소화 버튼이 나타난다.
- WS_MAXIMIZEBOX : 윈도우 타이틀 바에 최대화 버튼이 나타난다.

윈도우 스타일 값은 조합이 가능한 것과 불가능한 것이 있다. 또한 자주 사용되는 조합이 있어서 다음과 같이 미리 윈도우 스타일을 만들어 놓았다.

- WS_OVERLAPPEDWINDOW : 아래 조합과 같은 의미이다.
  WS_OVERLAPPED | WS_CAPTION | WS_SYSMENU | WS_THICKFRAME | WS_MINIMIZEBOX | WS_MAXIMIZEBOX
- WS_POPUPWINDOW : 아래 조합과 같은 의미이다.
  WS_POPUP | WS_BORDER | WS_SYSMENU

05, 06행 : 생성되는 윈도우가 모니터의 어느 위치에 나타날지 그 위치 값을 x 좌표와 y 좌표로 쓴다. 예에서는 동일한 값인 CW_USEDEFAULT인데 이는 커널에 의해 기본 값을 이용하라는 의미이다.

07, 08행 : 생성되는 윈도우의 폭과 높이 값으로 단위는 픽셀이다. CW_USEDEFAULT는 커널에 의해 기본 값을 이용하라는 의미이다.

09~12행 : 위에서 사용한 기본 값을 그대로 사용할 것을 권한다. 자세한 내용은 나중에 살펴볼 것이다.

윈도우를 만든 다음에는 커널이 부여한 윈도우 출력 형태에 따라 ShowWindow( )와 UpdateWindow( ) 함수를 이용해 윈도우를 화면에 보여준다. 프로그램에서는 nCmdShow 값으로 커널에서 받은 기본 값을 그대로 사용한다.

ShowWindow() 함수

```
BOOL ShowWindow(HWND hWnd, int nCmdShow);
```

- hWnd : 나타낼 윈도우 핸들 값
- nCmdShow : 윈도우를 화면에 나타내는 방법으로 상숫값을 제공
  - SW_HIDE : 윈도우를 화면에서 사라지게 하고 다른 윈도우를 활성화
  - SW_MAXIMIZE : 윈도우를 최대화
  - SW_MINIMIZE : 윈도우를 최소화
  - SW_SHOW : 윈도우를 활성화해 화면에 보여줌

UpdateWindow() 함수

```
BOOL UpdateWindow(HWND hWnd);
```

윈도우에 WM_PAINT 메시지를 보내므로 윈도우 화면에 기본 출력을 하도록 한다.

윈도우를 화면에 보여주는 예

```
ShowWindow(hwnd, iCmdShow);
UpdateWindow(hwnd);
```

3.4 메시지 처리

윈도우 프로그램에서 메시지를 처리하는 과정은 [그림 1-15]와 같다.

그림 1-15 메시지 처리 과정

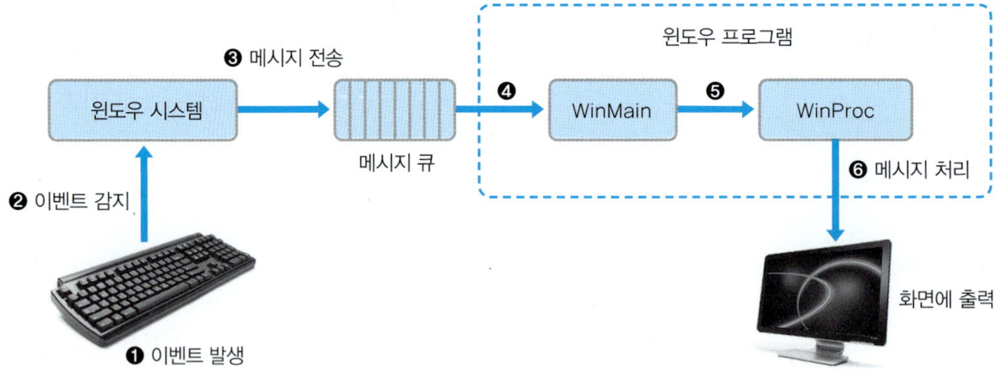

❶ 키보드, 마우스 등에 의해 이벤트가 발생한다.

❷ 발생한 이벤트를 윈도우 시스템이 감지한다.

❸ 이벤트 발생을 알린다. 이벤트 발생을 알리는 방식 중 정숫값인 메시지를 보내는 방식을 택한다. 보내온 메시지가 메시지 큐에 차례로 쌓인다.

❹ WinMain( ) 함수는 메시지 큐에서 맨 앞에 대기 중인 메시지를 꺼낸다.

❺ 꺼낸 메시지를 해석해 메시지 처리 함수에 보낸다. 처리해야 할 메시지가 많기 때문에 메시지 큐에 보관되고 반복해서 하나씩 차례대로 처리한다. GetMessage( ) 함수가 메시지 큐에서 메시지를 꺼낸다. 꺼낸 메시지는 msg 변수에 저장하고 TranslateMessage( ) 함수로 변형한다. TranslateMessage( ) 함수는 두 메시지를 하나로 변형할 때 이용한다. 만약 Shift+A를 누르면 키보드를 두 번 누른 것으로 처리하는 것이 아니라 A를 한 번 누른 것으로 처리해야 한다. 이와 같이 메시지를 변환할 때 TranslateMessage( ) 함수를 이용하는 것이다. DispatchMessage( ) 함수는 메시지를 처리하는 함수에 메시지를 보낸다.

❻ 메시지 처리 함수가 WndProc( )라면 WndProc( ) 함수는 메시지를 받아서 반응을 보인다. 반응은 주로 화면 출력으로 나타난다.

메시지 전송 예

```
while(GetMessage(&msg, NULL, 0, 0))
{
  TranslateMessage(&msg);
  DispatchMessage(&msg);
}
```

GetMessage() 함수

```
BOOL GetMessage(
     LPMSG lpMsg,
     HWND hWnd,
     UINT wMsgFilterMin,
     UINT wMsgFilterMax
);
```

- lpMsg : 메시지가 저장된 MSG 구조체에 대한 포인터
- hWnd : 메시지가 발생한 윈도우의 핸들
- wMsgFilterMin : 얻어올 메시지의 범위에서 최소 정숫값
- wMsgFilterMax : 얻어올 메시지의 범위에서 최대 정숫값

TranslateMessage() 함수

```
BOOL TranslateMessage(const MSG *lpMsg);
```

DispatchMessage() 함수

```
LRESULT DispatchMessage(const MSG *lpmsg);
```

3.5 메시지 처리 함수 : WndProc( )

메시지 처리 함수 WndProc( )를 좀 더 자세히 살펴보자.

WndProc() 함수

```
LRESULT WndProc()
     HWND hWnd,
     UINT iMsg,
     WPARAM wParam,
     LPARAM lParam
);
```

WndProc( )에 넘어오는 매개변수 값은 다음과 같다.

- **hWnd** : 생성된 윈도우의 핸들 값이다. WinMain( )에서 CreateWindow( ) 함수를 이용해 생성한다.
- **iMsg** : 양의 정수인 UINT 타입의 메시지 번호이다. 메시지 번호 값은 양의 정수이지만 프로그래머가 각 이벤트에 따른 숫자를 기억하기 어렵기 때문에 매크로를 이용해 기억하기 쉽게 정의했다. 예를 들면 키보드가 눌렸을 때 메시지를 WM_KEYDOWN으로 표현해 사용된 단어만 봐도 어떤 이벤트에 대한 메시지인지 알 수 있다.
- **wParam, lParam** : 32비트 값으로 메시지의 종류에 따라 값을 해석하는 방법이 다르다. 키보드에서 눌린 문자의 코드 값이 들어 있을 때도 있고 마우스의 위치가 들어 있을 때도 있다. 해석 방법은 두 번째 매개변수의 값에 따라 달라진다.

메시지의 종류에 따라 다르게 처리해야 하므로 WndProc( ) 함수에는 switch 문이 필요하다. 모든 메시지에 대해 case 문을 만들 필요는 없고 프로그램에서 처리를 원하는 메시지만 case 문을 만든다. 나머지 메시지는 커널이 처리할 수도 있기 때문에 넘겨받은 모든 값은 DefWindowProc() 함수를 호출해 넘겨준다. DefWindowProc()는 윈도우에서 발생하는 메시지 중 윈도우 메시지 처리 함수에서 처리하지 않은 것을 기본 메시지 처리 함수에서 담당하도록 한다. 기본 메시지 처리 함수 덕분에 윈도우에서 발생하는 모든 메시지를 처리할 수 있다. DefWindowProc() 함수는 윈도우 메시지 처리 함수와 동일한 매개변수로 호출한다.

WndProc() 함수 예

```
LRESULT CALLBACK WndProc(HWND hwnd, UINT iMsg, WPARAM wParam,
LPARAM lParam)
{
  switch(iMsg)      // 메시지 번호
  {
  case WM_CREATE:   // 메시지에 따른 처리
    break;
  case WM_DESTROY:
    PostQuitMessage(0);
    break;
  } // 처리할 메시지만 case 문에 나열
  return DefWindowProc(hwnd, iMsg, wParam, lParam);
  // 나머지는 커널이 처리하도록 메시지 전달
}
```

요약

1 콘솔 C 프로그래밍과 윈도우 프로그래밍의 유사점 및 차이점

유사점

- 비주얼 스튜디오 2013을 이용한다.
- C 언어 구문을 사용한다.

차이점

- 윈도우 프로그램은 프로젝트를 Win32 Application으로 선택한다.
- 윈도우 프로그램은 Win32 API를 이용해 윈도우 커널의 도움을 받아 원하는 기능을 화면에 나타낸다.
- 콘솔 프로그램은 main( )이 메인 함수이지만 윈도우 프로그램은 WinMain( )이 메인 함수이다.
- 비주얼 스튜디오의 기본 문자 집합은 유니코드이기 때문에 모든 문자열 앞에 접두어 L을 붙여야 한다.

2 윈도우 프로그램의 기본 구조

- 메인 부분과 메시지 처리 부분으로 나뉜다.
- 메인 부분에서는 윈도우 클래스를 생성하고 등록하며, 등록된 윈도우 클래스를 기반으로 윈도우를 생성한다.
- 윈도우에서 발생한 메시지는 메시지 큐에 저장되고, 메시지 처리 부분이 이 메시지를 하나씩 처리한다.
- 메시지 처리 부분은 처리할 메시지에 대해서만 작성하고, 나머지 메시지 처리는 윈도우 커널에 일임한다.
- 메시지 처리 부분은 윈도우 프로그램 개발의 핵심이므로 윈도우 프로그래밍을 메시지 기반 프로그래밍이라고 부른다.
- 문자열을 프로그램에서 사용할 때는 매크로 _T를 이용해 유니코드나 멀티바이트로 변환해야 한다.

연습문제

1 [실습 1-1]에서 배운 대로 프로젝트를 만들고 코드 편집 창에서 다음과 같이 코드를 입력하라. 프로그램이 수행되는 과정을 살펴본 다음 동작 원리를 설명하라.

```
#include <windows.h>
#include <TCHAR.H>
LRESULT CALLBACK WndProc(HWND hwnd, UINT iMsg,
                                     WPARAM wParam, LPARAM lParam);
int WINAPI WinMain(HINSTANCE hInstance, HINSTANCE hPrevInstance,
                       LPSTR lpszCmdLine, int nCmdShow)
{
  HWND      hwnd;
  MSG         msg;
  WNDCLASS WndClass;
  WndClass.style = CS_HREDRAW | CS_VREDRAW;
  WndClass.lpfnWndProc = WndProc;
  WndClass.cbClsExtra = 0;
  WndClass.cbWndExtra = 0;
  WndClass.hInstance = hInstance;
  WndClass.hIcon = LoadIcon(NULL, IDI_APPLICATION);
  WndClass.hCursor = LoadCursor(NULL, IDC_ARROW);
  WndClass.hbrBackground = (HBRUSH)GetStockObject(WHITE_BRUSH);
  WndClass.lpszMenuName = NULL;
  WndClass.lpszClassName = _T("Window Class Name");
  RegisterClass(&WndClass);
  hwnd = CreateWindow(_T("Window Class Name"),
         _T("Window Title Name"),
         WS_OVERLAPPEDWINDOW,
         CW_USEDEFAULT,
         CW_USEDEFAULT,
         CW_USEDEFAULT,
         CW_USEDEFAULT,
         NULL,
         NULL,
         hInstance,
         NULL
  );
  ShowWindow(hwnd, nCmdShow);
```

```
    UpdateWindow(hwnd);
    while(GetMessage(&msg, NULL, 0, 0))
    {
            TranslateMessage(&msg);
            DispatchMessage(&msg);
    }
    return (int)msg.wParam;
}

LRESULT CALLBACK WndProc(HWND hwnd, UINT iMsg,
                                      WPARAM wParam, LPARAM lParam)
{
    switch (iMsg)
    {
    case WM_CREATE:
            break;
    case WM_DESTROY:
            PostQuitMessage(0);
            break;
    }
    return DefWindowProc(hwnd, iMsg, wParam, lParam);
}
```

2 다음과 같은 형태의 윈도우를 만들라.

- 윈도우 타이틀 바에 자신의 이름을 이용해 '홍길동의 첫 번째 윈도우'라고 나타나게 한다.
- 윈도우의 배경 색은 검은색으로 한다.
- 아이콘은 물음표가 되게 한다.
- 마우스는 대문자 I 모양으로 한다.
- 윈도우가 나타날 위치는 (200,300)으로 한다.
- 윈도우의 크기는 600×400이 되게 한다.

홍길동의 첫 번째 윈도우

Chapter 02

윈도우 기본 입출력

학습목표

- 윈도우 화면에 출력하기 위한 디바이스 콘텍스트의 개념을 이해할 수 있다.
- 텍스트를 출력하는 기본 함수를 사용할 수 있다.
- 기본 도형을 화면에 출력할 때 필요한 요소와 함수를 사용할 수 있다.

01 출력 영역 얻기

2장에서는 1장에서 만든 기본 윈도우 화면에 다양하게 출력하는 방법을 살펴보자. 텍스트를 출력하거나 그림을 그리려면 먼저 커널에서 출력 영역을 얻어오는 과정이 필요하다. 출력 영역을 얻어야 텍스트나 그림 등을 출력할 수 있는데, 기본적인 출력 영역은 [그림 2-1]과 같은 윈도우 프레임 안의 흰색 사각형이다.

그림 2-1 디바이스 콘텍스트와 기본 좌표계

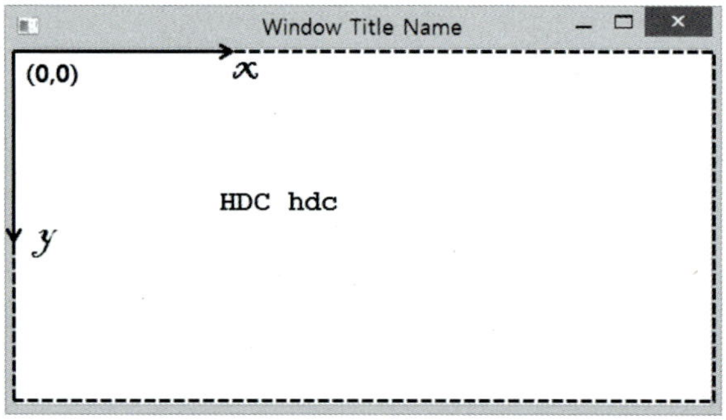

출력 영역에서 좌표는 왼쪽 상단 모서리를 원점으로 한다. x축 값은 오른쪽으로 갈수록 커지고 y축 값은 아래쪽으로 갈수록 커진다. 하지만 좌표계의 원점이나 y축 방향은 변경할 수 있다. 기본 단위는 픽셀이지만 센티미터, 밀리미터, 인치 등 다양한 단위로 나타낼 수도 있다.

출력을 위해 얻어온 화면 영역을 디바이스 콘텍스트(device context, DC)라고 한다. 디바이스 콘텍스트는 변수에 저장해야 하는데, 이때 변수 타입은 HDC이다. HDC 타입은 메모리 영역을 관리하며 메모리 영역에는 얻어온 화면 영역에 대한 속성 값을 저장할 수 있다. 즉 HDC 타입의 변수를 hdc라고 선언한 뒤 hdc에 디바이스 콘텍스트를 얻어와 저장하고, 화면 얻어오기 함수를 이용해 얻은 화면을 hdc에 저장하면 된다.

디바이스 콘텍스트를 얻는 방법은 다양하지만 여기서는 두 가지만 소개할 것이다. BeginPaint( ) 함수를 이용하는 방법과 GetDC( ) 함수를 이용하는 방법이 그것이다.

■ BeginPaint( ) 함수로 디바이스 콘텍스트 얻기

디바이스 콘텍스트를 얻어오는 함수 BeginPaint()

```
HDC BeginPaint(
    HWND hwnd,
    PAINTSTRUCT *lpPaint
);
```

- `HWND hwnd` : 생성한 윈도우의 핸들 값
- `PAINTSTRUCT *lpPaint` : 출력 영역에 대한 정보를 저장할 PAINTSTRUCT 구조체의 주소

BeginPaint( ) 함수는 [그림 2-1]의 점선 사각형 영역인 윈도우의 클라이언트 영역을 디바이스 콘텍스트로 할당해 핸들 값을 반환한다. BeginPaint( ) 함수로 디바이스 콘텍스트 핸들을 얻는 방법은 WM_PAINT 메시지가 발생했을 때만 사용해야 하고, 다른 메시지는 GetDC( ) 함수를 이용한다. BeginPaint( ) 함수를 이용할 때 매개변수로 주어진 PAINTSTRUCT 구조체에는 출력 영역(디바이스 콘텍스트)에 대한 상세 정보가 저장되어 돌아온다.

PAINTSTRUCT 구조체

```
typedef struct tagPAINTSTRUCT {
     HDC hdc;
     BOOL fErase;
     RECT rcPaint;
     BOOL fRestore;
     BOOL fIncUpdate;
     BYTE rgbReserved[32];
} PAINTSTRUCT, *PPAINTSTRUCT;
```

- `hdc` : 출력 영역(디바이스 콘텍스트)에 대한 핸들 값
- `fErase` : 배경 삭제 여부를 가리키는 불(bool) 값이다. 참(true)이면 응용 프로그램이 직접 배경을 삭제해야 하는데, 그렇게 하려면 윈도우 클래스를 만들 때 hbrBackground 멤버를 NULL로 채워야 함
- `rcPaint` : RECT 구조체로, 출력 영역의 왼쪽 상단 꼭짓점과 오른쪽 하단 꼭짓점의 좌표 저장
- `fRestore`, `fIncUpdate`, `rgbReserved` : 시스템에서 사용

BeginPaint( ) 함수를 이용해 디바이스 콘텍스트를 얻어와 출력을 마친 다음에는 반드시 EndPaint( ) 함수를 호출해 출력의 끝을 나타내야 한다. 이때 함수 호출에 사용하는 인수는

BeginPaint( ) 함수와 같다.

디바이스 콘텍스트 반환 함수 EndPaint()

```
BOOL EndPaint(
     HWND hwnd,
     PAINTSTRUCT *lpPaint
);
```

- HWND hwnd : 생성한 윈도우의 핸들 값
- PAINTSTRUCT *lpPaint : 출력 영역에 대한 정보를 저장할 PAINTSTRUCT 구조체의 주소

■ GetDC( ) 함수로 디바이스 콘텍스트 얻기

디바이스 콘텍스트를 얻는 두 번째 방법은 GetDC( ) 함수를 이용하는 것이다. 인수로는 윈도우의 핸들 값을 넣고 윈도우의 클라이언트 영역에 대한 디바이스 콘텍스트를 반환한다. GetDC( ) 함수를 이용해 디바이스 콘텍스트를 얻어와 출력한 다음에는 반드시 ReleaseDC( ) 함수를 호출해 출력을 마쳤음을 알려야 한다.

디바이스 콘텍스트를 얻어오는 함수 GetDC()

```
HDC GetDC(
     HWND hwnd // 생성한 윈도우의 핸들 값
);
```

디바이스 콘텍스트 반환 함수 ReleaseDC()

```
int ReleaseDC(
     HWND hwnd, // 생성한 윈도우의 핸들 값
     HDC hdc // 반환하는 디바이스 콘텍스트의 핸들 값
);
```

[실습 2-1]은 BeginPaint( ) 함수를 이용해 디바이스 콘텍스트를 얻는 예제로, WM_PAINT 메시지, 즉 윈도우가 화면에 나타나는 시점에 디바이스 콘텍스트를 얻어오는 것이다. 출력 방법은 아직 다루지 않았으므로 디바이스 콘텍스트를 얻는 방법만 실습한다. 이제부터 실습에 나와 있지 않은 소스코드는 1장의 연습문제 1번과 동일하다고 보면 된다. 예를 들어 [실습 2-1]은 43행부터 시작하는데 01~42행은 1장의 연습문제 1번과 동일하다.

실습 2-1 디바이스 컨텍스트 얻기

```
43  LRESULT CALLBACK WndProc(HWND hwnd, UINT iMsg,
44                                  WPARAM wParam, LPARAM lParam)
45  {
46      HDC         hdc;
47      PAINTSTRUCT ps;
48
49      switch (iMsg)
50      {
51      case WM_CREATE:
52          break;
53      case WM_PAINT:
54          hdc = BeginPaint(hwnd, &ps);
55          // 이곳에서 출력이 이뤄짐
56          EndPaint(hwnd, &ps);
57          break;
58      case WM_DESTROY:
59          PostQuitMessage(0);
60          break;
61      }
62      return DefWindowProc(hwnd, iMsg, wParam, lParam);
63  }
```

46, 47행 : 디바이스 콘텍스트를 저장할 변수 hdc와 출력 영역(디바이스 콘텍스트)에 대한 상세 정보를 저장할 ps 변수를 선언한다.

53, 54행 : WM_PAINT 발생 시 출력할 영역인 디바이스 콘텍스트를 BeginPaint( ) 함수를 이용해 얻어온다.

55행 : 출력 방법은 아직 다루지 않았으므로 일단 비워둔다.

56행 : 출력을 마친 후 EndPaint( ) 함수를 이용해 디바이스 콘텍스트를 반환한다.

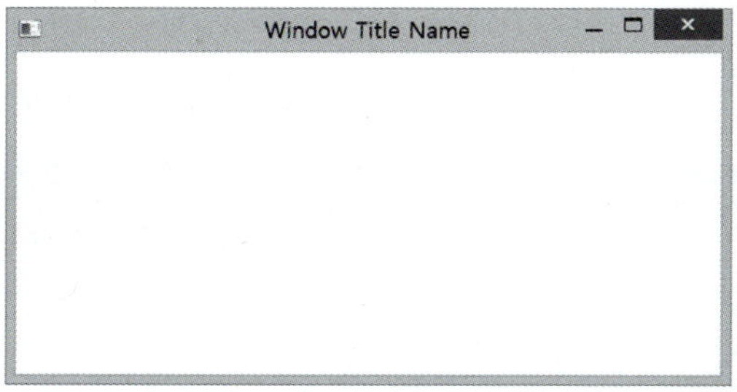

02 문자 집합

프로그램 입출력은 문자의 입력과 출력이 중요한 비중을 차지한다. 문자의 입출력을 위해 먼저 문자 집합에 대한 개념을 알고 있어야 한다. 프로젝트를 만들 때 선택된 문자 집합과 프로그램에서 사용하는 문자 집합이 서로 일치하지 않으면 에러가 발생하기 때문에 잘 알아둬야 한다. 1장의 연습문제 1번에서는 문자열 상수에 매크로 _T()를 적용했는데, 만약 이 매크로를 적용하지 않았다면 에러가 발생했을 것이다. 이 절에서는 프로젝트에 대한 문자 집합은 어떤 것이 있으며, 어떻게 설정하는지 살펴볼 것이다.

❶ [그림 2-2]와 같이 생성된 프로젝트의 이름에서 마우스 오른쪽 버튼을 누르고 [속성]을 선택한다.

그림 2-2 프로젝트의 속성 선택

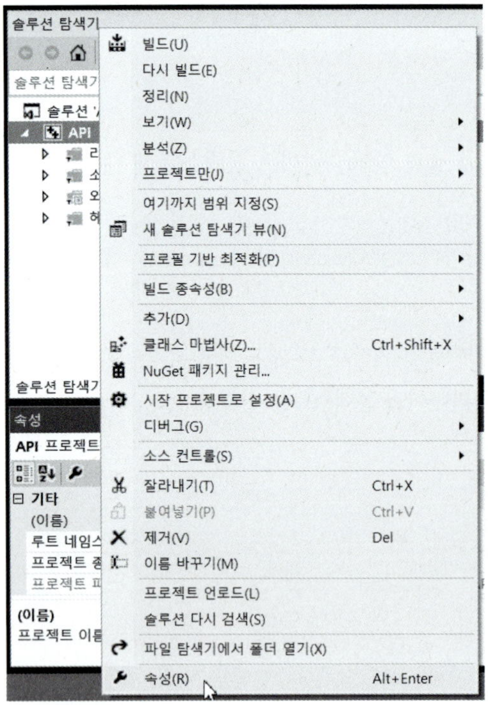

❷ 생성 중인 프로젝트의 속성 페이지가 등장한다. 속성 페이지에는 프로젝트에 대한 다양한 정보의 설정이 나와 있어 매우 유용하다. 여기서 모든 속성 정보를 다루기는 어려우므로 문자 집합에 대한 부분만 살펴본다.

그림 2-3 속성 페이지

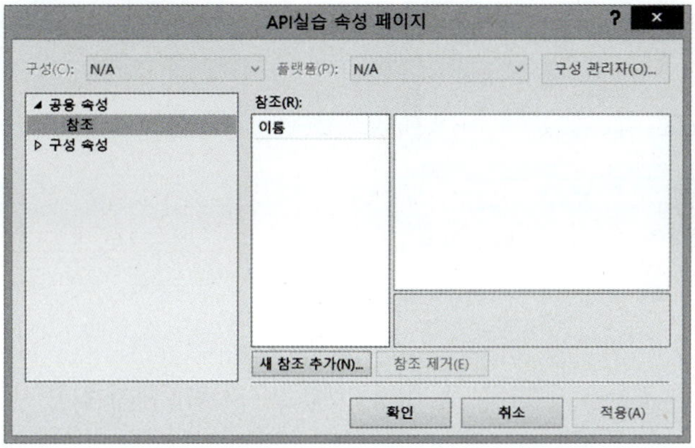

❸ 속성 페이지에서 [구성 속성]을 선택하고 하위 메뉴 중 [일반]을 선택한다. 그러면 오른쪽 분할 영역에서 [문자 집합]이라는 속성을 볼 수 있다.

그림 2-4 문자 집합의 기본 설정

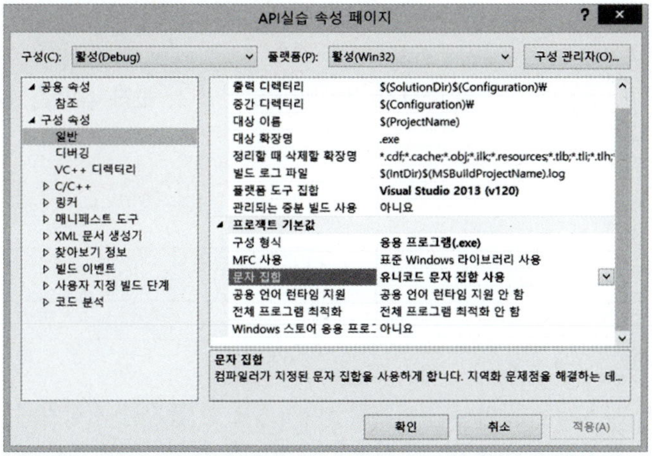

❹ [문자 집합]의 기본 설정이 '유니코드 문자 집합 사용'으로 되어 있는데, 비주얼 스튜디오 2005 버전 이후부터는 문자 집합의 기본 값이 이처럼 설정되어 있다. 우리가 사용할 수 있는 다른 문자 집합은 어떤 것이 있는지 클릭해서 알아보자.

그림 2-5 사용 가능한 문자 집합

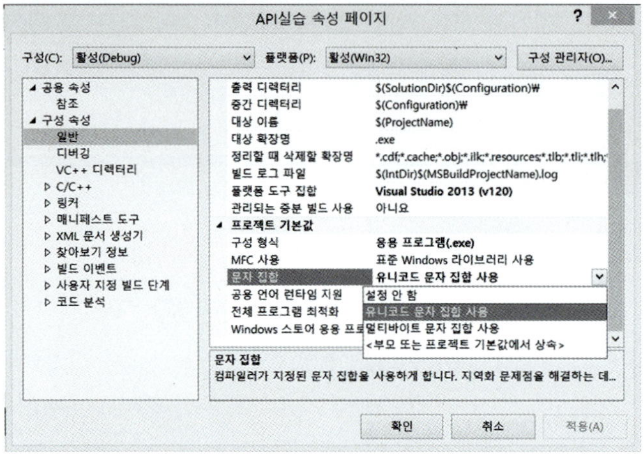

[그림 2-5]와 같이 사용 가능한 문자 집합은 세 가지, 즉 '설정 안 함', '유니코드 문자 집합 사용', '멀티바이트 문자 집합 사용'이 있다. 먼저 문자 집합에 대한 기본적인 이해가 필요하다.

키보드에 있는 모든 영문자와 특수문자는 1바이트에 저장할 수 있다. 이는 영문자와 특수문자를 다 합해도 255개를 넘지 않기 때문이다. 컴퓨터는 서양에서 처음 등장했기 때문에 1바이트에 문자 하나를 저장하는 데 전혀 문제가 없었다.

■ 문자 집합 설정 안 함

예를 들어 다음과 같이 선언하면 각 공간에 하나의 문자가 저장되는 방식이다. 문자 집합을 '설정 안 함'으로 할 경우에 해당한다.

```
char str[15] = "I love you";
```

I		l	o	v	e		y	o	u	₩0				

■ 멀티바이트 문자 집합(MBCS) 사용

한글이나 한자의 경우 문자의 개수가 매우 많아서 영어처럼 1바이트에 한 글자를 저장할 수 없다. 그래서 이러한 동양의 문자를 저장하기 위해 멀티바이트 문자 집합(MBCS)이라는 개념이 나왔다. 이는 한 글자를 저장하기 위해 2바이트 이상을 사용할 수 있게 해주는 것으로, 예를 들어 다음과 같이 선언하고 문자열을 저장하면 한글은 2바이트에, 영문자와 특수문자는 1바이트에 저장된다.

```
char str[15] = "나는 love";
```

나		는			l	o	v	e	₩0					

그런데 이때 실제 글자의 개수와 공간의 크기가 일치하지 않는 문제가 발생한다. 따라서 문자열에서 몇 번째 글자가 무엇인지 알기 위해 한글이 몇 자이고 그 외 문자가 몇 자인지 알고 있어야 한다. 예를 들어 위 문자열에서 뒤의 네 자 'love'를 삭제하려면 각 바이트에 한글이 저장되어 있는지 영어가 저장되어 있는지 알아야 한다. 멀티바이트 문자 집합은 낭비되는 공간이 없기 때문에 메모리 사용 측면에서 매우 효율적이라는 장점이 있으며, 특히 주로 영어로 된 문자열을 처리할 때 불필요하게 공간을 낭비하지 않는다.

■ 유니코드 문자 집합 사용

한글을 저장하는 데 유니코드를 이용할 수도 있다. 유니코드에서는 영어나 한글 구분 없이 모든 문자를 2바이트에 저장한다. 즉 한글은 2바이트를 모두 사용하며, 영문자나 특수문자는 1바이트만 사용하고 나머지 공간은 사용하지 않는 방식이다. 이렇게 하면 멀티바이트에서 발생하는 단점을 피할 수 있다. 문자열에서 몇 번째 글자를 얻어내기 위해 위치에 2를 곱하면 되기 때문이다. 위와 마찬가지로 문자열에서 뒤의 네 자만 삭제하기 위해 문자열 전체 공간 중 뒤에서 8바이트 앞에 NULL 문자를 넣으면 된다. 하지만 영어가 많이 사용되는 프로그램에서는 메모리의 낭비가 많아진다는 단점이 있다.

C 언어 프로그램은 WCHAR라는 자료형을 제공하는데 이는 유니코드 문자열을 위한 자료형이다. 따라서 문자열을 유니코드로 저장하려면 기존의 char가 아닌 WCHAR를 사용해야 한다.

다음과 같이 선언했다고 가정해보자.

```
WCHAR str[15] = L "나는 love";
```

나		는			₩0	l	₩0	o	₩0	v	₩0	e	₩0	₩0

여기서 문자열 상수 앞에 L을 넣은 것은 유니코드로 변환하기 위함이다. 기본 문자열 상수는 모두 멀티바이트이기 때문이다. 한글을 저장하는 것은 멀티바이트의 경우와 동일하며, 영문자나 특수문자에도 2바이트를 제공해 앞쪽에 문자를 저장하고 뒤쪽에는 NULL 문자를 저장한다.

단, 프로그램을 작성할 때 어떤 문자 집합을 사용할지는 미리 결정해야 한다. 중간에 바꾸면 코드를 수정해야 하기 때문이다. 예를 들어 영어권 국가를 대상으로 한 프로그램이 개발 중에 변경되었다면 작성한 것을 수정해야 하는데, 이를 해결하기 위해 TCHAR를 제공하고 있다. TCHAR는 두 문자 집합의 중간 형태로 프로젝트 속성에서 설정된 문자 집합에 따라 문자열을 처리하는 부분을 멀티바이트 또는 유니코드로 자동 변경해준다. 따라서 앞의 예는 다음과 같이 선언할 수 있다.

```
TCHAR str[15] = _T("나는 love");
```

참고로 이 책에서는 자료형이 동일한 TCHAR와 tchar_t를 혼용한다. 이와 같이 작성된 코드는 프로젝트 속성의 문자 집합 설정 값에 따라 자동으로 변경된다. 멀티바이트이면 char str[15] = "나는 love";으로 변경되고, 유니코드로 설정되어 있다면 WCHAR str[15] = L"나는 love";으로 변경된다. 여기서 주의해야 할 점은 TCHAR를 이용하기 위해 소스코드 맨 윗줄에 다음과 같이 헤더 파일을 포함해야 한다는 것이다.

```
#include <TCHAR.H>
```

한 가지 팁을 주자면, 프로그램을 작성할 때 모든 문자열 상수에 매크로 _T()를 적용하는 것이 안전하다.

이제 문자열을 가리키는 포인터형 변수들 간의 차이를 알아보자. 프로그램을 작성하다 보면 다음과 같은 자료형을 자주 접하게 된다.

```
LPSTR, LPCSTR, LPTSTR, LPCTSTR, LPWSTR, LPCWSTR
```

C 언어 프로그래밍만 하다가 이와 같은 자료형을 처음 마주하면 복잡하게 느껴질 수 있지만 여러 번 사용하다 보면 쉽게 적응할 수 있을 것이다. 위의 자료형을 이미 배운 문자형과 포인터형을 이용해 나타내면 다음과 같다.

API 자료형	같은 의미의 자료형	설명
LPSTR	char *	ANSI 코드 문자열에 대한 포인터형
LPCSTR	Const char *	ANSI 코드 문자열에 대한 포인터 상수형
LPTSTR	TCHAR *	TCHAR 코드 문자열에 대한 포인터형
LPCTSTR	Const TCHAR *	TCHAR 코드 문자열에 대한 포인터 상수형
LPWSTR	WCHAR *	유니코드 문자열에 대한 포인터형
LPCWSTR	Const WCHAR *	유니코드 문자열에 대한 포인터 상수형

앞의 자료형에는 모두 LP가 붙어 있는데 이는 'long pointer'의 약자이다. long이라는 말은 과거 16비트 머신일 때 만들어진 것인데 이제는 무시해도 된다. LP가 붙어 있는 자료형은 모두 포인터형이라고 생각하면 된다. 그다음에 C가 붙은 것과 붙지 않은 것이 있는데 C가 붙은 자료형은 Const, 즉 상수를 의미하기 때문에 이렇게 선언된 포인터 변수의 값은 수정할 수 없다. 그리고 STR가 모두 들어 있는데 이것은 문자열이라는 의미이다. 즉 앞의 자료형은 공통적으로 문자열을 가리키는 포인터형이다. W가 붙은 자료형은 유니코드 문자열에 대한 포인터형이다. 마지막으로 T는 유니코드 또는 멀티바이트 둘 다를 지원한다는 의미이다. 만약 환경이 멀티바이트이면 멀티바이트로, 유니코드이면 유니코드 자료형으로 변하게 된다. T가 붙은 자료형에 문자열을 저장할 때는 매크로 _T()를 이용하기 바란다.

03 텍스트 출력하기

이 절에서는 텍스트를 출력하는 방법을 살펴보자. 텍스트를 출력할 때 주로 사용하는 함수는 TextOut( )과 DrawText( )인데 이 중 TextOut( ) 함수가 좀 더 간단하다.

3.1 텍스트 출력 함수 : TextOut( )

TextOut( ) 함수는 특정 위치에 문자열을 출력하기 위한 것으로 문자 집합에 따라 TextOutA나 TextOutW로 변환된다. 만약 멀티바이트 문자 집합을 사용하고 있다면 TextOutA를 이용하고, 유니코드를 사용하고 있다면 TextOutW를 이용한다.

텍스트 출력 함수 TextOut( )

```
BOOL TextOut(HDC hdc, int x, int y, LPCTSTR lpString, int nLength);
```

- HDC hdc : BeginPaint( )나 GetDC( ) 함수로 얻어온 화면 영역
- int x, y : 텍스트를 출력할 위치의 x 좌표와 y 좌표
- LPCTSTR lpString : 출력할 텍스트 문자열
- int nLength : 출력할 텍스트 길이

예를 들어 TextOut(hdc, 0, 0, _T("Hello 안녕"), _tcslen(_T("Hello 안녕")));은 화면의 (0, 0) 위치에 'Hello 안녕'을 출력한다. 출력 문자열의 길이는 _tcslen( ) 함수를 이용하는데, 그 이유는 문자 집합에 따라 위의 문자열 길이가 달라지기 때문이다. 멀티바이트이면 한글을 두 자씩 계산해 총 열 자가 되지만, 유니코드이면 문자의 종류에 상관없이 모두 한 자로 계산하기 때문에 여덟 자가 된다. 이와 같이 프로그램이 문자 집합 종류의 영향을 받으면 일관성이 없어서 프로그래밍을 어렵게 만든다. 그러므로 문자 집합 종류와 무관한 _tcslen( ) 함수를 이용한다.

[실습 2-2]는 출력할 영역을 얻어온 다음 TextOut( )을 이용해 화면의 (0, 0)에 'Hello 안녕'을 출력하는 예제이다. 진하게 표시한 부분은 [실습 2-1]에 새로 추가한 것인데, 프로그래밍 학습

에서는 이렇게 달라진 부분을 살펴보는 것이 아주 중요하다.

실습 2-2 윈도우에 'Hello 안녕' 출력하기

```
44  LRESULT CALLBACK WndProc(HWND hwnd, UINT iMsg,
45                            WPARAM wParam, LPARAM lParam)
46  {
47      HDC            hdc;
48      PAINTSTRUCT    ps;
49
50      switch (iMsg)
51      {
52      case WM_CREATE:
53          break;
54      case WM_PAINT:
55          hdc = BeginPaint(hwnd, &ps);
56          TextOut(hdc, 100, 100, _T("Hello 안녕"), _tcslen(_T("Hello 안녕")));
57          EndPaint(hwnd, &ps);
58          break;
59      case WM_DESTROY:
60          PostQuitMessage(0);
61          break;
62      }
63      return(DefWindowProc(hwnd, iMsg, wParam, lParam));
64  }
```

47, 48행 : HDC 타입의 hdc 변수와 PAINTSTRUCT 타입의 구조체 변수 ps를 만든다. ps는 화면에 관한 다양한 정보를 얻어오는 데 사용하지만 여기서는 사용하지 않는다.

52, 53행 : 1장에서 설명한 것처럼 WndProc( ) 함수에 다양한 메시지가 전달된다. 먼저 도착하는 메시지는 윈도우가 처음 만들어졌을 때 발생하는 WM_CREATE이다. 여기서는 WM_CREATE에 대해 어떤 일도 하지 않고 switch 문을 끝냈다.

54~58행 : 윈도우가 화면에 등장하면서 WM_PAINT 메시지가 발생한다. 이때 디바이스 콘텍스트를 얻어온 다음 TextOut( ) 함수를 이용해 화면인 hdc에 'Hello 안녕'을 출력한다. 출력을 마친 뒤에는 출력을 마쳤음을 알린다.

59~61행 : 윈도우의 〈닫기〉 버튼을 누르거나 종료하면 WM_DESTROY 메시지가 발생한다. 여기서는 PostQuitMessage(0)을 수행하고 있는데 이는 WinMain( )의 while 문에 있는 GetMessage( )

함수가 0을 반환하게 한다. 즉 while 문이 거짓이므로 루프가 종료되고 WinMain( )이 끝난다. 이는 전체 프로그램을 종료시킨다.

3.2 텍스트 출력 함수 : DrawText( )

DrawText( ) 함수는 TextOut( )처럼 텍스트를 화면에 출력하지만 한 점의 좌표를 주고 출력하는 것이 아니라 박스 영역을 지정하고 그 안에 출력한다. 사용하는 매개변수는 TextOut( ) 함수와 대체로 유사하지만, 영역의 좌표를 전달하는 매개변수가 있다는 것과 영역의 어느 위치에 출력할지를 알리는 플래그 값이 있다는 것이 다르다.

텍스트 출력 함수(영역 지정) DrawText( )

```
int DrawText(HDC hdc, LPCTSTR lpString, int nLength, LPRECT lpRect, UINT Flags);
```

- `HDC hdc` : 화면 영역을 가리키는 변수
- `LPCTSTR lpString` : 출력할 텍스트 문자열
- `int nLength` : 출력할 문자열 길이
- `LPRECT lpRect` : LPRECT는 RECT *와 같은 것으로, 문자열을 출력할 박스 영역의 좌표가 저장된 RECT 타입 변수의 주소 값
- `UINT Flags` : 영역의 어느 위치에 어떻게 출력할지를 알려주는 플래그 값으로 미리 정의된 상수 사용

박스 영역을 지정할 때는 RECT 구조체를 사용한다.

RECT 구조체

```
typedef struct tagRECT {
LONG left; // X1
LONG top; // Y1
LONG right; // X2
LONG bottom; // Y2
} RECT;
```

박스 영역을 그림으로 나타내면 [그림 2-6]과 같은 직사각형이 된다. 직사각형의 좌표를 저장하려면 대각선으로 마주 보는 좌표가 2개 필요하다. RECT 구조체에서는 왼쪽 상단 꼭짓점과 오른쪽 하단 꼭짓점 좌표를 이용해 RECT 변수를 만든다. 이를 위해 left, top, right, bottom이라는 4개의 정수 필드를 사용한다.

그림 2-6 RECT 영역

X1의 값은 가장 왼쪽 경계를 나타내므로 left에 저장하고, Y1의 값은 가장 위쪽 경계를 나타내므로 top에 저장한다. 마찬가지로 right에는 X2를, bottom에는 Y2를 저장한다. Flags는 박스에 문자열을 어떤 형태로 어느 위치에 출력할지를 알려주는 상수이다. 플래그로 사용할 수 있는 값에는 다음과 같은 것들이 있다.

DrawText( ) 함수의 플래그 값

- DT_SINGLELINE : 박스 영역에 한 줄로 출력
- DT_LEFT : 박스 영역에서 왼쪽 정렬
- DT_CENTER : 박스 영역에서 가운데 정렬
- DT_RIGHT : 박스 영역에서 오른쪽 정렬
- DT_VCENTER : 박스 영역의 상하에서 가운데에 출력
- DT_TOP : 박스 영역의 위쪽에 출력
- DT_BOTTOM : 박스 영역의 아래쪽에 출력
- DT_CALCRECT : 문자열을 출력한다면 차지할 공간의 크기 측정
- DT_NOCLIP : 문자열이 길어서 사각형을 넘어가도 모두 출력

박스 중앙에 한 줄로 출력할 때는 DT_SINGLELINE | DT_CENTER | DT_VCENTER를 사용한다. 만약 DT_SINGLELINE을 사용하지 않으면 개행 문자인 '\n'에서 다음 줄로 행을 바꿔 출력한다. DT_TOP, DT_BOTTOM, DT_VCENTER는 DT_SINGLELINE과 같이 사용해야 정렬이 된다. 다음은 DrawText( ) 함수를 이용해 'Hello 안녕'을 가상의 사각형 중앙에 출력하는 예제이다.

실습 2-3 DrawText( ) 함수 이용하기

```
44  LRESULT CALLBACK WndProc(HWND hwnd, UINT iMsg,
45                                  WPARAM wParam, LPARAM lParam)
46  {
47      HDC             hdc;
48      PAINTSTRUCT     ps;
49      RECT            rect;
50
51      switch (iMsg)
52      {
53      case WM_CREATE:
54          break;
55      case WM_PAINT:
56          hdc = BeginPaint(hwnd, &ps);
57          rect.left = 50;
58          rect.top = 40;
59          rect.right = 200;
60          rect.bottom = 120;
61          DrawText(hdc, _T("HelloWorld"), 10, &rect,
62              DT_SINGLELINE | DT_CENTER | DT_VCENTER);
63          EndPaint(hwnd, &ps);
64          break;
65      case WM_DESTROY:
66          PostQuitMessage(0);
67          break;
68      }
69      return(DefWindowProc(hwnd, iMsg, wParam, lParam));
70  }
```

47~49행 : hdc와 ps 변수는 앞서 설명한 내용과 같다. rect 변수는 RECT 구조체로 텍스트 출력 영역을 지정한다.

53, 54행 : [실습 2-2]와 같이 먼저 오는 메시지는 WM_CREATE이다. 여기서도 break 문으로 switch 문을 빠져나가 WndProc( )를 마친다.

55, 56행 : WM_PAINT 메시지가 오면 BeginPaint( ) 함수로 화면 영역을 얻어온다.

57~60행 : rect 변수의 left, top, right, bottom 필드에 값 50, 40, 200, 120을 저장한다.

61, 62행 : DrawText( ) 함수를 이용해 rect 영역에 'Hello 안녕'을 출력한다. 출력할 때 사용하는 플래그의 조합은 rect 영역의 중앙에 한 줄로 출력한다는 것을 의미한다.

63, 64행 : EndPaint( )를 이용해 출력을 마쳤음을 알린다.

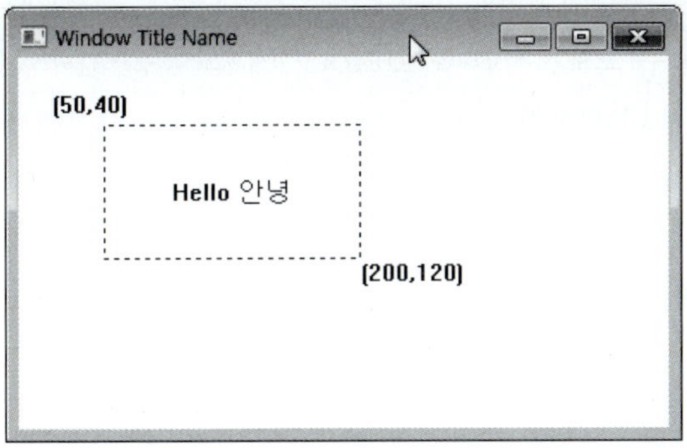

실행 화면에 나타난 좌표와 점선 사각형은 박스 영역을 표시하기 위한 것으로 실제 출력 화면에는 나타나지 않는다. 이 박스의 중앙에 텍스트를 한 줄로 출력한다.

04 키보드 메시지 처리하기

지금까지는 문자열 상수를 화면에 일방적으로 출력하는 방법을 배웠는데, 이 절에서는 키보드로 입력한 정보를 받는 방법을 살펴보자. 키보드에서 발생하는 주요 이벤트는 키를 누르거나 떼는 것이다. 키보드에서 이벤트가 발생하면 윈도우 프로시저인 WndProc( )에 [그림 2-7]과 같은 키보드 메시지, 가상키 값, 부가 정보와 같은 내용이 전달된다. 그러면 윈도우 프로시저에서는 다음과 같은 변수를 기반으로 메시지를 처리한다.

그림 2-7 키보드에서 메시지와 함께 전달되는 정보

전달 변수	내용	값
iMsg	키보드 메시지	WM_KEYDOWN WM_CHAR WM_KEYUP
wParam	가상키 값	A, B, C, … 1, 2, 3, … !, @, #, … VK_BACK VK_RETURN VK_LEFT …
lParam	부가 정보	스캔 코드 키 반복 횟수 확장 키 코드 이전 키 상태

키보드에 의해 다음과 같은 메시지가 발생한다.

- WM_KEYDOWN : 키보드의 키를 눌렀을 때 발생
- WM_CHAR : 키보드의 문자키를 눌렀을 때 발생
- WM_KEYUP : 키보드에서 키를 눌렀다가 뗐을 때 발생

WM_KEYDOWN 메시지는 키보드의 키를 눌렀을 때 발생하고, WM_CHAR 메시지는 키보드의 문자키를 눌렀을 때 발생한다. 그렇다면 A 키를 눌렀을 때 어떤 메시지가 발생할까? WM_KEYDOWN 메시지가 발생하고 다음으로 WM_CHAR 메시지가 발생할 것이다. 또한 WM_KEYUP은 키를 눌렀다가 뗐을 때 발생하는 메시지이다. 이 밖에도 여러 가지 메시지가 있지만 이 세 가지를 주로 사용한다.

[그림 2-7]과 같이 키보드 메시지와 함께 wParam 변수에는 이벤트를 발생시킨 키의 가상키 값이 저장된다. 즉 영문자 또는 숫자를 나타내는 문자나 특수문자가 아스키코드 값으로 전달되는 것이다. 그러나 Enter, Esc, Back Space, 방향키의 경우에는 [표 2-1]과 같은 가상키의 코드 값으로 전달된다.

표 2-1 가상키의 종류

가상키	내용	가상키	내용
VK_CANCEL	Ctrl + Break	VK_END	End
VK_BACK	Back Space	VK_HOME	Home
VK_TAB	Tab	VK_LEFT	←
VK_RETURN	Enter	VK_UP	↑
VK_SHIFT	Shift	VK_RIGHT	→
VK_CONTROL	Ctrl	VK_DOWN	↓
VK_MENU	Alt	VK_INSERT	Insert
VK_CAPITAL	Caps Lock	VK_DELETE	Delete
VK_ESCAPE	Esc	VK_F1 ~ VK_F10	F1 ~ F10
VK_SPACE	Space Bar	VK_NUMLOCK	Num Lock
VK_PRIOR	Page Up	VK_SCROLL	Scroll Lock
VK_NEXT	Page Down		

마지막으로 lParam에는 스캔 코드, 키 반복 횟수 같은 부가 정보가 저장 및 전달되는데 이에 대

한 자세한 설명은 생략한다. 이어서 메시지를 처리하는 예제를 살펴보자.

실습 2-4 WM_CHAR 메시지 처리하기

```
44 LRESULT CALLBACK WndProc(HWND hwnd, UINT iMsg,
45                             WPARAM wParam, LPARAM lParam)
46 {
47     HDC   hdc;
48 
49     switch (iMsg)
50     {
51     case WM_CREATE:
52         break;
53     case WM_CHAR:
54         hdc = GetDC(hwnd);
55         TextOut(hdc, 0, 0, _T("어떤 키를 누를 때 이 문장이 보이나요?"), 22);
56         ReleaseDC(hwnd, hdc);
57         break;
58     case WM_DESTROY:
59         PostQuitMessage(0);
60         break;
61     }
62     return(DefWindowProc(hwnd, iMsg, wParam, lParam));
63 }
```

54, 56행 : GetDC( ) 함수를 이용해 HDC를 얻어온다. 앞에서는 WM_PAINT 메시지를 처리하는 case 문에서 BeginPaint( )를 이용해 HDC를 얻어오고, EndPaint( )를 이용해 출력을 마쳤다. 하지만 WM_PAINT가 아닌 다른 메시지에서는 GetDC( ) 함수를 이용해야 한다. 출력을 마칠 때는 ReleaseDC( ) 함수를 이용한다. 이처럼 사용하는 함수는 달라도 기능은 같다. 다른 윈도우로 가렸다가 나타내거나, 최소화했다가 원상 복귀했을 때 WM_PAINT 메시지를 처리하는 case 문에서 출력한 내용은 계속 볼 수 있다. 하지만 GetDC( ) 함수로 얻어와 화면에 출력하는 case 문의 내용은 모두 사라진다.

55, 56행 : 키보드를 눌렀을 때 hdc에 화면 영역을 얻어오고 화면의 (0, 0) 좌표에 "어떤 키를 누를 때 이 문장이 보이나요?"를 출력한다. 키보드에서 문자키를 누를 때 "어떤 키를 누를 때 이 문장이 보이나요?"를 출력한다. 문자키가 아닌 키를 누르면 아무것도 출력되지 않는다.

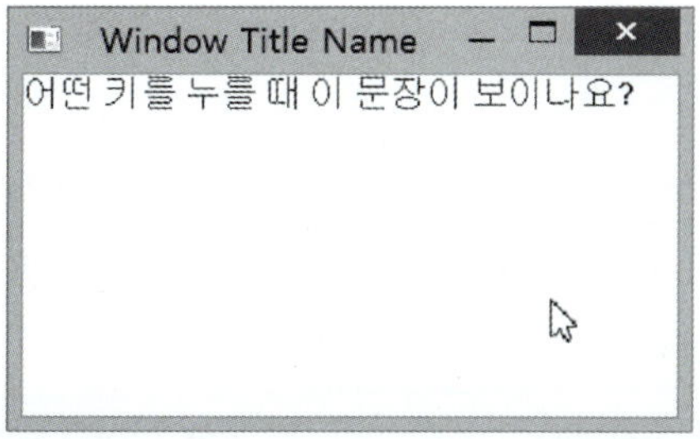

A 키를 누른 결과

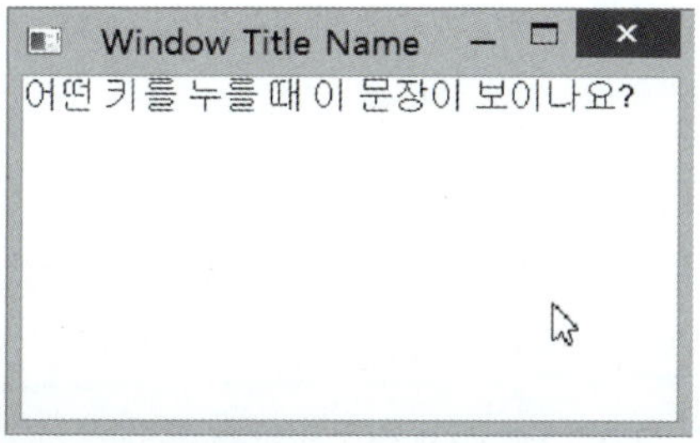

Enter 키를 누른 결과

다음은 눌린 키보드의 문자키를 알아내어 화면에 문자를 출력하는 예제이다.

실습 2-5 입력 문자 처리하기

```
44  LRESULT CALLBACK WndProc(HWND hwnd, UINT iMsg,
45                               WPARAM wParam, LPARAM lParam)
46  {
47      HDC             hdc;
48      static TCHAR    str[100];
49
50      switch (iMsg)
51      {
52      case WM_CREATE:
53          break;
54      case WM_CHAR:
55          hdc=GetDC(hwnd);
56          str[0] = wParam;
57          str[1] = NULL;
58          TextOut(hdc, 0, 0, str, _tcslen(str));
59          ReleaseDC(hwnd, hdc);
60          break;
61      case WM_DESTROY:
62          PostQuitMessage(0);
63          break;
64      }
65      return(DefWindowProc(hwnd, iMsg, wParam, lParam));
66  }
```

48행 : 문자를 저장하기 위한 변수 str를 선언했다. 2절에서 설명한 바와 같이 TCHAR 자료형으로 선언해 유니코드 환경이든 멀티바이트 환경이든 모두 가능하게 했다. 배열의 크기를 반드시 100으로 할 필요는 없으며 여기서는 2로 설정해보자.

54, 55행 : WM_CHAR는 문자키를 누르면 발생하는 메시지이다. case 문에서 WM_KEYDOWN 메시지를 처리해도 되지만, 화면에 표시할 문자키에 대한 처리이므로 WM_CHAR 메시지 처리로 했다. 키보드의 문자키를 눌렀을 때 hdc 변수에 화면을 얻어온다.

56~58행 : 미리 선언한 str 문자열에 입력된 문자를 저장해 문자열을 만든다. 코드를 보고 짐작할 수 있겠지만 키를 눌렀을 때 가상키 값은 wParam에 저장되어 온다. 즉 WM_CHAR 메시지의 번호는 iMsg에 저장되고 문자의 가상키 값은 wParam에 저장되어 온다. A 키를 눌렀다면 str에는 'a'라는 문자열이 저장되므로 화면의 (0, 0) 좌표에 'a'를 출력하는 것이다. _tcslen( )은 TCHAR 문자열의 길이를 알려주는 함수로 문자 집합이 어떤 것으로 결정되든 상관없이 문자열의 길이를 알려준다.

[실습 2-4]와 같은 이유로 [실습 2-5]에서 출력된 내용도 다른 윈도우로 가렸다가 나타내거나 최소화했다가 원상 복귀하면 모두 사라진다. 생성한 윈도우가 최소화되었다가 나타나면 화면을 깨끗이 지우고 WM_PAINT 메시지를 발생시키기 때문이다. [실습 2-5]에서는 마지막에 누른 문자 하나만 보여주고 그 전에 입력한 문자는 사라진다.

이번에는 입력한 문자를 계속 저장했다가 화면에 문자열을 출력하는 간단한 텍스트 입력 예제를 살펴보자.

실습 2-6 입력 문자열 처리하기

```
44  LRESULT CALLBACK WndProc(HWND hwnd, UINT iMsg,
45                              WPARAM wParam, LPARAM lParam)
46  {
47      HDC             hdc;
48      static TCHAR    str[100];
49      static int      count;
50
51      switch (iMsg)
52      {
53      case WM_CREATE:
54          count = 0;
55          break;
```

```
56      case WM_CHAR:
57          hdc=GetDC(hwnd);
58          str[count++] = wParam;
59          str[count] = NULL;
60          TextOut(hdc, 0, 0, str, _tcslen(str));
61          ReleaseDC(hwnd, hdc);
62          break;
63      case WM_DESTROY:
64          PostQuitMessage(0);
65          break;
66      }
67      return(DefWindowProc(hwnd, iMsg, wParam, lParam));
68  }
```

49행 : [실습 2-5]와 달리 str 문자열과 count 정수를 static 변수로 선언했다. 메시지가 발생했을 때 저장한 내용을 다음 메시지가 발생해도 계속 유지하기 위해서이다. 메시지 하나를 처리하고 나면 그 메시지 때문에 저장한 내용은 static 변수나 전역변수에 저장하지 않는 한 모두 잃게 된다. 메시지 처리를 마치면 WndProc( ) 함수가 종료되기 때문이다.

54행 : 윈도우가 처음 만들어졌을 때 count 변수를 0으로 초기화한다. count 변수는 입력된 문자의 개수를 알려준다.

56~62행 : 문자키를 누를 때마다 WM_CHAR 메시지가 발생하고 입력된 문자는 wParam에 저장되어 오는데, 이를 str[count]에 저장하고 count 변수를 증가시킨다. 그런 다음 (0, 0) 좌표에 str를 출력한다.

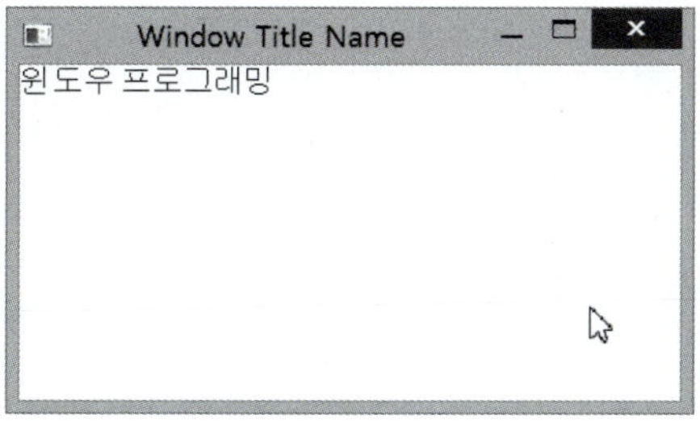

일반 문자키 입력 후 화면

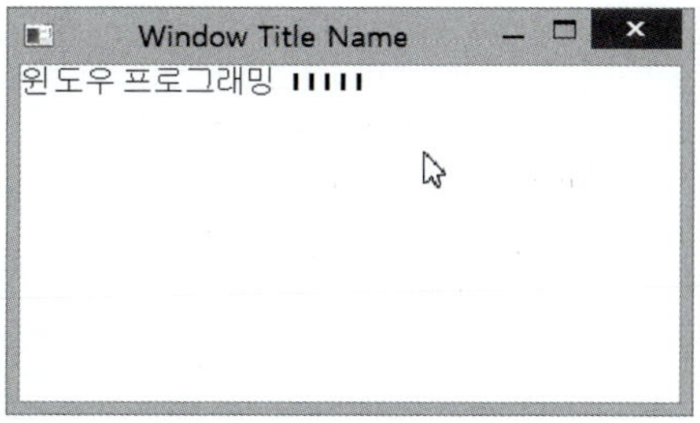

Enter, Back Space 키 입력 후 화면

[실습 2-6]을 실행한 후 문자를 입력하면 왼쪽 상단부터 입력한 문자가 순서대로 나타난다. 하지만 Enter나 Back Space 키 같은 컨트롤키 입력에는 작동하지 않는다.

[실습 2-6]의 경우 기본적인 기능을 수행하지만 몇 가지 문제가 있다. 이 중 가장 시급한 문제 두 가지와 그 해결책을 알아보자.

❶ 윈도우를 최소화했다가 다시 나타내면 출력한 내용이 사라진다.

→ WM_PAINT 메시지가 발생하기 때문이므로 WM_PAINT 메시지를 처리하는 case 문을 만든다.

❷ Enter 나 Back Space 같은 키를 처리할 수 없다.

→ 가상키 테이블을 사용하거나 DrawText( ) 함수를 이용해 처리한다.

❶번 문제는 윈도우를 최소화했다가 원상 복귀하면 화면에 출력된 내용이 모두 사라진다는 것인데, 이와 같은 상황은 WM_PAINT 메시지가 발생하면서 화면에 이미 출력된 내용을 무효화, 즉 전체 내용을 삭제하기 때문이다. WM_PAINT 메시지가 발생하면 화면의 내용이 모두 지워지고, WndProc( ) 함수의 WM_PAINT 메시지를 처리하는 case 문에서 출력하는 것만 남는다. 따라서 이전에 출력한 내용이 화면에 계속 남아 있도록 하려면 출력한 내용을 WM_PAINT 메시지에서 다시 출력해야 한다.

❷번 문제는 Enter 나 Back Space 키가 처리되지 않는다는 것이다. 물론 Tab 이나 Delete 키도 사용할 수 없다. (두 경우 모두 원리가 같으므로 Tab 이나 Delete 키에도 쉽게 응용할 수 있을 것이다.) Enter 나 Back Space 키를 눌렀을 때 이에 대한 가상키 코드 값이 wParam에 저장되고, 이것은 단지 하나의 문자로 문자 배열 str에 저장된다. TextOut( ) 함수는 출력하는 문자 배열에 Enter 나 Back Space 문자가 있어도 무시하고 그냥 출력만 한다.

다음은 WM_PAINT 메시지가 발생해 화면이 삭제되는 문제를 해결하는 예제이다.

실습 2-7 WM_PAINT 메시지 처리하기

```
LRESULT CALLBACK WndProc(HWND hwnd, UINT iMsg,
                         WPARAM wParam, LPARAM lParam)
{
    HDC             hdc;
    PAINTSTRUCT     ps;
    static TCHAR    str[100];
    static int      count;

    switch (iMsg)
```

```
54      {
55      case WM_CREATE:
56          count = 0;
57          break;
58      case WM_PAINT:
59          hdc = BeginPaint(hwnd, &ps);
60          TextOut(hdc, 0, 0, str, _tcslen(str));
61          EndPaint(hwnd, &ps);
62          break;
63      case WM_CHAR:
64          hdc=GetDC(hwnd);
65          str[count++] = wParam;
66          str[count] = NULL;
67          TextOut(hdc, 0, 0, str, _tcslen(str));
68          ReleaseDC(hwnd, hdc);
69          break;
70      case WM_DESTROY:
71          PostQuitMessage(0);
72          break;
73      }
74      return(DefWindowProc(hwnd, iMsg, wParam, lParam));
75  }
```

50행 : str 배열 변수가 static으로 선언되어 이전에 저장한 내용을 모두 그대로 유지한다.

58~62행 : [실습 2-6]과 비슷하지만 WM_PAINT 메시지를 처리하는 case 문이 추가되었다. 즉 WM_PAINT 메시지가 발생해 화면의 내용이 모두 사라졌다면 str에 저장된 문자열을 (0, 0) 좌표에 출력하는 것이다.

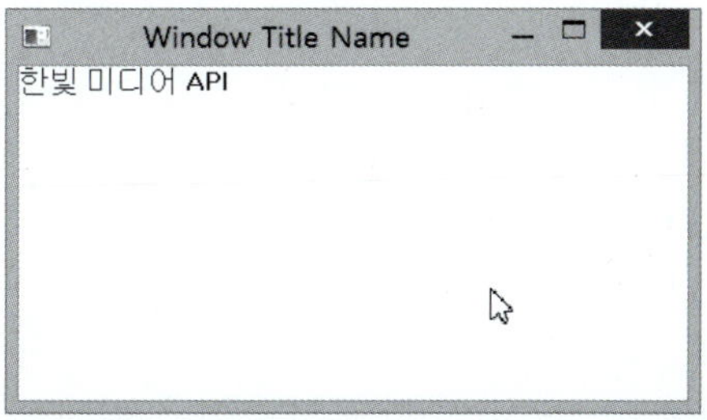

초기 텍스트 입력 화면

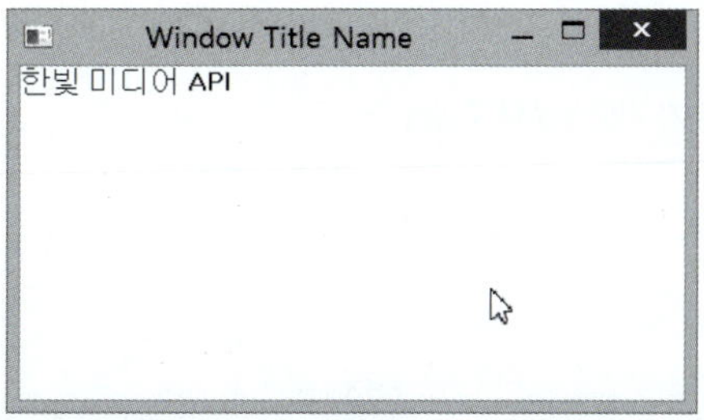

최소화했다가 원상 복귀한 화면

WM_PAINT 메시지가 발생했을 때는 BeginPaint( ) 함수를 이용해 출력 영역을 얻어오고 다른 메시지는 GetDC( ) 함수를 이용한다. 그리고 화면 출력을 마쳤을 때는 각각 EndPaint( )와 ReleaseDC( ) 함수를 이용해 알린다.

[실습 2-7]에서는 텍스트를 출력하는 부분이 두 곳이다. 그렇다면 TextOut( ) 호출 두 번을 하나로 모을 수 없을까? WM_CHAR 메시지에서 출력하는 부분을 삭제하고 WM_PAINT 메시지를 발생시켜 출력하면 가능하다. 화면의 특정 영역을 수정하는 InvalidateRgn( ) 함수가 있는데, 이것은 클라이언트의 특정 영역을 무효화하므로 다시 그리고 싶을 때 발생시킨다. 특정 영역에 WM_PAINT 메시지를 강제로 발생시키는 효과가 있다.

화면 영역 수정 함수 InvalidateRgn()

```
BOOL InvalidateRgn(
      HWND hWnd,
      HRGN hRgn,
      BOOL bErase
);
```

- hWnd : 수정 영역이 포함된 윈도우의 핸들 값
- hRgn : 수정 영역에 대한 핸들 값으로 NULL을 주면 클라이언트 영역 전체를 수정하는데, 여기서는 주로 NULL 값 이용
- bErase : 수정 영역을 모두 삭제하고 다시 그릴지, 수정 부분만 추가할지를 나타내는 불(bool) 값으로, 참(true)이면 모두 삭제하고 거짓(false)이면 삭제하지 않음

[실습 2-8]에서는 입력 문자를 저장하는 곳과 출력하는 곳을 나눈다. 그리고 문자열 출력을 위한 TextOut( ) 함수 호출을 WM_PAINT 메시지 처리에서만 한다.

실습 2-8 문자 저장과 출력 구분하기

```
LRESULT CALLBACK WndProc(HWND hwnd, UINT iMsg,
                        WPARAM wParam, LPARAM lParam)
{
    HDC             hdc;
    PAINTSTRUCT     ps;
    static TCHAR    str[100];
    static int      count;
```

```
52      switch (iMsg)
53      {
54      case WM_CREATE:
55          count = 0;
56          break;
57      case WM_PAINT:
58          hdc = BeginPaint(hwnd, &ps);
59          TextOut(hdc, 0, 0, str, _tcslen(str));
60          EndPaint(hwnd, &ps);
61          break;
62      case WM_CHAR:
63          str[count++] = wParam;
64          str[count] = NULL;
65          InvalidateRgn(hwnd, NULL, TRUE);
66          break;
67      case WM_DESTROY:
68          PostQuitMessage(0);
69          break;
70      }
71      return(DefWindowProc(hwnd, iMsg, wParam, lParam));
72  }
```

59행 : 문자 배열 str에 저장된 내용을 출력하는 일은 WM_PAINT 메시지 처리 부분이 담당한다. 문자가 키보드를 통해 하나씩 들어올 때마다 WM_CHAR 메시지 처리에서 str에 저장한 후, 화면에 출력하도록 InvalidateRgn( ) 함수를 호출한다.

63, 64행 : [실습 2-7]과 달리 WM_CHAR 메시지 처리 부분에서는 키보드로 입력한 문자를 str 문자 배열에 저장만 하고 출력하지는 않는다. 대신 InvalidateRgn( ) 함수를 호출한다.

65행 : InvalidateRgn( ) 함수 호출에서는 세 번째 매개변수가 TRUE이므로 윈도우 화면 전체를 무효화해 화면의 내용을 삭제하고 WM_PAINT 메시지를 발생시킨다.

그러나 [실습 2-8]도 문제가 있는데, 화면 전체를 강제로 지우기 때문에 출력 내용이 많으면 화면이 깜박거린다. 이는 비트맵을 배운 다음 더블 버퍼링이라는 기법을 사용하거나, 세 번째 매개변수를 FALSE로 변경해 화면의 변경된 부분만 수정하도록 해결할 수 있다.

또한 Enter나 Back Space 키 또는 방향키처럼 많이 사용하지만 문자키가 아닌 컨트롤키 처리에도 문제가 있다. 컨트롤키는 볼 수 있는 문자로 표시할 수 없기 때문에 가상키라는 상수로 처리한다.

[표 2-1]에서 가상키에 해당하는 매크로와 내용을 살펴보았는데, 각 내용에 해당하는 키 입력이 있는지 확인하는 방법은 WM_KEYDOWN이나 WM_CHAR 메시지가 올 때 wParam에 저장되어 오는 내용이 가상키와 같은 값인지 비교하는 것이다. 예를 들어 Back Space 키를 누르면 wParam의 내용은 VK_BACK과 같다. 따라서 가상키 처리는 WM_CHAR나 WM_KEYDOWN 메시지 처리 case 문에서 해당 가상키와 wParam이 같은지 비교하는 방식을 사용한다.

[실습 2-9]는 키가 입력되었을 때 마지막에 입력한 글자를 삭제하는 예제이다.

실습 2-9 Back Space 키 입력 처리하기

```
LRESULT CALLBACK WndProc(HWND hwnd, UINT iMsg,
                                WPARAM wParam, LPARAM lParam)
{
    HDC             hdc;
    PAINTSTRUCT     ps;
    static TCHAR    str[100];
    static int      count;

    switch (iMsg)
    {
    case WM_CREATE:
        count = 0;
        break;
    case WM_PAINT:
        hdc = BeginPaint(hwnd, &ps);
        TextOut(hdc, 0, 0, str, _tcslen(str));
        EndPaint(hwnd, &ps);
        break;
    case WM_CHAR:
        if(wParam == VK_BACK && count > 0) count--;
        else str[count++] = wParam;
        str[count] = NULL;
        InvalidateRgn(hwnd, NULL, TRUE);
        break;
    case WM_DESTROY:
        PostQuitMessage(0);
        break;
    }
    return(DefWindowProc(hwnd, iMsg, wParam, lParam));
}
```

62~67행 : 입력 문자열을 출력하는 프로그램과 기능이 같다. WM_CHAR 메시지를 처리하는 case 문에 wParam 내용과 VK_BACK이 같은지 확인하는 부분만 추가되었다.

63행 : 입력한 문자가 VK_BACK이고 count가 양수이면 count 값을 1 감소시킨다. 여기서 count가 양수라는 것은 삭제할 수 있는 문자가 존재한다는 의미이다.

65행 : 63행에서 1 감소된 count는 마지막에 입력 문자가 저장된 곳의 인덱스 값이다. 따라서 마지막에 입력된 문자가 str[count] = NULL에 의해 삭제된다.

66행 : InvalidateRgn() 함수를 호출해 화면을 삭제하고 str 문자열의 새로운 내용을 출력한다.

[실습 2-9]를 문자 집합이 멀티바이트일 경우 실행해보면 Back Space 키에 의해 한글 한 자가 완전히 지워지지 않는 것을 볼 수 있다. 한글은 Back Space 키를 두 번 눌렀을 때 한 자가 삭제된다. 이는 한글이 2바이트, 영어가 1바이트를 차지하기 때문이다. 그러나 유니코드의 경우에는 모든 문자가 2바이트에 저장되기 때문에 한글이든 영어든 상관없이 한 자씩 삭제가 가능하다.

[실습 2-10]은 Enter 키가 입력된 경우, 이후에 입력된 문자열의 출력 위치를 변경하는 예제이다.

실습 2-10 Enter 키 입력 처리하기

```
LRESULT CALLBACK WndProc(HWND hwnd, UINT iMsg,
                         WPARAM wParam, LPARAM lParam)
{
    HDC           hdc;
    PAINTSTRUCT   ps;
    static TCHAR  str[100];
    static int    count, yPos;

    switch (iMsg)
    {
    case WM_CREATE:
        count = 0;
        yPos = 0;
        break;
    case WM_PAINT:
        hdc = BeginPaint(hwnd, &ps);
        TextOut(hdc, 0, yPos, str, _tcslen(str));
        EndPaint(hwnd, &ps);
```

```
62            break;
63        case WM_CHAR:
64            if (wParam == VK_BACK && count > 0) count--;
65            else if (wParam == VK_RETURN)
66            {
67                count = 0;
68                yPos = yPos + 20;
69            }
70            else str[count++] = wParam;
71            str[count] = NULL;
72            InvalidateRgn(hwnd, NULL, TRUE);
73            break;
74        case WM_DESTROY:
75            PostQuitMessage(0);
76            break;
77        }
78        return(DefWindowProc(hwnd, iMsg, wParam, lParam));
79    }
```

65~67행 : Enter 키가 입력되었을 때 str 문자열에 저장된 문자를 모두 버리고 새로 입력받을 수 있도록 한다.

68행 : 이후에 입력되는 문자열은 화면에 출력할 때 y 좌표가 20 증가되므로 다음 행에 출력되도록 한다.

[실습 2-10]의 경우, 다음 행으로 내려가기는 하지만 이전에 입력된 모든 내용을 잃어버리는 문제가 있다. 이 문제를 해결하기 위해서는 기본적으로 2차원 배열을 선언해 입력된 모든 것을 저장해둬야 한다. 하지만 TextOut( )이 아닌 DrawText( )를 이용한다면 Enter 키를 쉽게 처리할 수 있다. [실습 2-11]에서는 DrawText( )를 이용해 문자열 출력을 함으로써 Enter 키를 간단하게 처리했다.

실습 2-11 DrawText( ) 함수를 이용해 Enter 키 입력 처리하기

```
LRESULT CALLBACK WndProc(HWND hwnd, UINT iMsg,
                                WPARAM wParam, LPARAM lParam)
{
    HDC             hdc;
```

```
48      PAINTSTRUCT    ps;
49      static TCHAR   str[1000];
50      static int     count, yPos;
51      RECT rt = { 0, 0, 1000, 1000 };
52      switch (iMsg)
53      {
54      case WM_CREATE:
55          count = 0;
56          yPos = 0;
57          break;
58      case WM_PAINT:
59          hdc = BeginPaint(hwnd, &ps);
60          DrawText(hdc, str, _tcslen(str), &rt, DT_TOP|DT_LEFT);
61          EndPaint(hwnd, &ps);
62          break;
63      case WM_CHAR:
64          if (wParam == VK_BACK && count > 0) count--;
65          else str[count++] = wParam;
66          str[count] = NULL;
67          InvalidateRgn(hwnd, NULL, TRUE);
68          break;
69      case WM_DESTROY:
70          PostQuitMessage(0);
71          break;
72      }
73      return(DefWindowProc(hwnd, iMsg, wParam, lParam));
74  }
```

51행 : DrawText를 이용하려면 사각형 영역의 좌표를 저장하기 위한 RECT 변수가 필요하다. 그래서 RECT형으로 rt 변수를 선언하고 (0, 0, 1000, 1000)을 초깃값으로 저장했다. 이 사각형은 윈도우의 왼쪽 상단을 기준으로 가로세로가 1000인 정사각형 모양이다.

60행 : 문자열은 rt 사각형 내의 위에서부터 왼쪽 정렬로 출력된다. 여기서 출력 옵션에 DT_SINGLELINE을 추가하면 한 줄로 출력하라는 뜻이므로 Enter 키가 효과를 발휘할 수 없다.

63~68행 : Enter 키가 입력되었을 때 이전 실습과는 달리 str 문자열에 그냥 저장한다. 이는 DrawText()가 개행 문자를 만나며 아래 행으로 내려가기 때문이다. 여기서는 Enter 키를 입력해도 count를 0으로 변경하는 일이 없기 때문에 지금까지 입력한 모든 문자열이 출력된다.

05 캐럿 이용하기

메모장이나 일반 워드프로세서에서는 글자를 입력할 위치에 깜박이는 커서가 나타나는데 이것을 캐럿이라 한다. 캐럿이 있으면 어느 위치에 문자가 입력되는지를 알 수 있다. 이 절에서는 지금까지 실습한 예제 프로그램에서는 나타나지 않은 캐럿을 추가해보자.

캐럿은 다음과 같은 함수를 통해 이용할 수 있다.

캐럿 관리 함수

- 캐럿 만들고 보이기

```
BOOL CreateCaret(HWND hwnd, HBITMAP Bitmap, int width, int height);
BOOL ShowCaret(HWND hwnd);
```

- 캐럿 위치 설정하기

```
BOOL SetCaretPos(int x, int y);
```

- 캐럿 감추기

```
BOOL HideCaret(HWND hwnd);
```

- 캐럿 삭제하기

```
BOOL DestroyCaret();
```

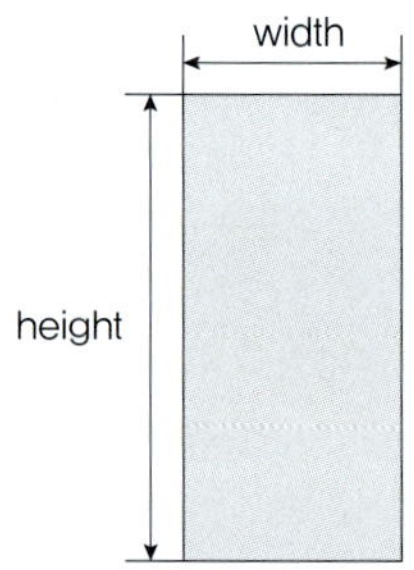

캐럿은 CreateCaret( ) 함수로 만든다. 첫 번째 매개변수(hwnd)는 캐럿이 나타날 윈도우 핸들값이다. 이는 WinMain( )에서 만든 윈도우의 핸들로 메시지가 올 때 WndProc( )에 값이 전달된다. 두 번째 매개변수(Bitmap)는 캐럿의 내부를 칠할 내용이다. 비트맵으로 칠하고 싶으면 비트맵 핸들을 넣고 NULL을 넣으면 검은색이 된다. 세 번째와 네 번째 매개변수(width와 height)는 정수로 캐럿의 너비와 높이이다.

캐럿의 위치는 SetCaretPos( ) 함수로 설정하는데 매개변수(x와 y)는 캐럿이 위치할 좌표이다. 포커스가 다른 윈도우로 넘어가 캐럿을 감춰야 할 때는 HideCaret( ) 함수를 이용한다. 마지막으로 프로그램을 종료할 때는 DestroyCaret( ) 함수로 캐럿을 삭제한다.

그럼 문자열을 출력한 후 특정 문자 뒤에 캐럿을 출력하려면 어떻게 해야 하는지 살펴보자. 문자열 Abijc를 특정 크기의 굴림으로 출력하고 c 뒤에 캐럿을 출력한다고 해보자. 문자열을 저장하는 배열 변수의 모양은 [그림 2-8]과 같다.

그림 2-8 문자열 크기 측정

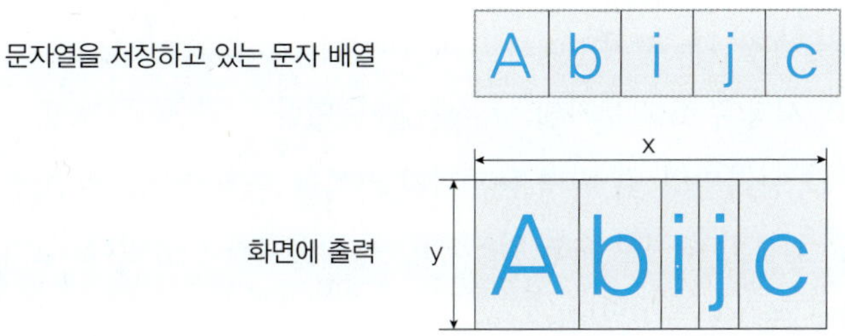

각 공간마다 문자가 하나씩 저장되는데, 이 문자열을 화면에 출력하면 각 문자가 차지하는 공간의 크기가 서로 다르다. 대문자는 차지하는 영역이 가장 크고 소문자도 문자의 모양에 따라 공간의 크기가 서로 다르다. 그렇기 때문에 특정 문자 뒤에 캐럿을 출력할 때 문자가 몇 번째 문자인지로 위치를 계산하면 값이 틀릴 수 있으니 화면에서의 실제 길이를 측정해야 한다.

위의 Abijc 문자열을 특정 크기의 굴림으로 출력한다면 너비가 x 픽셀, 높이가 y 픽셀이다. 이 문자열을 화면의 (100, 200) 좌표에 출력하면 c 뒤의 위치는 (100+x, 200)이고, 이곳에 캐럿을 출력하면 c 뒤에서 깜박인다. 따라서 캐럿의 위치를 얻으려면 문자열이 차지하는 크기를 측정해야 하는데, 이때 사용하는 함수가 GetTextExtentPoint( )이다.

문자열 크기 측정 함수 GetTextExtentPoint()

```
BOOL GetTextExtentPoint(
     HDC        hdc,
     LPCTSTR    lpString,
     int        cbString,
     LPSIZE     lpSize
);
```

```
• LPSIZE = SIZE *
• struct tagSIZE {
      LONG     cx;
      LONG     cy;
• } SIZE;
```

GetTextExtentPoint( ) 함수를 이용해 문자열이 화면에서 차지하는 공간이 얼마나 큰지 측정할 수 있다. 이 함수에서는 다음과 같은 매개변수를 사용한다.

- **첫 번째 매개변수(hdc)** : 캐럿을 출력할 화면이다. 화면을 함수에 알리는 이유는 화면에 현재 설정된 폰트와 크기 정보가 저장되어 있기 때문이다.
- **두 번째 매개변수(lpString)** : 크기를 측정하는 문자열이다. LPCTSTR는 Const TCHAR *와 같다고 볼 수 있기 때문에 문자열의 시작 주소나 문자열 상수를 쓸 수 있다.
- **세 번째 매개변수(cbString)** : 정수로 문자열의 몇 번째 문자까지 크기를 측정할지를 알린다. 문자열을 모두 측정할 수도 있지만 일부만 측정할 수도 있으므로 이 정숫값을 이용한다. 값이 2이면 앞에서부터 두 번째 문자까지 크기를 측정한다.
- **네 번째 매개변수(lpSize)** : cx와 cy라는 정수 필드가 있는 SIZE 구조체이다. 문자열의 너비와 높이를 측정해 각각 cx와 cy에 저장한다.

예를 들어 문자열 Abijc를 출력하고 c 뒤에 캐럿이 나타나는 프로그램을 살펴보자.

그림 2-9 캐럿의 위치 측정 예

```
SIZE size
GetTextExtentPoint(hdc, _T("Abijc"), 5, &size);
TextOut(hdc, x, y, _T("Abijc"), 5);
SetCaretPos(x+size.cx, y);
```

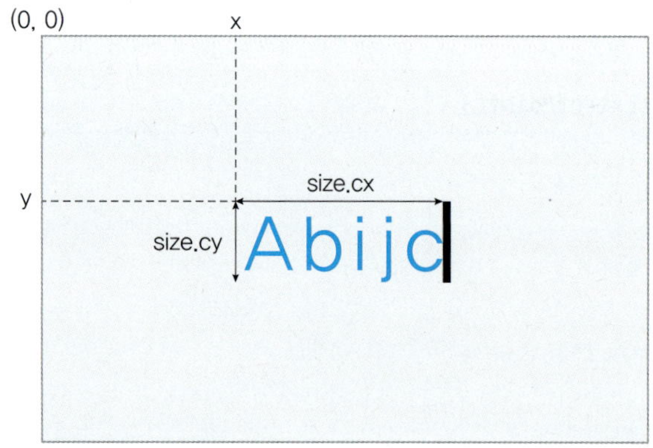

먼저 SIZE 구조체 변수 size를 선언했는데 이 변수에 문자열의 너비와 높이가 저장된다. 그리고 GetTextExtentPoint( ) 함수에 Abijc와 값 5를 준다. 그러면 문자의 너비는 size.cx에, 높이는 size.cy에 저장되어 돌아온다. 이어서 TextOut( ) 함수를 이용해 화면의 (x, y) 좌표에 문자열을 출력한다. c 문자 바로 뒤의 좌표는 (x+size.cx, y)가 된다. [그림 2-9]에서 보듯이 y 좌표는 아래로 내려간 것이 아니므로 변함이 없고, x 좌표만 문자열의 너비만큼 오른쪽으로 이동한다. 이제 그 위치에 캐럿의 위치를 잡으면 된다.

이번에는 앞서 배운 [실습 2-8]의 내용을 기반으로 텍스트를 한 줄 입력할 수 있는 프로그램에 캐럿을 넣어보자.

실습 2-12 캐럿이 있는 텍스트 입력 처리하기

```
LRESULT CALLBACK WndProc(HWND hwnd, UINT iMsg,
                              WPARAM wParam, LPARAM lParam)
{
    HDC             hdc;
    PAINTSTRUCT     ps;
    static TCHAR    str[100];
    static int      count;
    static SIZE     size;

    RECT rt = { 0, 0, 1000, 1000 };
    switch (iMsg)
    {
    case WM_CREATE:
        CreateCaret(hwnd, NULL, 5, 15);
        ShowCaret(hwnd);
        count = 0;
        break;
    case WM_PAINT:
        hdc = BeginPaint(hwnd, &ps);
        GetTextExtentPoint(hdc, str, _tcslen(str), &size);
        TextOut(hdc, 0, 0, str, _tcslen(str));
        SetCaretPos(size.cx, 0);
        EndPaint(hwnd, &ps);
        break;
    case WM_CHAR:
        if (wParam == VK_BACK && count > 0) count--;
        else str[count++] = wParam;
        str[count] = NULL;
        InvalidateRgn(hwnd, NULL, TRUE);
        break;
```

```
74      case WM_DESTROY:
75          HideCaret(hwnd);
76          DestroyCaret();
77          PostQuitMessage(0);
78          break;
79      }
81  }
```

57, 58행 : WM_CREATE 메시지를 처리하는 case 문에서 맨 먼저 캐럿을 만든다. 캐럿의 크기는 너비가 5픽셀, 높이가 15픽셀이다. 좀 더 정확하게 하려면 화면에 설정된 폰트 정보를 얻어와 캐럿의 크기를 정해야 하지만 이 과정은 여기서 다루기에 복잡하므로 생략한다. [실습 2–12]를 실행했을 때 글자 크기보다 캐럿이 너무 작으면 수치를 크게 조정하면 된다.

59행 : 정수 변수 count를 초기화한다.

61~67행 : WM_PAINT 메시지를 처리하는 case 문에서는 str에 저장된 내용을 출력하고 캐럿을 출력된 내용 뒤에 그려준다. 처음에는 str 문자 배열의 내용이 없어서 캐럿만 화면 왼쪽 상단 모서리에서 깜박인다.

68~73행 : 문자를 입력하면 WM_CHAR 메시지가 발생하고 해당 case 문에서 str 문자 배열에 입력된 문자를 저장한다. 그리고 WM_PAINT 메시지를 강제로 발생시켜 str 내용을 출력하고 캐럿의 위치를 변경한다.

69, 70행 : 키보드로 문자를 입력하면 WM_CHAR 메시지가 도착한다. 먼저 입력된 문자가 Back Space 인지 검사해 맞으면 count 변수를 감소시키고, 아니면 입력된 문자를 str 문자 배열 끝에 넣는다.

71, 72행 : 문자열의 끝을 알리는 NULL을 넣고 InvalidateRgn( )을 호출하면 WM_PAINT 메시지가 발생한다.

74~78행 : 프로그램을 종료하면 생성했던 캐럿을 삭제한다. 앞서 설명한 것과 같이 PostQuitMessage(0)은 WinMain( )의 GetMessage( ) 함수가 0의 값을 강제로 반환하도록 만들어준다. 이는 while 문을 멈추게 하고 프로그램이 종료된다.

06 직선, 원, 사각형, 다각형 그리기

6.1 직선 그리기

직선은 두 점과 그 사이를 연결하는 선분으로 이뤄진다. 따라서 직선을 그리려면 시작점과 끝점의 좌표를 나타내야 한다. Win32 API를 이용해 직선을 그리는 방법은 두 단계이다. 첫 번째 단계는 시작점으로 포인트를 옮기는 것이다. 이 과정에는 MoveToEx( ) 함수를 사용하며 시각적인 변화가 없다. 두 번째 단계는 직선을 그리는 것이다. 현재 위치부터 지정된 점까지 직선을 그리는 데 사용하는 함수는 LineTo( )이다.

직선 그리기 함수

- 직선의 시작점으로 이동하기

```
BOOL MoveToEx(
     HDC hdc,
     int X1,
     int Y1,
     LPPOINT lpPoint
);
```

- 직선의 끝점까지 직선 그리기

```
BOOL LineTo(
     HDC hdc,
     int X2,
     int Y2
);
```

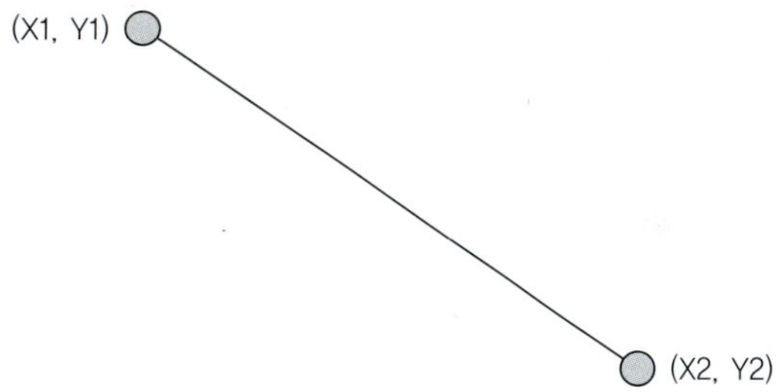

MoveToEx( ) 함수의 매개변수는 각각 다음과 같은 의미이다.

- **첫 번째 매개변수(hdc)** : 화면 영역을 가리킨다.
- **두 번째와 세 번째 매개변수(X1과 Y1)** : 옮겨갈 위치의 좌표 값으로 정숫값이다.

- **네 번째 매개변수(lpPoint)** : LPPOINT 타입으로 POINT *와 같다고 보면 된다. POINT 타입은 한 점의 좌표를 저장할 수 있는 구조체 타입으로 필드는 LONG형인 x, y 2개가 존재한다. 그러므로 MoveToEx( ) 함수의 네 번째 매개변수는 한 점의 좌표를 저장하는 POINT 변수의 주소이다. 여기에는 포인트가 이전에 위치했던 좌표를 저장하지만 거의 사용하지 않는다. 따라서 네 번째 매개변수에는 NULL 값을 넣어도 무방하다.

LineTo( ) 함수는 매개변수가 3개이다. 첫 번째 매개변수는 화면 영역을 가리키는 hdc이고, 두 번째와 세 번째 매개변수는 끝점의 좌표이다.

6.2 원 그리기

원은 일반적으로 중심점과 반지름으로 구성된다. 하지만 한 점을 중심으로 반지름을 이용해 원을 그리면 타원 형태는 그릴 수 없다. 윈도우 API에서는 타원까지 그릴 수 있는 원 그리기 함수인 Ellipse( )를 제공한다. Ellipse( ) 함수에는 기본적으로 2개의 좌표 값을 넣어야 한다. 두 좌표를 기준으로 가상의 사각형이 그려지고 실제로 나타나는 원은 그 사각형에 내접하는 형태이다. 가상의 사각형이 정사각형이면 완전히 동그란 원이 되고, 가상의 사각형이 정사각형이 아니라 직사각형이면 타원이 된다. 직선을 그리거나 텍스트 출력처럼 원을 그리는 Ellipse( ) 함수에도 화면 영역을 알리는 hdc 값이 주어져야 한다.

원 그리기 함수

```
BOOL Ellipse(
     HDC hdc,
     int X1,
     int Y1,
     int X2,
     int Y2
);
```

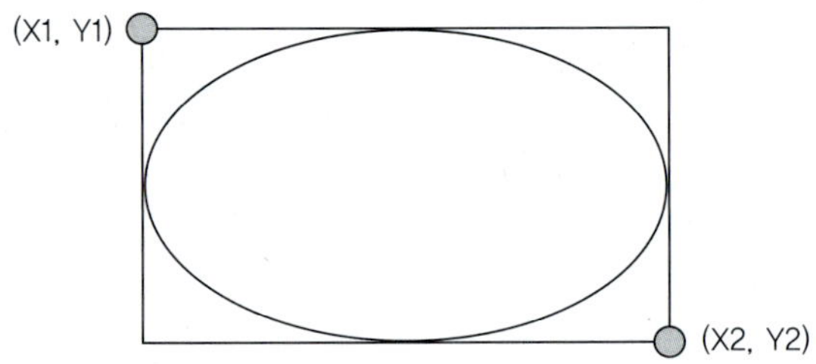

[실습 2-13]은 Ellipse( ) 함수를 이용해 원을 그리는 예제이다.

실습 2-13 원 그리기

```
44  LRESULT CALLBACK WndProc(HWND hwnd, UINT iMsg,
45                               WPARAM wParam, LPARAM lParam)
46  {
47      HDC             hdc;
48      PAINTSTRUCT     ps;
49
50      switch (iMsg)
51      {
52      case WM_CREATE:
53          break;
54      case WM_PAINT:
55          hdc = BeginPaint(hwnd, &ps);
56          Ellipse(hdc, 0, 0, 40, 40);
57          EndPaint(hwnd, &ps);
58          break;
59      case WM_DESTROY:
60          PostQuitMessage(0);
61          break;
62      }
63      return(DefWindowProc(hwnd, iMsg, wParam, lParam));
64  }
```

55행 : 원을 그리기 위해 화면 영역을 hdc에 얻어온다.

56행 : 두 좌표 (0, 0), (40, 40)을 기준으로 원을 그린다. 가상의 사각형이 정사각형이기 때문에 정원을 그리는데, 중심점의 좌표는 (20, 20)이고 반지름은 20이다.

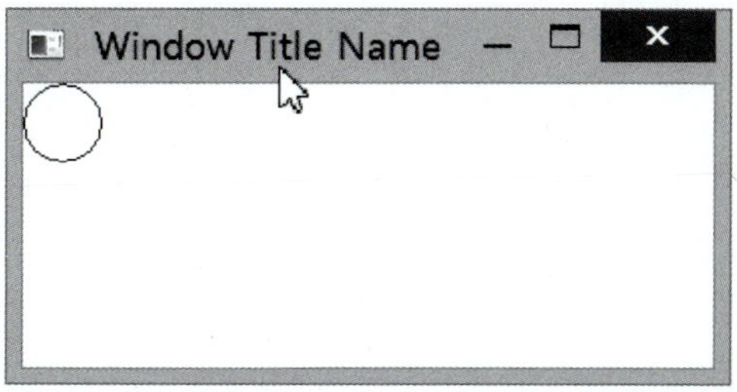

6.3 사각형 그리기

사각형을 그리는 방법은 원과 비슷하지만 여기서 그리는 사각형은 직사각형이다. 다른 형태의 일반 사각형은 다각형을 그리는 함수를 이용할 수 있다. 직사각형은 RECT 구조체와 같이 2개의 점으로 만드는데, 주어진 두 점은 직사각형의 대각선 방향 꼭짓점 역할을 한다. 직사각형을 그리는 함수는 Rectangle( )이다.

직사각형 그리기 함수

```
BOOL Rectangle(
     HDC hdc,
     int X1,
     int Y1,
     int X2,
     int Y2
);
```

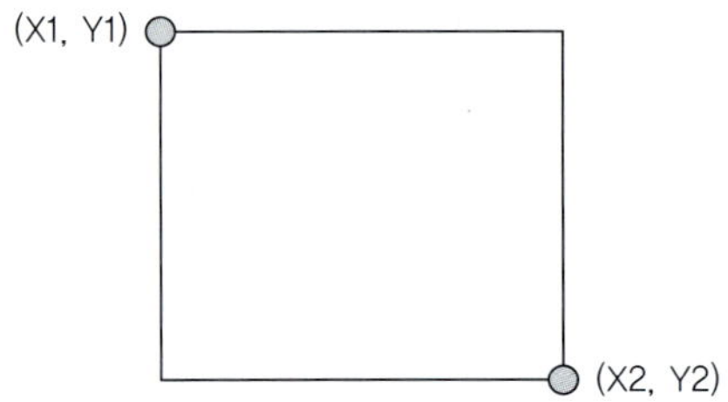

Rectangle( ) 함수는 화면 영역에 해당하는 hdc를 첫 번째 매개변수로 하고 두 번째부터 다섯 번째 매개변수는 정수 좌표 값이다. (X1, Y1)이 하나의 점이고 (X2, Y2)가 대각선 방향의 점이며, 두 점을 기준으로 직사각형을 그린다. Rectangle( ) 함수를 이용해 직사각형을 그리는 예제를 살펴보자.

실습 2-14 사각형 그리기

```
LRESULT CALLBACK WndProc(HWND hwnd, UINT iMsg,
                              WPARAM wParam, LPARAM lParam)
{
    HDC             hdc;
    PAINTSTRUCT     ps;

    switch (iMsg)
    {
    case WM_CREATE:
        break;
    case WM_PAINT:
        hdc = BeginPaint(hwnd, &ps);
        Rectangle(hdc, 0, 0, 40, 40);
```

```
57          EndPaint(hwnd, &ps);
58          break;
59      case WM_DESTROY:
60          PostQuitMessage(0);
61          break;
62      }
63      return(DefWindowProc(hwnd, iMsg, wParam, lParam));
64  }
```

55행 : 프로그램이 시작되고 WM_CREATE 메시지 이후에 WM_PAINT 메시지가 도착하면 BeginPaint( ) 함수를 이용해 화면 영역을 hdc에 얻어온다. 화면 영역을 얻어오면 그림을 그리거나 텍스트를 출력할 수 있다.

56행 : (0, 0)과 (40, 40)을 기준으로 하는 사각형을 그린다. 한 변의 길이가 40인 정사각형이 그려질 것이다.

57행 : 사각형 그리기를 마친 다음 EndPaint( )로 화면 영역을 반환한다.

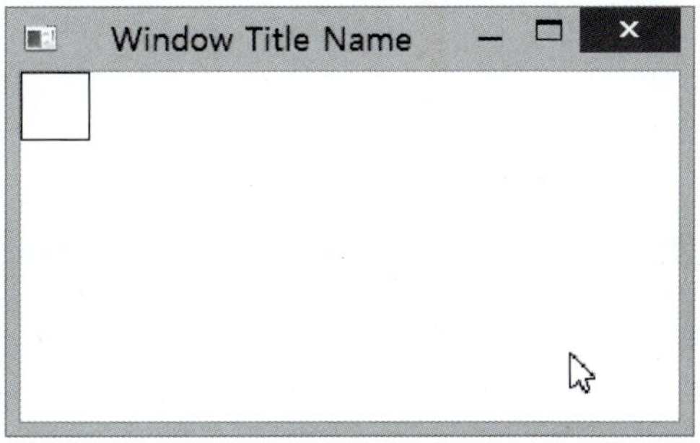

6.4 다각형 그리기

다각형이나 다각선은 여러 개의 점으로 이뤄지며 이웃하는 점 사이에 직선이 존재한다. 다각형과 다각선의 차이는 마지막 점과 시작점이 연결되었느냐 그렇지 않느냐이다. 앞서 간단히 언급했듯이 한 점의 좌표를 저장하는 구조체는 POINT이다. 따라서 POINT 구조체에는 정수형 필드인 x와 y가 존재한다. 다각형을 그리는 함수는 Polygon( )이고 다각선을 그리는 함수는 Polyline( )이다. Polyline( ) 함수는 Polygon( )과 이름만 다르고 형태가 같으므로 따로 설명하지 않겠다.

다각형 그리기 함수

```
• BOOL Polygon(
      HDC       hdc,
      CONST POINT *lppt,
      int       cPoints
  );

• typedef struct tagPOINT {
      LONG x;
      LONG y;
  } POINT;
```

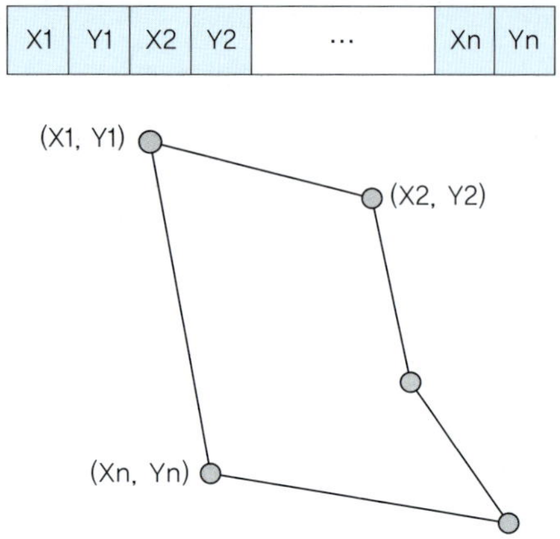

Polygon( ) 함수에는 먼저 화면 영역에 해당하는 hdc를 첫 번째 매개변수로 넣고 두 번째 매개변수는 다각형 꼭짓점의 좌표로 한다. 꼭짓점의 좌표는 POINT 타입의 배열에 꼭짓점 순으로 저장된다. Polygon( ) 함수의 두 번째 매개변수는 저장된 꼭짓점 배열의 시작 주소이다. 즉 제공된 주소부터 POINT 타입의 꼭짓점이 저장되어 있다. 그러나 다각형을 그릴 때 지정 주소부터 몇 개의 POINT 값을 이용하는지는 아직 나타나지 않았다. Polygon( ) 함수의 세 번째 매개변수는 다각형의 꼭짓점 개수를 나타낸다. [실습 2-15]는 Polygon( ) 함수를 이용해 화면에 다각형을 그리는 예제이다.

실습 2-15 다각형 그리기

```
LRESULT CALLBACK WndProc(HWND hwnd, UINT iMsg,
                         WPARAM wParam, LPARAM lParam)
{
    HDC           hdc;
    PAINTSTRUCT   ps;
    POINT         point[10] = { {10, 150}, {250, 30}, {500, 150},
                                {350, 300}, {150, 300}};

    switch (iMsg)
    {
    case WM_CREATE:
```

```
55            break;
56        case WM_PAINT:
57            hdc = BeginPaint(hwnd, &ps);
58            Polygon(hdc, point, 5);
59            EndPaint(hwnd, &ps);
60            break;
61        case WM_DESTROY:
62            PostQuitMessage(0);
63            break;
64        }
65        return(DefWindowProc(hwnd, iMsg, wParam, lParam));
66    }
```

49, 50행 : 꼭짓점의 좌표를 저장할 POINT 타입 배열 변수를 선언한다. 여기서는 좌표를 최대 10개 저장할 수 있는 point 배열을 지역변수로 선언하고 초깃값을 5개만 지정했다.

56~60행 : WM_PAINT 메시지가 발생했을 때 화면을 얻어오고 hdc에 꼭짓점이 5개인 다각형을 그린다. 다각형은 면이 있으므로 내부가 색으로 채워지는데 따로 지정하지 않으면 기본 색인 흰색으로 채워진다. 반면에 선의 기본 색은 검정이다.

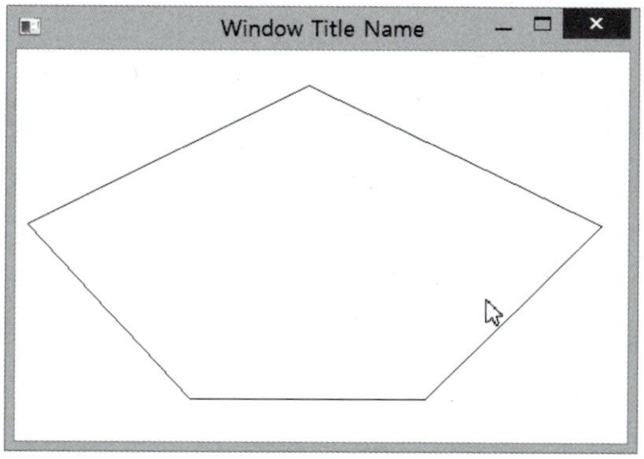

6.5 선 속성 바꾸기

지금까지 선의 굵기나 색 등 다양한 속성을 지정하지 않은 채 기본 선으로 직선, 사각형, 원, 다각형을 그렸는데 여기서는 선의 속성을 변경하는 방법을 살펴보자. 선의 속성 정보는 펜 핸들 변수에 저장할 수 있다.

> **펜 생성/등록/삭제 함수**
>
> - 펜 생성하기
>
> ```
> HPEN CreatePen(
>       int fnPenStyle,
>       int nWidth,
>       COLORREF crColor
> );
> ```
>
> - 펜 등록하기
>
> ```
> HPEN SelectObject(
>       HDC hdc,
>       HPEN pen
> );
> ```
>
> - 펜 삭제하기
>
> ```
> DeleteObject(HPEN pen);
> ```

선의 속성 정보를 펜 핸들 변수에 저장하려면 먼저 펜 핸들 변수를 만들고 CreatePen( ) 함수를 이용해 펜 핸들 변수에 속성 정보를 저장해야 한다. CreatePen( ) 함수는 다음 3개의 매개변수를 이용해 속성(펜 유형, 굵기, 색상)을 지정한다.

- **fnPenStyle** : 펜 유형으로 아래 매크로 상수 중 하나를 사용한다. 단, 펜의 두께가 2 이상이면 실선만 지원한다.

PS_SOLID	PS_DASH
PS_DOT	PS_DASHDOT
PS_DASHDOTDOT	

- **nWidth** : 펜의 굵기를 나타내는 정수로 단위는 픽셀이다. 값이 크면 펜의 굵기가 두꺼워진다.
- **crColor** : 선의 색을 표현한다. COLORREF 타입이 필요하고 이를 만들기 위해 RGB( ) 매크로를 이용한다. RGB( ) 매크로는 이름에서 알 수 있듯이 빨강(Red), 초록(Green), 파랑(Blue)을 위한 정숫값 3개를 필요로 한다. 세 가지 색을 모아서 하나의 색을 만들며, 정숫값은 0~255인데 0이면 해당 색을 사용하지 않고 255이면 최대로 사용한다. 255가 최댓값인 이유는, 색이 24비트이고 24비트를 삼등분하면 빨강, 초록, 파랑에 8비트씩 할당되는데 8비트가 표현할 수 있는 최대 정수가 255이기 때문이다.

```
COLORREF RGB(int Red,int Green,int Blue)
```

펜 핸들 변수에 선의 속성 값을 지정하면 펜 핸들 변수를 출력 영역인 디바이스 콘텍스트에 등록해야 한다. 디바이스 콘텍스트에는 펜 하나를 등록할 수 있으며, 디바이스 콘텍스트에 직선, 사각형, 원, 다각형 등을 그릴 때 이 펜을 이용한다.

펜을 등록할 때 사용하는 함수는 SelectObject( )이다. 첫 번째 매개변수는 화면을 가리키는 디바이스 콘텍스트 핸들이고, 두 번째 매개변수는 등록을 원하는 펜 핸들 변수이다. 명심해야 할 점은 펜으로 그리기를 마친 뒤에는 반드시 DeleteObject( ) 함수를 이용해 펜 핸들을 삭제해야 한다는 것이다. 펜을 만들고 원을 그리는 예제를 살펴보자.

실습 2-16 빨간 점선으로 원 그리기

```
LRESULT CALLBACK WndProc(HWND hwnd, UINT iMsg,
                         WPARAM wParam, LPARAM lParam)
{
    HDC           hdc;
    PAINTSTRUCT ps;
    HPEN          hPen, oldPen;

    switch (iMsg)
    {
    case WM_CREATE:
        break;
    case WM_PAINT:
        hdc = BeginPaint(hwnd, &ps);
        hPen = CreatePen(PS_DOT, 1, RGB(255, 0, 0));
        oldPen = (HPEN)SelectObject(hdc, hPen);
        Ellipse(hdc, 20, 20, 150, 150);
        SelectObject(hdc, oldPen);
        DeleteObject(hPen);
        EndPaint(hwnd, &ps);
        break;
    case WM_DESTROY:
        PostQuitMessage(0);
        break;
    }
    return(DefWindowProc(hwnd, iMsg, wParam, lParam));
}
```

49행 : 펜을 만들려면 펜 핸들 변수를 먼저 선언해야 하므로 HPEN 타입 변수 hPen, oldPen을 지역 변수로 선언했다. 하지만 변수를 만들었다고 해서 펜이 만들어진 것은 아니고 CreatePen( ) 함수를 이용해 펜의 다양한 속성 값을 가진 펜 핸들을 만들어야 한다.

57행 : WM_PAINT 메시지가 발생할 때 CreatePen( ) 함수를 이용해 펜을 만든다. 만든 펜은 점선이고 굵기는 1픽셀, 색은 빨간색이다. 만들어진 펜을 펜 핸들 변수 hPen에 저장한다.

58행 : hPen은 SelectObject( ) 함수를 이용해 화면 hdc에 등록한다. 새로운 펜을 hdc에 등록하면 SelectObject( ) 함수는 hdc에 등록했던 펜을 반환한다. 여기서는 반환한 펜을 oldPen에 저장한다.

59행 : 등록한 빨간 펜으로 원을 그린다.

60행 : 원 그리기를 마치면 화면 hdc에 받아둔 펜 핸들을 다시 등록해야 한다. SelectObject( ) 함수는 이때도 등록된 빨간 펜을 반환하지만 그 값을 받을 필요가 없기 때문에 저장하지 않고 있다.

61행 : 만들었던 hPen을 DeleteObject( ) 함수를 이용해 삭제한다.

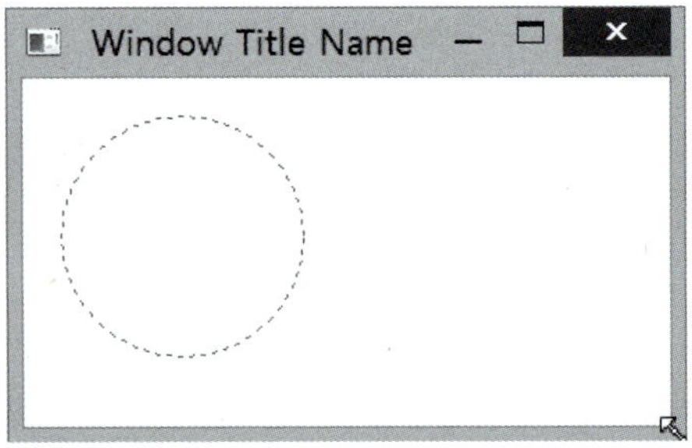

6.6 면 색 바꾸기

면이 있는 도형은 원, 사각형, 다각형이다. 면이 있는 도형은 펜으로 테두리를 그리고 내부는 브러시로 칠한다. 면을 칠하려면 색상 정보를 가진 브러시 핸들을 만들어야 하는데, 이때 사용하는 함수는 CreateSolidBrush( )이다.

내부를 칠하는 브러시의 속성은 색상 정보 하나면 충분하므로 CreateSolidBrush( ) 함수의 매개변수는 COLORREF 타입의 값이다. 펜을 만들고 펜 핸들 변수에 넣은 것처럼 브러시를 만든 다음 브러시 핸들 변수에 저장해야 한다.

SelectObject( ) 함수를 이용해 브러시 핸들 변수를 디바이스 콘텍스트(출력 영역)에 등록한다.

펜과 마찬가지로 SelectObject( ) 함수는 이전에 등록한 브러시를 디바이스 콘텍스트에 반환한다. 필요하면 브러시 핸들 변수를 만들어 저장하지만 그럴 필요가 없을 때는 저장하지 않는다.

그림 그리기를 마친 뒤 브러시 핸들이 더 이상 필요 없으면 DeleteObject( ) 함수를 이용해 삭제한다. 여기서 주의할 점은 펜 핸들을 등록 또는 삭제하는 함수나 브러시 핸들을 등록 또는 삭제하는 함수가 같다는 것이다. 왜냐하면 SelectObject( )나 DeleteObject( ) 함수의 매개변수는 void 타입이라 어떤 것이든 받을 수 있기 때문이다.

브러시 생성/등록/삭제 함수

- 브러시 생성하기

```
HBRUSH CreateSolidBrush(COLORREF crColor);
```

- 브러시 등록하기

```
HBRUSH SelectObject(HDC hdc, HBRUSH brush);
```

- 브러시 삭제하기

```
DeleteObject(HBRUSH);
```

이번에는 면이 빨간색이고 테두리가 검은색인 원을 그리는 프로그램을 만들어보자.

실습 2-17 면이 빨간 원 그리기

```
LRESULT CALLBACK WndProc(HWND hwnd, UINT iMsg,
                         WPARAM wParam, LPARAM lParam)
{
    HDC          hdc;
    PAINTSTRUCT ps;
    HBRUSH       hBrush, oldBrush;

    switch (iMsg)
    {
    case WM_CREATE:
        break;
    case WM_PAINT:
        hdc = BeginPaint(hwnd, &ps);
        hBrush = CreateSolidBrush(RGB(255, 0, 0));
        oldBrush = (HBRUSH)SelectObject(hdc, hBrush);
```

```
59          Ellipse(hdc, 20, 20, 150, 150);
60          SelectObject(hdc, oldBrush);
61          DeleteObject(hBrush);
62          EndPaint(hwnd, &ps);
63          break;
64      case WM_DESTROY:
65          PostQuitMessage(0);
66          break;
67      }
68      return(DefWindowProc(hwnd, iMsg, wParam, lParam));
69  }
```

49행 : 빨간색 브러시를 만들기 위해 브러시 핸들 변수를 선언한다. 펜 핸들 변수를 사용할 때처럼 oldBrush 변수도 선언한다.

57행 : WM_PAINT 메시지에서 빨간색 브러시를 만들어 hBrush 변수에 저장한다.

58행 : SelectObject( ) 함수를 이용해 화면 hdc에 등록하고 이전에 등록한 브러시는 oldBrush에 받아둔다. 이제 화면인 디바이스 콘텍스트 hdc에 빨간색 브러시가 등록되어 면을 가진 도형을 그리면 내부가 빨간색으로 칠해진다.

59행 : 원을 그린다. 펜을 따로 만들어 등록하지 않았으므로 기본인 1픽셀 두께의 검은색 실선 펜을 이용한다. oldBrush에 받아둔 브러시는 디바이스 콘텍스트 hdc에 있던 기본 브러시로서 흰색이다.

60, 61행 : 그림 그리기를 마친 뒤 SelectObject( ) 함수를 이용해 받아둔 oldBrush를 등록하고 만들었던 hBrush 브러시는 삭제한다. 삭제하지 않으면 WM_PAINT 메시지가 발생할 때마다 브러시를 만들기 때문에 메모리의 소비가 점점 커진다.

요약

1 화면에 출력하는 기본 방법

- 출력을 하려면 디바이스 콘텍스트를 얻어와야 한다.
- 출력 영역은 x-y 좌표계로 원점은 왼쪽 상단 모서리이며, x축은 오른쪽으로 갈수록 값이 커지고 y축은 아래쪽으로 갈수록 값이 커진다.
- 화면에 직선, 원, 사각형, 다각형, 텍스트를 출력할 수 있다.
- 출력하는 도형이나 직선의 선 속성을 변경하려면 HPEN 개체를 만들어 등록해야 한다.
- 출력하는 도형의 면 속성을 변경하려면 HBRUSH 개체를 만들어 등록해야 한다.

2 문자 집합 설정

- 영문자나 특수문자는 1바이트면 충분하지만 한글과 같은 문자는 2바이트가 필요하다.
- 멀티바이트는 한글에 2바이트를 할당하는 방식인데 문자들이 차지하는 공간이 일관성이 없기 때문에 처리할 때 어려움이 있다.
- 유니코드는 모든 문자를 2바이트에 저장하기 때문에 공간 사용이 효율적이지 못하다.
- 비주얼 스튜디오는 기본적으로 유니코드를 지원한다.
- 문자 집합 환경의 영향을 받지 않으려면 TCHAR를 이용하는 것이 좋다.

3 키보드에서 발생하는 메시지

- 키보드에서 발생하는 메시지는 WM_CHAR, WM_KEYDOWN, WM_KEYUP 등이 있다.
- 키보드 메시지를 발생시킨 키 값을 얻어오려면 wParam의 내용을 보아야 한다.
- wParam에 저장된 키 값은 가상키 값으로 저장되어 있다.
- 키보드로 입력되는 문자를 화면에 출력할 때 그 위치를 나타내는 것을 캐럿이라고 한다.
- 캐럿은 디바이스 콘텍스트에 설정된 글꼴 크기에 따라 크기를 정하고 문자가 입력됨에 따라 위치를 변경해야 한다.

연습문제

1 좌표 (100, 100)에 'I love you'를 출력하는 프로그램을 작성해보자. TextOut( ) 함수와 DrawText( ) 함수를 각각 이용해 텍스트를 출력한다.

2 [실습 2-5]에서는 문자의 출력 위치를 (0, 0)으로 고정했는데, 여기서는 난수를 발생시켜서 문자키가 입력될 때마다 출력 위치가 변경되도록 수정해보자. 난수를 발생시키는 함수는 rand( )이다.

3 본문에서 배운 내용을 바탕으로 10행까지 입력받을 수 있는 메모장을 작성해보자. 한 행에는 최대 99자까지 들어가고 최대 10행까지 입력받을 수 있다. 만약 한 행이 99자가 넘으면 자동으로 개행이 되게 하라.

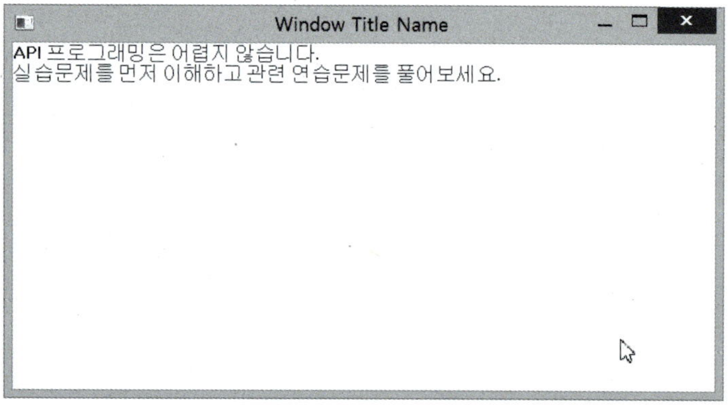

▶ **HINT** 아직 배우지 않은 내용은 Enter 키의 입력 처리이다. Enter 키가 입력되었는지 알려면 WM_CHAR 또는 WM_KEYDOWN이 왔을 때 조건(wParam==VK_RETURN)이 참인지 확인한다.

[실습 2-8]에서는 TextOut(hdc, 0, 0, str, _tcslen(str));과 같이 (0, 0) 좌표에 출력했지만 여기서는 Enter 키를 입력할 때마다 y 좌표의 값을 증가시킨다. 이렇게 하려면 먼저 현재 몇 행에 출력하는지를 알리는 변수가 필요하며 이 변수 값을 바탕으로 좌표를 재설정한다. 예를 들어 Enter 키를 한 번 입력해 텍스트를 2행에 입력하는 중이라면 행을 알리는 변수 값이 1이다. 그리고 문자열을 2행 출력하는 좌표는 한 행의 높이가 20픽셀이라고 가정하면 (0, 1*20)이다. 같은 방법으로 3행은 (0, 2*20)에 출력한다. 각 행의 내용을 계속 저장해 유지하려면 문자열 저장 변수를 2차원 문자열로 선언해야 한다. 입력된 문자열을 배열에 저장하는데, 만약 99개 문자 이상이 Enter 키 입력 전에 들어온다면 100번째부터는 다음 행에 저장해야 한다.

4 [실습 2-11]에서는 Back Space 키를 누르면 한 자씩 정상적으로 삭제되는 것을 확인할 수 있다. 문자열을 여러 행 입력한 다음 Back Space 키로 아래 행부터 하나씩 삭제해보자. 아래 행의 모든 문자가 삭제되고 나면 바로 윗행 마지막 문자부터 한 자씩 삭제된다. 그런데 [실습 2-11]에서는 아래 행에서 윗행으로 올라갈 때 행 끝 부분에서 Back Space 키를 한 번 더 눌러야 된다. 여기서는 이 문제를 해결해 프로그램을 작성해보자.

▶ HINT Back Space 키로 삭제할 문자가 개행 문자이면 한 문자를 추가로 삭제하게 해준다.

5 연습문제 3번의 최대 10행까지 입력받을 수 있는 메모장에 캐럿을 추가해 사용자가 입력받기 쉽게 만들어보자.

▶ HINT Enter나 Back Space 키 입력 시 캐럿의 위치를 주의해야 하는데, 이는 현재 입력된 문자의 개수를 기억하는 count 변수를 이용해 해결할 수 있다. 그리고 Enter 키로 입력되는 문장의 출력이 아래로 내려올 때 캐럿도 내려와야 하는데, 이것은 캐럿의 y 좌표 값을 변경해 해결한다.

6 펜 핸들과 브러시 핸들을 이용해 원을 그리는 프로그램을 작성해보자. 펜은 노란색에 굵기가 1픽셀인 파선이며, 브러시는 분홍색이다. 중심 좌표는 (200, 120)이고 반지름은 20이다.

7 화면에 방향키 4개에 대한 사각형을 그린다. 키보드 방향키를 누르면 해당되는 사각형 면이 빨간색으로 변하고 글이 사라지며, 눌렀던 키를 놓으면 사각형이 원래대로 돌아가고 글도 나타나도록 만들어보자.

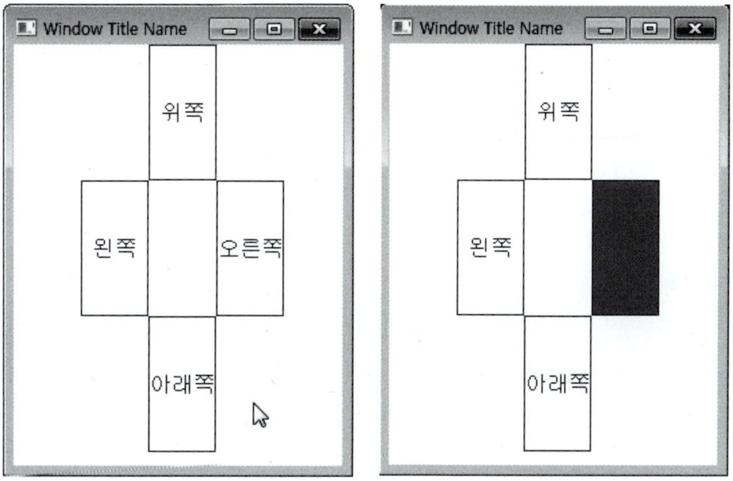

※8 화면에 사각형 글상자를 만들어보자. 사각형 왼쪽 상단에 캐럿이 나타나 문자의 입력을 기다린다. 글자를 입력하다가 글상자 경계를 만나면 캐럿이 다음 행으로 내려간다. Enter 키를 입력해도 캐럿이 다음 행으로 내려간다. 글상자가 가득 차면 더 이상 입력을 받지 않고 사각형 모양과 캐럿이 사라진다.

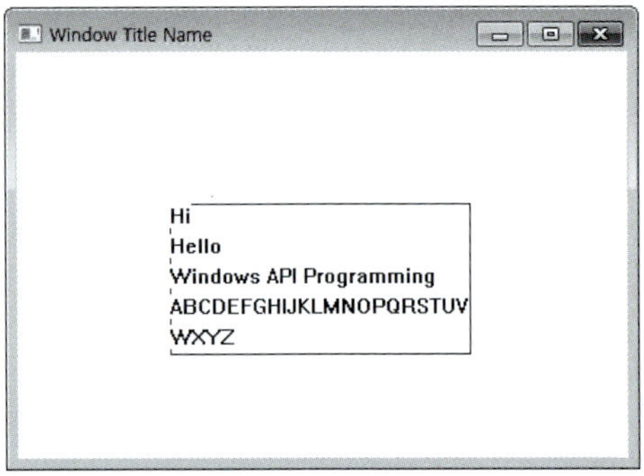

※9 화면 하단 중앙에 문자열을 한 행 입력받을 수 있는 글상자를 배치한다. 사각형에는 캐럿이 나타나 문자열의 입력을 기다린다. 입력할 수 있는 문자열은 직선 그리기, 원 그리기, 사각형 그리기 API 함수와 비슷하다. Ellipse(0, 0, 50, 50)을 입력하고 Enter 키를 누르면 중심 좌표가 (25, 25)이고 반지름이 25인 원이 나타난다. Line(10, 10, 200, 150)을 입력하면 (10, 10)에서 (200, 150)까지 직선을 그린다. Rectangle(0, 0, 100, 200)을 입력했을 때는 가로가 100, 세로가 200인 직사각형이 나타나야 한다.

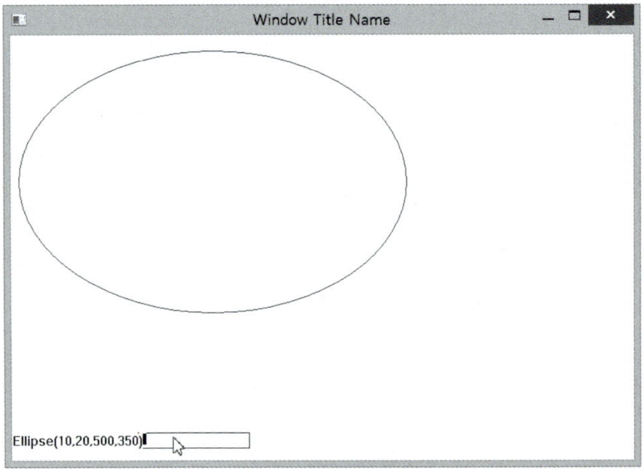

Chapter 03

제어 메시지 처리하기

학습목표

- 키보드에서 발생한 메시지를 제어 신호로 활용할 수 있다.
- 자동으로 움직이는 형상을 타이머를 이용해 윈도우에 표현할 수 있다.
- 마우스에서 발생한 메시지를 이용할 수 있다.
- 래스터 연산을 이용해 그림의 일부만 삭제할 수 있다.

01 키보드 입력으로 도형 이동하기

화면에 있는 도형을 이동하는 제어 신호로 키보드 입력을 이용할 수 있다. [그림 3-1]에서 보듯이 키보드의 키를 누르면 발생하는 WM_KEYDOWN 메시지에 따라 도형의 위치를 변경하고 다시 그릴 수 있다.

그림 3-1 키보드 입력을 제어 신호로 활용

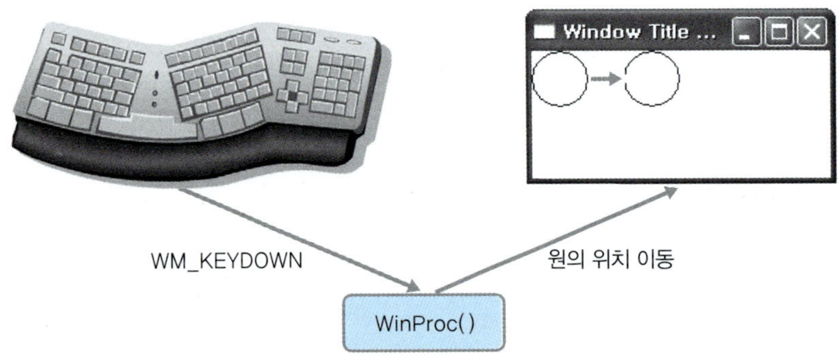

아무 키나 눌러 도형을 정해진 방향으로 이동하거나 방향키로 방향을 조절할 수도 있다. 방향키를 사용하려면 가상키 값을 이용해야 한다. WM_KEYDOWN 메시지가 도착하면 키보드의 어떤 키가 눌렸는지 확인한다. 눌린 키의 가상키 값은 메시지와 함께 도착한 wParam에 저장되기 때문에, wParam에 저장된 값으로 어떤 방향키가 눌렸는지 판단할 수 있다.

표 3-1 방향키의 가상키

방향키	가상키
→	VK_LEFT
←	VK_RIGHT
↑	VK_UP
↓	VK_DOWN

방향키로 도형을 이동하려면 움직이는 범위를 지정할 수 있어야 한다. 움직이는 영역에 대한 x축과 y축의 경계 값을 정하고, 도형의 좌표가 경계를 넘어가지 않도록 해야 한다. 그럼 윈도우의 클라이언트 영역이 도형이 움직일 수 있는 영역이라면 x축과 y축의 경계 값은 어떻게 구할까? 윈도우의 크기가 변하면 경계 값을 어떻게 구할까?

먼저 윈도우의 크기가 변하면 발생하는 WM_SIZE 메시지를 살펴본다. 또는 GetClientRect( ) 함수로 클라이언트 영역의 크기를 얻을 수도 있다. WM_SIZE 메시지는 윈도우가 처음 생성되거나 윈도우의 크기가 변할 때 발생한다.

WM_SIZE 메시지

- wParam : 윈도우의 크기가 어떻게 변했는지 알려주는 상수
  - SIZE_MAXIMIZED : 윈도우 최대화
  - SIZE_MINIMIZED : 윈도우 최소화
  - SIZE_RESTORED : 윈도우의 크기가 변경됨(최대화나 최소화가 아님)
- lParam : 변경된 윈도우의 클라이언트 크기
  - HIWORD(lParam) : 변경된 윈도우의 높이
  - LOWORD(lParam) : 변경된 윈도우의 너비

GetClientRect( ) 함수를 사용하면 클라이언트 영역의 왼쪽 상단 꼭짓점 좌표와 오른쪽 하단 꼭짓점 좌표가 RECT 구조체에 저장된다. 그러므로 RECT 구조체의 left와 right 값은 x축의 좌우 경계 값으로 사용하고, top과 bottom 값은 y축의 상하 경계 값으로 사용한다.

GetClientRect() 함수

```
BOOL GetClientRect(
      HWND hwnd,
      LPRECT lpRect
);
```

- hwnd : 측정하려는 윈도우의 핸들
- lpRect : RECT 구조체의 주소

[실습 3-1]은 윈도우에 그려진 원을 오른쪽 방향키를 이용해 이동하는 예제이다.

실습 3-1 오른쪽 방향키로 원 이동하기

```
LRESULT CALLBACK WndProc(HWND hwnd, UINT iMsg,
                         WPARAM wParam, LPARAM lParam)
{
    HDC             hdc;
    PAINTSTRUCT     ps;
```

```
49        static int     x, y;
50
51        switch (iMsg)
52        {
53        case WM_CREATE:
54             x = 20; y = 20;
55             break;
56        case WM_PAINT:
57             hdc = BeginPaint(hwnd, &ps);
58             Ellipse(hdc, x-20, y-20, x+20, y+20);
59             EndPaint(hwnd, &ps);
60             break;
61        case WM_KEYDOWN:
62             if (wParam == VK_RIGHT) x += 40;
63             InvalidateRgn(hwnd, NULL, TRUE);
64             break;
65        case WM_DESTROY:
66             PostQuitMessage(0);
67             break;
68        }
69        return(DefWindowProc(hwnd, iMsg, wParam, lParam));
70   }
```

49행 : 지금까지 그린 원이나 사각형은 좌표가 상수라 정해진 위치에 나타났다. 여기서는 원의 위치가 변해야 하므로 상수 대신 변수를 사용할 것이다. 따라서 원의 중심 좌표를 저장할 x와 y 변수를 선언한다.

53~55행 : WM_CREATE 메시지가 발생하면 x와 y 변수의 초깃값을 각각 20으로 설정한 후 WM_CREATE 메시지 처리를 마친다.

58행 : 지정된 위치에 반지름이 20인 원을 그려야 하는데, 다음 메시지가 발생해도 x와 y의 값을 계속 저장하려면 x와 y가 전역변수 또는 static 변수여야 한다. 여기서는 x와 y를 static 변수로 지정했다. WM_CREATE 이후에 바로 WM_PAINT 메시지가 발생한다. WM_PAINT 메시지 처리에서 hdc에 화면을 얻어오고 중심 좌표가 (x, y), 반지름이 20인 원을 그린다. 따라서 WndProc( )를 마치면 중심 좌표가 (20, 20)이고 반지름 20인 원이 나타난다.

61~64행 : 키보드를 누르면 WM_KEYDOWN 메시지가 발생해 if 문에서 입력된 키가 오른쪽 방향키인지 검사한다. TRUE이면 x 값에 40을 더하고 FALSE이면 아무것도 하지 않는다. 그다음

InvalidateRgn( ) 함수를 호출해 화면을 지우고 WM_PAINT 메시지를 발생시킨다.

63, 58행 : WM_PAINT 메시지가 다시 발생했을 때 달라진 것은 x 값이 20에서 60으로 변한다는 것뿐이다. 따라서 원은 (60, 20)을 중심으로 그려진다. 이 과정의 반복을 보면 알 수 있듯이 오른쪽 방향키가 눌릴 때마다 x 값이 40씩 증가해 화면에 원을 다시 그린다. 그리고 이는 원이 오른쪽으로 이동하는 효과를 나타낸다.

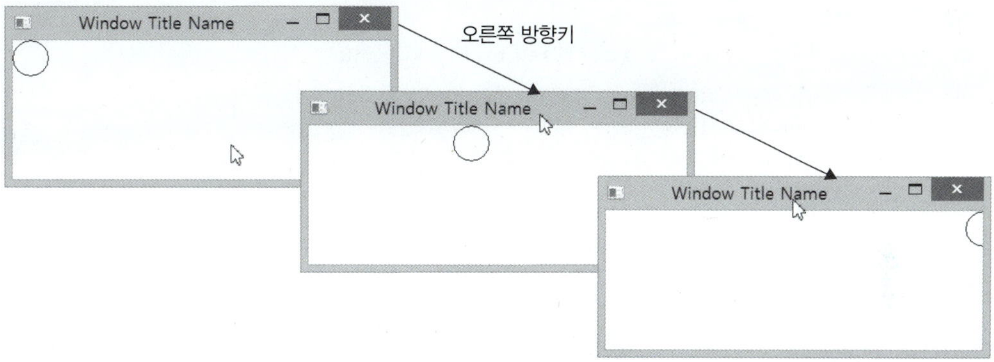

[실습 3-1]에서는 방향키로 원을 이동하다가 윈도우 경계를 만나도 그냥 무시하고 지나갔는데, [실습 3-2]에서는 원이 윈도우 경계를 만나면 더 이상 진행하지 않도록 변경해보자.

실습 3-2 윈도우 오른쪽 경계 안에서 원 이동하기

```
44 LRESULT CALLBACK WndProc(HWND hwnd, UINT iMsg,
45                         WPARAM wParam, LPARAM lParam)
46 {
47      HDC             hdc;
48      PAINTSTRUCT     ps;
49      static int      x, y;
50      static RECT     rectView;
51
52      switch (iMsg)
53      {
54      case WM_CREATE:
55           GetClientRect(hwnd, &rectView);
56           x = 20; y = 20;
57           break;
58      case WM_PAINT:
```

```
59            hdc = BeginPaint(hwnd, &ps);
60            Ellipse(hdc, x-20, y-20, x+20, y+20);
61            EndPaint(hwnd, &ps);
62            break;
63        case WM_KEYDOWN:
64            if (wParam == VK_RIGHT)
65            {
66                x += 40;
67                if(x + 20 > rectView.right) x -= 40;
68            }
69            InvalidateRgn(hwnd, NULL, TRUE);
70            break;
71        case WM_DESTROY:
72            PostQuitMessage(0);
73            break;
74        }
75        return(DefWindowProc(hwnd, iMsg, wParam, lParam));
76 }
```

50행 : 측정하려는 윈도우 핸들과 크기를 저장할 RECT 구조체 변수가 필요하다. RECT 구조체는 직사각형의 왼쪽 상단과 오른쪽 하단 꼭짓점 좌표를 저장한다.

55행 : 윈도우의 경계 좌표, 즉 윈도우 크기를 얻어야 하는데 이는 GetClientRect( ) 함수로 구할 수 있다. GetClientRect( ) 함수는 윈도우의 클라이언트 영역, 즉 윈도우 프레임을 제외한 흰색 사각형의 왼쪽 상단 모서리와 오른쪽 하단 모서리의 좌표를 측정한다. 그런데 왼쪽 상단 모서리의 좌표는 언제나 (0, 0)이지만 오른쪽 하단 모서리의 좌표는 윈도우 크기에 따라 달라진다. 왼쪽 하단 점의 좌표를 (r, b)라고 하면 r는 사각형의 가로(너비)이고 b는 세로(높이)이다. 여기서는 WM_CREATE 메시지가 발생했을 때 사각형의 크기를 측정해 rectView 변수에 저장한다.

56행 : 원의 초기 중심 좌표를 (20, 20)으로 정했다. 여기서도 WM_CREATE 메시지가 발생했을 때 rectView에 측정을 넣지만, 이를 이용해 원의 경계가 윈도우 경계를 벗어나는지는 다른 메시지에서 검사하므로 static 변수로 선언했다.

63~69행 : 오른쪽 방향키를 누르면 WM_KEYDOWN 메시지가 발생한다. 그리고 입력된 키 값이 VK_RIGHT인지 검사해서 맞으면 x 값을 40 증가시킨다. 하지만 x 값을 증가시켜도 되는지, 즉 변화된 위치에 원을 그려도 윈도우 경계를 벗어나지 않는지는 아직 검사하지 않았다. 원이 경계에 걸쳐서도 안 되므로 원의 오른쪽 경계와 윈도우의 오른쪽 경계를 비교한다. 원의 오른쪽 경계는 중심에서 20

을 더한 값이다. 따라서 여기서는 x+20이 윈도우 오른쪽 경계 값인 rectView.right보다 큰지 검사했을 때 크면 원이 경계에 걸쳐지거나 넘어가는 것이므로 40을 뺌으로써 앞에서 더했던 것을 취소한다. 조건이 거짓이면 윈도우가 오른쪽 경계에 아직 도달하지 않은 것이므로 변화된 좌표를 중심으로 원을 그린다.

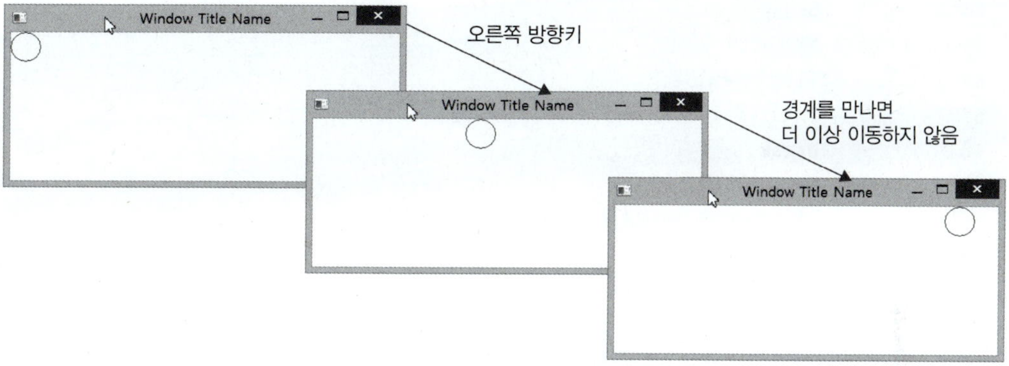

오른쪽 방향키를 누르면 원이 오른쪽으로 이동하는 프로그램을 작성해보았다. 이번에는 방향키를 눌렀을 때 원의 색이 변경되는 프로그램을 작성해보자. [실습 3-3]는 방향키를 누르면 원 내부가 회색으로 바뀌고 방향키에서 손을 떼면 원래대로 돌아가도록 하는 예제이다.

실습 3-3 방향키를 누르는 동안 색 변경하기

```
LRESULT CALLBACK WndProc(HWND hwnd, UINT iMsg,
                                WPARAM wParam, LPARAM lParam)
{
    HDC             hdc;
    PAINTSTRUCT     ps;
    static int      x, y;
    static RECT     rectView;
    static bool flag;
    switch (iMsg)
    {
    case WM_CREATE:
        GetClientRect(hwnd, &rectView);
        x = 20; y = 20;
        break;
    case WM_PAINT:
```

```
59          hdc = BeginPaint(hwnd, &ps);
60          if (flag)
61              SelectObject(hdc, GetStockObject(LTGRAY_BRUSH));
62          Ellipse(hdc, x - 20, y - 20, x + 20, y + 20);
63          EndPaint(hwnd, &ps);
64          break;
65      case WM_KEYUP:
66          flag = false;
67          InvalidateRgn(hwnd, NULL, TRUE);
68          break;
69      case WM_KEYDOWN:
70          if (wParam == VK_RIGHT)
71          {
72              flag = true;
73              x += 40;
74              if (x + 20 > rectView.right) x -= 40;
75          }
76          InvalidateRgn(hwnd, NULL, TRUE);
77          break;
78      case WM_DESTROY:
79          PostQuitMessage(0);
80          break;
81      }
82      return(DefWindowProc(hwnd, iMsg, wParam, lParam));
83  }
```

51, 66, 72행 : flag 변수는 true 또는 false 값을 가진 논리형 변수이다. 이 변수를 이용해 현재 오른쪽 방향키가 눌린 상태인지를 결정한다. 오른쪽 방향키가 눌렸으면 true를 저장하고 눌리지 않았으면 false를 저장한다.

60, 61행 : flag의 값이 true이면 밝은 회색 브러시를 가져와서 디바이스 콘텍스트에 설정한다.

67, 76행 : 방향키를 누르거나 떼면 flag의 값이 변경될 수 있기 때문에 원을 다시 그리도록 WM_PAINT를 발생시킨다.

02 타이머 메시지

키보드나 마우스 버튼의 입력이 아니라 다른 신호를 주기적으로 주는 방법은 타이머 메시지를 이용하는 것이다. 컴퓨터의 시계를 이용해 프로그램에 일정 시간 간격으로 WM_TIMER 메시지를 보내도록 타이머를 설정할 수 있다. 타이머는 SetTimer( ) 함수로 설정한다.

SetTimer( ) 함수

```
UINT_PTR SetTimer(
      HWND hWnd,
      UINT_PTR nIDEvent,
      UINT uElapse,
      TIMERPROC lpTimerFunc
);
```

SetTimer( ) 함수의 매개변수는 다음과 같다.

- **첫 번째 매개변수(hWnd)** : 윈도우 핸들 값이다.
- **두 번째 매개변수(nIDEvent)** : 타이머의 ID로 정숫값이다. 타이머가 여러 개 존재할 수 있으므로 이를 구분하기 위해 사용한다.
- **세 번째 매개변수(uElapse)** : 시간 간격으로 단위는 밀리초이다. 예를 들면 1000은 1초를 의미한다.
- **네 번째 매개변수(lpTimerFunc)** : 타이머가 보내는 WM_TIMER 메시지를 받을 함수 이름이다. NULL이면 WndProc( )가 WM_TIMER 메시지를 받는다.

다음 예에서는 윈도우가 생성되어 발생하는 WM_CREATE 메시지에 따른 타이머 2개를 설정했다. SetTimer(hwnd, 1, 70, NULL)은 숫자 1을 ID로 가진 타이머를 설정하는데, WndProc( ) 함수가 0.07초마다 발생하는 메시지를 처리한다. 따라서 1번 타이머는 0.07초, 2번 타이머는

0.1초 간격으로 프로그램에 WM_TIMER 메시지를 보내고 WndProc( ) 함수에서 메시지를 처리한다. 도착한 WM_TIMER 메시지가 1번과 2번 중 어느 타이머에서 온 것인지를 wParam의 값으로 판단하고, 이를 위해 case WM_TIMER:에 wParam의 값을 조사하는 switch 문이 존재한다.

타이머 설정 예

```
case WM_CREATE:
  SetTimer(hwnd, 1, 70, NULL);
  SetTimer(hwnd, 2, 100, NULL);
  break;
case WM_TIMER:
  switch (wParam)
  {
       case 1: // 0.07초 간격으로 실행
       case 2: // 0.1초 간격으로 실행
        ⋮
}
```

타이머의 동작을 중간에 정지시킬 때는 KillTimer( ) 함수를 사용한다. KillTimer( ) 함수로 정지시킨 타이머는 SetTimer( ) 함수로 다시 동작시킬 수 있다.

KillTimer() 함수

```
BOOL KillTimer(
     HWND      hWnd,
     UINT_PTR nIDEvent,

);
```

KillTimer( ) 함수의 두 번째 매개변수(nIDEvent)는 동작 중인 타이머의 ID이다. 그러므로 SetTimer( ) 함수를 이용해 타이머를 동작시킬 때 타이머의 ID를 기억해둬야 한다.

[실습 3-4]는 SetTimer( ) 함수를 이용해 원을 자동으로 이동하는 예제이다. [실습 3-2]처럼 원이 오른쪽으로 이동한다.

실습 3-4 자동으로 원 이동하기

```
44 LRESULT CALLBACK WndProc(HWND hwnd, UINT iMsg,
45                         WPARAM wParam, LPARAM lParam)
46 {
47     HDC            hdc;
48     PAINTSTRUCT    ps;
49     static int     x, y;
50     static RECT    rectView;
51
52     switch (iMsg)
53     {
54     case WM_CREATE:
55         GetClientRect(hwnd, &rectView);
56         x = 20; y = 20;
57         break;
58     case WM_PAINT:
59         hdc = BeginPaint(hwnd, &ps);
60         Ellipse(hdc, x-20, y-20, x+20, y+20);
61         EndPaint(hwnd, &ps);
62         break;
63     case WM_KEYDOWN:
64         if (wParam == VK_RIGHT) SetTimer(hwnd, 1, 70, NULL);
65         break;
66     case WM_TIMER:
67         x += 40;
68         if (x + 20 > rectView.right) x -= 40;
69         InvalidateRgn(hwnd, NULL, TRUE);
70         break;
71     case WM_DESTROY:
72         KillTimer(hwnd, 1);
73         PostQuitMessage(0);
74         break;
75     }
76     return(DefWindowProc(hwnd, iMsg, wParam, lParam));
77 }
```

54~57행 : 윈도우가 처음 만들어져 WM_CREATE 메시지가 발생하면 윈도우의 크기를 측정한다. 그리고 원의 기본 중심 좌표인 (20, 20)을 x와 y 변수에 저장한다.

58~62행 : WM_PAINT 메시지가 발생하면 디바이스 콘텍스트에 중심 좌표가 (x, y)이고 반지름이 20인 원을 그린다.

63~65행 : 오른쪽 방향키를 누르면 자동으로 원이 오른쪽으로 이동한다. 눌린 키가 오른쪽 방향키인지 검사해 맞으면 타이머를 설정한다. 1번 타이머에 0.07초라는 시간 간격을 설정하면 0.07초마다 WM_TIMER 메시지가 발생하고, WndProc( ) 함수에서 이 메시지를 처리한다.

66, 67행 : WM_TIMER 메시지가 발생하면 x 좌표 값을 40씩 증가시킨다.

68행 : x 좌표 값이 증가한 원이 윈도우 오른쪽 경계를 넘어가려면 증가한 40을 빼서 윈도우 내부에 머무르게 한다.

69행 : InvalidateRgn( ) 함수를 통해 WM_PAINT 메시지가 발생하므로 바뀐 좌표에 원을 다시 그린다. [실습 3-2]에서는 오른쪽 방향키를 누름으로써 x 좌표가 증가하고 WM_PAINT 메시지가 발생했다. 하지만 여기서는 0.07초마다 x 좌표가 증가하고 WM_PAINT 메시지가 발생해 자동으로 원이 오른쪽으로 이동하는 것처럼 보인다.

72행 : 타이머의 동작이 멈추도록 KillTimer( ) 함수를 이용한다. KillTimer(hwnd, 1)은 1번 타이머의 동작을 멈추게 한다.

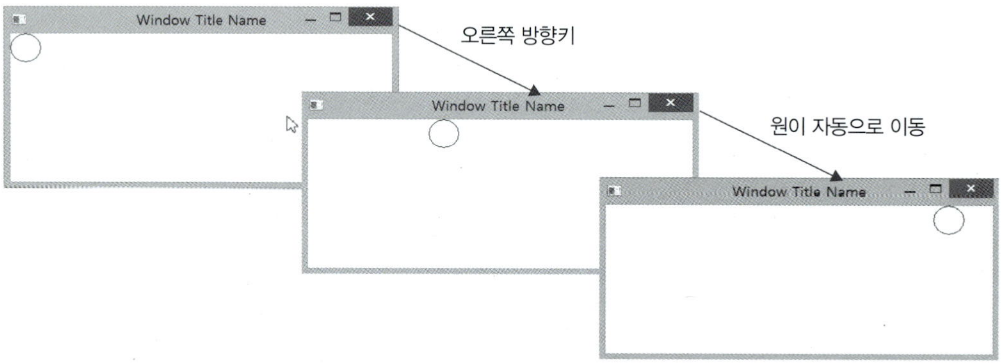

03 마우스 메시지

마우스의 종류와 기능이 다양한데 가장 일반적인 형태로 좌우에 버튼이 2개 있는 마우스의 이벤트를 처리하는 방법을 살펴보자. 여기서는 마우스의 왼쪽과 오른쪽 버튼을 누르거나 떼는 이벤트와 마우스를 움직이는 이벤트를 다룬다. 이벤트별로 발생하는 메시지 매크로 상수는 다음과 같다.

마우스 메시지

- `WM_LBUTTONDOWN` : 마우스 왼쪽 버튼을 눌렀을 때 발생
- `WM_LBUTTONUP` : 마우스 왼쪽 버튼을 뗐을 때 발생
- `WM_RBUTTONDOWN` : 마우스 오른쪽 버튼을 눌렀을 때 발생
- `WM_RBUTTONUP` : 마우스 오른쪽 버튼을 뗐을 때 발생
- `WM_MOUSEMOVE` : 마우스를 움직였을 때 발생

메시지는 Window Message라는 의미의 WM에서 모두 시작한다. 매크로 상수에 이용하는 메시지의 이름은 일반적으로 이벤트 동작을 지칭하므로 기억하기 쉽다.

프로그램은 마우스 메시지가 어떤 이벤트에서 발생한 것인지도 알려고 하지만 마우스 이벤트가 발생한 위치 또한 중요하다. 메시지 번호는 WndProc( ) 함수의 iMsg 매개변수에 저장되어 오고 마우스의 좌표는 lParam 매개변수에 저장된다. lParam은 크기가 32비트인 변수로 상위 2바이트에는 y 좌표 값이, 하위 2바이트에는 x 좌표 값이 저장된다. 상위 2바이트는 HIWORD( ) 함수로 얻고, 하위 2바이트를 LOWORD( ) 함수로 얻는다.

그림 3-2 마우스의 좌표와 관련 함수

```
x = LOWORD(lParam);
y = HIWORD(lParam);
```

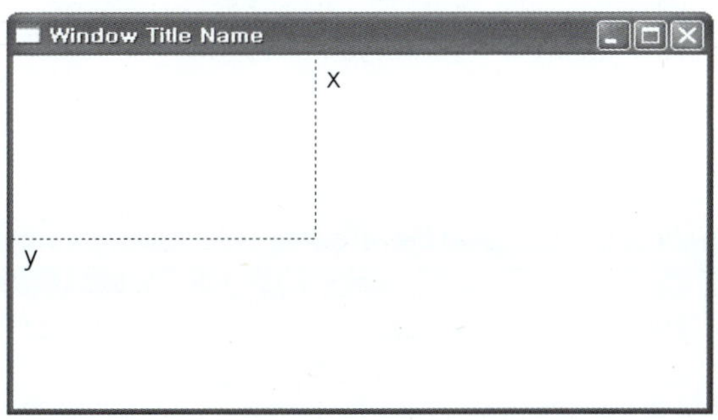

[실습 3-5]는 원 내부에서 마우스 왼쪽 버튼을 누르고 있으면 원을 선택했다는 의미로 원 주위에 사각형이 나타나는 예제이다.

실습 3-5 마우스로 원 선택하기

```
#include <math.h>
#define BSIZE 40
double LengthPts(int x1, int y1, int x2, int y2)
{
     return(sqrt((float)((x2-x1)*(x2-x1) + (y2-y1)*(y2-y1))));
}

BOOL InCircle(int x, int y, int mx, int my)
{
     if (LengthPts(x, y, mx, my) < BSIZE) return TRUE;
     else return FALSE;
}

LRESULT CALLBACK WndProc(HWND hwnd,UINT iMsg,
                         WPARAM wParam, LPARAM lParam)
{
     HDC              hdc;
     PAINTSTRUCT      ps;
     static int       x, y;
     static BOOL      Selection;
     int              mx, my;

     switch (iMsg)
     {
     case WM_CREATE:
          x = 50;  y = 50;
          Selection = FALSE;
          break;
     case WM_PAINT:
          hdc = BeginPaint(hwnd, &ps);
          if(Selection)
               Rectangle(hdc, x-BSIZE, y-BSIZE, x+BSIZE, y+BSIZE);
          Ellipse(hdc, x-BSIZE, y-BSIZE, x+BSIZE, y+BSIZE);
          EndPaint(hwnd, &ps);
```

```
78              break;
79          case WM_LBUTTONDOWN:
80              mx = LOWORD(lParam);
81              my = HIWORD(lParam);
82              if (InCircle(x, y, mx, my)) Selection = TRUE;
83              InvalidateRgn(hwnd, NULL, TRUE);
84              break;
85          case WM_LBUTTONUP:
86              Selection = FALSE;
87              InvalidateRgn(hwnd, NULL, TRUE);
88              break;
89          case WM_DESTROY:
90              PostQuitMessage(0);
91              break;
92          }
93          return(DefWindowProc(hwnd, iMsg, wParam, lParam));
94  }
```

62, 63행 : 원의 중심 좌표를 x와 y 변수에 저장한다. 그리고 BOOL 타입의 Selection 변수를 선언해 마우스 왼쪽 버튼을 클릭했을 때 원의 선택 여부를 저장한다.

68~71행 : 프로그램이 시작되고 WM_CREATE 메시지가 발생하면 원의 중심 좌표인 (x, y)와 원의 선택 여부를 저장할 Selection 변수를 초기화한다. x, y의 초깃값은 각각 50이다. 처음에는 원이 선택되지 않은 상태이므로 Selection 변수의 값이 FALSE이다.

72~78행 : WM_PAINT 메시지가 발생하면 먼저 디바이스 콘텍스트를 hdc에 얻어온다. 그런 다음 Selection 변수의 값이 TRUE인지 검사하는데 이는 원의 선택 여부 검사이다. 원이 선택되어 TRUE이면 사각형을 그리고(FALSE이면 사각형을 그리지 않음) 원을 그린다. Selection 변수의 값에 상관없이 원을 무조건 그리고 중심 좌표는 (x, y)이다. 원 그리기를 마치면 디바이스 콘텍스트를 돌려준다. 여기까지가 변수를 초기화하는 시점과 변수의 내용을 기준으로 화면에 그릴 내용에 대한 부분이다.

79~81행 : 특정 이벤트가 발생하면 변수의 내용을 바꿔 화면에 그릴 내용을 변경하는 효과를 알아보자. 첫 번째 이벤트는 마우스 왼쪽 버튼을 누르는 것인데, 이벤트가 발생하면 WM_LBUTTONDOWN 메시지가 발생하고 lParam으로부터 마우스 포인터의 좌표를 mx, my에 얻어온다. 원의 중심 좌표가 (x, y)이므로 x, y 변수와 마우스 포인터의 좌표인 mx, my를 이용해 마우스 포인터가 원의 내부에 있는지 검사한다.

82, 83행 : 마우스 포인터가 원의 내부에 있으면 Selection 변수에 TRUE를 저장한다. 그러나 마우

스 포인터가 원의 내부에 없으면 Selection 값이 변하지 않기 때문에 그대로 FALSE이다. 그런 다음 InvalidateRgn( ) 함수를 호출하고 WM_PAINT 메시지를 발생시킨다.

85~88행 : 두 번째 이벤트는 마우스 왼쪽 버튼을 떼는 것인데, 이때는 WM_LBUTTONUP 메시지가 발생한다. 원 선택이 해제되었으므로 먼저 Selection 변수에 FALSE를 저장하고, 그런 다음 InvalidateRgn( ) 함수를 통해 WM_PAINT 메시지를 다시 발생시킨다.

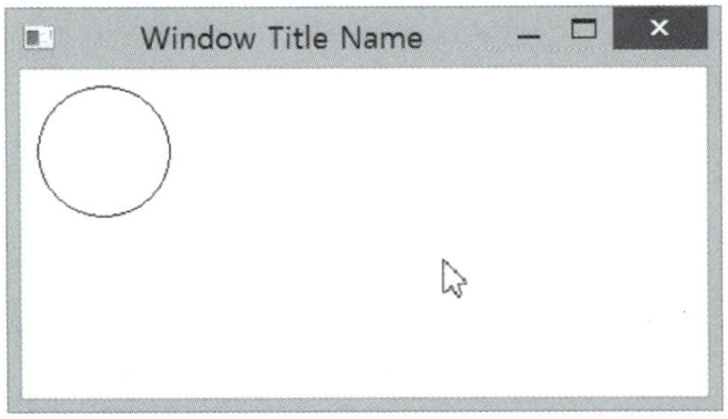

실행 초기 화면

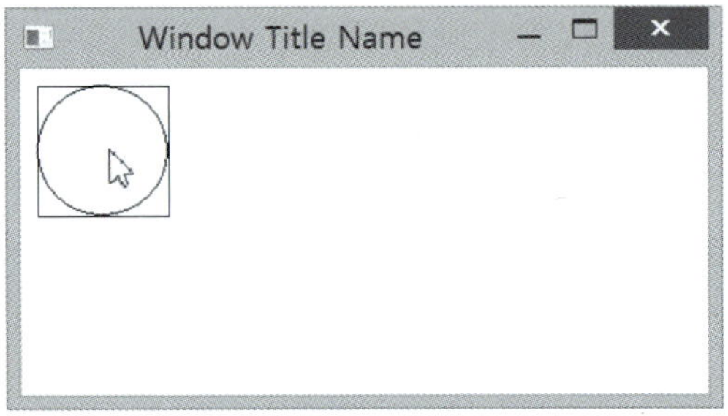

마우스로 원을 선택한 화면

마우스 왼쪽 버튼을 누른 채 마우스를 움직이는 것을 드래그라고 한다. [실습 3-6]은 마우스로 드래그하는 위치를 따라 원이 이동하는 예제이다.

실습 3-6 마우스 드래그로 원 이동하기

```
#include <math.h>
#define  BSIZE 40
double LengthPts(int x1, int y1, int x2, int y2)
{
     return(sqrt((float)((x2-x1)*(x2-x1) + (y2-y1)*(y2-y1))));
}

BOOL InCircle(int x, int y, int mx, int my)
{
     if (LengthPts(x, y, mx, my) < BSIZE) return TRUE;
     else return FALSE;
}

LRESULT CALLBACK WndProc(HWND hwnd, UINT iMsg,
                         WPARAM wParam, LPARAM lParam)
```

```
{
    HDC             hdc;
    PAINTSTRUCT     ps;
    static int      x, y;
    static BOOL     Selection;
    int             mx, my;

    switch (iMsg)
    {
    case WM_CREATE:
        x = 50; y = 50;
        Selection = FALSE;
        break;
    case WM_PAINT:
        hdc = BeginPaint(hwnd, &ps);
        if (Selection)
                Rectangle(hdc, x-BSIZE, y-BSIZE, x+BSIZE, y+BSIZE);
        Ellipse(hdc, x-BSIZE, y-BSIZE, x+BSIZE, y+BSIZE);
        EndPaint(hwnd, &ps);
        break;
    case WM_LBUTTONDOWN:
        mx = LOWORD(lParam);
        my = HIWORD(lParam);
        if (InCircle(x, y, mx, my)) Selection = TRUE;
        InvalidateRgn(hwnd, NULL, TRUE);
        break;
    case WM_LBUTTONUP:
        Selection = FALSE;
        InvalidateRgn(hwnd, NULL, TRUE);
        break;
    case WM_MOUSEMOVE:
        mx = LOWORD(lParam);
        my = HIWORD(lParam);
        if (Selection)
        {
            x = mx;
            y = my;
            InvalidateRgn(hwnd, NULL, TRUE);
        }
        break;
```

```
099     case WM_DESTROY:
100          PostQuitMessage(0);
101          break;
102     }
103     return(DefWindowProc(hwnd, iMsg, wParam, lParam));
104 }
```

89~98행 : WM_MOUSEMOVE 메시지를 처리하는 부분이다. 마우스를 움직이면 WM_MOUSEMOVE 메시지가 오는데, 이때도 움직이는 마우스 포인터 좌표가 lParam에 저장된다.

90, 91행 : 마우스를 움직여 WM_MOUSEMOVE 메시지가 발생하면 lParam에서 마우스 포인터의 위치 좌표를 얻는다. 그리고 이 좌표는 mx, my에 저장된다.

92~95행 : Selection 값이 TRUE이면, 즉 원을 선택한 상태로 마우스를 움직이는 것이면 원의 중심 좌표인 (x, y)에 mx와 my 값을 각각 넣는다.

96행 : InvalidateRgn( ) 함수를 이용해 WM_PAINT 메시지를 발생시키면 새로운 중심 좌표 (x, y)에서 원이 그려진다. 그러나 Selection 값이 FALSE이면, 즉 원을 선택하지 않은 상태로 마우스만 움직이는 것이면 원의 중심 좌표 (x, y)가 변하지 않는다.

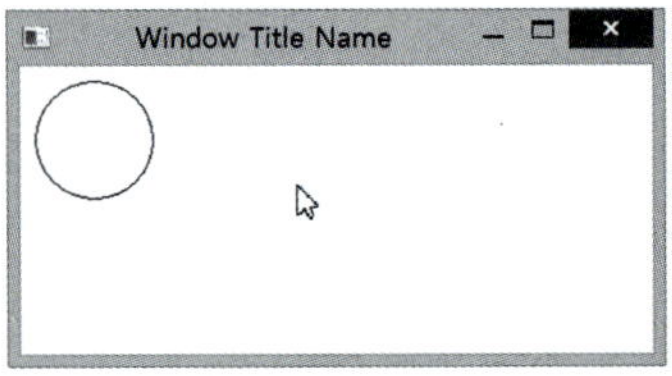

실행 초기 화면

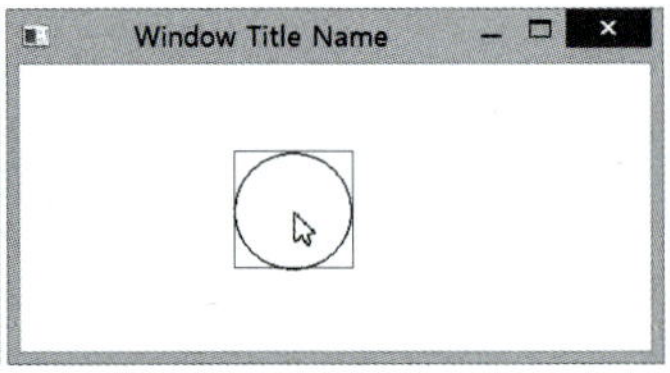

마우스로 원을 선택해 드래그

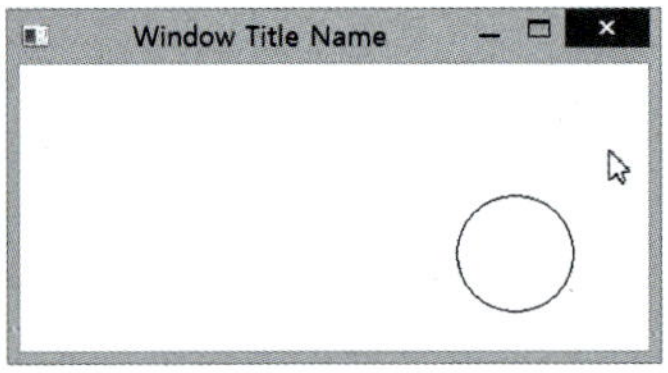

드래그한 위치로 원이 이동

04 래스터 연산

3절까지는 윈도우에 있는 원을 움직이는 방법을 알아보았다. 원이 움직이는 모습은 초기 좌표에 원을 그렸다가 윈도우 전체를 삭제한 후 새로운 좌표에 원을 그리는 과정을 반복해 표현할 수 있다. 그런데 이 과정에서 문제는 원을 삭제하려고 윈도우 전체를 삭제한다는 것이다. 윈도우에 원이 하나이면 문제되지 않지만, 다른 그림도 존재하면 윈도우 전체를 삭제하고 다시 그리는 작업이 매우 불편하다.

이런 불편은 래스터 연산을 사용해 해결할 수 있다. 래스터 연산은 윈도우의 배경 색과 그리는 색을 연산한 결과 색상으로 그림을 그린다. 결과 색상이 흰색이면 그림을 지우는 효과를 나타낸다. 래스터 연산에는 R2_COPYPEN, R2_NOT, R2_NOTCOPYPEN, R2_NOTXORPEN, R2_XORPEN 등이 있다.

[그림 3-3]과 같이 R2_XORPEN을 래스터 연산으로 설정하면 배경 색과 그리는 색을 XOR 연산해 그 결과를 윈도우에 그린다(그림에서 옅은 회색 원은 흰색 원을 나타낸다).

- 흰색 배경에 검은색 브러시와 흰색 펜으로 원을 그린다고 가정한다. 검은색과 흰색을 XOR 연산하면 흰색이고, 흰색과 흰색을 XOR 연산하면 검은색이다. 따라서 흰색 펜과 검은색 브러시로 그렸지만 결과는 그 반대로 테두리가 검은색에 면이 흰색인 원이다.
- 테두리가 검고 면이 흰 원 위에 테두리가 희고 면이 검은 원을 다시 그려보자. 두 원의 선과 면 색이 서로 반대이지만, 검은색과 흰색을 XOR 연산하면 결과가 흰색이므로 테두리와 면이 모두 흰색이 된다.

두 번째 과정을 이용해 그린 그림을 지우기도 한다. 래스터 연산을 이용해 그림을 지우는 과정을 반복하면 움직이는 모양을 쉽게 나타낼 수 있으며, 화면이 깜박거리는 현상도 피할 수 있다. 예를 들어 중심 좌표가 (100, 100)인 원을 위와 같이 그렸다가 지운다고 생각해보자. 그런 다음 중심 좌표가 (100, 101), (100, 102), (100, 103), …인 원을 그렸다가 지우는 과정을 반복하면 원이 움직이는 것처럼 보인다. InvalidateRgn( ) 함수를 이용할 때와 다른 점은 WM_PAINT 메시

그림 3-3 래스터 연산의 예

❶ 래스터 연산으로 그리기

SetROP2(hdc, R2_XORPEN);

	검은색	RGB(0, 0, 0)	=	00000000	00000000	00000000
XOR	흰색	RGB(255, 255, 255)	=	11111111	11111111	11111111
	흰색	RGB(255, 255, 255)	=	11111111	11111111	11111111

	흰색	RGB(255, 255, 255)	=	11111111	11111111	11111111
XOR	흰색	RGB(255, 255, 255)	=	11111111	11111111	11111111
	검은색	RGB(0, 0, 0)	=	00000000	00000000	00000000

검은색 바탕 XOR 흰색 바탕 = 흰색 바탕
흰색 원 XOR 흰색 원 = 검은색 원

❷ 래스터 연산으로 지우기

SetROP2(hdc, R2_XORPEN);

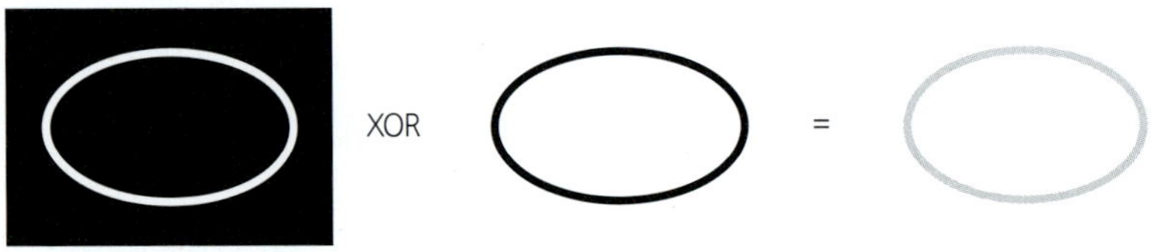

	검은색	RGB(0, 0, 0)	=	00000000	00000000	00000000
XOR	흰색	RGB(255, 255, 255)	=	11111111	11111111	11111111
	흰색	RGB(255, 255, 255)	=	11111111	11111111	11111111

흰색 원 XOR 검은색 원 = 흰색 원

지로 화면을 지우지 않기 때문에 전체 화면이 깜박거리지 않는다는 것이다.

[실습 3-6]은 XOR로 래스터 연산을 해서 직선을 그려 고무줄(rubber band) 효과를 표현하는 예제이다. 대부분의 워드프로세서는 직선을 그릴 때 마우스 왼쪽 버튼을 눌러 시작점을 정하고 드래그로 원하는 직선 모양을 만들어 완성한다. 드래그하는 도중에 직선의 시작점과 마우스 포인터 사이에 고무줄이 연결된 것처럼 직선이 그려지는데 이를 고무줄 효과라고 한다. 이처럼 고무줄 효과는 직선을 그렸다 지우는 과정을 반복해서 표현할 수 있다.

실습 3-7 고무줄 효과가 있는 직선 그리기

```
LRESULT CALLBACK WndProc(HWND hwnd, UINT iMsg,
                        WPARAM wParam, LPARAM lParam)
{
      HDC               hdc;
      PAINTSTRUCT       ps;
      static int        startX, startY, oldX, oldY;
      static BOOL       Drag;
      int               endX, endY;

      switch (iMsg)
      {
      case WM_CREATE:
            startX = oldX = 50;        startY = oldY = 50;
            Drag = FALSE;
            break;
      case WM_PAINT:
            hdc = BeginPaint(hwnd, &ps);
            MoveToEx(hdc, startX, startY, NULL);
            LineTo(hdc, oldX, oldY);
            EndPaint(hwnd, &ps);
            break;
      case WM_LBUTTONDOWN:
            Drag = TRUE;
            break;
      case WM_LBUTTONUP:
            Drag = FALSE;
            break;
      case WM_MOUSEMOVE:
            hdc = GetDC(hwnd);
            if (Drag)
            {
                  SetROP2(hdc, R2_XORPEN);
                  SelectObject(hdc, (HPEN)GetStockObject(WHITE_PEN));
                  endX = LOWORD(lParam);
                  endY = HIWORD(lParam);
                  MoveToEx(hdc, startX, startY, NULL);
                  LineTo(hdc, oldX, oldY);        // 지우기
                  MoveToEx(hdc, startX, startY, NULL);
```

```
82              LineTo(hdc, endX, endY);        // 그리기
83              oldX = endX; oldY = endY;
84          }
85          ReleaseDC(hwnd, hdc);
86          break;
87      case WM_DESTROY:
88          PostQuitMessage(0);
89          break;
90      }
91      return(DefWindowProc(hwnd, iMsg, wParam, lParam));
92  }
```

49, 56행 : 직선을 그리기 위해 시작점과 끝점을 저장할 변수가 필요하므로 (startX, startY)와 (oldX, oldY)를 선언한다. 원래 마우스 왼쪽 버튼으로 누른 점을 시작점으로 하는 것이 맞지만 여기서는 (50, 50)을 시작점으로 설정했다. 마우스 포인터가 움직이면 마우스의 좌표는 (oldX, oldY)에 저장된다.

50행 : 현재 마우스가 드래그 중인지를 나타내기 위해 BOOL 타입의 Drag 변수를 선언한다.

55~58행 : 윈도우가 처음 만들어져 WM_CREATE 메시지가 도착하면 변수를 초기화한다. 초기 좌표는 시작점과 이전 점 모두 (50, 50)이고 Drag 변수는 값이 FALSE이다.

59~64행 : WM_PAINT 메시지가 발생하면 디바이스 콘텍스트를 얻어오고 시작점에서 이전 점까지 직선을 그린다. 그러나 두 좌표가 같기 때문에 직선이 나타나지 않는다.

65~70행 : 마우스 왼쪽 버튼을 누르면 Drag 변수의 값이 TRUE가 되어 드래그의 시작을 알리고, 마우스 왼쪽 버튼을 떼면 Drag 변수에 FALSE를 저장해 드래그가 끝났음을 알린다.

71~73행 : 마우스를 움직이면 WM_MOUSEMOVE 메시지가 온다. 마우스는 드래그일 수도 있고 아닐 수도 있는데, 드래그이면 직선을 그리고 그렇지 않으면 아무것도 할 필요가 없다. 그러므로 일단 GetDC( ) 함수를 이용해 디바이스 콘텍스트를 얻은 후, Drag 변수를 통해 마우스가 드래그 중인지 판단한다.

75, 76행 : 드래그 중이면 XOR를 래스터 연산으로 설정한다. SelectObject( ) 함수를 이용해 디바이스 콘텍스트에 흰색 펜을 등록한다. 직선을 그리면 흰색 선과 흰색 배경을 XOR 연산하므로 검은색 선만 남는다. 즉 검은 펜으로 선을 그린 효과를 얻는다. 그려진 검은 선 위에 흰색 펜으로 다시 직선을 그리면 검은 선과 흰 선을 XOR 연산하므로 흰 선이 남아 앞서 그린 검은 선이 사라진다.

77, 78행 : 마우스 포인터의 현재 좌표를 얻으려고 lParam의 LOWORD와 HIWORD를 구해 직선의

끝점인 (endX, endY)에 저장한다.

79, 80행 : 시작점 (startX, startY)와 이전 점 (oldX, oldY) 사이에 직선을 그린다. 이것은 그린다기보다는 이미 그려진 직선 위에 덧그려 지우는 효과를 나타낸다.

81, 82행 : 끝점 (endX, endY)까지 직선을 그리는데 이것이 화면에 결과로 남는다.

83행 : 마우스 포인터를 움직이면 끝점이 이전 점이 되므로 endX, endY를 각각 oldX, oldY로 복사한다.

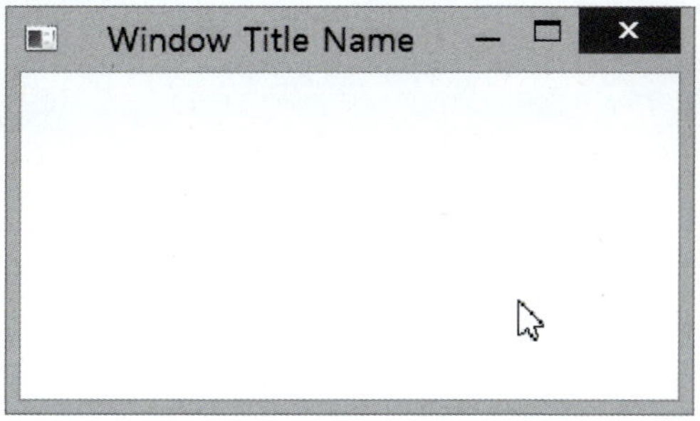

실행 후 한 지점에서 마우스 왼쪽 버튼 클릭

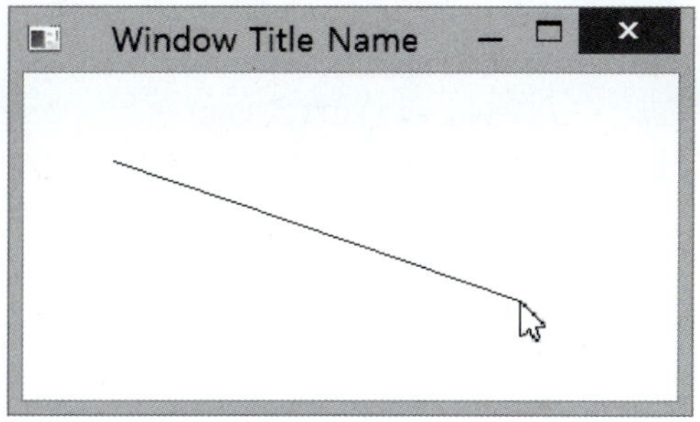

마우스로 클릭한 지점을 끝점으로 직선이 그려짐

고무줄 효과를 이용해 직선을 그리는 기법을 응용해서 원을 그려보자. 원을 그리는 방법도 직선과 같다. 마우스 왼쪽 버튼을 눌러 원을 그리기 시작하고, 드래그 중에는 원의 모양이 마우스 포인터의 위치에 따라 계속 변하다가 마우스 왼쪽 버튼을 뗄 때 비로소 완성된다. 직선처럼 시작점이 있고 마우스 포인터의 움직임에 따라 끝점이 계속 변한다. 그리고 원도 지우고 그리는 과정을 반복한다. [실습 3-8]에서는 직선처럼 원을 그리기 시작하는 점을 (50, 50)으로 가정했다.

실습 3-8 고무줄 효과가 있는 원 그리기

```
LRESULT CALLBACK WndProc(HWND hwnd, UINT iMsg,
                         WPARAM wParam, LPARAM lParam)
{
      HDC             hdc;
      PAINTSTRUCT     ps;
      static int      startX, startY, oldX, oldY;
      static BOOL     Drag;
      int             endX, endY;

```

```
    switch (iMsg)
    {
    case WM_CREATE:
        startX = oldX = 50;      startY = oldY = 50;
        Drag = FALSE;
        break;
    case WM_PAINT:
        hdc = BeginPaint(hwnd, &ps);
        Ellipse(hdc, startX, startY, oldX, oldY);
        EndPaint(hwnd, &ps);
        break;
    case WM_LBUTTONDOWN :
        Drag = TRUE;
        break;
    case WM_LBUTTONUP :
        Drag = FALSE;
        break;
    case WM_MOUSEMOVE:
        hdc = GetDC(hwnd);
        if (Drag)
        {
            SetROP2(hdc, R2_XORPEN);
            SelectObject(hdc, (HPEN)GetStockObject(WHITE_PEN));
            SelectObject(hdc,
                    (HBRUSH)GetStockObject(BLACK_BRUSH));
            endX = LOWORD(lParam);
            endY = HIWORD(lParam);
            Ellipse(hdc, startX, startY, oldX, oldY); // 지우기
            Ellipse(hdc, startX, startY, endX, endY); // 그리기
            oldX = endX; oldY = endY;
        }
        ReleaseDC(hwnd, hdc);
        break;
    case WM_DESTROY:
        PostQuitMessage(0);
        break;
    }
    return(DefWindowProc(hwnd, iMsg, wParam, lParam));
}
```

55~58행 : WM_CREATE 메시지가 도착하면 시작 좌표 (50, 50)은 시작점 저장 변수인 startX, startY와 이전 점 저장 변수인 oldX, oldY에 저장한다. 그리고 아직 드래그 중이 아니므로 BOOL 타입의 Drag 변수에 FALSE를 저장한다.

59~63행 : WM_PAINT 메시지가 발생하면 디바이스 콘텍스트를 얻어오고 시작점과 이전 점을 기준으로 원을 그린다. endX, endY는 지역변수이므로 초기화하지 않으면 임의의 값으로 원을 그려 예상치 않은 원이 그려진다. 그러나 드래그해서 끝점이 마우스 포인터의 현재 위치를 얻으면 (50, 50) 좌표와 마우스 포인터의 현재 좌표를 기준으로 원을 그린다.

64~69행 : 마우스 왼쪽 버튼을 눌러 WM_LBUTTONDOWN 메시지가 발생하면 드래그의 시작을 알리기 위해 Drag 변수에 TRUE를 저장하고, 마우스 왼쪽 버튼을 떼면 FALSE를 저장한다.

70~77행 : 마우스를 움직여 WM_MOUSEMOVE 메시지가 발생하면 직선을 그릴 때처럼 GetDC( ) 함수를 이용해 디바이스 콘텍스트를 얻어온다. 그리고 Drag 변수 값을 검사해 드래그 중인지 판단하는데, 드래그 중이면 XOR를 래스터 연산으로 설정하고 흰색 펜과 검은색 브러시를 등록한다. 이제 원을 그리면 흰색 펜과 검은색 브러시로 배경 색과 XOR 연산을 해서 그린다.

78~80행 : 마우스 포인터의 현재 좌표를 lParam에서 구해 endX, endY에 저장한다. 시작점인 (startX, startY)와 이전 점인 (oldX, oldY)를 기준으로 원을 그린다. 처음 그릴 때는 두 좌표가 (50, 50)으로 같아서 화면에 아무것도 나타나지 않는다.

81행 : 시작점 (startX, startY)와 마우스 포인터의 끝점 (endX, endY)를 기준으로 원을 그린다. 이때 흰색 펜과 검은색 브러시로 흰 배경에 XOR 연산을 한 다음 그리기 때문에 검은색 펜과 흰색 브러시로 그리는 효과를 얻는다.

82행 : 그림을 그린 후 마우스 포인터의 현재 좌표를 저장한 (endX, endY) 값을 이전 점을 저장하는 변수 (oldX, oldY)에 저장한다.

70~85행 : 마우스를 계속 드래그하면 WM_MOUSEMOVE 메시지가 발생하고 Drag 변수에는 TRUE를 저장한다. 달라진 것은 endX, endY 값이다. oldX, oldY 값은 이전 endX, endY 값과 같기 때문에 이전에 그린 원 위에 다시 그린다. 이때 바탕에 있는 원은 검은색 선과 흰색 면인 원이고 그리려는 원은 흰색 선과 검은색 면이다. 두 원 사이에 XOR 연산을 해서 그리면 선과 면이 모두 흰색이 되어 바탕에 있던 원이 지워진다. 그런 다음 흰색 배경에 (startX, startY)를 시작점으로 해서 마우스 포인터의 새로운 위치인 (endX, endY)까지 흰색 선과 검은색 면의 원을 그리면 검은색 선과 흰색 면의 원이 결과로 남는다.

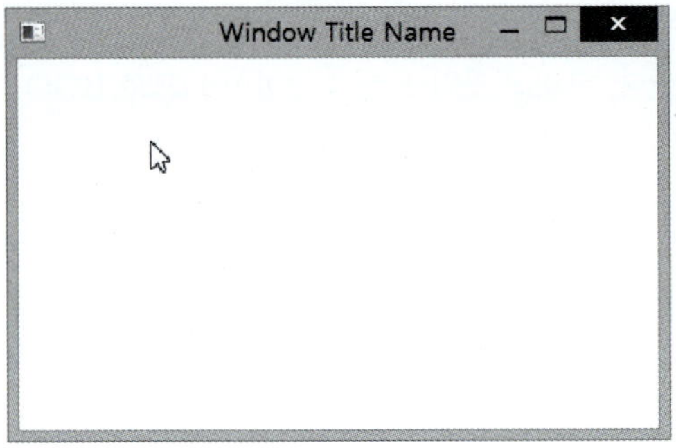

실행 후 한 지점에서 마우스 왼쪽 버튼 클릭

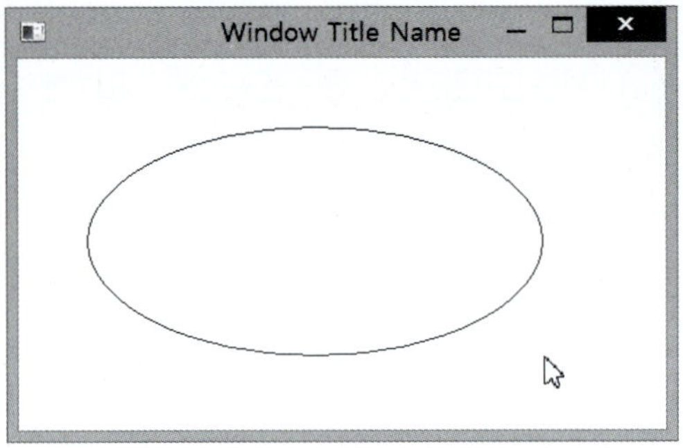

마우스를 드래그해 원을 그리는 화면

요약

1 윈도우에서 움직이는 원을 구현하는 방법

- 움직이는 원을 제어하기 위해 키보드 메시지를 사용한다.
- GetClientRect( ) 함수로 윈도우의 크기를 얻어 움직이는 원이 윈도우 안에 머물게 할 수 있다.
- SetTimer( ), KillTimer( ) 함수로 타이머를 조정해 원의 움직임을 자동으로 제어할 수 있다.

2 마우스에서 발생하는 메시지

- 마우스에서 발생하는 메시지는 WM_LBUTTONDOWN, WM_LBUTTONUP, WM_MOUSEMOVE, WM_RBUTTONDOWN, WM_RBUTTONUP 등이다.
- 마우스 메시지가 발생했을 때 마우스 포인터의 위치를 얻어오려면 lParam의 HIWORD와 LOWORD 내용을 봐야 한다. HIWORD(lParam)은 Y 값이고 LOWORD(lParam)은 X 값이다.
- SetROP2( ) 함수는 윈도우에 그림을 나타낼 때 배경 색과 그리는 색 사이에 수행할 연산을 지정한다.
- R2_XORPEN을 래스터 연산으로 지정하면 디바이스 콘텍스트에 등록된 색과 윈도우 배경 색을 XOR 연산한다. 그러므로 같은 도형을 같은 위치에 두 번 그리면 삭제하는 효과가 나타나 그 도형이 지워진다.

연습문제

1 [실습 3-1]의 프로그램에 오른쪽 방향키뿐만 아니라 4개의 방향키를 모두 적용해 원이 네 방향으로 움직이도록 프로그램을 확장해보자. 기본 원은 [실습 3-1]과 같이 중심 좌표가 (20, 20)이고 반지름이 20이다. 방향키를 누르면 원의 중심 좌표가 40씩 증가하거나 감소한다. 그러다가 〈Home〉 버튼을 누르면 원이 (20, 20) 위치로 이동한다.

2 [실습 3-2]의 프로그램을 바탕으로 원이 윈도우 안에만 머무르는 프로그램을 작성해보자. 여기서도 4개의 방향키가 원을 40씩 이동하는 제어기 역할을 한다. 기본 원은 중심 좌표가 (20, 20)이고 반지름이 20이다. 방향키로 원을 상하좌우 네 방향으로 움직일 수 있으며, 움직이는 단위는 40이다. 단, 원이 윈도우 경계를 벗어나면 안 되고, 원의 움직임을 제한하는 경계를 검은색 실선으로 그린다.

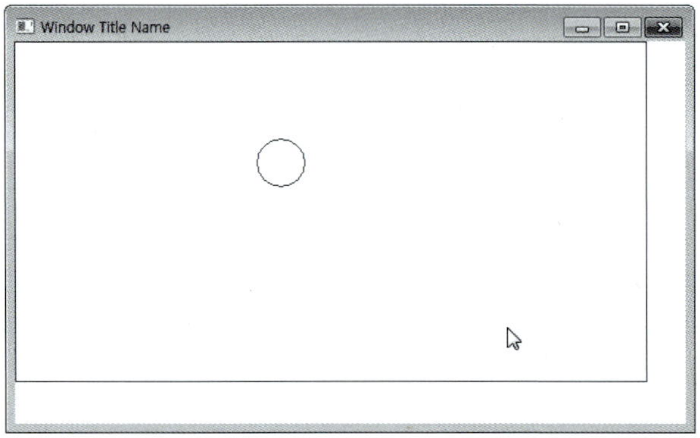

3 [실습 3-3]의 프로그램을 바탕으로 원이 윈도우 안에서 자동으로 계속 움직이는 프로그램을 작성해보자. 4개의 방향키로 원이 이동할 방향을 선택하고 원이 40씩 이동한다. 기본 원은 중심 좌표가 (20, 20)이고 반지름이 20이다. 프로그램을 처음 실행하면 원이 나타나지만 움직임은 없다. 그러다 Enter 키를 한 번 누르면 자동으로 오른쪽으로 움직인다. Enter 키를 다시 누르면 움직임을 멈추고, 또다시 Enter 키를 누르면 움직이던 방향으로 계속 움직인다. 즉 Enter 키를 홀수 번 누르면 원이 움직이고 짝수 번 누르면 원이 멈춘다. 단, 원이 윈도우의 경계를 벗어나면 안 되고, 원의 움직임을 제한하는 경계를 검은색 실선으로 그린다.

※4 연습문제 3번의 결과 프로그램을 이용해 애벌레가 움직이는 모양을 구현해보자. 윈도우에 원을 2개 나타내는데, 하나는 중심 좌표가 (60, 20), 반지름이 20인 원이고, 또 하나는 중심 좌표가 (20, 20), 반지름이 20인 원이다. 첫 번째 원은 애벌레의 머리 부분으로 테두리가 빨간색이고, 두 번째 원은 애벌레의 꼬리 부분으로 테두리가 파란색이다. Enter 키를 누르면 애벌레가 오른쪽으로 이동하기 시작하는데, 방향키로 애벌레 머리의 방향을 바꿀 수 있고 꼬리는 머리를 따라간다. 단, 애벌레가 윈도우의 경계를 벗어나면 안 되고, 원의 움직임을 제한하는 경계를 검은색 실선으로 그린다.

빨간색 ○ 파란색 ○

5 [실습 3-4]의 프로그램을 바탕으로, 원을 선택하면 색상이 바뀌어 선택되었음을 알리는 프로그램을 작성해보자.

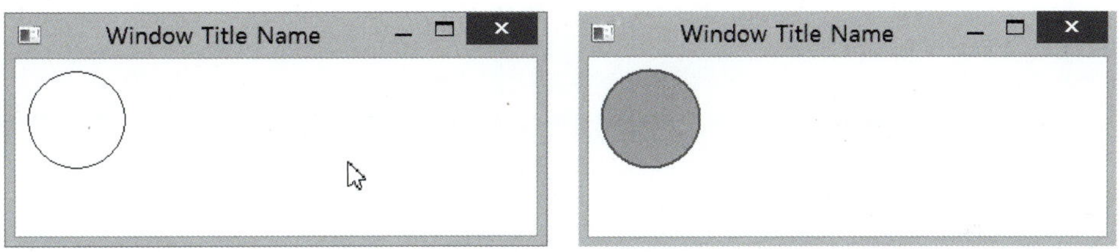

▶ **HINT** 먼저 중심 좌표가 (20, 20)이고 반지름이 20인 원을 그린다. 마우스 왼쪽 버튼을 누르는 이벤트가 발생하면 눌린 마우스 포인터의 위치가 원의 내부인지 검사한다. 원 내부이면 Selection 변수에 TRUE를 저장하며, WM_PAINT 메시지를 처리하는 부분에서는 Selection 값이 TRUE이면 새로운 펜과 브러시를 만들어 등록하고 원을 그린다. 만약 FALSE이면 펜과 브러시를 만들지 않고 원만 그린다. 마우스 왼쪽 버튼을 눌렀다가 떼면 Selection 변수 값이 다시 FALSE로 돌아간다.

6 윈도우의 (100, 100) 좌표에 '고양이'라는 단어를 출력한다. 그리고 마우스 왼쪽 버튼을 누르면 마우스 포인터의 위치에 '쥐'를 출력하고 버튼을 떼면 이 글자가 사라진다. '쥐'가 화면에 나타나

면 '고양이'가 '쥐'를 잡으려고 움직이기 시작한다. 마우스 왼쪽 버튼을 누른 채 이동하면 '쥐'가 이동하고 '고양이'는 '쥐'를 쫓으며, '쥐'가 화면에서 사라지면 '고양이'는 움직임을 멈춘다.

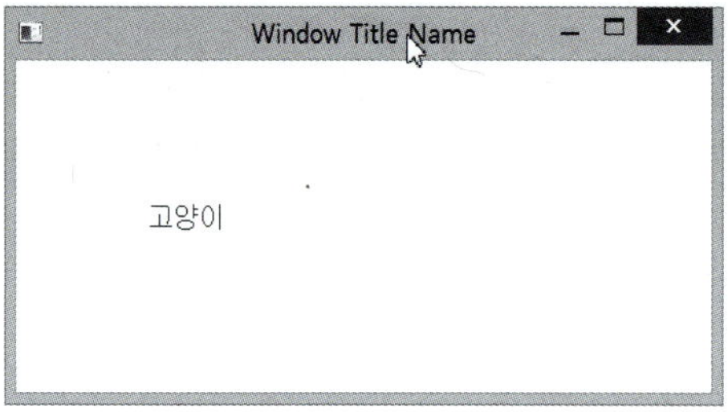

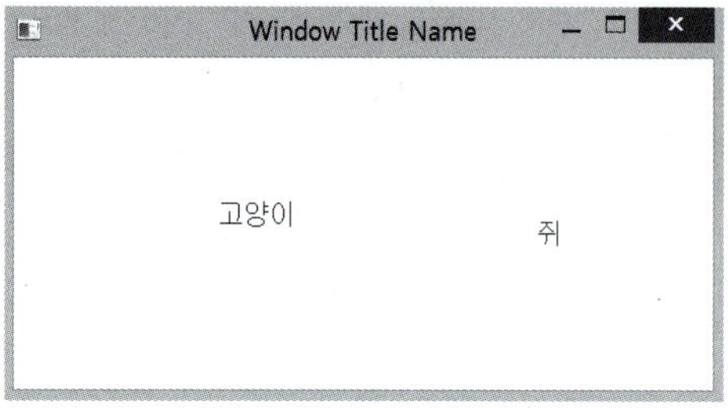

7 선택한 원부터 마우스 포인터가 있는 지점까지 래스터 연산을 이용해 직선을 그리는 프로그램을 작성해보자. 먼저 화면에 원을 그리는데, 원의 중심 좌표가 (20, 20)이고 반지름이 20이다. 원을 선택해 드래그하면 원의 중심 좌표인 (20, 20)에서 드래그 중인 마우스 포인터의 현재 좌표까지 고무줄 같은 직선을 그리고, 마우스 왼쪽 버튼을 떼면 직선이 사라진다.

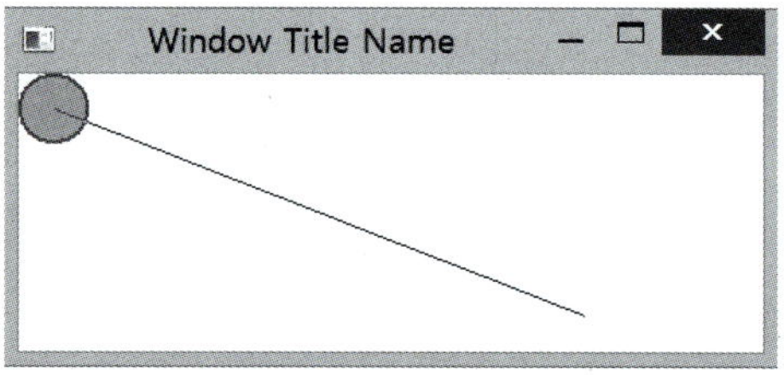

8 연습문제 7번의 결과 프로그램을 확장해보자. 마우스를 드래그해서 직선을 그린 다음 마우스 왼쪽 버튼을 떼면 원이 나타났다 사라진 직선을 따라 이동하기 시작한다. 이동은 타이머를 이용해 자동으로 이뤄진다.

※**9** 다음과 같은 간단한 게임을 구현해보자. 프로그램을 시작하면 화면에 장애물로 사용할 초록색 작은 원들이 나타난다. 다음으로 주인공 역할을 할, 중심 좌표가 (0, 0)이고 반지름이 50인 흰색 원이 나타난다. 마우스로 흰색 원을 드래그해서 윈도우의 대각선 방향 끝으로 이동하는데, 가능한 한 초록색 원과 부딪히지 않아야 한다. 흰색 원이 초록색 원과 부딪히면 초록색 원이 빨간색으로 변한다. 목적지에 도착하면 걸린 시간과 부딪힌 장애물의 수를 화면에 출력한다.

※10 연습문제 4번의 결과 프로그램을 이용해 게임을 구현해보자. 프로그램을 시작하면 화면에 먹잇감으로 사용할 검은색 원들이 나타난다. 검은색 원의 중심 좌표인 x와 y 값은 모두 20의 배수이고 반지름은 10이다. 주인공 역할을 할 애벌레의 초기 모습은 머리와 꼬리, 2개의 원으로 이뤄진다. 프로그램이 시작되면 애벌레가 오른쪽으로 이동하는데, 애벌레의 머리가 먹이를 지나가면 먹이를 먹는 셈이 되고 먹이를 하나 먹을 때마다 꼬리가 하나씩 늘어난다. 단, 애벌레의 머리가 윈도우의 경계나 자기 꼬리와 부딪히면 안 된다.

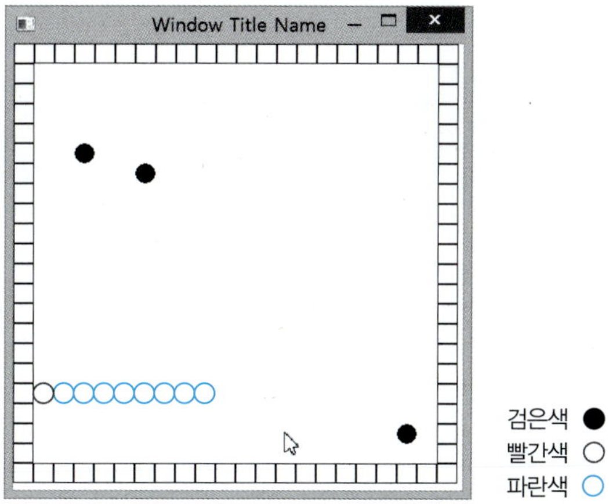

11 다음과 같은 프로그램을 작성해보자. 프로그램을 실행하면 4행 8열의 표가 나타난다. 표 내부를 마우스 왼쪽 버튼으로 클릭하면 마우스 포인터가 포함된 정사각형에 원이 나타난다. 표의 외부를 클릭해도 아무 변화가 없고 원이 있는 정사각형을 클릭해도 변화가 없어야 한다.

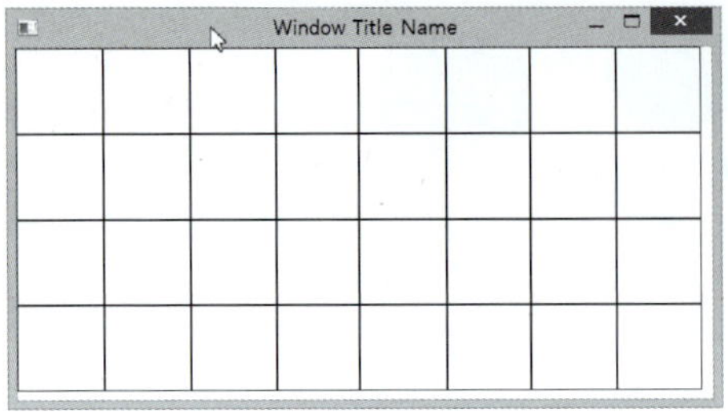

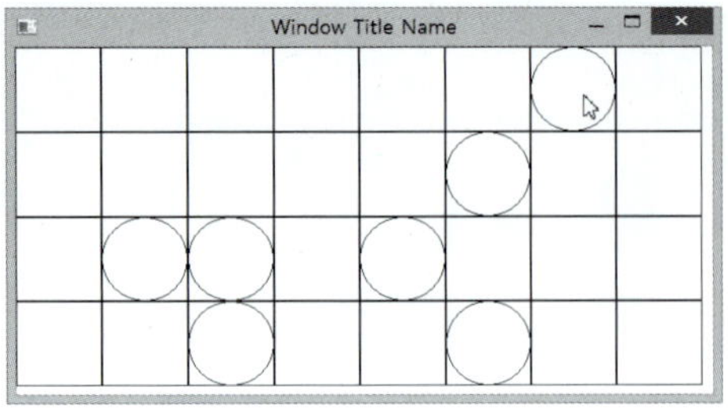

※**12** 연습문제 11번의 결과 프로그램을 확장해보자. 프로그램을 실행하면 4행 8열의 표가 나타난다. 표 내부를 마우스 왼쪽 버튼으로 클릭하면 마우스 포인터가 포함된 정사각형에 원이 나타나는데, 테두리가 빨간색인 원과 파란색인 원이 번갈아가며 나타난다. 즉 홀수 번째로 그려지는 원은 테두리가 빨간색이고, 짝수 번째로 그려지는 원은 테두리가 파란색이다. 원이 이미 그려진 곳이나 표 외부는 마우스 왼쪽 버튼을 클릭해도 변화가 없어야 한다.

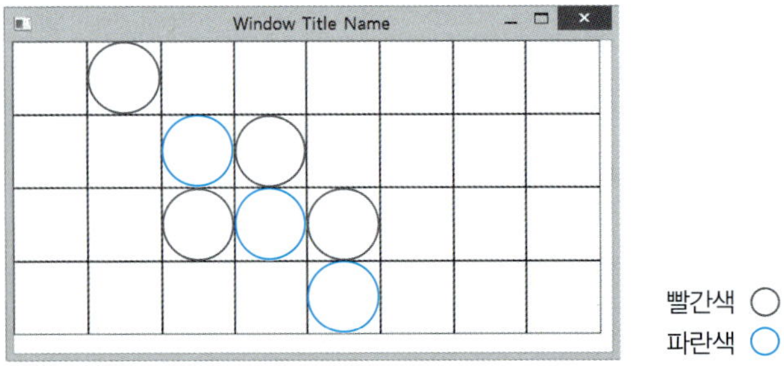

13 연습문제 2번을 완성한 후, 방향키로 원을 이동할 때 원이 윈도우 벽에 충돌하면 충돌하는 순간에만 원의 내부가 빨간색이 된다. 충돌하는 순간에만 색이 변하는 것이기 때문에 다시 원래 색인 흰색으로 돌아와야 한다.

Chapter 04

윈도우 메뉴

학습목표

- 리소스 파일을 만들고 윈도우에 메뉴를 등록할 수 있다.
- 메뉴에서 발생하는 메시지를 처리할 수 있다.
- 공용 대화상자의 종류를 알고 이를 적용해 프로그램의 완성도를 높일 수 있다.
- 윈도우에 등록된 메뉴를 프로그램 실행 중에 수정할 수 있다.

01 메뉴 만들기

윈도우 프로그램에는 화면을 통해 사용자에게 입력받고 출력하는 코드 외의 부분이 존재하는데 이를 리소스라 한다. 리소스는 주로 화면에 시각적으로 나타나며 메뉴, 툴 바, 비트맵, 단축키, 대화상자 등이 포함된다. 또한 프로그램의 완성도를 높여 사용자가 사용하기 편하게 해준다.

이 장에서는 메뉴를 만들어 윈도우 프로그램에 등록하는 방법과 메뉴를 통해 입력받아 이를 처리하는 방법을 배운다. 그리고 메뉴 항목에 단축키를 설정하는 방법을 살펴본다.

메뉴를 만들려면 먼저 리소스 파일을 만들어야 한다. 리소스 파일은 확장자가 rc로, 프로젝트에서 사용할 자원(리소스)을 설정한다. 리소스 파일을 만드는 방법은 소스 파일을 만드는 방법과 유사하다. 프로젝트 솔루션 탐색기 내에 리소스 파일 폴더가 있는데, 아직 리소스 파일을 만들지 않았기 때문에 처음에는 비어 있다. 리소스 파일을 만들려면 [그림 4-1]에서 보듯이 [리소스 파일] 폴더에서 마우스 오른쪽 버튼을 눌러 [추가]-[리소스]를 선택한다.

그림 4-1 리소스 파일 만들기

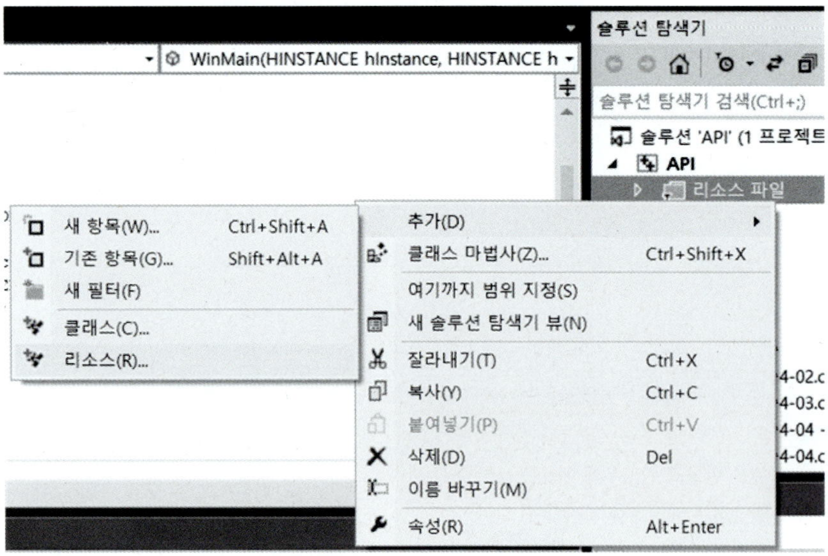

[그림 4-1]과 같이 하고 나면 프로젝트에서 사용 가능한 리소스를 보여주는 [리소스 추가] 대화상자가 나타난다. 리소스의 종류에는 단축키, 비트맵, 커서, 다이얼로그, 아이콘, 메뉴 등이 있으며, 이 중 일부는 뒤에서 살펴볼 것이다. 아마도 여기에 나열된 리소스는 처음 보는 것이 대부분일 것이다. 이 장에서는 메뉴를 만들어볼 것이므로 [Menu]를 선택하고 〈새로 만들기〉 버튼을 누른다.

그림 4-2 [리소스 추가] 대화상자

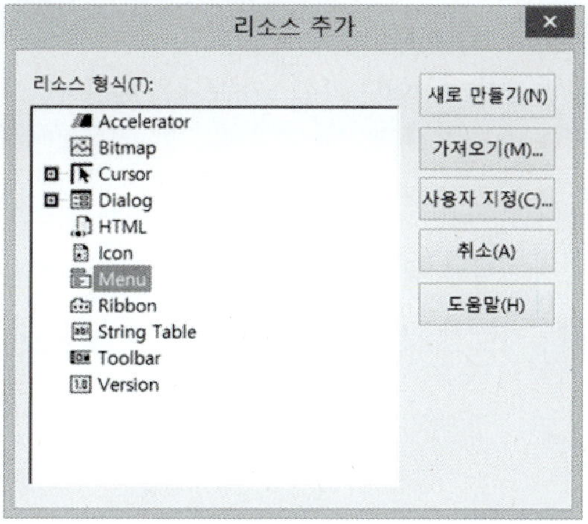

리소스를 처음 만들기 때문에 [리소스 파일] 폴더에 확장자가 rc인 파일이 만들어지고, [헤더 파일] 폴더에 resource.h 파일이 만들어진다.

그림 4-3 리소스 파일과 헤더 파일 추가

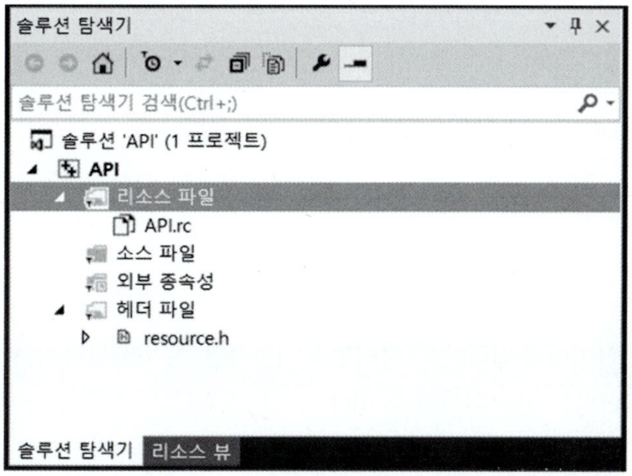

이 2개의 파일은 텍스트 파일이지만 직접 편집하지 않고 각 리소스 편집기를 통해 리소스를 만들거나 수정함으로써 그 내용이 변경된다. 그리고 이 파일들은 한 번 만들어지면 다른 리소스를 위해서도 사용되므로 또다시 만들 필요가 없다.

RC 파일에는 프로젝트에서 만든 리소스가 스크립트 형태로 저장되고, resource.h 파일에는 리소스에서 사용할 ID가 매크로를 이용해 정수로 선언된다. RC 파일은 일반 텍스트 파일이기 때문에 메모장과 같은 텍스트 편집기로 편집할 수도 있지만, 형태가 C 언어 구문이 아니므로 실수를 줄이려면 비주얼 스튜디오에서 편집하는 것이 좋다. ID는 리소스를 구분하려고 붙인 이름으로, 프로그램에서는 ID를 사용해 리소스를 윈도우에 붙이거나 어떤 리소스가 보내온 메시지인지 구분한다.

[그림 4-4]와 같이 메뉴를 새로 만들면 편집 창에 IDR_MENU1이라는 탭이 생기면서 새로운 메뉴가 만들어진다. 회색 가로줄이 생기고 맨 왼쪽 사각형에 '여기에 입력'이라고 쓰여 있으며 점선 테두리가 그려진다. 회색 가로줄이 기본으로 제공되는 메뉴이고, 점선 사각형은 메뉴 항목을 추가할 수 있는 곳이다.

그림 4-4 새로운 메뉴

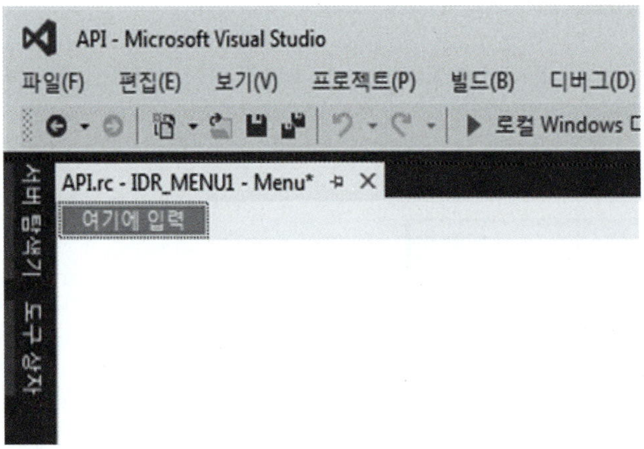

새 메뉴 항목을 만들어 편집해보자.

❶ 먼저 메뉴 항목을 위한 Caption을 타이핑해 입력한다. 타이핑을 시작하면 '여기에 입력'이 사라지고 입력된 글이 메뉴 항목에 나타나는 것을 확인할 수 있다.

❷ 메뉴 항목을 의미하는 사각형에서 마우스 오른쪽 버튼을 클릭해 [속성] 메뉴를 선택하고 메뉴

항목의 속성 정보를 연다. 이 속성 정보는 적절히 편집할 수 있다.

❸ 속성 정보 중에서 Caption에 '파일'이라고 입력한다.

❹ 그러면 선택된 메뉴 항목에 '파일'이라는 글이 출력된다. Caption은 메뉴 항목에 나타날 글로 C 언어 구문과는 무관하며 영어나 한글 모두 가능하다. 메뉴 항목에 Caption만 추가되면 만들어진 메뉴 항목의 아래쪽과 오른쪽에 새로운 메뉴 항목을 2개 추가할 수 있음을 의미하는 사각형 2개가 '여기에 입력'이라는 글과 함께 생긴다.

그림 4-5 메뉴 항목 추가

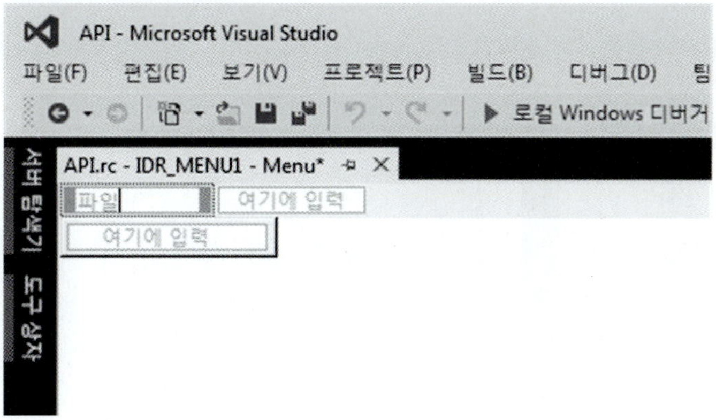

같은 방법으로 새로운 메뉴 항목을 계속 추가할 수 있다. [파일]이라는 메뉴 항목 아래에 [새글], [열기], [저장], [끝내기] 등을 추가해보자. 지금까지 윈도우에서 사용해온 문서 편집기는 대부분 첫 번째 메뉴 항목이 이런 순서로 되어 있다.

그림 4-6 하위 메뉴 항목 추가

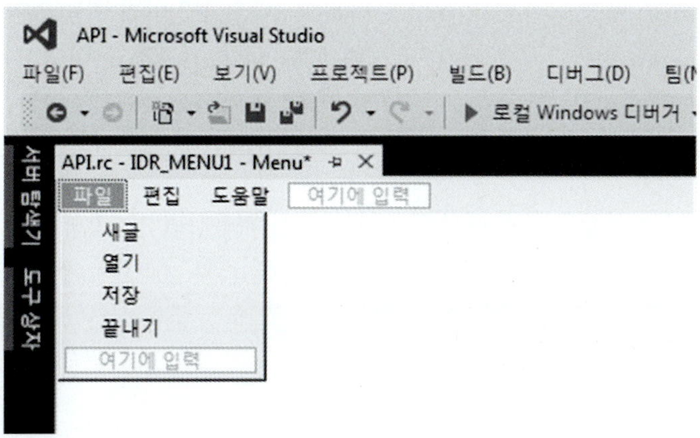

이러한 메뉴 항목은 2개 그룹으로 나눌 수 있다. 하나는 다른 메뉴 항목을 보여주기 위한 중간 연결 역할을 하는 것이고, 또 하나는 선택할 수 있는 메뉴 항목이다. [파일]이라는 메뉴 항목은 선택했을 때 어떤 기능을 호출한다기보다 아래에 추가된 [새글], [열기], [저장], [끝내기]를 보여주기 위한 것이다. 반면에 [새글], [열기], [저장], [끝내기]는 선택했을 때 특정 기능을 불러온다. 이는 곧 Popup 항목이냐 아니냐의 차이로, [파일]은 Popup 항목이지만 나머지는 아니다. 메뉴 항목의 속성 정보를 보면 Popup이라는 속성이 있고, True와 False 중 하나의 값을 가지고 있을 것이다. True이면 Popup 항목이고 False이면 일반 메뉴 항목이다.

그림 4-7 Popup 속성의 차이

Popup이 True인 메뉴 항목이 [파일]처럼 반드시 메뉴 바 위에만 나타나야 하는 것은 아니다. [새글]과 같이 아래에 추가된 메뉴 항목도 Popup을 True로 변경하면 하위 메뉴 항목을 추가할 수 있고, 메뉴 바에 있는 [파일]과 같은 메뉴 항목도 Popup을 False로 변경하면 하위 메뉴 항목이 사라지게 된다. 메뉴 항목의 Popup 속성과 연관된 ID 속성이 있다. Popup이 True이면 ID는 편집할 수 없는 상태, 즉 비활성화로 변경되고 False이면 ID는 편집할 수 있는 상태, 즉 활성화가 된다.

메뉴 항목 ID는 메뉴 항목을 구분하는 역할을 하기 때문에 동일한 ID를 사용하면 안 된다. 메뉴 항목 중 하나를 선택하면 WM_COMMAND와 함께 선택된 메뉴 항목의 ID가 프로그램에 전달된다.

그림 4-8 Popup 속성과 ID의 관계

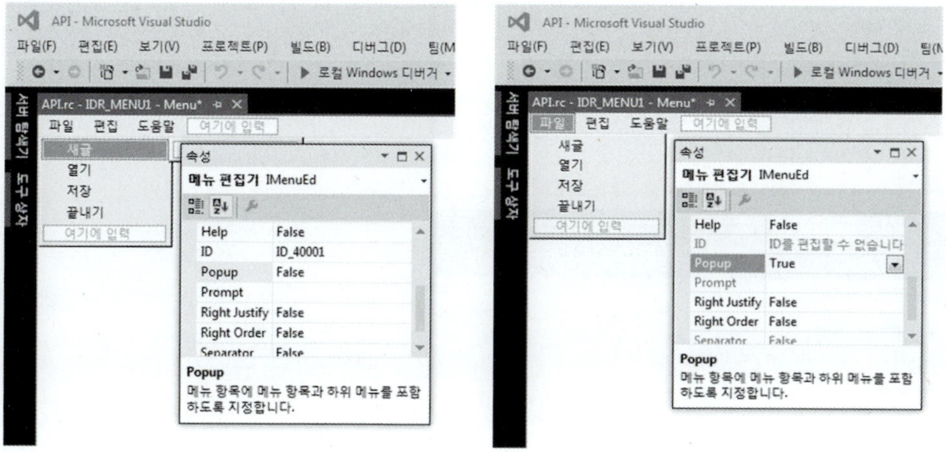

메뉴 항목의 속성을 정리하면 다음과 같다.

- **Popup** : 해당 메뉴 항목이 팝업 메뉴 항목인지를 True나 False로 나타낸다. 팝업 메뉴 항목은 프로그램을 실행할 때 최종 선택 대상이 아니라 다른 메뉴 항목을 보여주는 연결 고리 역할을 한다. 반면에 일반 메뉴 항목은 프로그램을 실행할 때 선택할 수 있다.
- **ID** : 어떤 메뉴 항목이 선택되었는지 구분해주며, 메뉴 항목에서 발생한 메시지와 함께 프로그램에 전달된다. Popup이 True이면 메뉴 항목의 ID를 편집할 수 없지만 False이면 편집할 수 있다.
- **Prompt** : ID를 가진 메뉴 항목의 도움말을 작성한다.
- **Enabled** : 프로그램 실행 초기에 메뉴 항목을 사용할 수 있는지를 True나 False로 설정한다. False로 설정하면 프로그램을 실행할 때 메뉴 항목이 나타나지만 선택할 수는 없다.
- **Separator** : 메뉴 항목이 구분자 모양으로 변경되어 메뉴 항목으로서 기능을 수행하지 않는다.

실습 4-1 기본 메뉴 만들기

1 **리소스 파일과 메뉴 만들기** : 메뉴를 만들려면 먼저 리소스 파일을 만들어야 한다. 솔루션 탐색기에서 [리소스 파일] 폴더를 마우스 오른쪽 버튼으로 선택한 후 [리소스 추가]를 선택한다. [Menu 새로 만들기]를 선택해 새로운 메뉴를 만들며, 이렇게 만들어진 메뉴는 [리소스 뷰]에서 확인할 수 있다.

그림 4-9 생성된 메뉴

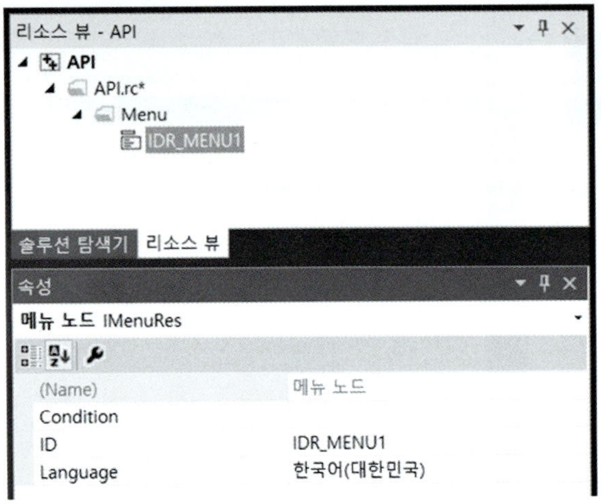

2 메뉴 ID 변경하기 : [그림 4-9]에서 보듯이 새로 만들어진 메뉴의 ID는 IDR_MENU1로 되어 있다. 메뉴 ID인 IDR_MENU1을 선택한 후 아래에 있는 속성에서 ID를 편집 · 수정할 수 있다. 여기서는 각 실습에서 사용하는 메뉴를 구분하기 위해 'IDR_MENU4_1'과 같이 실습 번호를 붙였다. 메뉴 바 ID는 반드시 기억하고 있어야 한다.

그림 4-10 메뉴 ID

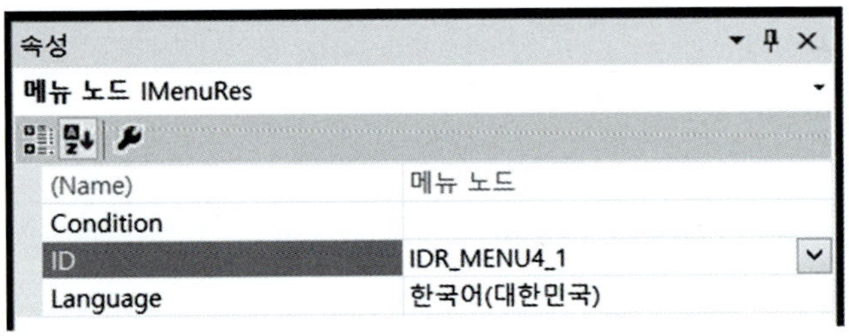

3 메뉴 항목 추가하기(1) : 추가한 메뉴 바에 메뉴 항목을 추가한다. 먼저 [파일] 메뉴 항목을 추가하는데 이것은 ID가 없는 팝업 메뉴이다. 따라서 하위에 부메뉴 항목이 올 수 있다. 부메뉴에는 [새글], [열기], [저장], [끝내기] 메뉴 항목이 있으며 이것들은 팝업 메뉴가 아니므로 ID가 존재한다.

ID는 기억하기 쉬운 형태로 작성하는 것이 좋다. 프로그램 실행 중에 특정 메뉴 항목을 선택하면 WM_COMMAND 메시지가 처리 함수인 WndProc( )에 전달된다. 메시지 번호를 저장하는 iMsg에는 WM_COMMAND 메시지의 번호가 저장되고 wParam에는 선택된 메뉴 항목의 ID가 저장되어 있다. wParam 값으로 어떤 메뉴 항목이 선택되었는지 구분한다.

그림 4-11 [파일] 메뉴의 부메뉴 항목 만들기

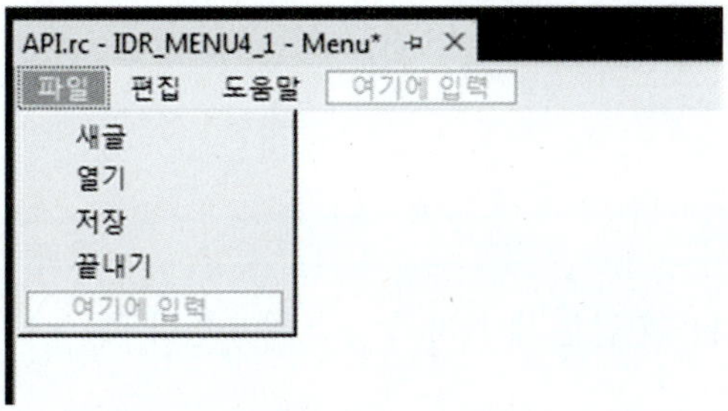

Caption	ID	속성
파일		Popup
새글	ID_FILENEW	기본 값
열기	ID_FILEOPEN	기본 값
저장	ID_FILESAVE	기본 값
끝내기	ID_EXIT	기본 값

4 메뉴 항목 추가하기(2) : 두 번째 [편집] 메뉴를 만드는데 [파일] 메뉴처럼 ID가 필요 없다. 부메뉴 항목은 [취소하기], [복사하기], [붙여넣기]이며, 메뉴 항목 ID가 앞서 사용한 ID와 같으면 안 된다.

그림 4-12 [편집] 메뉴의 부메뉴 항목 만들기

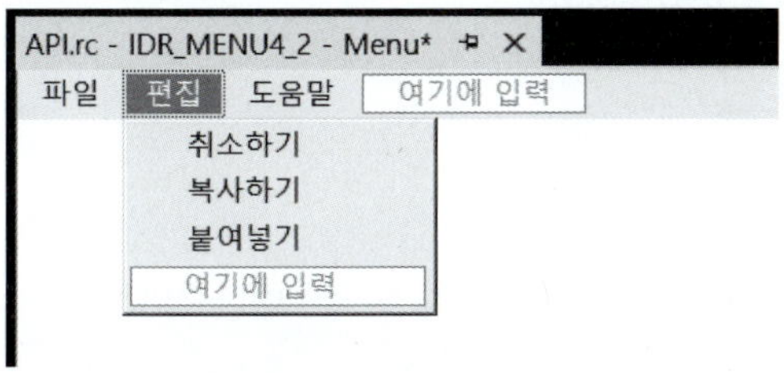

Caption	ID	속성
편집		Popup
취소하기	ID_EDITUNDO	기본 값
복사하기	ID_EDITCOPY	기본 값
붙여넣기	ID_EDITPASTE	기본 값

5 메뉴 항목 추가하기(3) : 다음 표를 참고해 세 번째 [도움말] 메뉴를 같은 방법으로 만든다.

그림 4-13 [도움말] 메뉴의 부메뉴 항목 만들기

Caption	ID	속성
도움말		Popup
프로그램 정보	ID_INFORM	기본 값

지금까지는 메뉴를 만들기만 한 것으로 프로그램을 실행해도 윈도우에 메뉴가 보이지 않는다. 다음 절에서는 이렇게 만든 메뉴를 프로그램에 붙여 윈도우에 나타나게 할 것이다.

02 메뉴 사용하기

메뉴를 만들어 응용 프로그램에서 사용하려면 다음과 같은 세 가지 작업을 해야 한다.

❶ 메뉴를 만든다([실습 4-1] 참조). 메뉴를 만든 다음 메뉴 바의 ID를 IDR_MENU4_2로 변경한다.

❷ 응용 프로그램 소스에 다음과 같이 코드를 추가해 메뉴를 등록한다.

메뉴 등록을 위한 코드

```
#include "resource.h"
… 중략 …
WndClass.lpszMenuName = MAKEINTRESOURCE(IDR_MENU4_2);
```

❸ 메뉴에서 발생하는 메시지를 처리한다.

위의 세 단계 중 단계 ❷에서 사용한 MAKEINTRESOURCE( )는 리소스에 대한 정수형 상수를 문자열로 변환하는 함수이다.

MAKEINTRESOURCE() 함수

```
LPTSTR MAKEINTRESOURCE(
WORD wInteger // 리소스에 대한 정수형 상수
);
```

단계 ❸에서 메시지를 처리하려면 메뉴에서 발생하는 메시지를 알아야 한다. 메뉴에서 팝업이 아닌 메뉴 항목을 선택하면 WM_COMMAND 메시지가 발생하는데 이를 커맨드 메시지라 한다. 커맨드 메시지는 iMsg 변수에 저장되어 WndProc( ) 함수에 전달된다. WM_COMMAND 메시지가 발생하면 메뉴 항목을 선택했음은 알지만 어떤 항목을 선택했는지는 모른다. 어떤 메뉴 항목을 선택했는지는 wParam 변수에 저장된다. 선택된 메뉴 항목의 ID는 정숫값으로 저장된다.

표 4-1 메뉴 항목에서 발생하는 WM_COMMAND 메시지

메시지를 보낸 곳	wParam		lParam
	HIWORD	LOWORD	
메뉴 항목	0	메뉴 항목의 ID	0

[그림 4-14]와 같이 윈도우 프로그램에서 사용자에게 경고나 알림 메시지를 보여주는 대화상자를 메시지 박스라고 한다. 메시지 박스는 프로그램 사용자에게 간단한 메시지를 전달하고, 사용자가 선택할 수 있는 답을 버튼 형식으로 제시해 사용자가 답을 선택하면 답을 가져오게 할 때 사용한다.

그림 4-14 메시지 박스의 예

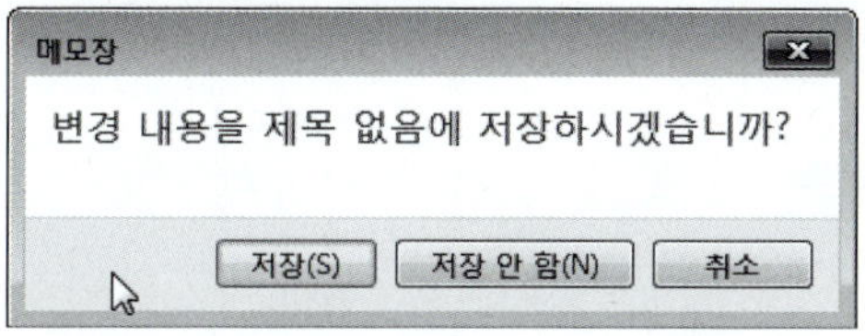

MessageBox( ) 함수는 메시지 박스를 보여주어 프로그램 사용자에게 간단한 질문을 할 수 있게 해준다.

MessageBox( ) 함수

```
int MessageBox(HWND hwnd, LPCTSTR lpText,
      LPCTSTR lpCaption, UINT uType
);
```

uType에 올 수 있는 상수와 반환 상수

- MB_OK : IDOK
- MB_OKCANCEL : IDOK, IDCANCEL
- MB_YESNO : IDYES, IDNO
- MB_YESNOCANCEL : IDYES, IDNO, IDCANCEL

- **첫 번째 매개변수(hwnd)** : 윈도우 핸들이다.
- **두 번째 매개변수(lpText)** : 메시지 박스에 나타나는 문자열 상수나 문자열이 저장된 곳의 시작 주소이다.
- **세 번째 매개변수(lpCaption)** : 문자열로서 메시지 박스의 타이틀 바에 표시할 내용이다.

- **네 번째 매개변수(uType)** : 양의 정수로서 메시지 박스에 보여주는 버튼의 조합이다.
  - MB_OK : 〈Ok〉 버튼
  - MB_OKCANCEL : 〈Ok〉, 〈Cancel〉 버튼
  - MB_YESNO : 〈Yes〉, 〈No〉 버튼
  - MB_YESNOCANCEL : 〈Yes〉, 〈No〉, 〈Cancel〉 버튼으로 이 중 어떤 버튼을 눌러도 메시지 박스가 사라진다. 눌린 버튼은 MessageBox( ) 함수가 반환하는 정숫값으로 구분한다. 정숫값과 표의 결과 값을 비교해 어떤 버튼을 눌렀는지 판단한다. 〈Yes〉 버튼을 누르면 IDYES와 같고, 〈No〉 버튼을 누르면 IDNO와 같다. 또한 〈Ok〉 버튼을 누르면 IDOK와 같고, 〈Cancel〉 버튼을 누르면 IDCANCEL과 같다.

[실습 4-2]는 윈도우에 기본 메뉴를 붙이는 예제이다.

실습 4-2 윈도우에 메뉴 붙이기

```
#include <windows.h>
#include <TCHAR.H>
#include "..\resource.h"
LRESULT CALLBACK WndProc(HWND hwnd, UINT iMsg,
                         WPARAM wParam, LPARAM lParam);
int WINAPI WinMain(HINSTANCE hInstance, HINSTANCE hPrevInstance,
                         LPSTR lpszCmdLine, int nCmdShow)
{
    HWND     hwnd;
    MSG      msg;
    WNDCLASS WndClass;
    WndClass.style = CS_HREDRAW | CS_VREDRAW;
    WndClass.lpfnWndProc = WndProc;
    WndClass.cbClsExtra = 0;
    WndClass.cbWndExtra = 0;
    WndClass.hInstance = hInstance;
    WndClass.hIcon = LoadIcon(NULL, IDI_APPLICATION);
    WndClass.hCursor = LoadCursor(NULL, IDC_ARROW);
    WndClass.hbrBackground = (HBRUSH)GetStockObject(WHITE_BRUSH);
    WndClass.lpszMenuName = MAKEINTRESOURCE(IDR_MENU4_2);
    WndClass.lpszClassName = _T("Window Class Name");
    RegisterClass(&WndClass);
    hwnd = CreateWindow(_T("Window Class Name"),
```

```
24             _T("Window Title Name"),
25             WS_OVERLAPPEDWINDOW,
26             CW_USEDEFAULT,
27             CW_USEDEFAULT,
28             CW_USEDEFAULT,
29             CW_USEDEFAULT,
30             NULL,
31             NULL,
32             hInstance,
33             NULL
34         );
35         ShowWindow(hwnd, nCmdShow);
36         UpdateWindow(hwnd);
37         while (GetMessage(&msg, NULL, 0, 0))
38         {
39             TranslateMessage(&msg);
40             DispatchMessage(&msg);
41         }
42         return msg.wParam;
43     }
44
45     LRESULT CALLBACK WndProc(HWND hwnd, UINT iMsg,
46                              WPARAM wParam, LPARAM lParam)
47     {
48         switch (iMsg)
49         {
50         case WM_CREATE:
51             break;
52         case WM_DESTROY:
53             PostQuitMessage(0);
54             break;
55         }
56         return DefWindowProc(hwnd, iMsg, wParam, lParam);
57     }
```

03행 : resource.h 파일을 포함한다. 지금까지 작성한 메뉴의 ID는 모두 resource.h 파일에 정수로 정의되어 있다. resource.h를 포함할 때 파일의 위치를 먼저 파악해야 한다. 이 실습에서는 장별 폴더를 만들고 실습 소스 파일을 저장했기 때문에 상위 폴더에 저장된 resource.h를 포함하기 위해 '..\'을 붙인 것이다. 만약 소스 파일과 resource.h가 같은 폴더에 저장되어 있다면 '..\'을 삭제하면 된다.

20행 : 윈도우 클래스의 메뉴를 설정하는 lpszMenuName 필드에 IDR_MENU4_2를 설정한다.

IDR_MENU4_2는 메뉴 바의 ID이다.

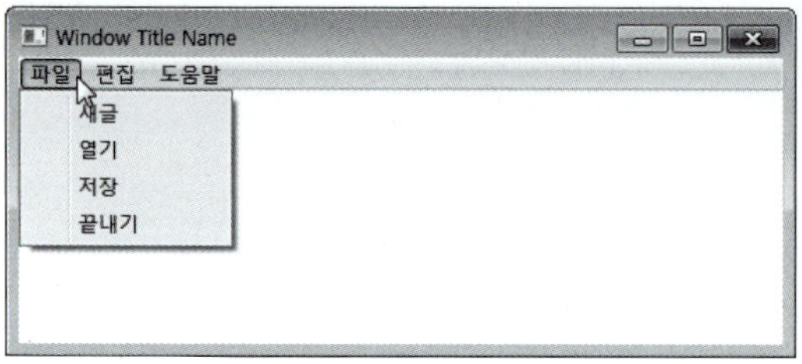

[실습 4-2]의 프로그램을 실행하면 윈도우에 메뉴가 등장하지만 메뉴 항목을 선택해도 반응이 없다. 메뉴를 선택하면 WM_COMMAND 메시지가 선택된 항목의 ID와 함께 WndProc( ) 함수에 도착하지만, 이 메시지를 처리하는 부분이 아직 없기 때문이다.

[실습 4-3]은 WndProc( ) 함수에 WM_COMMAND 메시지를 처리하는 부분을 추가하는 예제이다. [새글] 메뉴를 선택하면 '새 파일을 열겠습니까?'라는 메시지 박스를 보여주고, [끝내기] 메뉴를 선택하면 '파일을 저장하고 끝내겠습니까?'라는 메시지 박스를 보여준다.

실습 4-3 커맨드 메시지 처리하기

```
LRESULT CALLBACK WndProc(HWND hwnd, UINT iMsg,
                         WPARAM wParam, LPARAM lParam)
{
    int answer;

    switch (iMsg)
    {
    case WM_CREATE:
        break;
    case WM_COMMAND:
        switch (LOWORD(wParam))
        {
        case ID_FILENEW:
            MessageBox(hwnd,
                _T("새 파일을 열겠습니까?"),
                _T("새 파일 선택"),
                MB_OKCANCEL);
            break;
```

```
63              case ID_EXIT:
64                  answer = MessageBox(hwnd,
65                      _T("파일을 저장하고 끝내겠습니까?"),
66                      _T("끝내기 선택"),
67                      MB_YESNOCANCEL);
68                  if (answer == IDYES || answer == IDNO)
69                      PostQuitMessage(0);
70                  break;
71              }
72              break;
73              case WM_DESTROY:
74                  PostQuitMessage(0);
75                  break;
76          }
77          return DefWindowProc(hwnd, iMsg, wParam, lParam);
78  }
```

54행 : 메뉴 항목 선택 시 발생하는 WM_COMMAND 메시지를 처리하려고 switch 문에 case WM_COMMAND:을 추가한다.

55행 : switch (LOWORD(wParam)) 문으로 어떤 메뉴 항목이 선택되었는지를 판단한다. 여기서는 [새글] 메뉴 항목의 ID인 ID_FILENEW와 [끝내기] 메뉴 항목의 ID인 ID_EXIT를 검사한다.

57~62행 : ID_FILENEW와 일치하면 '새 파일을 열겠습니까?'라는 메시지 박스를 보여준다.

63~70행 : ID_EXIT와 일치하면 '파일을 저장하고 끝내겠습니까?'라는 메시지 박스를 보여준다. 메시지 박스의 버튼을 누르면 메시지 박스가 사라지면서 어떤 버튼을 눌렀는지를 MessageBox( ) 함수가 반환해 answer 변수에 저장한다. 〈Yes〉 버튼을 누르면 answer 값이 IDYES와 같고, 〈No〉 버튼을 누르면 answer 값이 IDNO와 같다. 질문을 보면 알겠지만 〈Cancel〉 버튼을 선택하기 전에 〈Yes〉나 〈No〉를 눌러도 PostQuitMessage(0)을 실행하므로 프로그램이 종료된다.

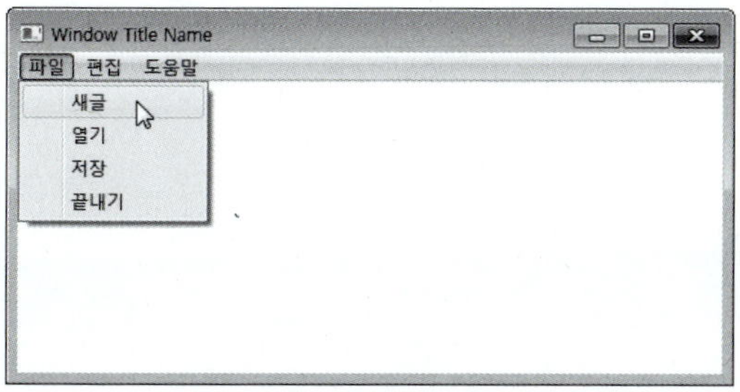

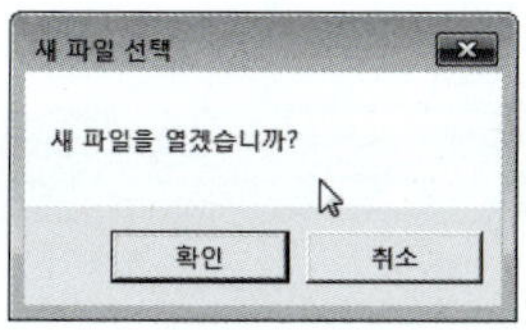

03 공용 대화상자 사용하기

공용 대화상자는 윈도우 프로그램에서 공통으로 사용하는 대화상자로 파일 열기, 파일 저장하기, 글꼴 선택하기 등의 작업에 쓰인다. 여기서는 열거나 저장할 파일 이름을 선택하기 위해 대화상자를 사용하는 방법을 배운다.

그림 4-15 공용 대화상자의 종류

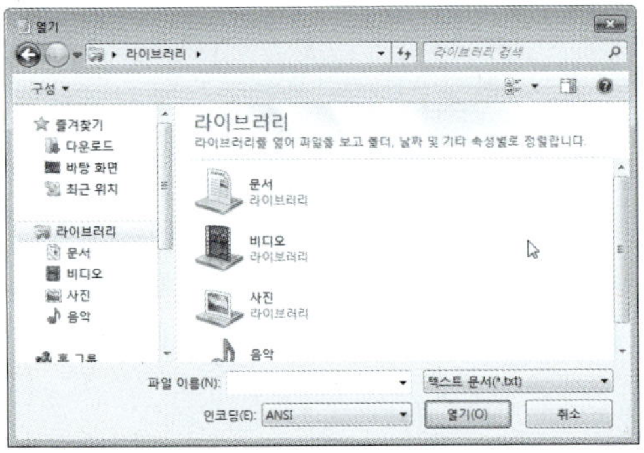

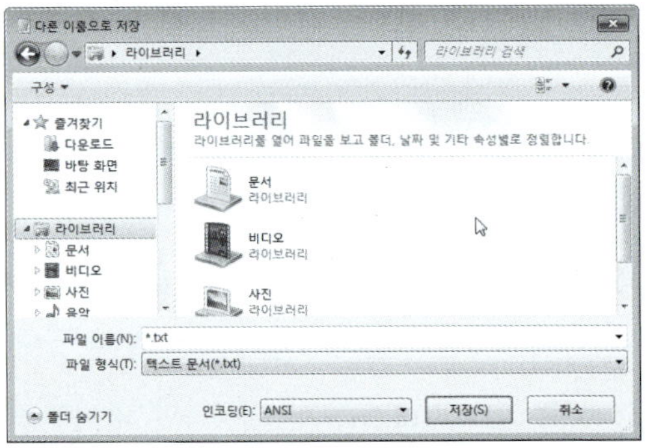

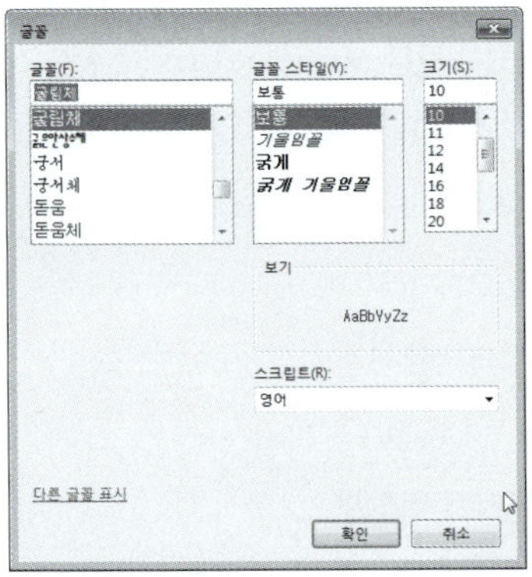

3.1 [열기] 대화상자

파일을 여는 [열기] 대화상자를 띄우는 방법을 알아보자. 먼저 여기서 사용하는 중요한 구조체인 OPENFILENAME의 필드를 살펴보자.

OPENFILENAME 구조체의 예

```
01 static char filepath[100], filename[100];
02 OPENFILENAME OFN;
03 memset(&OFN, 0, sizeof(OPENFILENAME));
04 OFN.lStructSize = sizeof(OPENFILENAME);
05 OFN.hwndOwner = hwnd;
06 OFN.lpstrFile = filepath
07 OFN.nMaxFileTitle = 100;
08 OFN.lpstrFileTitle = filename;
09 OFN.nMaxFile = 100;
10 GetOpenFileName(&OFN);
```

04행 : lStructSize는 OPENFILENAME 구조체의 크기(sizeof(OPENFILENAME))이다.

05행 : hwndOwner는 대화상자의 주인 윈도우이므로 메인 윈도우 핸들 hwnd를 넣는다.

06행 : 선택한 파일의 절대 경로를 저장할 공간을 마련해야 한다. 가령 C:\My Document\API 폴더에 있는 test.c 파일을 선택하면 C:\My Document\API\test.c를 저장한다. 구조체에는 공간이 없으므로 문자 배열 filepath[100]을 선언해서 넣는다.

07행 : 선택한 파일 경로의 최대 길이이다. filepath의 크기가 100이므로 100을 지정했다.

08행 : 선택한 파일의 이름을 지정하는데, 예를 들면 test.c와 같이 한다. 역시 공간이 확보되지 않았으므로 문자 배열 filename[100]을 만들어 여기에 넣었다.

09행 : 선택한 파일 이름의 최대 크기를 지정한다.

먼저 파일의 경로와 이름을 저장할 배열 변수를 선언하고 OFN 변수를 선언한다. memset( ) 함수를 이용해 OFN의 모든 필드를 0으로 채운다. 그리고 각 필드에 값을 채운 다음 GetOpenFileName( ) 함수를 호출하면 화면에 [열기] 대화상자가 나타난다. GetOpenFileName( ) 함수는 열려는 파일을 선택할 수 있도록 드라이브, 폴더, 파일 이름을 표시하는 [열기] 대화상자를 보여준다.

GetOpenFileName() 함수

```
BOOL GetOpenFileName(
     LPOPENFILENAME lpofn
);
```

lpofn은 OPENFILENAME 구조체의 주소이다. 이 구조체의 내용을 기반으로 [열기] 대화상자를 초기화하고 사용자가 선택한 파일의 정보가 저장된다.

사용자가 파일을 선택한 후 대화상자를 닫으면 배열 변수 filepath와 filename에서 선택한 파일의 경로와 이름을 알 수 있다.

[열기] 대화상자에 파일 필터를 지정할 수 있다. 지정하는 필드는 lpstrFilter인데, 이것도 문자 포인터 필드로 필터를 정의한 문자열의 시작 주소를 넣어야 한다. 필터 문자열에서 필터를 구분하는 구분자는 '\0'이다. 다음 예에서는 필터가 2개인데 '텍스트 문서(*.txt)'와 '모든 파일(*.*)'이다. 필터 문자열에서 하나의 필터를 작성하는 형식은 '필터 설명 \0 필터 형식'이다. 위에서 사용한 '텍스트 문서(*.txt)'와 '모든 파일'이 필터에 대한 설명이고, 뒤에 나오는 '*.txt'와 '*.*'가 필터 형식이다. *는 모두 가능함을 뜻하는 와일드 문자이다.

- `TCHAR filter[] = _T("텍스트 문서(*.txt) \0*.txt \0모든 파일 \0*.* \0");`
- `OFN.lpstrFilter = filter;`

그림 4-16 필터의 예와 형태

메뉴를 만들어 윈도우에 붙이는 작업을 하여 선택한 메뉴 항목에 따라 메시지 박스를 보여주었다. 이제 단순히 메시지 박스를 띄우는 것이 아니라 실제 메뉴 항목에 맞는 일을 해보자. 먼저 [열기] 메뉴 항목을 처리하는 코드를 작성할 것이다. 일반적으로 〈열기〉 버튼을 누르면 [열기] 대화상자가 나타나 파일을 선택할 수 있도록 해준다. [실습 4-4]에서는 [열기] 대화상자를 이용하는 방법을 살펴보자.

실습 4-4 열기 대화상자 이용하기

```
46  LRESULT CALLBACK WndProc (HWND hwnd, UINT iMsg,
47                                  WPARAM wParam, LPARAM lParam)
48  {
49      OPENFILENAME OFN;
50      TCHAR str[100], lpstrFile[100] = _T("");
51      TCHAR filter[] = _T("Every File(*.*) \0*.*\0Text File\0*.txt;*.doc\0");
52
53      switch (iMsg)
54      {
55      case WM_CREATE:
56          break;
57      case WM_COMMAND:
58          switch (LOWORD(wParam))
59          {
60          case ID_FILEOPEN:
61              memset(&OFN, 0, sizeof(OPENFILENAME));
62              OFN.lStructSize = sizeof(OPENFILENAME);
63              OFN.hwndOwner = hwnd;
64              OFN.lpstrFilter = filter;
65              OFN.lpstrFile = lpstrFile;
66              OFN.nMaxFile = 100;
67              OFN.lpstrInitialDir = _T(".");
68              if (GetOpenFileName(&OFN) != 0)
69              {
70                  _stprintf_s(str, _T("%s 파일을 열겠습니까?"), OFN.lpstrFile);
71                  MessageBox(hwnd, str, _T("열기 선택"), MB_OK);
72              }
73              break;
74          }
75          break;
76      case WM_DESTROY:
77          PostQuitMessage(0);
78          break;
79      }
80      return DefWindowProc (hwnd, iMsg, wParam, lParam);
81  }
```

49행 : 먼저 OPENFILENAME 구조체 타입의 OFN 변수를 선언한다. 변수명은 달라도 상관없다.

50행 : 선택한 파일의 이름을 저장할 문자 배열 lpstrFile을 선언한다. 파일을 선택하면 메시지 박스를 통해 사용자에게 선택한 파일 이름이 맞는지 물어보는데, 여기서 보여줄 텍스트를 저장할 문자 배열 str를 선언한다.

51, 63행 : lpstrFilter 필드에 [열기] 대화상자에 나오는 필터를 지정한다. 여기서는 필터를 두 종류 지정하는데, 하나는 어떤 확장자든 상관없는 모든 파일이고 또 하나는 확장자가 txt이거나 doc이다(여러 개 중 하나를 선택하는 것은 ;으로 구분).

60행 : [열기] 메뉴 항목을 선택해 WM_COMMAND 메시지가 발생하면 case ID_FILEOPEN으로 이동한다.

61행 : memset( ) 함수를 이용해 구조체 변수 OFN의 모든 공간을 0으로 채운다.

62, 63행 : OFN의 lStructSize 필드에 구조체의 크기를 넣고, hwndOwner 필드에 해당 윈도우 핸들인 hwnd를 넣는다.

65행 : 앞서 선언한 문자 배열의 시작 주소인 lpstrFile을 lpstrFile 필드에 넣는다. 이 공간에 선택한 파일의 이름이 들어간다.

66행 : nMaxFile 필드에 파일 이름의 최대 크기인 100바이트를 저장한다.

67행 : [열기] 대화상자에 먼저 보여줄 폴더를 lpstrInitialDir 필드에 지정한다. 여기서는 프로그램이 실행되는 현재 폴더(.)인 프로젝트 폴더를 기본 폴더로 지정했다.

68행 : [열기] 대화상자는 GetOpenFileName( ) 함수를 호출해 열 수 있다. OFN의 주소를 매개변수로 한 것을 주목해야 한다. 선택한 파일의 이름을 돌려주어야 하기 때문이다.

70행 : 대화상자에서 파일을 제대로 선택하면 GetOpenFileName( ) 함수가 1을 반환한다. 즉 조건이 True가 되면 문자 배열 str에 선택된 파일 이름 OFN.lpstrFile을 지정한 후 '%s 파일을 열겠습니까?'를 저장한다.

71행 : '열기 선택' 메시지 박스를 보여준다.

[실습 4-4]와 C 언어 프로그래밍에서 배운 표준 입출력 함수를 이용하면 텍스트 파일을 읽어서 윈도우에 출력할 수 있다. 그런데 텍스트 파일을 읽어올 때 2장에서 언급했던 문자 집합에 대해 주의할 사항이 있다. 텍스트 파일은 ANSI, 즉 멀티바이트를 이용해 만들어진 것과 유니코드를 이용해 만들어진 것이 있다. 윈도우에서 많이 사용되는 텍스트 편집기인 메모장을 이용해 텍스트 파일을 만들고 저장할 때 자세히 살펴보면 인코딩이라는 부분이 있다. 이 인코딩을 보면 ANSI, 유니코드와 몇 가지가 더 있는데 여기서는 단순 텍스트 파일만 다룰 것이므로 ANSI와 유니코드만 살펴본다. ANSI 인코딩 또는 유니코드 인코딩으로 파일을 만들면 두 파일의 형식이 서로 다르기 때문에 파일을 열 때도 다르게 열어야 한다.

그림 4-17 메모장에서의 파일 저장 형식

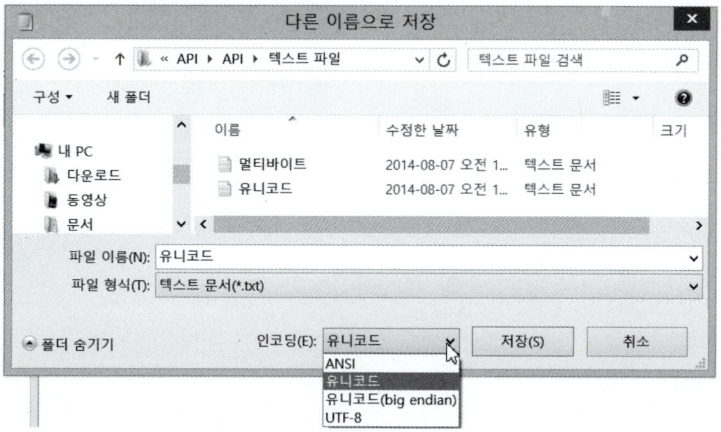

이제 두 파일 형식을 어떻게 열어야 하는지 살펴보자.

_tfopen_s() 함수

```
errno_t _tfopen_s(
   FILE** fPtr,
   const tchar_t *filename,
   const tchar_t *mode
);
```

fPtr는 파일을 열고 나서 열려 있는 파일에 대한 파일 포인터를 저장할 곳의 주소이다. 포인터의 포인터를 사용한 것은 파일 포인터를 저장하고 돌아와야 하기 때문이다. filename에는 열고자 하는 파일 이름을 쓰고, mode에는 어떤 용도로 파일을 여는지를 쓰면 된다. 파일이 제대로 열리면 0의 값을 반환하고 에러가 있으면 에러 코드를 반환한다.

_tfopen_s( ) 함수를 이용해 일반 텍스트 파일인 newfile.txt를 읽기 위해 다음과 같이 여는 예를 써보자.

```
FILE *fPtr;
_tfopen_s(&fPtr, _T("newfile.txt"), _T("r"));
```

ANSI 인코딩된 텍스트 파일을 열 때는 이처럼 연다. 그러나 유니코드 텍스트 파일인 경우에는 ccs 플래그를 지정해야 한다. 위의 예에서 newfile.txt가 유니코드 인코딩으로 저장되어 있다면 다음과 같이 하면 된다.

```
_tfopen_s(&fPtr, _T("newfile.txt"), _T("r, ccs=UNICODE"));
```

파일이 열리면 줄 단위로 텍스트를 파일에서 읽어오는데, C 언어 프로그래밍에서는 fgets( ) 함수를 이용했겠지만 여기서는 ANSI, 유니코드 상관없이 _fgetts( ) 함수를 이용하면 읽어올 수 있다.

_fgetts( ) 함수

```
tchar_t *_fgetts(
   tchar_t *str,
   int n,
   FILE *fPtr
);
```

파일 포인터 fPtr가 가리키는 파일에서 한 줄을 읽어와 str가 가리키는 공간에 저상한다. 이때 n은 str가 가리키는 공간의 크기를 의미한다. ANSI일 경우에는 숫자의 단위가 바이트와 같겠지만, 유니코드일 경우에는 한 글자가 2바이트이기 때문에 ANSI에 비해 공간이 2배가 될 것이다. 파일을 읽다가 파일의 끝을 만나면 NULL 값을 반환하고 에러가 있으면 에러 코드를 반환한다.

다음은 _fgetts( ) 함수를 이용한 예이다.

```
TCHAR buffer[100];
_fgetts(buffer, 100, fPtr);
```

한편 파일에 쓰는 함수는 _fputts( )인데 이 역시 puts( ) 함수와 유사하다.

_fputts() 함수

```
int _fputts(
    const tchar_t *str,
    FILE *fPtr
);
```

파일 포인터 fPtr가 가리키는 파일에 str가 가리키는 공간에 있는 문자열을 출력한다. 성공적으로 출력하면 양숫값을 반환하고 에러가 발생하면 EOF를 반환한다.

그런데 _fputts() 함수를 이용해 한글을 출력하고자 할 때는 파일을 열기 전에 다음과 같이 먼저 locale을 한국어로 설정해야 한다. 이는 출력할 때마다 하는 것은 아니고 한 번만 하면 된다.

```
_tsetlocale(LC_ALL, _T("korean"));
```

_ftscanf_s() 함수

```
int _ftscanf_s(
    FILE *fPtr,
    const tchar_t *format,
    argument ...
);
```

파일 포인터 fPtr가 가리키는 파일로부터 format이 정한 순서대로 argument에 읽어온다. 파일의 끝에 도달하면 EOF를 반환한다.

_ftprintf_s() 함수

```
int _ftprintf_s(
    FILE *fPtr,
    const tchar_t *format,
    argument ...
);
```

format에서 정한 순서대로 argument의 내용을 반영한 후 파일 포인터 fPtr가 가리키는 파일에 출력한다. 반환 값은 출력한 바이트 수이고, 만약 오류가 발생하면 음수를 반환한다.

_tcslen( ) 함수

```
size_t _tcslen(
    const tchar_t *str
);
```

str가 가리키는 문자열의 길이를 재서 반환하는 함수이다.

_fgetts( ) 함수를 이용해 읽어온 문자열의 끝에는 '\n' 문자가 저장되어 있을 수 있다. 이때 newline 문자가 필요 없다면 다음과 같이 삭제할 수 있다.

```
buffer[_tcslen(buffer)-1] = NULL;
```

이제 실습을 통해 실제 텍스트 파일을 읽어들여 윈도우에 나타내보자. 텍스트 파일은 ANSI 파일과 UNICODE 파일로 나눌 수 있다. 다음 실습을 실행할 때는 프로젝트의 문자 집합이 설정 안 함, 멀티바이트, 유니코드 중에서 어떤 것으로 설정되어 있는지를 알아야 한다. 설정 안 함 또는 멀티바이트이면 ANSI 텍스트 파일을 열어야 하고, 유니코드 문자 집합이면 UNICODE 텍스트 파일을 열어야 한다.

실습 4-5 텍스트 파일(ANSI, UNICODE) 읽어오기

```
void OutFromFile(TCHAR filename[], HWND hwnd)
{
      FILE *fPtr;
      HDC hdc;
      int line;
      TCHAR buffer[500];
      line = 0;
      hdc = GetDC(hwnd);
#ifdef _UNICODE
      _tfopen_s(&fPtr, filename, _T("r, ccs = UNICODE"));
#else
      _tfopen_s(&fPtr, filename, _T("r"));
#endif
      while (_fgetts(buffer, 100, fPtr) != NULL)
      {
            if (buffer[_tcslen(buffer)-1]==_T('\n'))
                  buffer[_tcslen(buffer)-1] = NULL;
```

```
61              TextOut(hdc, 0, line * 20, buffer, _tcslen(buffer));
62              line++;
63          }
64          fclose(fPtr);
65          ReleaseDC(hwnd, hdc);
66  }
67  LRESULT CALLBACK WndProc (HWND hwnd, UINT iMsg, WPARAM wParam, LPARAM lParam)
68  {
69    OPENFILENAME OFN;
70    TCHAR lpstrFile[100] = _T("");
71    TCHAR filter[] = _T("Every File(*.*) \0*.*\0")
72                     _T("Text File\0*.txt;*.doc\0");
73    switch (iMsg)
74    {
75       case WM_CREATE:
76            break;
77       case WM_COMMAND:
78            switch(LOWORD(wParam))
79            {
80            case ID_FILEOPEN:
81                 memset(&OFN, 0, sizeof(OPENFILENAME));
82                 OFN.lStructSize = sizeof(OPENFILENAME);
83                 OFN.hwndOwner=hwnd;
84                 OFN.lpstrFilter=filter;
85                 OFN.lpstrFile=lpstrFile;
86                 OFN.nMaxFile=256;
87                 OFN.lpstrInitialDir=_T(".");
88                 if (GetOpenFileName(&OFN)!=0)
89                      OutFromFile(OFN.lpstrFile, hwnd);
90                 break;
91            }
92            break;
93       case WM_DESTROY:
94            PostQuitMessage (0) ;
95            break;
96    }
97    return DefWindowProc (hwnd, iMsg, wParam, lParam);
98  }
```

44행 : OutFromFile( ) 함수는 인자로 읽어올 파일 이름과 내용을 출력할 윈도우를 받는다.

46행 : 읽어올 파일을 열기 위해 파일 포인터 변수 fPtr를 선언한다.

47행 : 윈도우에 출력하기 위해 디바이스 콘텍스트 변수를 선언한다.

48행 : 파일에서 읽어오는 텍스트의 라인 수를 저장하기 위한 변수를 선언한다.

52, 54, 56행 : 문자 집합이 유니코드일 때와 멀티바이트일 때 파일을 여는 방법이 다르므로 매크로를 이용해 구분했다.

53행 : 유니코드일 경우 파일을 연다.

55행 : 멀티바이트일 경우 파일을 연다.

57~63행 : 파일의 끝을 만날 때까지 줄 단위로 buffer에 읽어들인다. buffer의 마지막 문자가 newline 문자이면 이것을 NULL로 변경한 후 윈도우에 출력한다.

90행 : 공용 대화상자를 통해 파일 이름을 얻어오면 파일 이름과 윈도우를 가지고 OutFromFile( ) 함수를 호출한다.

3.2 [다른 이름으로 저장] 대화상자

[다른 이름으로 저장] 대화상자는 [열기] 대화상자와 이용 방법이 비슷하다. 선언하는 구조체는 같고 GetSaveFileName( ) 함수를 사용한다는 것만 다르다. GetSaveFileName( ) 함수는 저장할 파일 이름을 쓰거나 선택할 수 있도록 드라이브, 폴더, 파일 이름을 보여주는 [다른 이름으로 저장] 대화상자를 띄워준다.

GetSaveFileName( ) 함수

```
BOOL GetSaveFileName(
     LPOPENFILENAME lpofn
);
```

lpofn은 OPENFILENAME 구조체의 주소이다. 이 구조체의 내용을 기반으로 [다른 이름으로 저장] 대화상자를 초기화하고 사용자가 선택한 파일 정보를 저장한다.

GetOpenFileName( ) 함수처럼 사용자가 폴더를 선택하고 파일 이름을 쓰거나 파일을 선택한 후 대화상자를 닫으면 배열 변수 filepath와 filename에서 선택한 파일 경로와 이름을 알 수 있다.

[실습 4-6]은 [다른 이름으로 저장] 대화상자를 보여주는 예제이다.

실습 4-6 [다른 이름으로 저장] 대화상자 이용하기

```
46  LRESULT CALLBACK WndProc(HWND hwnd, UINT iMsg,
47                           WPARAM wParam, LPARAM lParam)
48  {
49      OPENFILENAME SFN;
50      TCHAR str[100], lpstrFile[100] = _T("");
51      TCHAR filter[] = _T("Every File(*.*) \0*.*\0Text File\0*.txt;*.doc\0");
52
53      switch (iMsg)
54      {
55      case WM_CREATE:
56          break;
57      case WM_COMMAND:
58          switch (LOWORD(wParam))
59          {
60          case ID_FILESAVE:
61              memset(&SFN, 0, sizeof(OPENFILENAME));
62              SFN.lStructSize = sizeof(OPENFILENAME);
63              SFN.hwndOwner = hwnd;
64              SFN.lpstrFilter = filter;
65              SFN.lpstrFile = lpstrFile;
66              SFN.nMaxFile = 256;
67              SFN.lpstrInitialDir = _T(".");
68              if (GetSaveFileName(&SFN) != 0)
69              {
70                  _stprintf_s(str,_T("%s 파일로 저장하겠습니까?"), SFN.lpstrFile);
71                  MessageBox(hwnd,str,_T("저장하기 선택"), MB_OK);
72              }
73              break;
74          }
75          break;
76          case WM_DESTROY:
77              PostQuitMessage(0);
78              break;
79      }
80      return DefWindowProc(hwnd, iMsg, wParam, lParam);
81  }
```

60행 : [저장] 메뉴 항목을 선택하면 프로그램 제어가 case ID_FILESAVE:에 도달한다.

61~72행 : 구조체를 모두 0으로 설정하고 구조체의 크기를 저장한다. 윈도우 핸들 값을 hwndOwner

필드에 저장하며, 필터는 [열기] 대화상자와 같다. 파일 이름을 저장할 lpstrFile 필드에 저장 공간을 확보하고 파일 이름의 최대 크기, 초기 폴더 설정은 [실습 4-4]와 같다. GetSaveFileName( ) 함수를 이용해 [다른 이름으로 저장] 대화상자를 띄운다.

70, 71행 : 사용자가 대화상자 파일 이름 칸에 파일 이름을 직접 쓸 수도 있다. 선택하든 직접 작성하든 파일 이름이 SFN.lpstrFile 필드에 저장된다. 파일 이름은 메시지 박스를 통해 사용자에게 보인다.

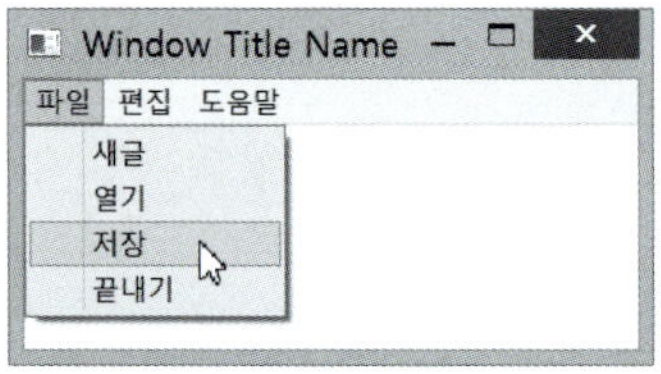

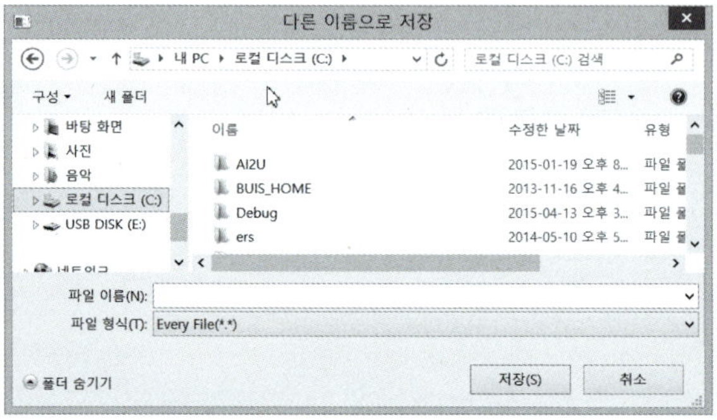

3.3 [글꼴] 대화상자

읽어들일 파일이나 저장할 파일, 사용할 글꼴을 선택할 때 공용 대화상자를 이용할 수 있다. 글꼴 선택에 공용 대화상자를 사용하기 위해 CHOOSEFONT와 LOGFONT 구조체를 알아보자.

CHOOSEFONT 구조체

```
typedef struct {
    DWORD          lStructSize;
    HWND           hwndOwner;
    HDC            hDC;
    LPLOGFONT      lpLogFont;
    INT            iPointSize;
    DWORD          Flags;
    COLORREF       rgbColors;
    LPARAM         lCustData;
    LPCFHOOKPROC   lpfnHook;
    LPCTSTR        lpTemplateName;
    HINSTANCE      hInstance;
    LPTSTR         lpszStyle;
    WORD           nFontType;
    INT            nSizeMin;
    INT            nSizeMax;
} CHOOSEFONT, *LPCHOOSEFONT;
```

먼저 CHOOSEFONT 구조체 중 중요한 필드만 살펴보자.

- **lStructSize** : CHOOSEFONT 구조체의 크기(sizeof(CHOOSEFONT))를 넣는다.
- **hwndOwner** : 대화상자의 주인 윈도우를 저장하므로 메인 윈도우 핸들 hwnd를 넣는다.
- **hDC** : Flags 필드 값이 CF_PRINTERFONTS 또는 CF_BOTH일 때만 의미 있는 필드로 프린터의 디바이스 콘텍스트 핸들 값이다. 여기서는 무시해도 된다.
- **lpLogFont** : LOGFONT 구조체 변수의 주소 값을 저장하는 곳으로 [글꼴] 대화상자를 통해 선택한 글꼴 정보를 얻어온다.
- **iPointSize** : 선택한 글꼴의 크기를 저장하는 곳으로 포인트 값의 1/10 단위로 쓸 수 있다. 이것도 [글꼴] 대화상자에서 글꼴을 선택하면 설정된다.
- **Flags** : [글꼴] 대화상자를 초기화하는 데 사용하는 비트 플래그들의 조합을 저장한다. 사용할 수 있는 주요 플래그는 다음과 같다.
  - CF_EFFECTS : [글꼴] 대화상자에 strikeout, underline, 텍스트 컬러 등을 선택할 수 있는 컨트롤을 배치하게 한다. LOGFONT 변수에 설정한 정보가 [글꼴] 대화상자에 나타나고, 사용자가 선택하면 LOGFONT 변수에 다시 저장되어 돌아온다.
  - CF_SCREENFONTS : 윈도우 시스템에서 제공하는 글꼴이 [글꼴] 대화상자에 나타나게 한다.
- **rgbColors** : Flag에 CF_EFFECTS가 설정되어 있을 때 의미 있는 필드이다. 선택한 글꼴의 색상 정보를 저장하는데 색상 정보는 COLORREF 타입으로 저장한다.
- **nFontType** : 선택한 글꼴을 가리키는 필드로 다음과 같은 값을 가질 수 있다.
  - BOLD_FONTTYPE : 굵은 글씨체
  - ITALIC_FONTTYPE : 이탤릭체
  - REGULAR_FONTTYPE : 일반 글씨체

LOGFONT 구조체는 선택한 글꼴 정보를 상세하게 저장하는 공간이다. 정보를 미리 저장하고 [글꼴] 대화상자를 띄우면 저장한 정보에 따라 대화상자가 설정된다.

LOGFONT 구조체

```
typedef struct tagLOGFONT {
     LONG      lfHeight;
     LONG      lfWidth;
     LONG      lfEscapement;
     LONG      lfOrientation;
     LONG      lfWeight;
     BYTE      lfItalic;
     BYTE      lfUnderline;
     BYTE      lfStrikeOut;
     BYTE      lfCharSet;
     BYTE      lfOutPrecision;
     BYTE      lfClipPrecision;
     BYTE      lfQuality;
     BYTE      lfPitchAndFamily;
     TCHAR     lfFaceName[LF_FACESIZE];
} LOGFONT;
```

CHOOSEFONT 구조체처럼 중요 필드를 중심으로 살펴보자.

- **lfHeight, lfWidth** : 논리적인 크기로 글꼴의 높이와 너비를 나타내는 정수를 저장한다.
- **lfWeight** : 글꼴의 굵기를 지정하는 부분으로 정수 0~1000을 넣을 수 있다. 다음과 같이 미리 지정된 매크로 상수를 사용한다.
  - FW_DONTCARE(0) – FW_EXTRALIGHT(200) – FW_THIN(100)
  - FW_LIGHT(300) – FW_REGULAR(400) – FW_MEDIUM(500)
  - FW_SEMIBOLD(600) – FW_BOLD(700) – FW_EXTRABOLD(800)
  - FW_HEAVY(900)
- **lfItalic** : TRUE/FALSE로 지정하고 기울어진 글꼴을 사용할지 여부를 가리킨다.
- **lfUnderline** : TRUE/FALSE로 지정하고 글자에 밑줄을 긋는다.
- **lfStrikeOut** : TRUE/FALSE로 지정하고 글자에 취소선(글자 가운데에 줄을 그음)을 긋는다.
- **lfFaceName** : 문자 배열로 글꼴 이름을 저장한다.

다음은 [글꼴] 대화상자를 띄우는 가장 간단한 형태의 코드이다.

LOGFONT 사용 예

```
01 CHOOSEFONT FONT;
02 LOGFONT      LogFont;
03 FONT.lStructSize = sizeof(CHOOSEFONT);
04 FONT.hwndOwner = hwnd;
05 FONT.lpLogFont = &LogFont;
06 FONT.Flags = CF_EFFECTS | CF_SCREENFONTS;
07 ChooseFont(&FONT)
08 hFont = CreateFontIndirect(&LogFont);
09 OldFont = (HFONT)SelectObject(hdc, hFont);
```

01, 02행 : CHOOSEFONT와 LOGFONT 구조체 변수를 각각 FONT와 LogFont로 선언한다.

03, 04행 : CHOOSEFONT 구조체의 크기와 윈도우 핸들 값을 저장한다.

05행 : LogFont의 주소를 저장하므로 CHOOSEFONT 구조체 변수 FONT와 LOGFONT 구조체 변수 LogFont를 서로 연결한다.

07행 : ChooseFont( ) 함수를 호출한다.

08, 09행 : [글꼴] 대화상자에서 사용자가 글꼴을 선택하면 선택한 글꼴 정보가 LOGFONT에 저장된다. 이것을 활용해 HFONT를 만들고 디바이스 콘텍스트에 등록하면 사용자가 선택한 글꼴을 사용할 수 있다.

ChooseFont( ) 함수

```
BOOL ChooseFont(
     LPCHOOSEFONT lpcf
);
```

lpcf는 CHOOSEFONT 구조체의 주소이다. 이 구조체에 [글꼴] 대화상자를 초기화하는 정보가 저장되어 있으며, 사용자가 글꼴을 선택하면 이 글꼴 정보가 저장되기도 한다.

[글꼴] 대화상자를 통해 사용자가 선택한 글꼴 정보가 CHOOSEFONT 구조체에 저장된다. 구조체의 rgbColors 필드에는 사용자가 선택한 색상 정보가 저장된다. 이 색상 정보를 가지고 출력되는 텍스트의 색상은 SetTextColor( ) 함수로 변경한다.

텍스트 색상 변경 함수

```
COLORREF SetTextColor( // 디바이스 콘텍스트에 등록된 텍스트 색상 반환
    HDC      hdc, // 변경할 디바이스 콘텍스트
    COLORREF crColor // 변경할 색상
);
```

SelectObject( ) 함수를 이용해 디바이스 콘텍스트에 글꼴을 등록하려면 HFONT 타입의 값을 만들어야 한다. HFONT는 CreateFontIndirect( )와 CreateFont( ) 함수를 이용해 만들 수 있다. 두 함수에서 만든 글꼴은 논리적인 글꼴이므로 SelectObject( ) 함수의 font mapper를 이용해 출력할 디바이스 글꼴로 변환해야 한다. CreateFont( ) 함수가 CreateFontIndirect( ) 함수와 다른 점은 LOFGONT 구조체의 값을 인수로 나열했다는 것뿐이다.

글꼴 만들기 함수

- LOGFONT에서 글꼴 만들기

```
HFONT CreateFontIndirect(const LOGFONT *lplf);
```

- 글꼴 정보를 이용해 글꼴 만들기

```
HFONT CreateFont(
    int       nHeight,
    int       nWidth,
    int       nEscapement,
    int       nOrientation,
    int       fnWeight,
    DWORD     fdwItalic,
    DWORD     fdwUnderline,
    DWORD     fdwStrikeOut,
    DWORD     fdwCharSet,
    DWORD     fdwOutputPrecision,
    DWORD     fdwClipPrecision,
    DWORD     fdwQuality,
    DWORD     fdwPitchAndFamily,
    LPCTSTR   lpszFace
);
```

[실습 4-7]에서는 [글꼴] 대화상자를 이용해 윈도우에 출력한 텍스트의 모양을 변경한다. [실습

4-1]에서 만든 메뉴에 [글꼴] 대화상자를 띄우는 메뉴 항목이 필요하므로, [보기] 메뉴에 [글꼴] 메뉴 항목을 추가하고 ID를 ID_FONTDLG로 지정한 다음 실행한다.

그림 4-18 [글꼴 변경] 메뉴 항목 추가

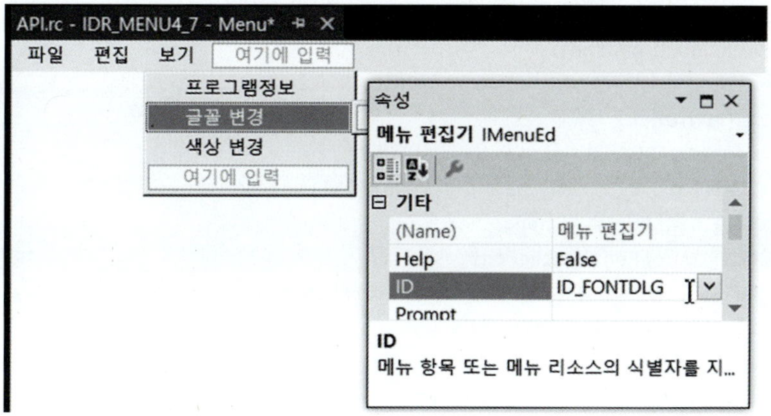

실습 4-7 [글꼴] 대화상자 이용하기

```
LRESULT CALLBACK WndProc (HWND hwnd, UINT iMsg,
                           WPARAM wParam, LPARAM lParam)
{
    HDC                 hdc;
    PAINTSTRUCT         ps;
    CHOOSEFONT          FONT;
    static COLORREF     fColor;
    HFONT               hFont, OldFont;
    static LOGFONT      LogFont;

    switch (iMsg)
    {
    case WM_CREATE:
        break;
    case WM_PAINT:
        hdc = BeginPaint(hwnd, &ps);
        hFont = CreateFontIndirect(&LogFont);
        OldFont = (HFONT)SelectObject(hdc, hFont);
        SetTextColor(hdc, fColor);
        TextOut(hdc, 10, 10, _T("HelloWorld"), 10);
```

```
65             SelectObject(hdc, OldFont);
66             DeleteObject(hFont);
67             EndPaint(hwnd, &ps);
68             break;
69         case WM_COMMAND:
70             switch (LOWORD(wParam))
71             {
72             case ID_FONTDLG:
73                 memset(&FONT, 0, sizeof(CHOOSEFONT));
74                 FONT.lStructSize = sizeof(CHOOSEFONT);
75                 FONT.hwndOwner = hwnd;
76                 FONT.lpLogFont= &LogFont;
77                 FONT.Flags = CF_EFFECTS | CF_SCREENFONTS;
78                 if (ChooseFont(&FONT)!=0)
79                 {
80                     fColor = FONT.rgbColors;
81                     InvalidateRgn(hwnd, NULL, TRUE);
82                 }
83                 break;
84             }
85             break;
86         case WM_DESTROY:
87             PostQuitMessage(0);
88             break;
89         }
90         return DefWindowProc (hwnd, iMsg, wParam, lParam);
91     }
```

61~66행 : LOGFONT에서 HFONT를 만들고 디바이스 콘텍스트에 등록한다. 그리고 얻은 색상 정보를 텍스트 색상 변경 함수인 SetTextColor( )를 이용해 디바이스 콘텍스트에 등록한다. 그러면 텍스트가 모두 선택한 글꼴로 출력된다.

72행 : ID가 ID_FONTDLG인 메뉴 항목을 선택하면 [글꼴] 대화상자가 나타난다.

78행 : 글꼴을 선택하고 〈확인〉 버튼을 누르면 조건(ChooseFont(&FONT) != 0)이 TRUE가 되고 CHOOSEFONT 구조체에 선택한 글꼴 정보가 저장된다.

80, 81행 : 여기서는 글꼴의 색상만 얻고 나머지는 HFONT를 만드는 데 사용한다. rgbColors 필드를 이용해 색상을 얻은 후 InvalidateRgn( ) 함수로 WM_PAINT를 발생시킨다.

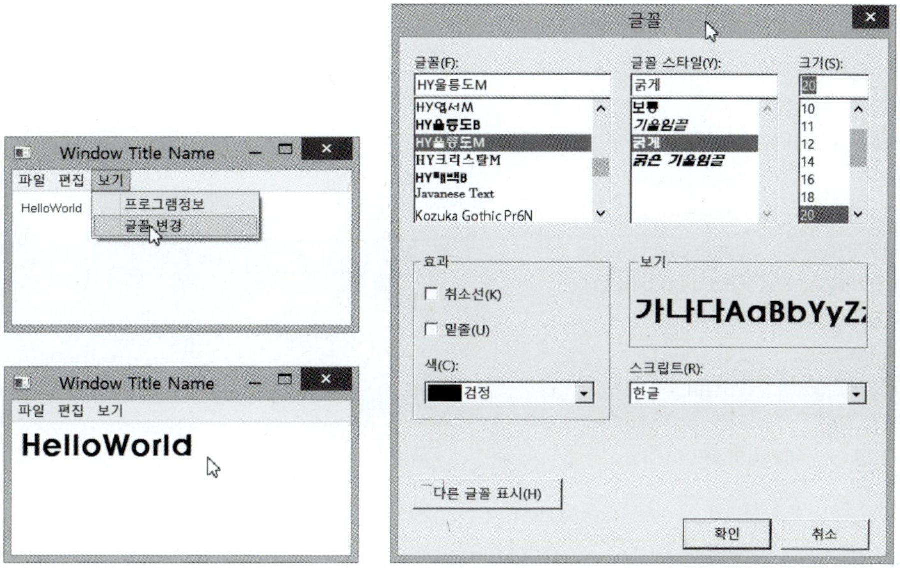

3.4 [색] 대화상자

[그림 4-19]는 공용 대화상자 가운데 색상을 선택하는 [색] 대화상자이다. 사용자가 [색] 대화상자에서 선이나 면의 색을 원하는 색으로 바꿀 수 있다.

그림 4-19 [색] 대화상자

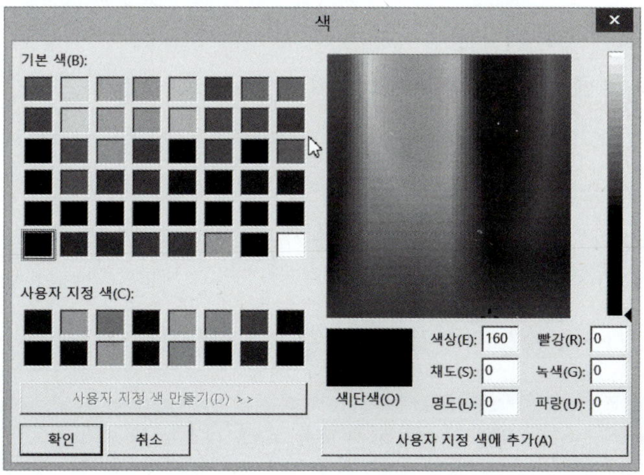

색상 선택에 [색] 대화상자를 사용하기 위해 CHOOSECOLOR 구조체를 알아보자.

CHOOSECOLOR 구조체

```
typedef struct {
     DWORD          lStructSize;
     HWND           hwndOwner;
     HWND           hInstance;
     COLORREF       rgbResult;
     COLORREF       *lpCustColors;
     DWORD          Flags;
     LPARAM         lCustData;
     LPCCHOOKPROC   lpfnHook;
     LPCTSTR        lpTemplateName;
} CHOOSECOLOR, *LPCHOOSECOLOR;
```

CHOOSECOLOR 구조체의 주요 필드는 다음과 같다.

- **lStructSize** : CHOOSECOLOR 구조체의 크기(sizeof(CHOOSECOLOR))이다.
- **hwndOwner** : 대화상자를 띄우는 부모 윈도우의 핸들을 지정한다. 여기서 부모 윈도우는 메인 윈도우이기 때문에 hwnd로 지정하면 된다.
- **rgbResult** : 사용자가 [색] 대화상자에서 선택한 색상 정보를 저장하며 COLORREF 타입이다.
- **lpCustColors** : [색] 대화상자의 사용자 지정 색에 채울 색 정보 목록이다. 여기에 넣을 값은 타입이 COLORREF인 배열의 시작 주소로 지정할 수 있는 색 수 열여섯 가지이다.
- **Flags** : [색] 대화상자를 초기화하는 데 사용하는 비트 플래그의 조합이다. 다음과 같은 플래그를 사용할 수 있다.
  - CC_ANYCOLOR : 사용할 수 있는 기본 색상 정보가 있는 [색] 대화상자를 보여준다.
  - CC_FULLOPEN : [그림 4-19]와 같이 사용자 지정 색 만들기로 확장한 [색] 대화상자를 보여준다.
  - CC_PREVENTFULLOPEN : 사용자 지정 색 만들기를 할 수 없는 [색] 대화상자를 보여준다.
  - CC_RGBINIT : rgbResult 필드에 있는 색을 대화상자의 기본 선택 색으로 표시한다.

다음은 [색] 대화상자를 띄우기 위해 CHOOSECOLOR 구조체를 사용하는 간단한 예이다.

CHOOSECOLOR 사용 예

```
01 CHOOSECOLOR COLOR;
02 static COLORREF tmp[16], color;
03
04 for (i = 0;i < 16;i++)
05      tmp[i] = RGB(225, 0, 0); // 사용자 지정 색상
06 memset(&COLOR, 0, sizeof(CHOOSECOLOR));
07 COLOR.lStructSize = sizeof(CHOOSECOLOR);
08 COLOR.hwndOwner = hwnd;
09 COLOR.lpCustColors = tmp;
10 COLOR.Flags = CC_FULLOPEN;
11 ChooseColor(&COLOR);
12 color = COLOR.rgbResult;
13 hBrush = CreateSolidBrush(color);
14 OldBrush = (HBRUSH)SelectObject(hdc, hBrush);
15 Ellipse(hdc, 10, 10, 200, 200);
```

01, 02행 : CHOOSECOLOR 구조체 타입의 COLOR 변수를 선언하고 COLORREF 타입의 tmp[16]과 color 변수를 선언한다.

04~10행 : tmp에는 사용자 지정 색을 저장하고 color에는 [색] 대화상자에서 선택한 색상 정보를 저장한다.

11행 : ChooseColor( ) 함수를 호출한다.

12~15행 : 사용자가 [색] 대화상자에서 만든 사용자 지정 색의 색상 정보가 COLOR.rgbResult에 저장된다. 이것을 color 변수에 저장해 브러시나 펜을 만들어 그리는 데 활용한다.

[실습 4-8]은 [색] 대화상자를 이용하는 예제이다. 대화상자를 열기 위해 [그림 4-20]과 같이 [색상 변경] 메뉴 항목을 [보기] 아래에 추가해야 한다. 이때 추가된 [색상 변경] 메뉴 항목의 ID는 ID_COLORDLG로 설정한다.

그림 4-20 [색상 변경] 메뉴 항목 추가

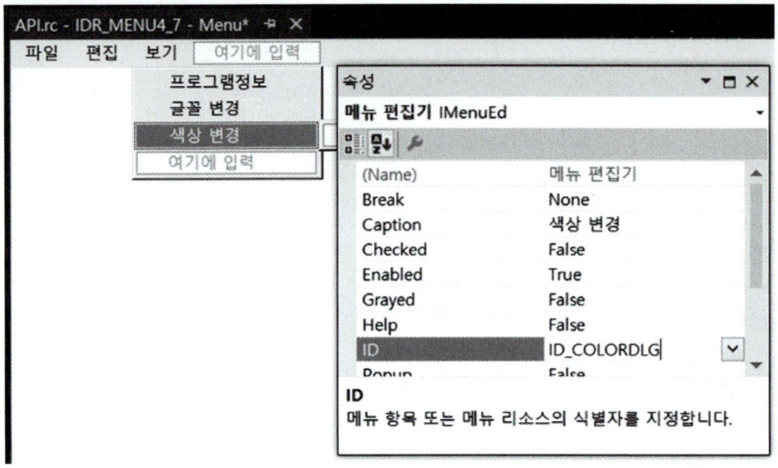

실습 4-8 [색] 대화상자 이용하기

```
LRESULT CALLBACK WndProc(HWND hwnd, UINT iMsg,
                                WPARAM wParam, LPARAM lParam)
{
      HDC                 hdc;
      PAINTSTRUCT         ps;
      CHOOSECOLOR         COLOR;
      static COLORREF     tmp[16], color;
      HBRUSH              hBrush, OldBrush;
      int                 i;

      switch (iMsg)
      {
      case WM_CREATE:
            break;
      case WM_PAINT:
            hdc = BeginPaint(hwnd, &ps);
            hBrush = CreateSolidBrush(color);
            OldBrush = (HBRUSH)SelectObject(hdc, hBrush);
            Ellipse(hdc, 10, 10, 200, 200);
            SelectObject(hdc, OldBrush);
            DeleteObject(hBrush);
```

```
66          EndPaint(hwnd, &ps);
67          break;
68      case WM_COMMAND:
69          switch (LOWORD(wParam))
70          {
71          case ID_COLORDLG:
72              for (i=0;i<16;i++)
73                  tmp[i] = RGB(rand()%256,rand()%256,rand()%256);
74              memset(&COLOR, 0, sizeof(CHOOSECOLOR));
75              COLOR.lStructSize = sizeof(CHOOSECOLOR);
76              COLOR.hwndOwner = hwnd;
77              COLOR.lpCustColors = tmp;
78              COLOR.Flags = CC_FULLOPEN;
79              if (ChooseColor(&COLOR)!=0)
80              {
81                  color = COLOR.rgbResult;
82                  InvalidateRgn(hwnd, NULL, TRUE);
83              }
84              break;
85          }
86          break;
87      case WM_DESTROY:
88          PostQuitMessage(0);
89          break;
90      }
91      return DefWindowProc(hwnd, iMsg, wParam, lParam);
92  }
```

59~67행 : case WM_PAINT에서는 얻은 색상(color)을 기반으로 브러시를 만들어 원을 그린다.

79행 : 색상을 선택한 후 〈확인〉 버튼을 누르면 조건이 TRUE가 된다.

81, 82행 : CHOOSECOLOR 구조체 타입의 COLOR.rgbResult 변수에는 선택한 색상 정보가 저장된다. 정보를 얻은 다음 InvalidateRgn( ) 함수를 이용해 WM_PAINT 메시지를 발생시킨다.

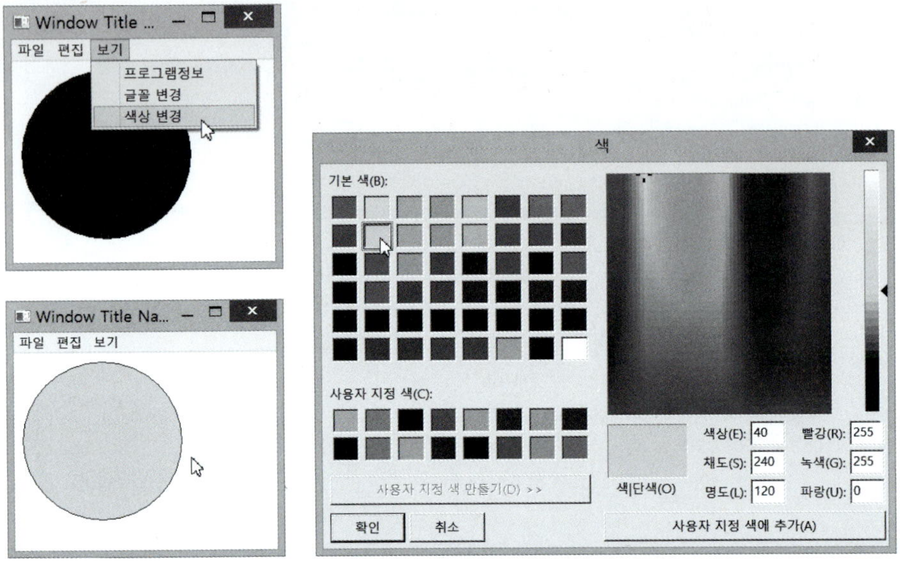
Window Title ...
파일 편집 보기
프로그램정보
글꼴 변경
색상 변경
Window Title Na...
파일 편집 보기
색
기본 색(B):
사용자 지정 색(C):
사용자 지정 색 만들기(D) >>
확인
취소
색|단색(O)
색상(E): 40
채도(S): 240
명도(L): 120
빨강(R): 255
녹색(G): 255
파랑(U): 0
사용자 지정 색에 추가(A)

04 메뉴 수정하기

이 절에서는 윈도우에 추가한 메뉴를 수정하는 방법을 알아본다. 일반적으로 새 메뉴 항목을 추가하거나 기존 메뉴 항목을 선택할 수 없게 만들어야 하는 경우가 종종 발생한다. 예를 들어 [편집]–[붙여넣기] 메뉴 항목은 반드시 [복사하기]나 [잘라내기] 메뉴 항목을 선택한 다음 선택할 수 있다. 붙여넣을 대상이 있어야 붙여넣기가 가능하기 때문이다.

GetMenu( ) 또는 GetSubMenu( ) 함수를 이용해 설정한 메뉴를 불러올 수 있다.

메뉴 관리 함수

- 설정된 메뉴 불러오기

```
HMENU GetMenu(HWND hWnd);
```

- 부메뉴 불러오기

```
HMENU GetSubMenu(HMENU hMenu, int nPos);
```

- 메뉴 항목 활성화 · 비활성화하기

```
BOOL EnableMenuItem(HMENU hMenu,
       INT uIDEnableItem,
       UINT uEnable
);
```

uEnable은 MF_GRAYED이면 비활성화, MF_ENABLED이면 활성화이다.

GetMenu( ) 함수에 윈도우 핸들 값을 매개변수로 넣으면 윈도우에 설정된 메뉴의 핸들 값을 반환한다. 메뉴에는 부메뉴가 여러 개 존재할 수 있다. 특정 메뉴 항목에 접근하려면 메뉴 항목이 속한 부메뉴를 불러와야 하는데, 부메뉴는 GetSubMenu( ) 함수를 이용해 불러올 수 있다. GetSubMenu( ) 함수의 매개변수와 반환 값은 다음과 같다.

- **첫 번째 매개변수(hMenu)** : 부메뉴를 비롯해 메뉴의 핸들 값이고 HMENU 타입이다.
- **두 번째 매개변수(nPos)** : 메뉴에서 몇 번째 부메뉴를 지칭하는지를 알려주는 정수이다.

- 반환 값은 메뉴의 핸들 값이다.

메뉴 항목을 활성화 · 비활성화하는 함수는 EnableMenuItem( )으로, 메뉴 항목이 속한 메뉴의 핸들 값과 메뉴 항목의 ID, 활성화 여부를 알려주면 된다. [실습 4-9]는 이 함수를 이용한 예제이며, [실습 4-1]에서 만든 기본 메뉴를 가지고 [편집] 부메뉴에 있는 메뉴 항목인 [복사하기], [붙여넣기]를 비활성화한다. 여기서는 프로그램이 실행되어 윈도우가 만들어지면 비활성화한다고 가정한다.

실습 4-9 [복사하기], [붙여넣기] 메뉴 항목 비활성화하기

```
45  LRESULT CALLBACK WndProc(HWND hwnd, UINT iMsg,
46                            WPARAM wParam, LPARAM lParam)
47  {
48       static HMENU hMenu, hSubMenu;
49  
50       switch (iMsg)
51       {
52       case WM_CREATE:
53            hMenu = GetMenu(hwnd);
54            hSubMenu = GetSubMenu(hMenu, 1);
55            EnableMenuItem(hSubMenu, ID_EDITCOPY, MF_GRAYED);
56            EnableMenuItem(hSubMenu, ID_EDITPASTE, MF_GRAYED);
57            break;
58       case WM_DESTROY:
59            PostQuitMessage(0);
60            break;
61       }
62       return DefWindowProc(hwnd, iMsg, wParam, lParam);
63  }
```

52, 53행 : 윈도우가 만들어졌음을 의미하는 WM_CREATE 메시지가 도착하면 먼저 윈도우에서 메뉴를 얻어온다. 얻어온 메뉴는 HMENU 타입의 hMenu 변수에 저장한다.

54행 : [편집] 부메뉴는 메뉴의 두 번째 줄에 위치한다. GetSubMenu( ) 함수에 메뉴의 핸들인 hMenu와 [편집] 부메뉴의 위치 값인 1을 넘겨준다(위치는 0부터 시작하므로 두 번째는 1이다). 얻어온 [편집] 부메뉴를 hSubMenu 변수에 저장한다.

55, 56행 : EnableMenuItem( ) 함수를 이용해 [복사하기], [붙여넣기] 메뉴 항목을 비활성화한다. 함

수에 전달되는 메뉴 항목에 대한 매개변수 값은 ID로 전해야 하며, 비활성화를 알리는 매개변수에는 MF_GRAYED를 지정한다. 반대로 활성화하고 싶다면 MF_ENABLED를 지정한다.

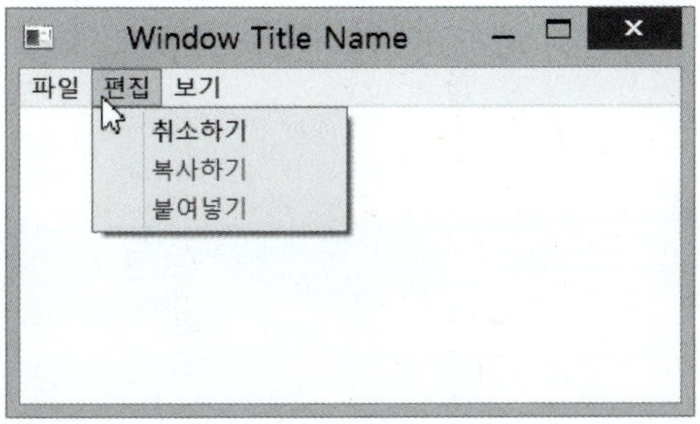

[실습 3-5]의 '마우스로 원 선택하기' 프로그램을 확장해보자. [실습 3-5]에서는 마우스 왼쪽 버튼으로 원을 선택하면 원 주위에 사각형이 생겼다. [실습 4-10]에서는 원을 선택해 [복사하기] 메뉴 항목을 선택하기까지의 과정을 구현한다. 프로그램을 처음 실행하면 [복사하기], [붙여넣기] 메뉴 항목을 비활성화한다. 원을 선택하면 원 주위에 사각형이 생기고 [복사하기] 메뉴 항목이 활성화 상태로 변하며, 그다음에 [복사하기] 메뉴 항목을 선택하면 [붙여넣기] 메뉴 항목이 활성화된다.

실습 4-10 개체 선택 후 [복사하기], [붙여넣기] 메뉴 항목 활성화하기

```
#include <math.h>
#define BSIZE 40
double LengthPts(int x1, int y1, int x2, int y2)
{
    return(sqrt((float)((x2-x1)*(x2-x1) + (y2-y1)*(y2-y1))));
}

BOOL InCircle(int x, int y, int mx, int my)
{
    if (LengthPts(x, y, mx, my) < BSIZE) return TRUE;
    else return FALSE;
}

LRESULT CALLBACK WndProc(HWND hwnd, UINT iMsg,
                        WPARAM wParam, LPARAM lParam)
```

```
{
    HDC             hdc;
    PAINTSTRUCT     ps;
    static HMENU    hMenu, hSubMenu;
    int             mx, my;
    static BOOL     Select;
    static BOOL     Copy;
    static int      x, y;

    switch (iMsg)
    {
    case WM_CREATE:
        hMenu = GetMenu(hwnd);
        hSubMenu = GetSubMenu(hMenu, 1);
        Select = FALSE;
        Copy = FALSE;
        x = 50;   y = 50;
        return 0;
    case WM_PAINT:
        EnableMenuItem(hSubMenu, ID_EDITCOPY,
            Select? MF_ENABLED:MF_GRAYED);
        EnableMenuItem(hSubMenu, ID_EDITPASTE,
            Copy? MF_ENABLED:MF_GRAYED);
        hdc = BeginPaint(hwnd, &ps) ;
        if (Select)
            Rectangle(hdc, x BSIZE, y-BSIZE, x+BSIZE, y+BSIZE);
        Ellipse(hdc, x-BSIZE, y-BSIZE, x+BSIZE, y+BSIZE);
        EndPaint(hwnd, &ps) ;
        return 0 ;
    case WM_COMMAND:
        if (LOWORD(wParam) == ID_EDITCOPY)
        {
            Copy = TRUE;
            InvalidateRgn(hwnd, NULL, TRUE);
        }
        break;
    case WM_LBUTTONDOWN:
        mx = LOWORD(lParam);
        my = HIWORD(lParam);
        if(InCircle(x, y, mx, my)) Select = TRUE;
```

```
100             InvalidateRgn(hwnd, NULL, TRUE);
101             break;
102         case WM_DESTROY:
103             PostQuitMessage(0);
104             break;
105         }
106         return DefWindowProc(hwnd, iMsg, wParam, lParam);
107 }
```

66행 : [실습 3-4]에 BOOL 타입의 Copy 변수가 추가되었다. Copy 변수는 [복사하기] 메뉴 항목의 선택 여부를 알려준다.

71~73행 : 윈도우가 만들어졌음을 의미하는 WM_CREATE 메시지가 발생하면 [실습 4-8]과 같이 메뉴를 얻어오고, hSubMenu에 [편집] 부메뉴를 얻어온다.

74, 75행 : 원이 선택되지 않은 상태이므로 Select 변수에 FALSE를 저장한다. [복사하기] 메뉴 항목도 선택되지 않은 상태이므로 Copy 변수에 FALSE를 저장한다.

76행 : 출력할 원의 중심 좌표가 (50, 50)이므로 변수 x, y에 각각 50을 저장한다.

78~88행 : WM_PAINT 메시지가 발생하면 EnableMenuItem( ) 함수를 이용해 [복사하기] 메뉴 항목과 [붙여넣기] 메뉴 항목에 대한 활성화 · 비활성화를 수행한다. 각 메뉴 항목의 ID가 ID_EDITCOPY, ID_EDITPASTE이므로 함수의 두 번째 매개변수에는 ID를 지정한다. 메뉴 항목의 활성화 여부는 Select 변수와 Copy 변수의 값에 따라 결정된다. TRUE이면 활성화, FALSE이면 비활성화이다. 원과 사각형을 그리는 방법은 3장에서 설명한 내용과 마찬가지이다.

89~95행 : 메뉴 항목이 선택되면 [복사하기] 메뉴 항목인지 검사한다. 맞으면 [붙여넣기] 메뉴 항목을 활성화하기 위해 Copy 변수에 TRUE를 저장한다. 그런 다음 InvalidateRgn( ) 함수를 호출하면 WM_PAINT 메시지가 발생하고 [붙여넣기] 메뉴 항목이 활성화된다.

96~101행 : 마우스 왼쪽 버튼을 누르면 WM_LBUTTONDOWN 메시지가 발생한다. 메시지가 발생하면 lParam에서 현재의 마우스 좌표를 얻어오고 mx, my에 저장한다. 앞서 설명한 InCircle( ) 함수를 이용하면 원 내부에 (mx, my) 좌표가 존재하는지 알 수 있다. 원 내부에 있으면, 즉 원이 선택된 상태이면 Select 변수에는 TRUE를 저장한다. 그런 다음 InvalidateRgn( ) 함수를 호출하고 이는 WM_PAINT 메시지를 발생시킨다. 여기서는 Copy 값이 변하지 않았지만 Select 값이 TRUE로 변해 WM_PAINT에서는 [복사하기] 메뉴 항목을 활성화하고 원 주위에 사각형을 그린다.

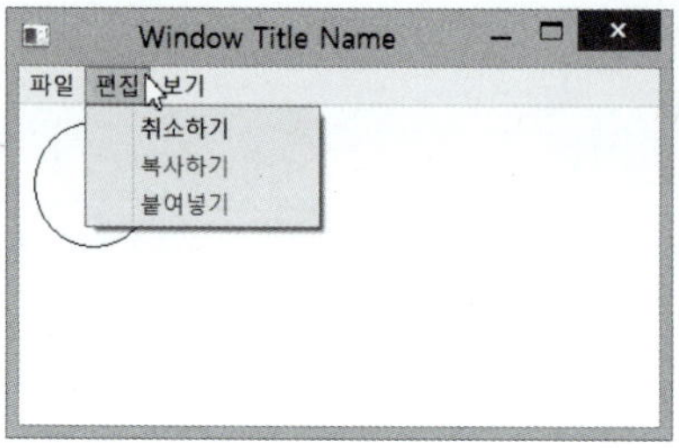

개체 선택 전

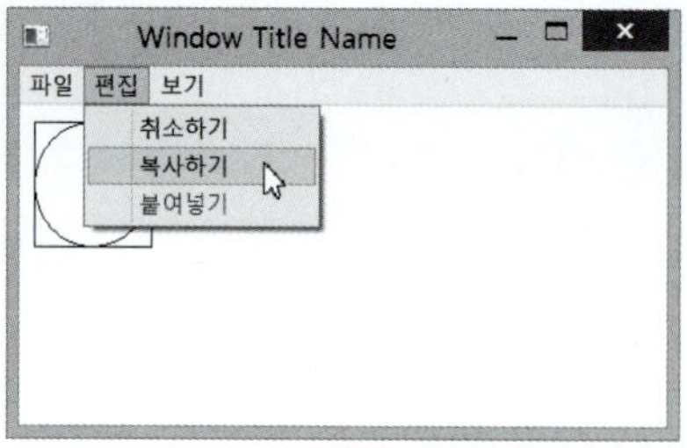

개체 선택 후

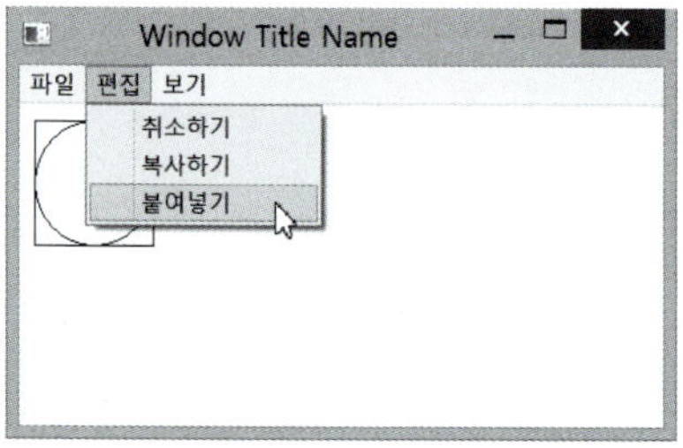

복사하기 선택 후

요약

1 메뉴를 만들고 사용하는 방법

- 메뉴를 만들려면 먼저 리소스 파일을 작성해야 한다.
- 메뉴 항목을 선택하면 WM_COMMAND 메시지가 발생한다. WM_COMMAND 메시지와 함께 LOWORD(wParam)에 선택된 메뉴 항목의 ID가 저장된다.
- GetMenu( ) 함수를 이용해 등록한 메뉴를 얻어오고, GetSubMenu( ) 함수를 이용해 특정 부메뉴를 얻어온다.
- 사용자에게 확인이나 경고 메시지를 보내는 데 사용하는 간단한 대화상자를 메시지 박스라고 하며, MessageBox( ) 함수를 이용해 메시지 박스를 작성한다.

2 윈도우 환경에서 제공하는 공용 대화상자 활용 방법

- [열기] 대화상자를 이용하기 위한 자료 구조는 OPENFILENAME이고, 이때 사용하는 함수는 GetOpenFileName( )이다.
- 공용 대화상자를 이용해 저장할 파일 이름을 선택하려면 OPENFILENAME 구조체 변수를 초기화하고 GetSaveFileName( ) 함수를 호출한다.
- CHOOSEFONT와 LOGFONT 구조체를 초기화하고 ChooseFont( ) 함수를 이용해 윈도우에서 제공하는 글꼴을 선택할 수 있다. 여기서 얻은 글꼴 정보로 HFONT를 만든다.
- CHOOSECOLOR 구조체와 ChooseColor( ) 함수로 윈도우에서 제공하는 색을 선택해 그림을 그릴 수 있다. 여기서 얻은 색상 정보는 RGB 형태이고 이를 기반으로 펜이나 브러시를 만든다.

연습문제

1 [실습 4-3]의 프로그램은 [새글]과 [끝내기] 메뉴 항목에 대해서만 메시지 박스가 나타난다. 이를 확장해 다음과 같이 다른 메뉴 항목에 대해서도 메시지 박스가 나타나게 해보자. 즉 모든 메뉴 항목에서 발생하는 커맨드 메시지를 처리한다.

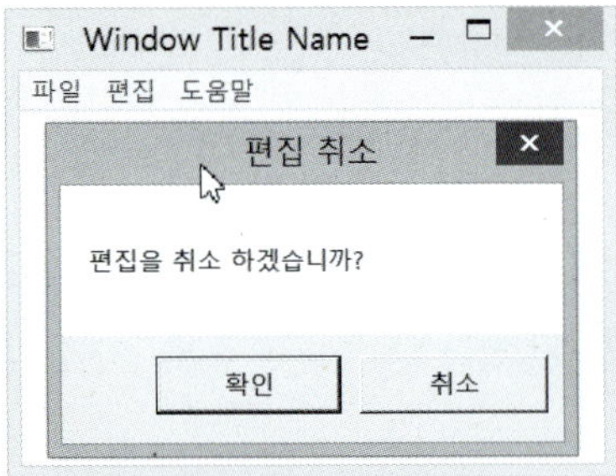

2 다음 그림과 같이 [열기] 대화상자에 필터를 만들어보자.

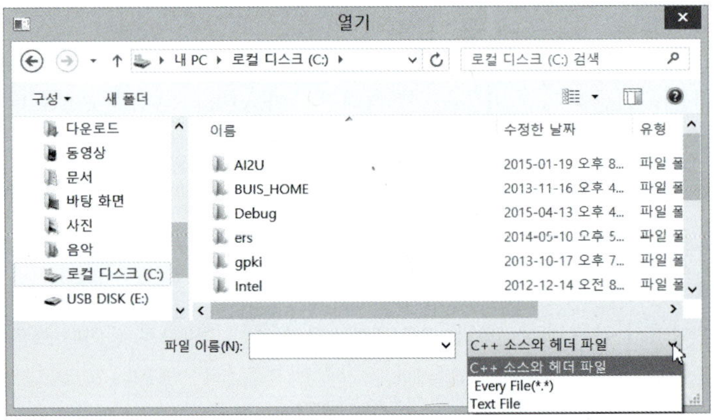

3 파일 공용 대화상자를 이용해 선택한 파일 이름으로 화면에 출력 중인 텍스트를 저장하는 프로그램을 작성해보자. 파일 입출력은 표준 입출력 함수를 이용한다.

> ▶ **HINT** 앞에서 [다른 이름으로 저장] 대화상자를 이용해 사용자가 입력하거나 선택한 파일의 이름을 알아낼 수 있었다. 파일 이름을 알면 이를 이용해 파일을 저장할 수 있다. 저장할 내용은 문자 배열에 저장되어 있다고 가정할 것이다. C 언어에서 배운 _ftprintf_s( ) 또는 _fputts( ) 함수를 이용해 파일에 텍스트를 저장할 수 있다.

4 [실습 4-9]의 프로그램을 바탕으로 실제 원이 복사되어 화면에 나타나게 해보자. 원은 중심 좌표가 (20, 20)이고 반지름이 20이다. 원을 복사해 붙여넣으면 다른 원이 하나 더 나타나고, 새로 나타난 원도 다시 복사해 붙여넣을 수 있다. 이 과정을 반복해서 화면에 최대 10개의 원이 나타날 수 있다.

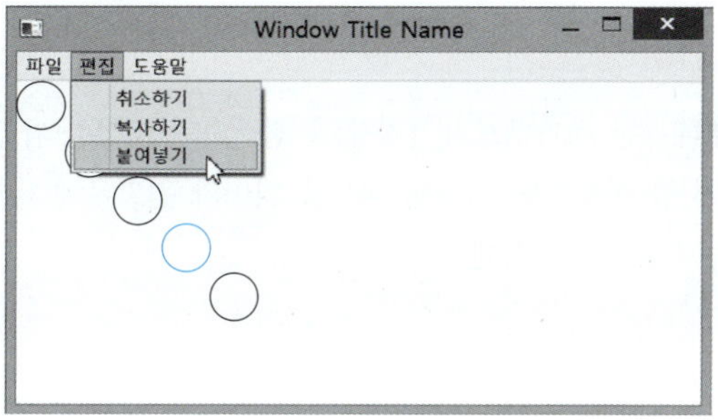

5 메뉴에 다음과 같은 부메뉴를 추가한다. 선의 색을 선택하고 면의 색을 선택한 후 그릴 개체를 선택하면 고른 색으로 개체를 그릴 수 있어야 한다. 색을 선택하지 않으면 기본 색은 선이 검은색, 면이 흰색이다. 화면에 새로운 개체를 그려도 이전에 그린 개체가 지워지면 안 되지만 그린 개체의 정보는 저장하지 않아도 된다. 따라서 WM_PAINT 메시지가 발생하면 지금까지 그린 개체가 사라져도 된다.

Caption	ID	속성
그리기 객체		Popup
직선	ID_LINE	기본 값
원	ID_ELLIPSE	기본 값
사각형	ID_RECTANGLE	기본 값

Caption	ID	속성
색상		Popup
선 색	ID_PENCOLOR	기본 값
면 색	ID_FACECOLOR	기본 값

※6 연습문제 5번의 프로그램에서는 윈도우 화면에 그린 개체의 정보를 저장하지 않아 WM_PAINT 메시지가 발생하면 지금까지 그린 개체가 화면에서 모두 사라진다. 이번에는 그린 개체의 정보를 저장해 WM_PAINT 메시지가 발생해도 개체가 원위치에 원래 색으로 나타나게 해보자.

※7 연습문제 6번의 결과 프로그램에 다음 부메뉴를 추가해보자. [저장]을 선택하면 지정한 파일 이름으로 개체를 저장할 수 있고, [불러오기]를 선택하면 저장된 내용을 읽어와 윈도우에 나타낼 수 있어야 한다. 파일 입출력은 표준 입출력 함수를 이용한다.

Caption	ID	속성
파일		Popup
열기	ID_FILEOPEN	기본 값
저장하기	ID_FILESAVE	기본 값

※8 연습문제 6번의 결과 프로그램을 화면에 이미 나타난 개체 중 사각형을 선택할 수 있도록 수정해보자. 사각형을 선택하면 선택되었다는 의미로 사각형 모서리에 작은 사각형이 나타나게 한다. 그런 다음 공용 대화상자를 이용해 선이나 면의 색을 변경하면 변경된 색상 정보가 개체에 적용된다.

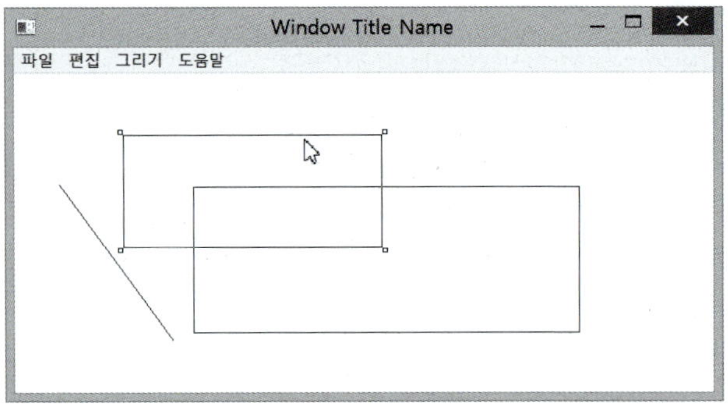

※9 연습문제 5번의 프로그램을 완성한 후 텍스트를 출력하기 위해 메뉴에 다음 표와 같이 부메뉴를 추가해보자. [글쓰기] 메뉴 항목을 선택하면 화면에 검은색 사각형을 그릴 수 있고, 키보드로 문자를 입력받으면 이 문자를 글 상자 내부에 차례로 출력한다. 입력받는 문자열이 너무 길어서 글 상자에 한 줄로 나타낼 수 없으면 다음 행으로 자동으로 넘어가고, Enter 키를 입력해도 다음 행으로 넘어가도록 한다. 글 상자에 문자가 가득 차면 더 이상 입력을 받지 않는다.

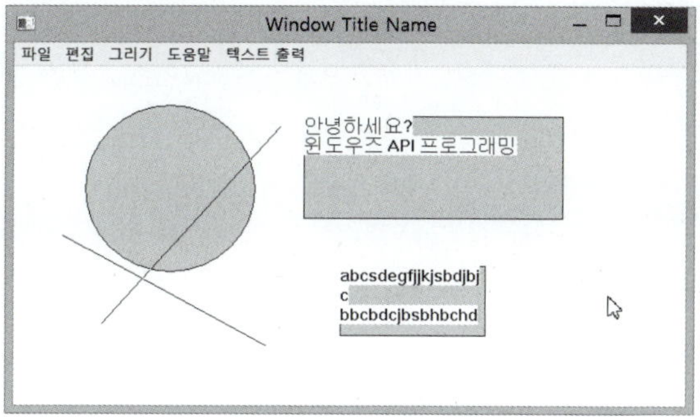

Caption	ID	속성
텍스트 출력		Popup
글쓰기	ID_WRITE	기본 값

※10 연습문제 9번의 프로그램에 텍스트의 글꼴을 변경하기 위해 다음 표와 같이 메뉴 항목을 추가해보자. [폰트 선택] 메뉴 항목을 선택하면 [글꼴] 대화상자가 나타나 글꼴을 선택할 수 있다. 그런 다음 [글쓰기] 메뉴 항목을 선택해 입력한 텍스트에는 선택된 글꼴 정보가 적용된다.

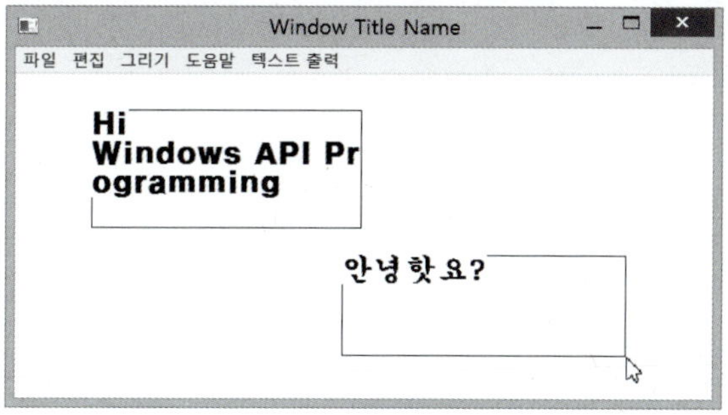

Caption	ID	속성
텍스트 출력		Popup
폰트 선택	ID_FONT	기본 값
글쓰기	ID _WRITE	기본 값

Chapter 05

단축키와 비트맵

학습목표

- 메뉴에 단축키를 설정할 수 있다.
- 비트맵 형식의 그림 파일을 불러 화면에 출력할 수 있다.
- 더블 버퍼링 기법을 이용해 비트맵 그림 파일로 애니메이션을 만들 수 있다.

01 단축키

마우스 외에도 약속된 키, 즉 단축키를 이용해 메뉴 항목의 기능을 수행할 수 있다. 단축키를 설정하는 방법은 다음과 같다.

❶ 메뉴 속성 창의 Caption에 단축키 표시

❷ 새로운 액셀러레이터(accelerator) 추가

❸ 단축키 매핑

❹ 단축키 설정 코드 작성

단축키를 설정하려면 먼저 메뉴에서 단축키를 설정할 항목을 선정해야 한다. 그리고 해당 메뉴 항목 속성 창의 Caption에 단축키를 표시한다. 예를 들어 [편집] 메뉴의 [복사하기] 메뉴 항목에 단축키 Ctrl+C를 설정하려면 속성 창의 Caption에 '복사하기\tCtrl+C'라고 입력한다. '\t'는 탭 문자이므로 단축키를 표시하는 문자열이 오른쪽 정렬된다. 하지만 Caption의 내용은 사용자에게 단축키를 알려주려는 것일 뿐이므로 이 항목을 입력하지 않아도 단축키를 설정할 수 있다.

새 액셀러레이터를 추가하는 방법은 메뉴를 추가하는 것처럼 리소스 추가 방식을 사용한다. [리소스 추가]를 선택해 등장한 대화상자에서 [Accelerator]를 선택하고 〈새로 만들기〉 버튼을 누른다. 여기에 각 메뉴 항목에 대해 사용할 단축키를 매핑하고 추가된 단축키를 사용할 수 있도록 소스코드에서 프로그래밍하면 된다.

메뉴에서 단축키를 설정하는 방법을 [실습 5-1]에서 살펴보자.

실습 5-1 메뉴에 단축키 설정하기

1 메뉴 항목 Caption에 단축키 표시하기 : 메뉴 항목에 대한 단축키를 설정하려면 먼저 다음 표를 참고해 메뉴 항목의 Caption을 수정한다(4장에서 만든 메뉴를 그대로 이용하거나 새로 만들어도 된다). 단, Popup 메뉴는 단축키 속성이 필요 없다. 선택 가능한 메뉴 항목만 기능이 있고, 단축키는 그 기능을 수행하는 하나의 방법일 뿐이기 때문이다. Caption에는 표와 같이

모두 '\t'를 넣는다. 그러면 한글로 표기된 명령어와 단축키 문자열 사이에 탭이 들어가 단축키 문자열이 오른쪽 정렬된다.

그림 5-1 [파일] 부메뉴 항목의 단축키 표시

Caption	ID	속성
파일		Popup
새글\tCtrl+N	ID_FILENEW	기본 값
열기\tCtrl+O	ID_FILEOPEN	기본 값
저장하기\tCtrl+S	ID_FILESAVE	기본 값
끝내기\tCtrl+E	ID_EXIT	기본 값

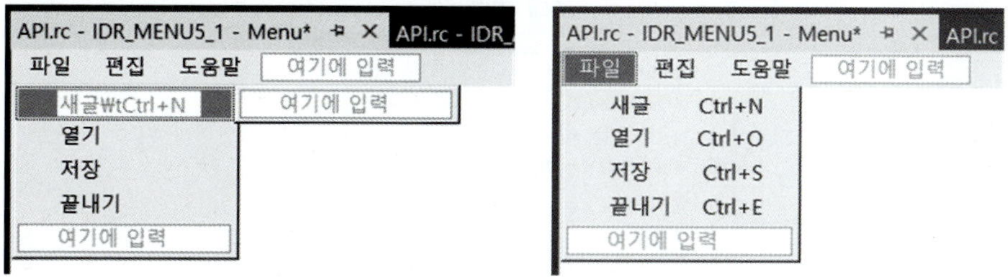

같은 방법으로 [편집]의 부메뉴 항목에도 단축키를 설정한다. 이때 다른 응용 프로그램의 단축키와 동일하게 설정하면 혼란을 줄일 수 있다. 예를 들면 [복사하기]는 대부분 Ctrl+C이므로 특별한 이유가 없는 한 여기서도 동일하게 설정하는 것이 좋다.

그림 5-2 [편집] 부메뉴 항목의 단축키 표시

Caption	ID	속성
편집		Popup
취소하기\tCtrl+Z	ID_EDITUNDO	기본 값
복사하기\tCtrl+C	ID_EDITCOPY	기본 값
붙여넣기\tCtrl+V	ID_EDITPASTE	기본 값

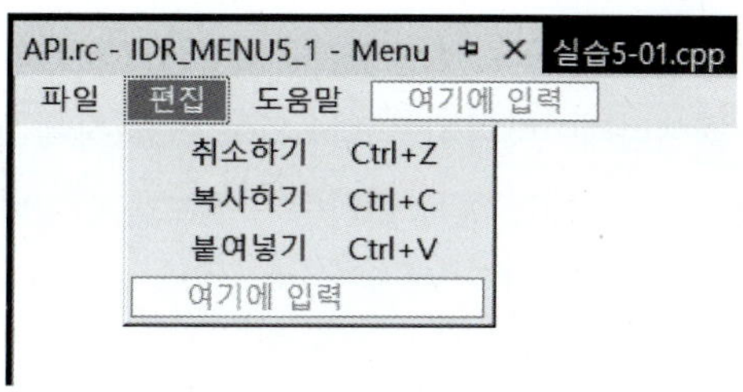

[도움말]의 부메뉴 항목도 같은 방법으로 Caption에 단축키 정보를 나타낼 수 있다.

TIP 메뉴 항목의 속성 창 Caption에 단축키를 설정하는 것은 사용자의 편의를 위해서이다. 이 과정을 생략해도 단축키를 설정할 수 있지만, 생략하면 사용자가 단축키 정보를 알 수 없어 불편하므로 되도록 설정하는 것이 좋다.

2 새 액셀러레이터 추가하기 : 리소스 파일 폴더에서 마우스 오른쪽 버튼을 클릭해 [추가]–[리소스]를 선택하면 리소스 추가를 위한 대화상자가 메뉴에서처럼 등장한다. 이번에는 [Accelerator]–[새로 만들기]를 선택한다.

그림 5-3 새 액셀러레이터 만들기

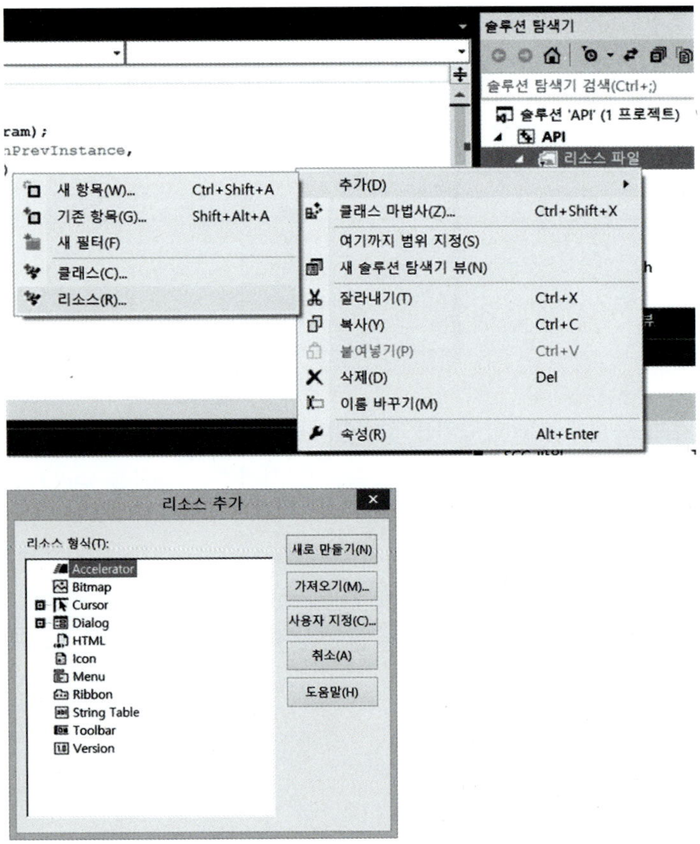

리소스 뷰에 [Accelerator] 폴더가 만들어지고 하위 항목으로 IDR_ACCELERATOR1이 생긴다. IDR_ACCELERATOR1은 새로 추가한 액셀러레이터의 ID이다. 왼쪽 편집 창에 ID, 보조키, 키, 형식 칼럼이 있는 테이블이 만들어진다. 각 메뉴 항목에 단축키 정보를 설정하면 해당 정보가 단축키별로 테이블에 한 행씩 나타난다.

그림 5-4 추가된 새 액셀러레이터

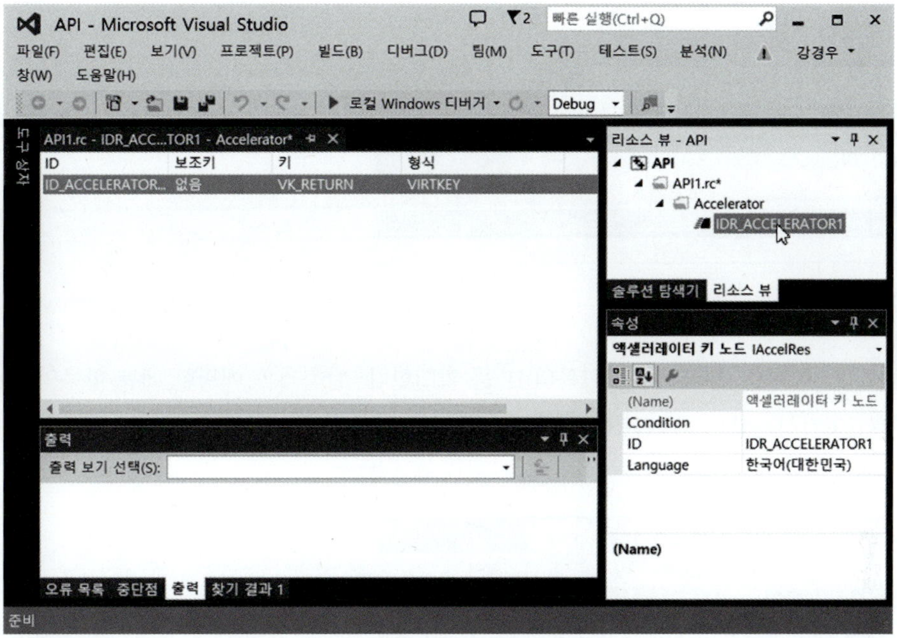

3 액셀러레이터 ID 변경하기 : 추가한 IDR_ACCELERATOR1를 선택하면 아래 속성 창에 속성 정보가 나열되는데, 속성 정보의 ID가 IDR_ACCELERATOR1이라고 되어 있음을 확인할 수 있다. 실습별로 액셀러레이터를 구분하기 위해 IDR_ACCELERATOR5_1과 같이 ID에 실습 번호를 붙인다. 여기에 입력한 ID는 반드시 기억하고 있어야 한다.

그림 5-5 액셀러레이터 ID 변경하기

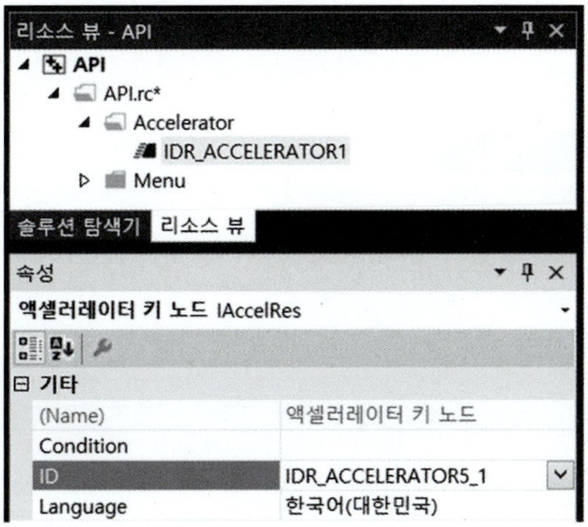

4 단축키 매핑하기

❶ 만들어진 테이블에서 파란색 표시 줄을 클릭한다.

그림 5-6 액셀러레이터를 추가하는 첫 번째 단계

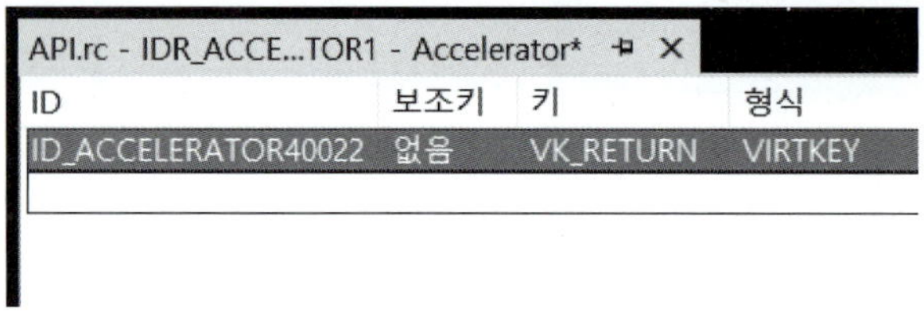

❷ 'ID' 부분을 클릭해 등록된 메뉴 항목의 ID를 확인한다. 단축키를 매핑할 메뉴 항목의 ID를 선택한다(여기서는 ID_FILENEW를 선택한다).

그림 5-7 단축키를 설정할 ID 선택

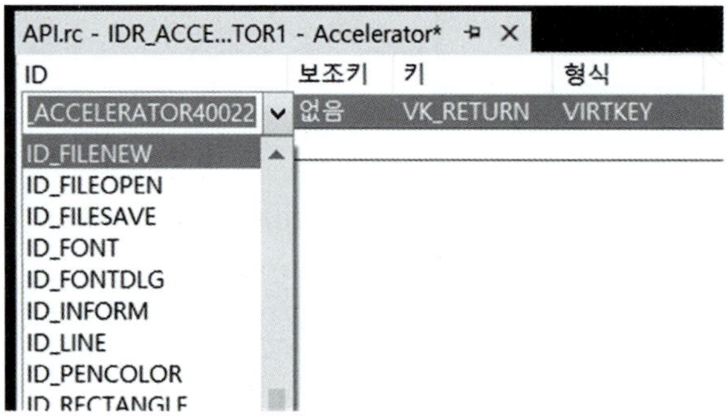

❸ 단축키로 사용할 키를 설정해야 한다. 먼저 '보조키' 리스트의 'Alt, Ctrl, Shift, Ctrl+Alt, Ctrl+Shift, Alt+Shift, Ctrl+Alt+Shift, 없음' 중 원하는 키를 선택한다.

그림 5-8 단축키로 사용할 보조키 선택

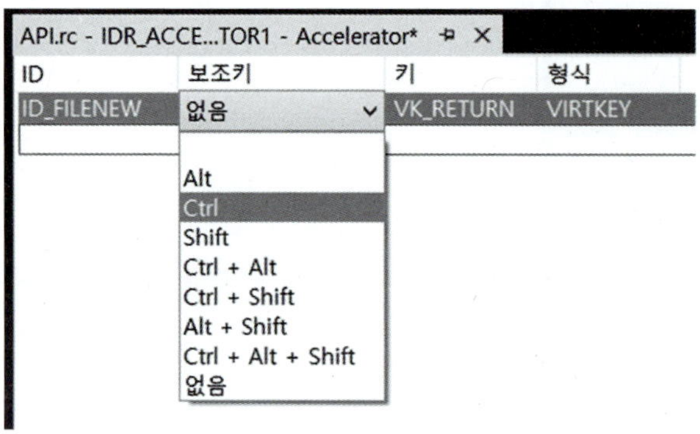

❹ '키'는 보조키와 같이 누를 키를 말하며, 원래 있던 VK_RETURN를 삭제하고 대신 N을 입력한다.

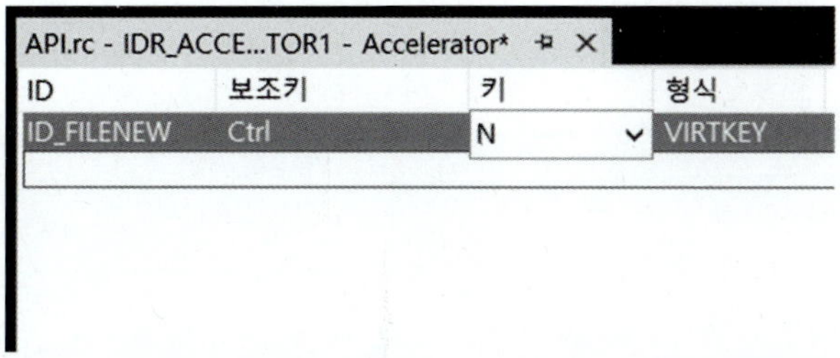

그림 5-9 단축키로 사용할 키 입력

❺ **단축키 설정하기** : 마지막으로 단축키를 프로그램에서 처리해야 하는데 이는 메인 함수인 WinMain( )이 담당한다. WndProc( ) 함수에 메시지를 보내기 전에 먼저 변경해야 하기 때문이다. 여기서는 앞서 만든 IDR_ACCELERATOR5_1 액셀러레이터를 사용한다.

```
#include <windows.h>
#include <TCHAR.H>
#include "..\resource.h"
LRESULT CALLBACK WndProc(HWND hwnd, UINT iMsg,
                    WPARAM wParam, LPARAM lParam);
int WINAPI WinMain(HINSTANCE hInstance, HINSTANCE hPrevInstance,
                         LPSTR lpszCmdLine, int nCmdShow)
{
    HWND        hwnd;
    MSG         msg;
    WNDCLASS    WndClass;
    HACCEL      hAcc;
    hAcc = LoadAccelerators(hInstance,
             MAKEINTRESOURCE(IDR_ACCELERATOR5_1));
    WndClass.style = CS_HREDRAW | CS_VREDRAW;
    WndClass.lpfnWndProc = WndProc;
    WndClass.cbClsExtra = 0;
    WndClass.cbWndExtra = 0;
    WndClass.hInstance = hInstance;
    WndClass.hIcon = LoadIcon(NULL, IDI_APPLICATION);
    WndClass.hCursor = LoadCursor(NULL, IDC_ARROW);
    WndClass.hbrBackground = (HBRUSH)GetStockObject(WHITE_BRUSH);
    WndClass.lpszMenuName = MAKEINTRESOURCE(IDR_MENU5_1);
```

```
    WndClass.lpszClassName = _T("Window Class Name");
    RegisterClass(&WndClass);
    hwnd = CreateWindow(_T("Window Class Name"),
        _T("Window Title Name"),
        WS_OVERLAPPEDWINDOW,
        CW_USEDEFAULT,
        CW_USEDEFAULT,
        CW_USEDEFAULT,
        CW_USEDEFAULT,
        NULL,
        NULL,
        hInstance,
        NULL
    );
    ShowWindow(hwnd, nCmdShow);
    UpdateWindow(hwnd);
    while (GetMessage(&msg, NULL, 0, 0))
    {
        if (!TranslateAccelerator(hwnd, hAcc, &msg))
        {
            TranslateMessage(&msg);
            DispatchMessage(&msg);
        }
    }
    return (int)msg.wParam;
}

LRESULT CALLBACK WndProc(HWND hwnd, UINT iMsg,
                            WPARAM wParam, LPARAM lParam)
{
    switch (iMsg)
    {
    case WM_CREATE:
        break;
    case WM_DESTROY:
        PostQuitMessage(0) ;
        break;
    }
    return DefWindowProc(hwnd, iMsg, wParam, lParam);
}
```

12행 : 리소스를 사용하기 위해 핸들 변수를 만들고, 리소스 ID를 로드해 만들어진 핸들 변수에 저장해서 사용한다. 액셀러레이터도 마찬가지이다. 액셀러레이터의 핸들 타입인 HACCEL의 변수를 선언한다.

13, 14행 : 액셀러레이터 ID(IDR_ACCELERATOR5_1)를 이용해 액셀러레이터를 로드한다.

41~43행 : GetMessage( ) 함수를 이용해 메시지 큐의 메시지를 얻어온 후, TranslateAccelerator( ) 함수를 이용해 액셀러레이터에 설정된 단축키인지 검사한다. 즉 받아온 메시지와 액셀러레이터를 로드한 hAcc로 메시지가 단축키에 해당하는지 검사한다. 단축키에 설정된 것과 같으면 메시지는 WM_COMMAND로 변경된다.

Ctrl + C를 눌렀다고 가정해보자. 키보드를 누르면 WM_KEYDOWN 메시지가 발생해 msg에 (메시지 번호 : WM_KEYDOWN, wParam : Ctrl), (메시지 번호 : WM_KEYDOWN, wParam : C) 값이 차례로 들어간다. 이를 hAcc와 함께 TranslateAccelerator( ) 함수에 넘겨주면 Ctrl + C가 IDR_ACCELERATOR5_1에 매핑된 단축키인지 검사한다. 매핑된 단축키이면 msg의 내용이 (메시지 번호 : WM_COMMAND, LOWORD(wParam) : ID_EDITCOPY)로 변한다.

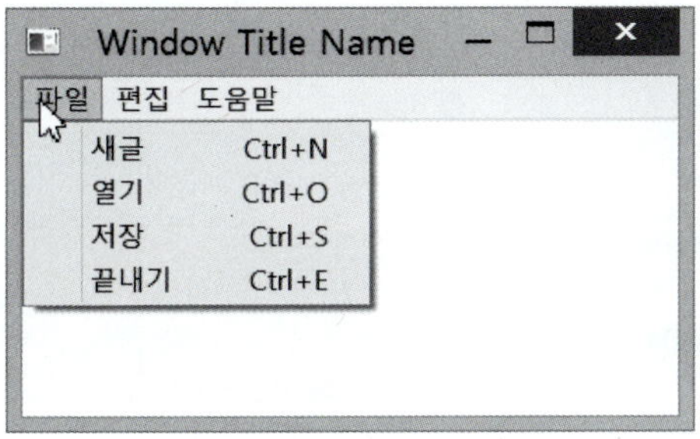

02 비트맵

비트맵 이미지도 앞에서 다룬 메뉴나 단축키처럼 하나의 리소스이다. 따라서 생성하고 사용하는 방법이 일반 리소스와 매우 유사하다. 먼저 새로운 비트맵 이미지를 만드는데, 직접 만들거나 얻어온 다음 비트맵 형식으로 저장해서 사용한다. 그리고 이 비트맵을 이용해 화면에 출력하는 방식을 취한다.

비트맵 이미지를 출력하는 과정을 정리하면 다음과 같다.

그림 5-10 비트맵 이미지 출력 과정

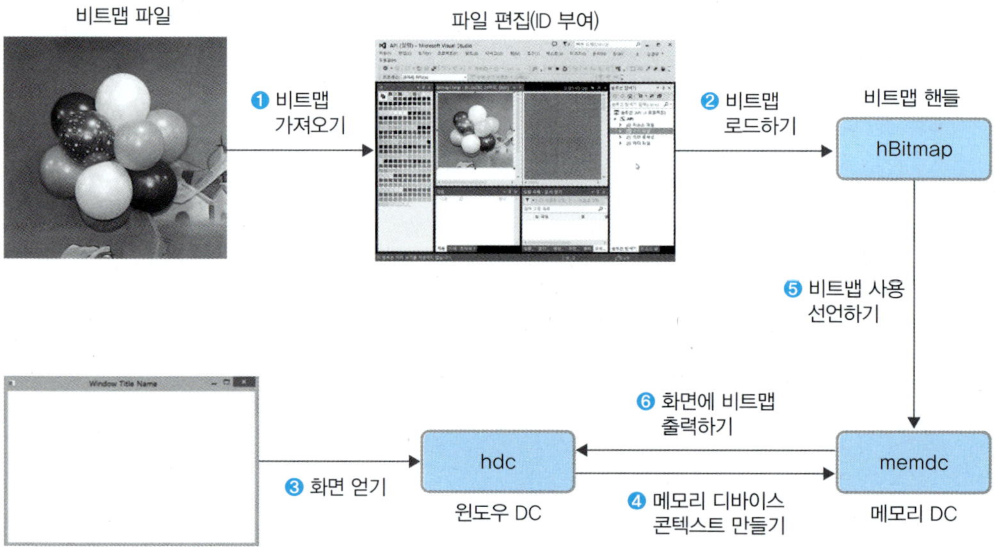

❶ **비트맵 가져오기** : 그림을 비주얼 스튜디오의 비트맵으로 불러온다.

❷ **비트맵 로드하기** : 비트맵의 ID와 LoadBitmap( ) 함수를 이용해 HBITMAP 변수 hBitmap에 비트맵을 로드한다. 메뉴나 액셀러레이터를 ID와 로드 함수로 로드한 것처럼 비트맵도 LoadBitmap( ) 함수를 이용한다.

❸ **화면 얻기** : BeginPaint( ) 또는 GetDC( ) 함수를 이용해 출력 화면을 디바이스 콘텍스트 hdc로 가져온다.

❹ **메모리 디바이스 콘텍스트 만들기** : CreateCompatibleDC( ) 함수를 이용해 hdc와 호환되는 디바이스 콘텍스트인 memdc를 만든다. 도형이나 텍스트는 화면 디바이스 콘텍스트인 hdc에 바로 그리거나 출력하지만, 비트맵은 화면 디바이스 콘텍스트와 호환되는 메모리 디바이스 콘텍스트를 이용한다. 메모리 디바이스 콘텍스트는 화면 디바이스 콘텍스트와 동일하나 화면이 없고 메모리에만 존재한다는 것이 다르다. 화면 디바이스 콘텍스트나 메모리 디바이스 콘텍스트는 모두 HDC 타입 변수이다.

❺ **비트맵 사용 선언하기** : SelectObject( ) 함수를 이용해 hBitmap에 로드된 이미지를 메모리 디바이스 콘텍스트 memdc에 설정한다. memdc에 그리는 것과 동일하지만 memdc는 메모리에만 존재하기 때문에 눈으로는 확인되지 않는다.

❻ **화면에 비트맵 출력하기** : memdc의 그림을 BitBlt( ) 또는 StretchBlt( ) 함수를 이용해 hdc에 옮긴다.

BitBlt( ) 함수의 형식은 다음과 같다. hdc는 화면을 가진 디바이스 콘텍스트이기 때문에 [그림 5-11(a)]처럼 나타내고, memdc는 메모리에만 존재하는 디바이스 콘텍스트이기 때문에 [그림 5-11(b)]처럼 나타냈다. SelectObject( ) 함수를 이용해 memdc에 비트맵 이미지를 설정할 수 있다.

BitBlt( ) 함수

```
BOOL BitBlt(
     HDC       hdc,
     int       nXD, int nYD,
     int       nW, int nH,
     HDC       memdc,
     int       nXS, int nYS,
     DWORD     dwRop
);
```

hdc에 그리기를 원하는 그림 영역이 [그림 5-11(b)]의 사각형 영역, 즉 시작 좌표는 (nXS, nYS), 너비는 nW, 높이는 nH라고 해보자. 이 그림을 hdc의 (nXD, nYD) 좌표에 같은 크기로 그리고 싶다면 BitBlt(hdc, nXD, nYD, nW, nH, memdc, nXS, nYS, SRCCOPY)라고 하

면 된다. 마지막 매개변수 dwRop에는, 래스터 연산처럼 그림을 hdc에 복사할 때 hdc의 배경 색과 그리는 그림의 색상 간 연산을 지정한다. 사용할 수 있는 연산은 다음과 같다.

- **SRCPAINT** : 배경 색과 그림 색상 간에 OR 연산 후 결과로 그림
- **SRCAND** : 배경 색과 그림 색상 간에 AND 연산 후 결과로 그림
- **SRCCOPY** : 연산을 하지 않고 그림 색상을 그대로 나타냄

여기서는 SRCCOPY를 주로 사용하고 SRCAND와 SRCPAINT의 용도는 애니메이션을 만드는 부분에서 살펴볼 것이다.

그림 5-11 BitBlt( ) 함수를 이용해 화면에 비트맵 출력하기

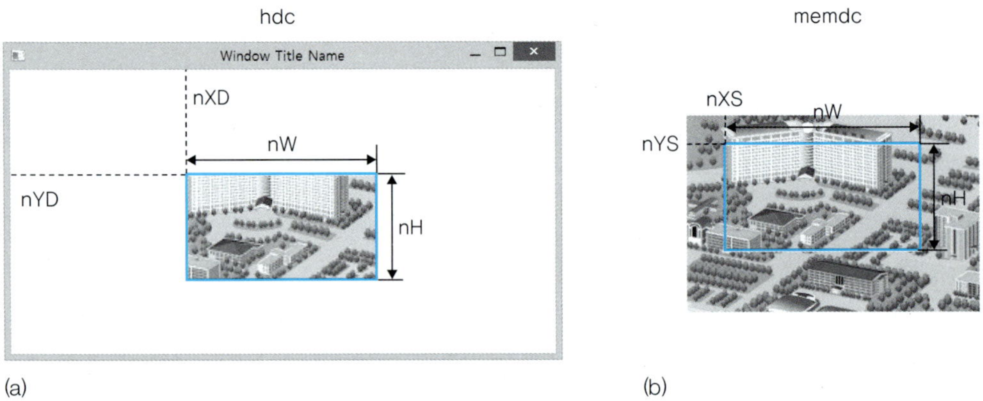

StretchBlt( ) 함수를 사용해 그릴 그림을 확대하거나 축소해서 보여줄 수 있다.

StretchBlt() 함수

```
BOOL StretchBlt(
     HDC        hdc,
     int        nXD, int nYD, int nW, int nH,
     HDC        memdc,
     int        nXS, int nYS, int nWS, int nHS,
     DWORD      dwRop
);
```

그림을 확대하거나 축소하는 것은 [그림 5-12(b)] memdc의 사각형 영역을 확대하거나 축소해 hdc에 그리는 것이다. BitBlt( ) 함수와 다른 점은 각 영역의 너비와 높이를 모두 표시해야 한다

는 것이다. 그림을 2배 확대할 때는 nW 값을 nWS*2로, nH 값을 nHS*2로 설정한다. 반대로 1/2배로 축소할 때는 nW 값을 (int)nWS/2로, nH 값을 (int)nHS/2로 설정한다. 그 외 사항은 BitBlt( ) 함수와 같다.

그림 5-12 StretchBlt( ) 함수를 이용해 화면에 비트맵 출력하기

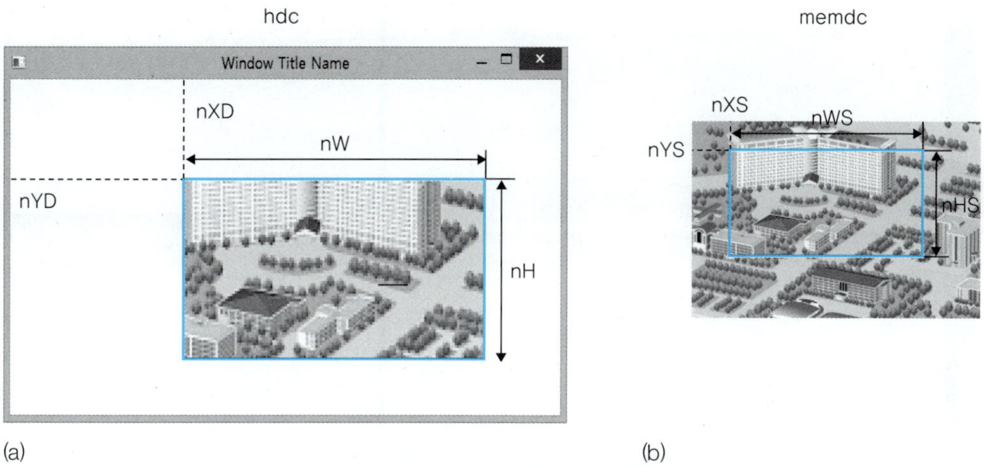

실습 5-2 비트맵 출력하기

1 비트맵 이미지 만들기 : 비트맵 이미지를 만드는 방법은 메뉴나 액셀러레이터와 비슷하다. [리소스 파일] 폴더에서 마우스 오른쪽 버튼을 클릭해 [추가]-[리소스]를 선택하면 리소스 추가를 위한 대화상자가 메뉴에서처럼 등장한다. 이번에는 [Bitmap]을 선택하고 〈새로 만들기〉 버튼을 누른다.

그림 5-13 Bitmap 새로 만들기

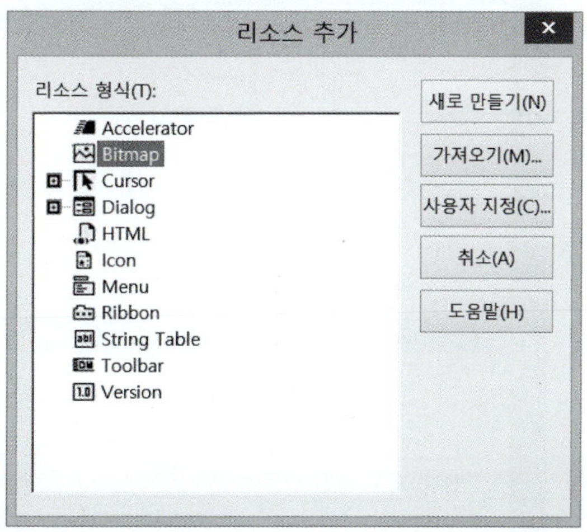

새로운 비트맵이 생성되고 기본 ID는 IDB_BITMAP1이다. 왼쪽 편집 창은 전체를 보여주는 부분과 이미지를 편집하는 부분으로 구성된다. 이미지 편집 작업 부분에는 윈도우 그림판과 기능이 비슷한 그리기 도구상자가 나타난다.

그림 5-14 추가된 비트맵

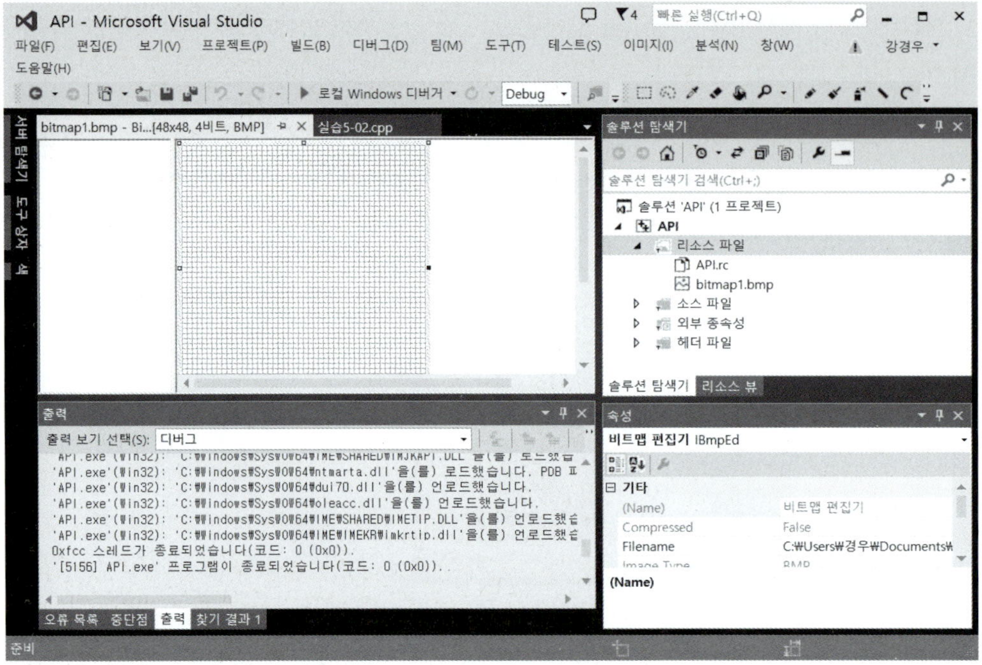

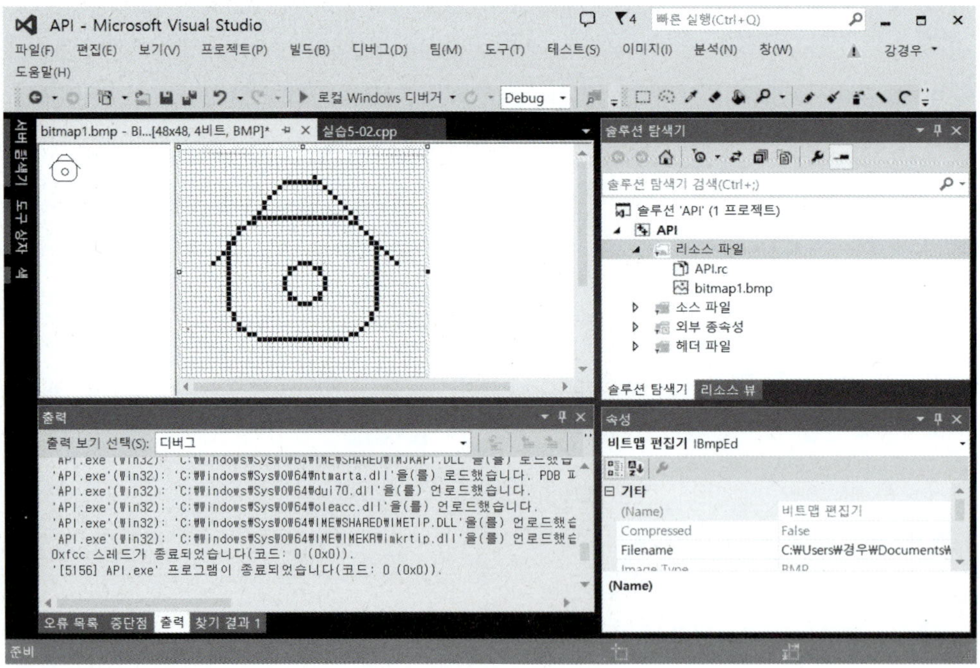

2 속성 변경하기 : 비트맵도 리소스이기 때문에 관련 정보를 속성 창에서 확인할 수 있다. 비트맵 이미지의 ID를 선택하면 아래 속성 창에 속성 정보가 나타난다. 속성 정보에는 비트맵 이미지가 저장된 파일 이름과 색상 수, 가로세로 크기가 있다. 비트맵에 대한 속성 정보는 비트맵 편집기의 속성과 비트맵 노드의 속성 정보로 나눌 수 있다.

먼저 비트맵 편집기의 속성은 비트맵을 선택하면 속성 창에 나타난다. 'Width', 'Height'는 생성된 비트맵의 가로, 세로 크기이므로 이 값을 수정하면 비트맵의 크기가 달라지는데 여기서는 기본 값으로 둔다. 'Colors'는 사용할 색상 수로 처음에는 4비트로 되어 있다. 'Colors'는 24비트 컬러로 미리 조정해 놓는 것이 좋다. 'File name'은 비트맵을 저장할 파일 이름(bitmap1.bmp)인데 파일 이름은 변경할 수 있다. 여기서 주의할 점은 파일이 어느 폴더에 있는지 꼭 기억해야 한다는 것이다.

- **Width, Height** : 비트맵의 크기
- **Colors** : 사용하는 색상 수
- **File name** : 비트맵을 저장할 파일 이름

그림 5-15 비트맵 편집기의 속성

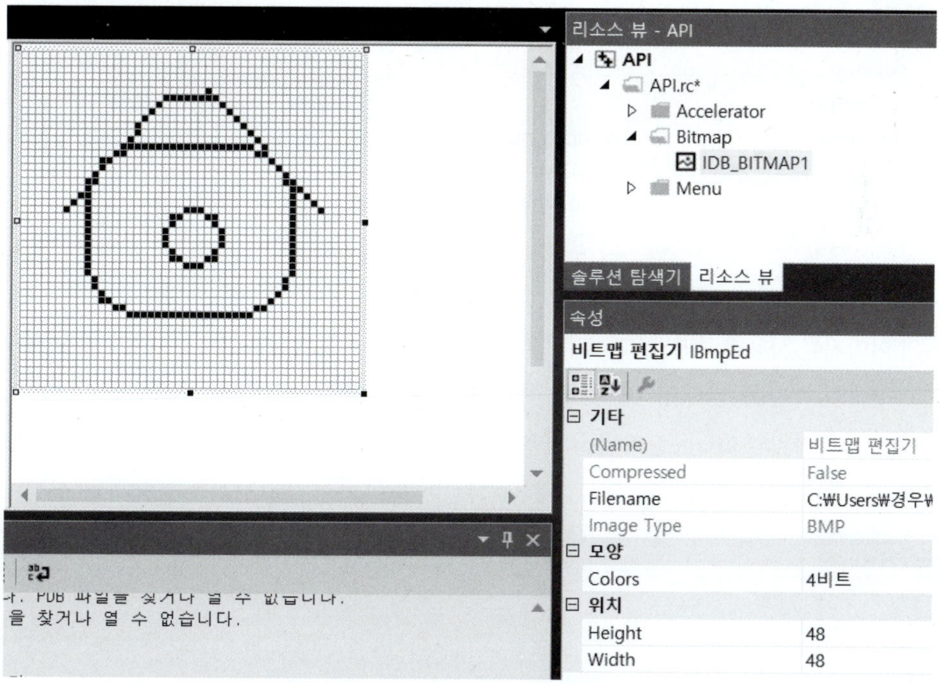

비트맵 노드의 속성을 보는 두 번째 방법은 리소스 뷰에서 비트맵의 ID를 선택해 속성 창에서 확인하는 것이다. 단축키나 메뉴에서처럼 비트맵의 ID는 비트맵을 하나의 리소스로 구분하는 식별자로, 프로그램이 이를 이용해 비트맵을 화면에 나타낸다. 여기서는 실습별로 비트맵 리소스를 구분하려고 실습 번호를 붙였다(IDB_BITMAP5_2).

그림 5-16 비트맵 ID 변경

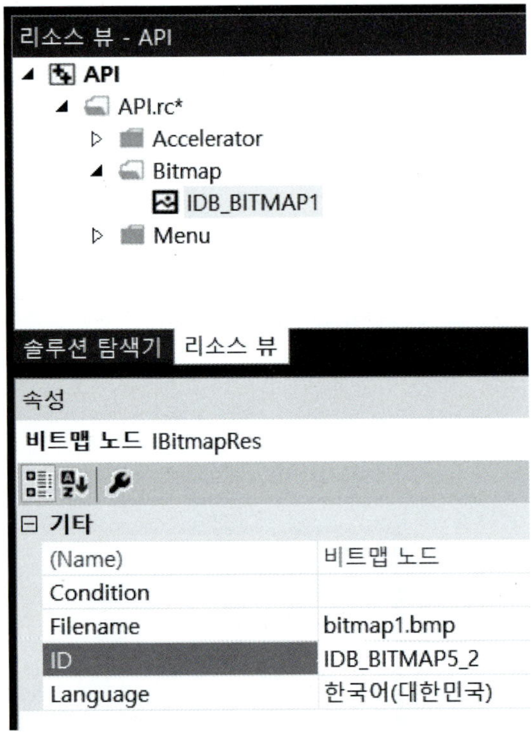

3 비트맵 파일 불러오기 : 편집 창에서 그리기 도구를 이용해 이미지를 직접 그릴 수도 있지만 기존의 이미지를 사용할 수도 있다. 그림 파일을 그림판이나 포토샵과 같은 이미지 편집 도구로 열고 필요한 부분을 선택해 복사한 후 비주얼 스튜디오에서 비트맵을 선택해 붙여넣는다(여기서는 소스 파일의 image1 파일을 사용했다).

그림 5-17 비트맵 이미지 복사 후 붙여넣기

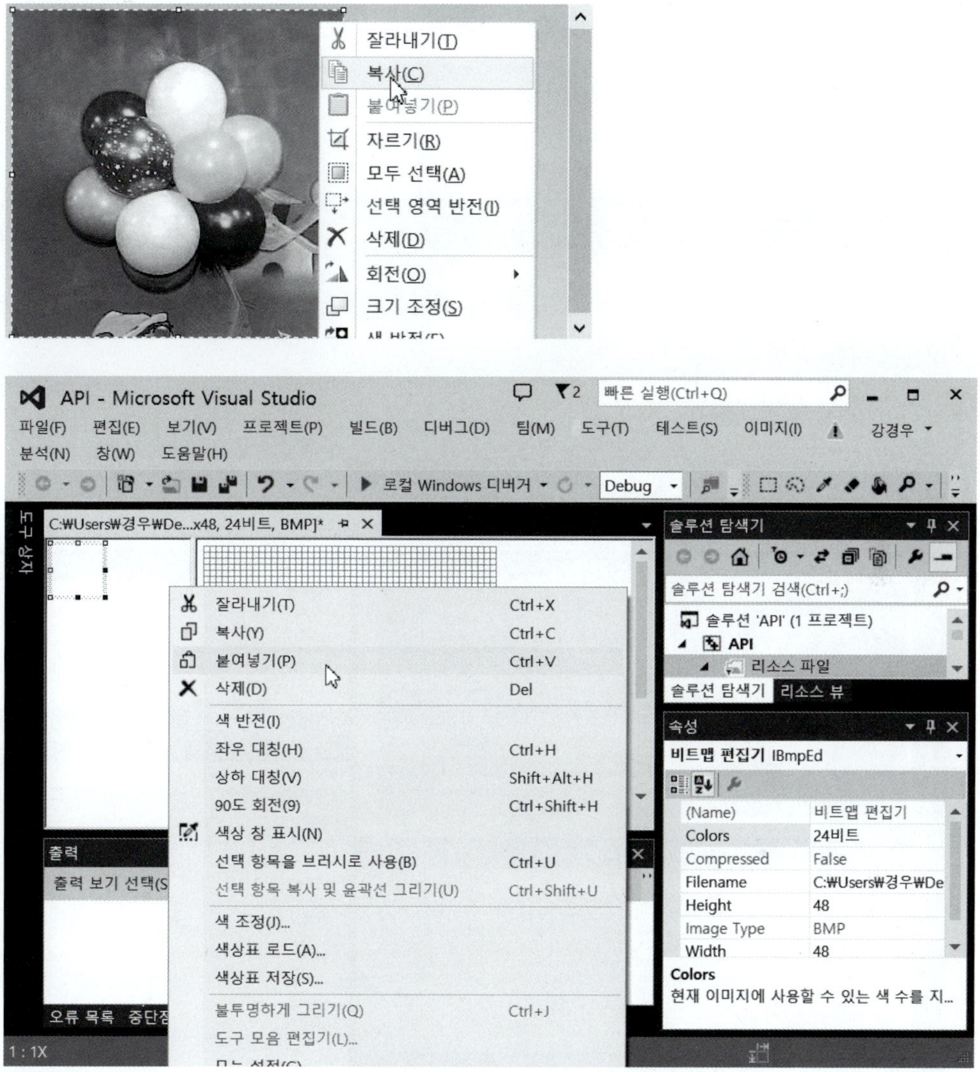

이때 그림의 가로, 세로 크기와 비트맵의 Width, Height 값이 맞지 않을 경우의 조정 여부를 〈예〉로 설정하면 그림 크기에 맞게 비트맵의 Width, Height 값이 조정된다.

그림 5-18 비트맵 크기 조정 메시지

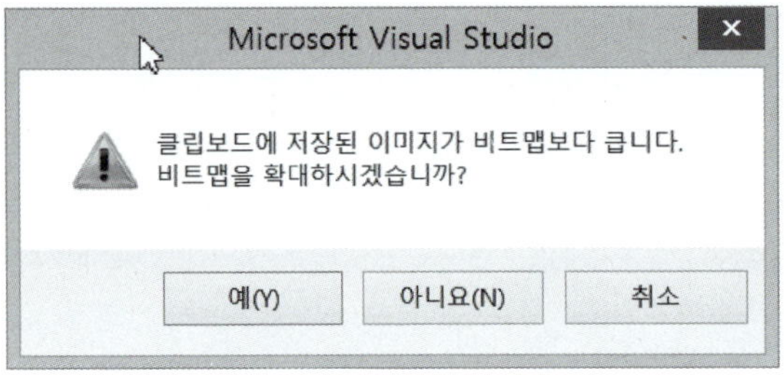

그리고 비트맵 편집기의 속성 중 Colors를 24비트로 먼저 변경해야 그림의 색상이 달라지는 것을 방지할 수 있다.

그림 5-19 이미지를 붙여넣은 예

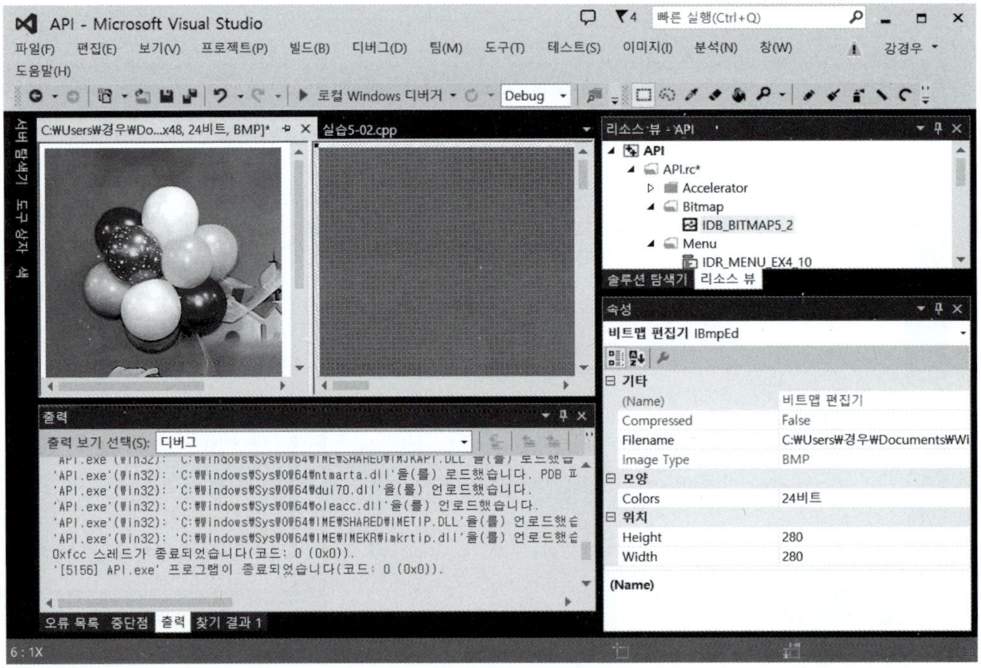

비트맵 파일을 불러오는 또 다른 방법은 [리소스 추가]에서 [Bitmap]을 선택한 다음 〈가져오기〉 버튼을 누르는 것이다. 그러면 비트맵 이미지를 불러올 수 있는 대화상자가 나타나고, 비트맵을 선택해 〈열기〉 버튼을 누르면 선택된 비트맵 이미지가 비트맵 편집기에 나타난다. 여기서는 Colors나 그림의 크기가 비트맵 이미지의 정보에 따라 자동 설정된다.

그림 5-20 비트맵 불러오기

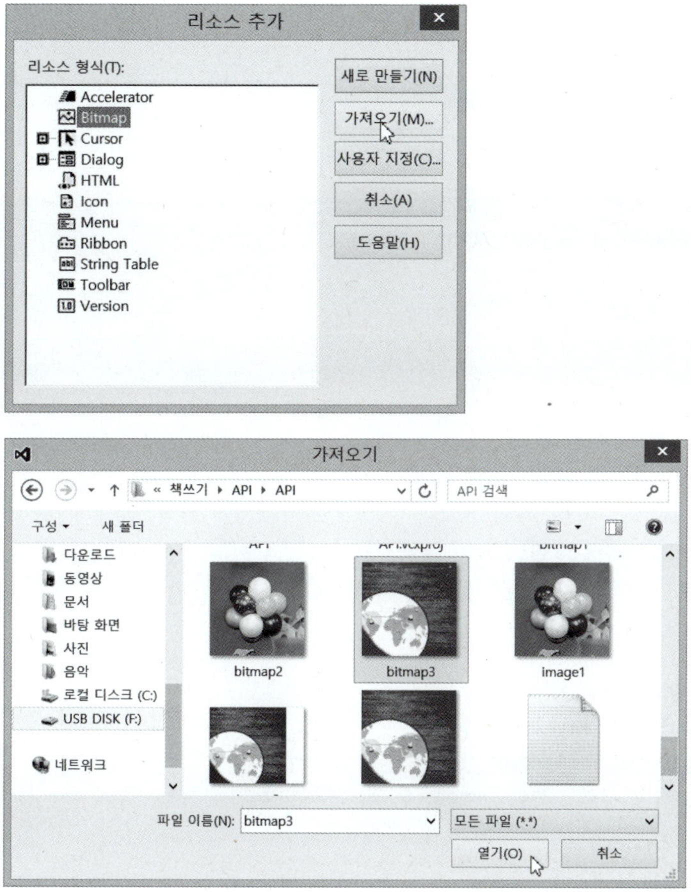

4 비트맵 이미지 출력하기 : 프로그램에서 비트맵 ID를 이용해 비트맵 이미지를 화면에 출력한다. 여기서 불러올 비트맵 이미지의 ID는 IDB_BITMAP5_2라고 가정한다.

```
#include <windows.h>
#include <TCHAR.H>
#include "..\resource.h"
LRESULT CALLBACK WndProc(HWND hwnd, UINT iMsg,
                         WPARAM wParam, LPARAM lParam);
HINSTANCE hInst;
int WINAPI WinMain(HINSTANCE hInstance, HINSTANCE hPrevInstance,
                   LPSTR lpszCmdLine, int nCmdShow)
{
```

```
10      HWND        hwnd;
11      MSG         msg;
12      WNDCLASS WndClass;
13      hInst = hInstance;
… 생략 …

47  LRESULT CALLBACK WndProc(HWND hwnd, UINT iMsg,
48                           WPARAM wParam, LPARAM lParam)
49  {
50      HDC hdc,            memdc;
51      PAINTSTRUCT         ps;
52      static HBITMAP      hBitmap;
53
54      switch (iMsg)
55      {
56      case WM_CREATE:
57          hBitmap = (HBITMAP)LoadBitmap(hInst,
58                      MAKEINTRESOURCE(IDB_BITMAP5_2));
59          break;
60      case WM_PAINT:
61          hdc = BeginPaint(hwnd, &ps);
62          memdc = CreateCompatibleDC(hdc);
63          SelectObject(memdc,hBitmap);
64          BitBlt(hdc, 0, 0, 332, 240, memdc, 0, 0, SRCCOPY);
65          DeleteDC(memdc);
66          EndPaint(hwnd, &ps);
67          break;
68      case WM_DESTROY:
69          PostQuitMessage(0);
70          break;
71      }
72      return DefWindowProc(hwnd, iMsg, wParam, lParam);
73  }
```

06, 13행 : WinMain( ) 함수에서는 응용 프로그램 인스턴스 값이 hInstance 값이기 때문에 쉽게 알 수 있지만 WndProc( ) 함수에서는 알 수 없다. 그래서 전역변수인 hInst에 hInstance를 복사해 WndProc( ) 함수에서도 사용할 수 있게 한다. 만약 전역변수를 이용하고 싶지 않다면 WndProc( ) 함수의 case WM_CREATE에 ((LPCREATESTRUCT) lParam)→hInstance의 값을 hInst에 저장해 사용한다. WM_CREATE 메시지가 올 때 응용 프로그램의 인스턴스 값이 lParam에 저장되어 전

달되기 때문이다.

50, 52행 : 비트맵을 다루기 때문에 메모리 디바이스 콘텍스트 변수가 필요하다. 따라서 memdc 변수를 HDC 타입으로 선언한다. 비트맵을 로드할 hBitmap 변수를 HBITMAP으로 선언한다.

57, 58행 : 윈도우가 생성되어 WM_CREATE 메시지가 도착하면 LoadBitmap( ) 함수를 사용해 비트맵 이미지를 로드한다. LoadBitmap( ) 함수의 첫 번째 매개변수는 응용 프로그램의 인스턴스 값이다.

62, 63행 : WM_CREATE 메시지 다음에 WM_PAINT 메시지가 도착하면 디바이스 콘텍스트를 hdc에 저장하고, 이를 기반으로 메모리 디바이스 콘텍스트인 memdc를 생성한다. 그리고 SelectObject( ) 함수를 이용해 memdc에 hBitmap을 설정한다.

64, 65행 : 실제 그림을 그리는 데는 BitBlt( ) 함수를 이용한다. 64행은 memdc에 있는 그림을 좌표 (0, 0)부터 너비 332픽셀, 높이 240픽셀만큼 복사해 hdc의 좌표 (0, 0)부터 그리라는 의미이다. 그리기를 마친 다음 메모리 디바이스 콘텍스트인 memdc는 삭제한다.

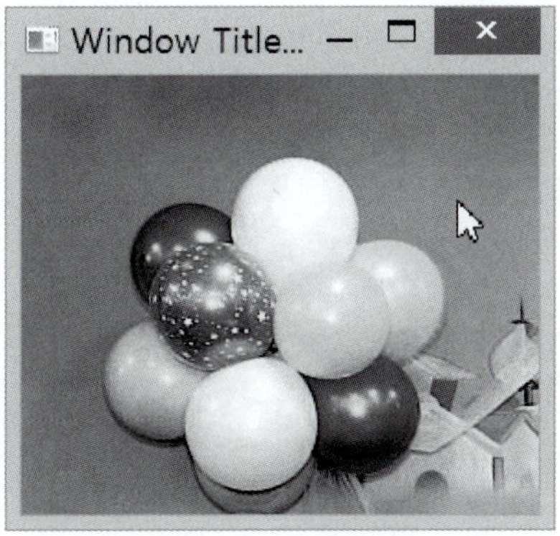

[실습 5-2]에서는 원본 그림 크기 그대로 윈도우에 출력했는데, [실습 5-3]에서는 StretchBlt( ) 함수로 그림 크기를 변경해서 출력해볼 것이다.

실습 5-3 그림 크기 조정하기

```
LRESULT CALLBACK WndProc(HWND hwnd, UINT iMsg,
                               WPARAM wParam, LPARAM lParam)
{
    HDC             hdc, memdc;
    PAINTSTRUCT     ps;
    static          HBITMAP hBitmap;
```

```
52
53      switch (iMsg)
54      {
55      case WM_CREATE:
56          hBitmap = (HBITMAP)LoadBitmap(hInst,
57                      MAKEINTRESOURCE(IDB_BITMAP5_3));
58          break;
59      case WM_PAINT:
60          hdc = BeginPaint(hwnd, &ps);
61          memdc = CreateCompatibleDC(hdc);
62          SelectObject(memdc,hBitmap);
63          StretchBlt(hdc, 0, 0, 1060, 530, memdc, 0, 0, 530, 530, SRCCOPY);
64          DeleteDC(memdc);
65          EndPaint(hwnd, &ps);
66          break;
67      case WM_DESTROY:
68          PostQuitMessage(0);
69          break;
70      }
71      return DefWindowProc(hwnd, iMsg, wParam, lParam);
72  }
```

63행 : 메모리 디바이스 콘텍스트에 있는 그림 크기를 변경해 hdc에 출력하기 위해 StretchBlt( ) 함수를 이용했다. 메모리 디바이스 콘텍스트에 있는 그림 전체를 옮길 것이므로 그림 크기(530×530)를 모두 사용했다. 그런데 그림을 옮겨 그릴 hdc 영역이 1060×530이므로 그림의 가로는 2배가 되고 세로는 그대로이다. 만약 그림 크기를 축소하고 싶다면 hdc 영역의 크기를 더 작게 하면 된다.

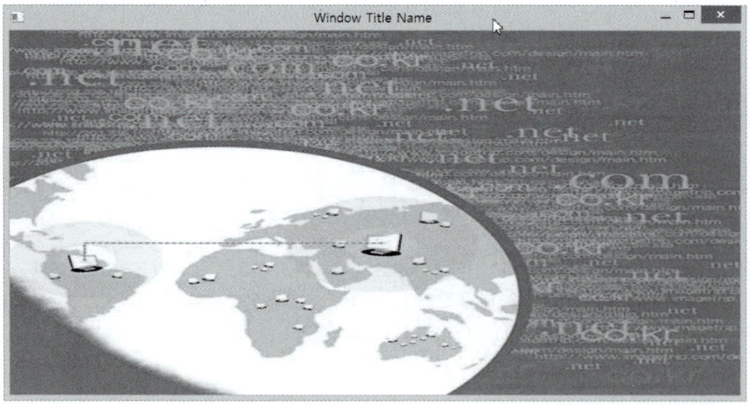

03 더블 버퍼링

비트맵 이미지를 여러 개 사용해 동영상을 나타내려면 화면 디바이스 콘텍스트에 이미지를 순서대로 출력해야 한다. 예를 들어 풍경의 날아가는 새는 풍경 이미지와 새 이미지를 번갈아 출력한다. 하지만 앞 절에서 배운 방식으로 구현하면 잦은 이미지 출력으로 인해 화면이 자주 깜박이는데, 메모리 디바이스 콘텍스트를 하나 더 사용해 이 문제를 해결할 수 있다. 추가된 메모리 디바이스 콘텍스트에 그리고 싶은 이미지를 모두 출력한 후 화면 디바이스 콘텍스트로 한꺼번에 옮기는 방법을 이용하는 것이다. 이는 추가된 메모리 디바이스 콘텍스트가 버퍼 역할을 하므로 더블 버퍼링이라 한다.

더블 버퍼링의 원리는 [그림 5-21]과 같다. 앞서 언급했듯이 메모리 디바이스 콘텍스트가 2개(mem1dc, mem2dc) 필요하다.

❶ 화면 디바이스 콘텍스트에서 호환이 되는 mem1dc를 만든다. 그런 다음 mem1dc에서 그림을 옮길 수 있도록 호환이 되는 mem2dc를 만든다.

❷ 비트맵 이미지를 비트맵 핸들 변수 hBit2에 로드하고 SelectObject( ) 함수를 이용해 hBit2를 mem2dc에 설정한다. 화면에는 나타나지 않지만 mem2dc에 그림을 그린 것이다.

❸ 화면 디바이스 콘텍스트와 호환이 되도록 CreateCompatibleBitmap( ) 함수를 이용해 또 다른 비트맵 핸들 변수 hBit1을 만든다.

❹ mem2dc의 그림을 mem1dc에 옮긴다. 그리고 TextOut( ) 함수를 이용해 mem1dc에 텍스트를 쓴다. 화면에 출력할 내용이 mem1dc에 모두 출력된다.

❺ BitBlt( ) 함수를 이용해 mem1dc의 내용을 화면 디바이스 콘텍스트에 옮긴다.

그림 5-21 더블 버퍼링 로드맵

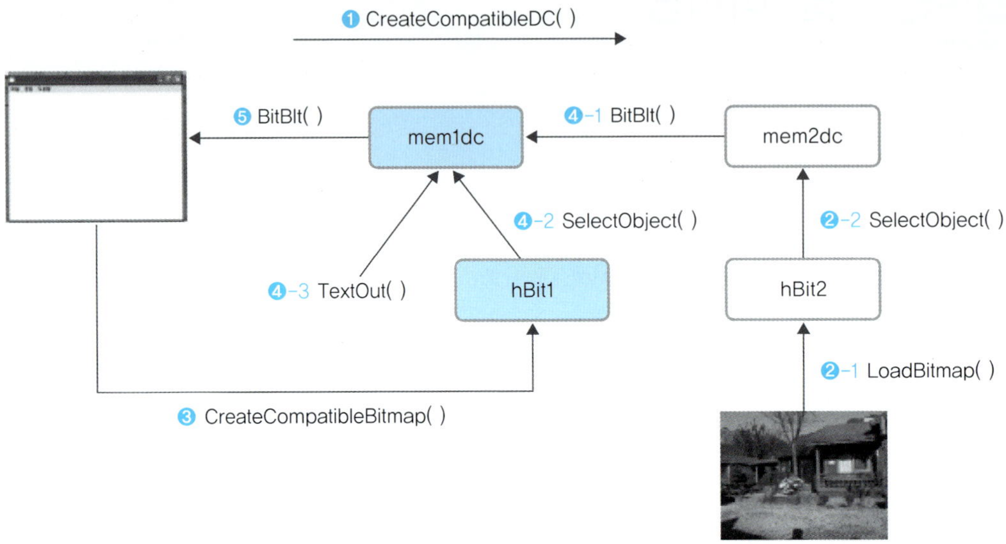

[실습 5-4]에서는 화면의 위에서 아래로 텍스트가 자동으로 움직이도록 해본다. 배경 화면으로 [실습 5-3]의 그림을 넣을 것이므로 IDB_BITMAP5_3을 그대로 사용한다.

실습 5-4 배경 화면에 움직이는 텍스트 표현하기

```
LRESULT CALLBACK WndProc(HWND hwnd, UINT iMsg,
                         WPARAM wParam, LPARAM lParam)
{
    HDC             hdc, memdc;
    PAINTSTRUCT     ps;
    static HBITMAP  hBit, oldBit;
    static RECT     rectView;
    static int      yPos;
    TCHAR           word[] = _T("대한민국 화이팅");

    switch (iMsg)
    {
    case WM_CREATE:
        yPos = -30;
        GetClientRect(hwnd,&rectView);
        SetTimer(hwnd, 1, 10, NULL);
```

```
63            hBit = LoadBitmap(hInst, MAKEINTRESOURCE(IDB_BITMAP5_3));
64            break;
65        case WM_TIMER:
66            yPos += 1;
67            if (yPos > rectView.bottom) yPos = -30;
68            InvalidateRgn(hwnd, NULL, TRUE);
69            return 0;
70        case WM_PAINT:
71            GetClientRect(hwnd,&rectView);
72            hdc=BeginPaint(hwnd, &ps);
73            memdc=CreateCompatibleDC(hdc);
74            oldBit=(HBITMAP)SelectObject(memdc, hBit);
75            BitBlt(hdc, 0, 0, 1024, 768, memdc, 0, 0, SRCCOPY);
76            SelectObject(memdc, oldBit);
77            DeleteDC(memdc);
78            TextOut(hdc, 200, yPos, word, _tcslen(word));
79            EndPaint(hwnd, &ps);
80            break;
```

50~55행 : 비트맵 이미지를 이용해 배경을 그려야 하므로 memdc, hBit, oldBit 변수를 선언한다. 윈도우 크기를 측정해 경계 값을 저장할 rectView 변수를 선언한다. 텍스트를 저장할 변수는 문자 배열 word[]이고 기본 값은 '대한민국 화이팅'이다.

59~64행 : 윈도우가 생성되어 WM_CREATE 메시지가 오면 yPos에 y 좌표의 기본 값 −30을 넣고 윈도우의 초기 크기를 측정해 rectView에 저장한다. 다음으로 1번 타이머에 0.07초 간격으로 WM_TIMER 메시지를 보내도록 설정한다. 배경 이미지로 사용할 IDB_BITMAP5_3을 로드하여 hBit에 저장한다.

60, 67, 79행 : 텍스트를 출력할 위치는 (200, yPos)이다. x 좌표는 고정이고 y 좌표만 기본 값 −30부터 5씩 증가시켜 yPos 변수에 저장한다.

66~69행 : 0.07초 간격으로 WM_TIMER 메시지가 올 때마다 yPos의 값을 5씩 증가시킨다. 그러다 증가하던 y 좌표의 yPos 값이 윈도우 하단 경계인 rectView.bottom보다 커지면, 즉 텍스트가 화면 아래로 내려가 사라지면 다시 위에서 내려오도록 −30을 넣는다. 새로 정한 y 좌표에 텍스트를 출력하려고 InvalidateRgn( ) 함수를 호출하므로 WM_PAINT 메시지를 발생시킨다.

71, 72행 : WM_PAINT 메시지가 발생하면 윈도우 크기를 다시 측정해 rectView 구조체에 저장한다. 윈도우 크기는 프로그램 실행 중에 변경할 수 있고 윈도우 크기가 변경되면 WM_PAINT 메시지가 발

생하기 때문이다.

73, 74행 : 화면 디바이스 콘텍스트를 hdc에 얻어오고, hdc를 기반으로 호환이 되는 메모리 디바이스 콘텍스트 memdc를 만든다.

75, 76행 : memdc에 배경 이미지 hBit를 설정해 배경을 그릴 준비를 마친다. 이때 SelectObject( ) 함수는 memdc에 있던 비트맵을 반환하고 이를 oldBit에 저장한다. BitBlt( ) 함수를 이용하면 윈도우 크기에 맞춰 배경을 그릴 수 있다.

77~79행 : memdc에는 원래 설정되어 있던 비트맵 oldBit를 설정하고 memdc를 삭제한다. 배경이 hdc에 그려지고 그 위에 텍스트를 출력한다. 텍스트의 위치는 (200, yPos)이다. case WM_TIMER에 있는 InvalidateRgn( ) 함수 때문에 WM_PAINT 메시지가 발생할 때는 yPos의 값이 변경된 상태이다. 즉 텍스트를 출력할 위치가 변경된 상태인 것이다.

82~84행 : 마지막으로 윈도우를 종료하는 WM_DESTROY 메시지가 발생하면 로드한 비트맵 hBit도 지우고 동작하던 1번 타이머도 종료된다.

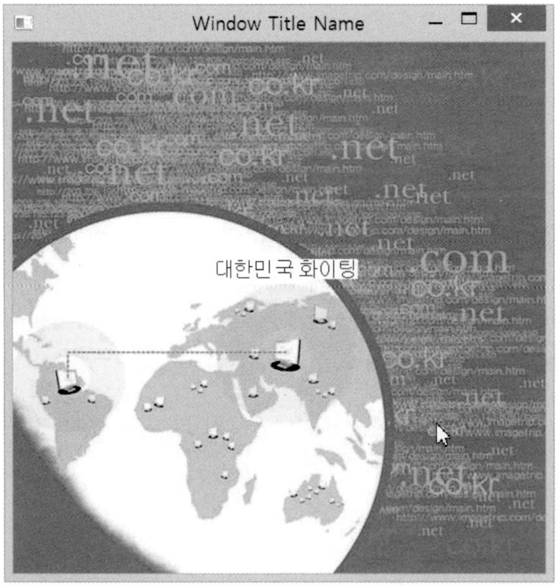

[실습 5-5]의 프로그램에서는 WM_PAINT 메시지가 자주 발생해 실행 중에 화면이 깜박인다. 0.07초마다 WM_TIMER 메시지가 발생하면 InvalidateRgn( ) 함수가 화면을 지우고 WM_PAINT 메시지를 발생시키기 때문이다. 즉 화면 전체를 지우고 다시 그린다. 이 문제는 메모리

디바이스 콘텍스트를 하나 더 사용해 해결할 수 있다. 추가된 메모리 디바이스 콘텍스트에 그림을 그리고 텍스트를 모두 쓴 다음에 화면 디바이스 콘텍스트로 옮기는 더블 버퍼링을 이용하는 것이다. [실습 5-5]는 [실습 5-4]에 더블 버퍼링 기능을 추가하는 예제이다. 배경 화면으로 [실습 5-3]의 그림을 넣을 것이므로 IDB_BITMAP5_3을 그대로 사용한다.

실습 5-5 더블 버퍼링을 이용해 배경 화면에 움직이는 텍스트 표현하기

```
void TextPrint(HDC hdc, int x, int y, TCHAR text[])
{
    int i, j;
    SetTextColor(hdc, RGB(255, 255, 255));
    for (i=-1;i<=1;i++)
        for (j=-1;j<=1;j++)
            TextOut(hdc, x+i, y+j, text, _tcslen(text));
        SetTextColor(hdc, RGB(0, 0, 0));
        TextOut(hdc, x, y, text, _tcslen(text));
}

LRESULT CALLBACK WndProc(HWND hwnd, UINT iMsg,
                         WPARAM wParam, LPARAM lParam)
{
    static HDC       hdc, mem1dc, mem2dc;
    PAINTSTRUCT      ps;
    static HBITMAP   hBit1, hBit2, oldBit1, oldBit2;
    static RECT      rectView;
    static int       yPos;
    TCHAR            word[] = _T("대한민국 화이팅");

    switch (iMsg)
    {
    case WM_CREATE:
        yPos = -30;
        GetClientRect(hwnd, &rectView);
        SetTimer(hwnd, 1, 70, NULL);
        hBit2 = LoadBitmap(hInst, MAKEINTRESOURCE(IDB_BITMAP5_3));
        break;
    case WM_TIMER:
        yPos += 5;
```

```
076         if (yPos > rectView.bottom) yPos = -30;
077             InvalidateRgn(hwnd, NULL, TRUE);
078         return 0;
079     case WM_PAINT:
080         GetClientRect(hwnd, &rectView);
081         hdc = BeginPaint(hwnd, &ps);
082         mem1dc = CreateCompatibleDC(hdc);
083         mem2dc = CreateCompatibleDC(mem1dc);
084         if (hBit1 == NULL)
085             hBit1 = CreateCompatibleBitmap(hdc, 530, 530);
086         oldBit1 = (HBITMAP)SelectObject(mem1dc, hBit1);
087         oldBit2 = (HBITMAP)SelectObject(mem2dc, hBit2);
088         BitBlt(mem1dc, 0, 0, 530, 530, mem2dc, 0, 0, SRCCOPY);
089         SetBkMode(mem1dc, TRANSPARENT);
090         TextPrint(mem1dc, 200, yPos, word);
091         BitBlt(hdc, 0, 0, 530, 530, mem1dc, 0, 0, SRCCOPY);
092         SelectObject(mem1dc, oldBit1);
093         SelectObject(mem2dc, oldBit2);
094         DeleteDC(mem2dc);
095         DeleteDC(mem1dc);
096         EndPaint(hwnd, &ps);
097         return 0;
098     case WM_DESTROY:
099         if (hBit1) DeleteObject(hBit1);
100         DeleteObject(hBit2);
101         KillTimer(hwnd, 1);
102         PostQuitMessage(0);
103         break;
104     }
105     return DefWindowProc(hwnd, iMsg, wParam, lParam);
106 }
```

45~54행 : TextPrint( ) 함수는 화면에 표시되는 텍스트가 선명하게 보이도록 한다. Win32 API에서 제공하는 함수인 TextOut( )과 이용하는 방법이 비슷하도록 작성했다. 첫 번째 매개변수는 텍스트를 출력하기 위한 디바이스 콘텍스트이고, 두 번째와 세 번째 매개변수는 텍스트를 출력할 위치이며, 네 번째 매개변수는 출력한 텍스트를 저장한 문자 배열이다. 먼저 텍스트를 흰색으로 아홉 번 출력하는데 출력 위치는 (x−1, y−1), (x−1, y), (x−1, y+1), (x, y−1), (x, y), (x, y+1), (x+1, y−1), (x+1, y), (x+1, y+1)이다. 그런 다음 (x, y) 좌표에 검은색으로 출력한다. 즉 음영 역할을 하는 텍스트를 흰색

으로 먼저 쓴 다음 (x, y) 좌표에 검은색으로 출력함으로써 글자가 더 선명해지게 하는 것이다.

59, 61행 : 메시지를 처리하는 WndProc( ) 함수에서 두 번째 메모리 디바이스 콘텍스트인 mem2dc, 두 번째 비트맵 핸들 hBit2, hBit2를 디바이스 콘텍스트에 설정하면 받는 비트맵 핸들 oldBit2 등의 변수를 추가했다.

68~73행 : 윈도우가 생성되어 WM_CREATE 메시지가 발생하면 [실습 5-4]와 같은 일을 한다. 텍스트를 출력할 곳의 y 좌표인 yPos 변수를 초기화하고 윈도우 클라이언트 영역의 크기를 측정해 rectView에 저장한다. 그리고 그림이 자동으로 내려오도록 타이머를 설정하며, hBit2에 배경 그림(IDB_BITMAP5_3)을 불러온다.

72, 87행 : hBit2에 배경 그림을 로드하고 mem2dc에 hBit2의 그림을 설정한다.

74~78행 : 타이머를 설정해 0.07초마다 WM_TIMER 메시지가 발생하고, 메시지가 발생할 때마다 yPos의 값을 5씩 증가시킨다. yPos의 값이 rectView.bottom보다 커지면, 즉 텍스트를 출력할 위치가 윈도우 하단 경계를 넘으면 yPos 값은 다시 -30이 된다. WM_TIMER 메시지 처리 마지막 부분에서 InvalidateRgn( ) 함수를 호출해 위의 WM_PAINT 메시지 처리 부분이 WM_TIMER 메시지 처리 후에 도달하게 된다.

80~83행 : 화면 디바이스 콘텍스트인 hdc에서 메모리 디바이스 콘텍스트인 mem1dc가 호환되도록 만든다. 그런 다음 메모리 디바이스 콘텍스트인 mem1dc에서 mem2dc가 호환되도록 만든다. mem2dc의 비트맵을 mem1dc에 옮기고 mem1dc의 내용을 hdc로 옮길 것이므로 비트맵 정보가 동일해야 하기 때문이다. mem1dc에는 hBit1을, mem2dc에는 hBit2를 설정한다.

84, 85행 : CreateCompatibleBitmap( ) 함수를 이용해 hBit1이 화면 디바이스 콘텍스트인 hdc와 호환되도록 만든다. 먼저 대상 디바이스 콘텍스트를 첫 번째 매개변수로 넣고 만들 비트맵의 크기를 정한다.

88행 : 이제 그림을 옮길 수 있는 단계가 되었다. mem2dc에 있는 배경 그림을 mem1dc에 옮긴다.

89행 : SetBkMode( ) 함수는 텍스트를 쓸 때 배경 색을 지정한다. 색상 대신 'TRANSPARENT'라고 쓰면 텍스트의 배경이 투명해져서 배경 그림을 볼 수 있다.

90~95행 : TextPrint( ) 함수를 이용해 mem1dc에 텍스트를 출력한다. mem1dc에는 배경과 텍스트가 모두 출력되어 있다. 다음으로 할 일은 저장한 비트맵 핸들 값을 디바이스 콘텍스트에 원상 복귀하는 것과 생성된 메모리 디바이스 콘텍스트를 삭제하는 것이다.

98~101행 : 프로그램을 종료하는 WM_DESTROY 메시지가 발생하면 hBit1, hBit2를 지운다. 또한 타이머를 멈추고 mem1dc를 삭제한다.

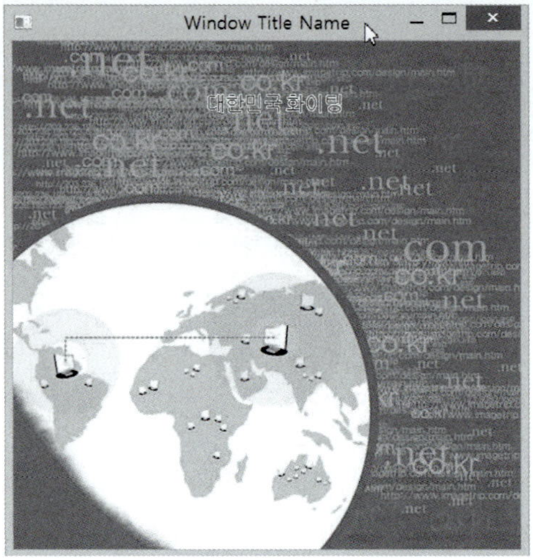
Window Title Name
대한민국 화이팅

04 애니메이션

애니메이션은 여러 장의 연속적인 이미지를 일정 시간 간격마다 바꿔 보여주는 동영상이다. [실습 5-5]에서는 시간 간격에 따라 출력되는 글의 위치를 변경해보았다. 이와 같이 그림의 위치를 일정 시간 간격마다 바꿔가며 출력할 수도 있다. 하지만 움직이는 모습이 되게 하려면 같은 그림을 가지고 위치만 변경해서 출력하면 안 되고, 다른 그림을 번갈아 보여줌으로써 동영상의 효과를 내야 한다. [실습 5-6]에서는 [그림 5-22]와 같이 캐릭터가 움직이는 여러 장의 이미지를 연속적으로 보여줌으로써 동영상을 만들어본다.

그림 5-22 동영상을 만들기 위한 연속 이미지

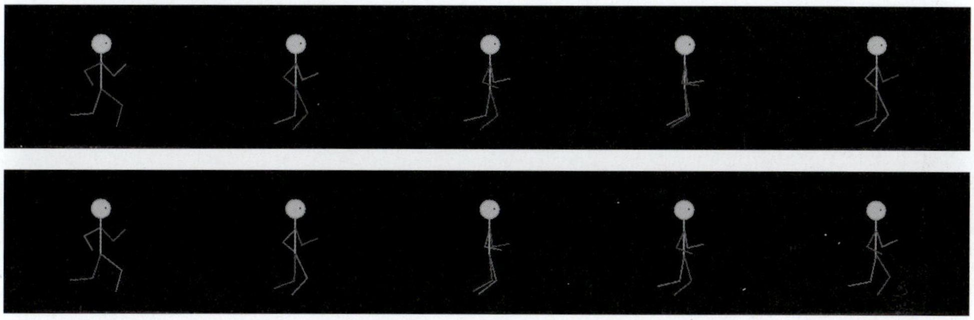

[실습 5-6]은 풍경 그림에서 달리는 사람의 모습을 구현하는 예제이다.

실습 5-6 배경 화면에 달리는 사람 애니메이션 만들기

```
void Animation(int xPos, int yPos, HDC hdc)
{
    HDC         memdc;
    HBITMAP     RunBit[10], hBit, oldBit;
    static      int count;
    int         i;
    count++;
```

```
    count = count % 10;
    RunBit[0] = LoadBitmap(hInst, MAKEINTRESOURCE(IDB_BITMAP_R1)); // for (i = 0; i < 10; i++)
    RunBit[1] = LoadBitmap(hInst, MAKEINTRESOURCE(IDB_BITMAP_R2)); // RunBit[i] = LoadBitmap(hInst, MAKEINTRESOURCE(IDB_BITMAP_R1+i));
    RunBit[2] = LoadBitmap(hInst, MAKEINTRESOURCE(IDB_BITMAP_R3)); //
    RunBit[3] = LoadBitmap(hInst, MAKEINTRESOURCE(IDB_BITMAP_R4)); //
    RunBit[4] = LoadBitmap(hInst, MAKEINTRESOURCE(IDB_BITMAP_R5)); //
    RunBit[5] = LoadBitmap(hInst, MAKEINTRESOURCE(IDB_BITMAP_R5)); //
    RunBit[6] = LoadBitmap(hInst, MAKEINTRESOURCE(IDB_BITMAP_R7)); //
    RunBit[7] = LoadBitmap(hInst, MAKEINTRESOURCE(IDB_BITMAP_R8)); //
    RunBit[8] = LoadBitmap(hInst, MAKEINTRESOURCE(IDB_BITMAP_R9)); //
    RunBit[9] = LoadBitmap(hInst, MAKEINTRESOURCE(IDB_BITMAP_R10)); //
    memdc = CreateCompatibleDC(hdc);
    hBit = LoadBitmap(hInst, MAKEINTRESOURCE(IDB_BITMAP5_6));
    oldBit = (HBITMAP)SelectObject(memdc, hBit);
    BitBlt(hdc, 0, 0, 819, 614, memdc, 0, 0, SRCCOPY);
    SelectObject(memdc, RunBit[count]);
    BitBlt(hdc, xPos, yPos, 180, 240, memdc, 0, 0, SRCCOPY);
    SelectObject(memdc, oldBit);
    for (i = 0; i < 10; i++)
        DeleteObject(RunBit[i]);
    DeleteDC(memdc);
    DeleteObject(hBit);
}
LRESULT CALLBACK WndProc(HWND hwnd, UINT iMsg,
    WPARAM wParam, LPARAM lParam)
{
    HDC hdc;
    PAINTSTRUCT ps;
    static int xPos;

    switch (iMsg)
    {
    case WM_CREATE:
        xPos = -100;
        SetTimer(hwnd, 1, 100, NULL);
        break;
    case WM_TIMER:
        xPos += 10;
```

```
091             if (xPos > 819) xPos = -100;
092             InvalidateRgn(hwnd, NULL, true);
093             return 0;
094         case WM_PAINT:
095             hdc = BeginPaint(hwnd, &ps);
096             Animation(xPos, 300, hdc);
097             EndPaint(hwnd, &ps);
098             break;
099         case WM_DESTROY:
100             KillTimer(hwnd, 1);
101             PostQuitMessage(0);
102             break;
103         }
104         return DefWindowProc(hwnd, iMsg, wParam, lParam);
105     }
```

46행 : Animation( ) 함수는 외부에서 호출할 때마다 한 장의 정지 이미지를 출력한다. 출력할 위치와 디바이스 콘텍스트는 호출하는 곳에서 넘겨준다.

48, 64행 : 그래픽 출력을 위한 메모리 디바이스 콘텍스트를 선언한다. 메모리 디바이스 콘텍스트를 디바이스 콘텍스트에 호환이 되게 만든다.

49행 : 정지 이미지가 10개이므로 캐릭터 비트맵을 불러올 공간 RunBit[10]을 선언했다. hBit는 배경을 저장하기 위해 선언했다.

50, 52, 53행 : count 변수는 10개의 이미지 중 몇 번째 이미지를 출력할지 결정하기 위한 인덱스 변수이다. count는 0~9를 반복하므로 해당되는 이미지를 출력할 수 있도록 한다. 변수 선언 시 static으로 한 것은 함수 Animation( )이 호출될 때마다 count의 이전 값에 1씩 증가시키기 위해서이다.

54~63행 : 10개의 이미지를 불러오는 부분이다. 이는 다음과 같이 반복문으로 간단하게 쓸 수도 있다.

```
for (i = 0; i < 10; i++)
        RunBit[i] = LoadBitmap(hInst, MAKEINTRESOURCE(IDB_BITMAP_R1+i));
```

이렇게 쓰려면 10개의 비트맵 이미지를 리소스에 추가할 때 차례대로 해야 한다. 그래야 ID 값이 순서대로 정해지기 때문이다. 54~63행을 위의 for 반복문으로 변경했는데 다른 결과가 나온다면 비트맵을 리소스에 추가할 때 차례대로 하지 않은 것이다.

65~67행 : 배경 그림을 hBit에 불러온다. 배경 그림을 메모리 디바이스 콘텍스트에 설정하고 디바이스 콘텍스트에 배경을 그린다.

68, 69행 : 인덱스 count가 가리키는 정지된 캐릭터 이미지를 불러 배경 이미지 위에 그린다.

70~74행 : 만들었던 모든 비트맵과 메모리 디바이스 콘텍스트를 삭제한다.

81, 86, 90, 91행 : 사람이 왼쪽에서 오른쪽으로 뛰어가는 것을 나타내려고 하니 x 좌표 값만 증가시키면 된다. −100부터 시작해 그림의 오른쪽 경계인 819까지 10씩 증가시키며, 오른쪽 경계를 넘어가면 왼쪽에서부터 다시 움직이기 시작한다.

96행 : 그릴 위치와 디바이스 콘텍스트를 넘겨주어 Animation 함수가 이미지를 출력하게 한다.

위의 실습을 실행하면 기대했던 바와 다른 모습이 나타날 것이다. 배경에서 뛰어가는 캐릭터를 둘러싸고 있는 사각형이 눈에 거슬린다. 캐릭터를 둘러싼 사각형이 함께 이동하므로 제대로 된 애니메이션을 만들었다고 보기 어렵다. 이는 BitBlt가 이미지를 출력할 때 사각형 모양으로 출력해야 하기 때문이다.

그럼 이 문제를 해결하는 방법을 알아보자. 이를 위해서는 BitBlt( ) 함수에서 마지막 인자의 의미를 이해하고, 앞에서 설명했던 SRCAND와 SRCPAINT를 이용해야 한다. 먼저 마스크 이미지가 필요하다. 마스크 이미지는 캐릭터 이미지의 그림자라고 생각하면 된다. [그림 5−22]의 마스크 이미지를 만들면 [그림 5−23]과 같다. 마스크 이미지는 캐릭터 주위의 사각형을 제거하기 위한 것으로 정지 이미지의 개수만큼 필요하다.

그림 5−23 연속 마스크 이미지

❶ 먼저 배경 이미지에 인덱스 count가 가리키는 마스크 이미지를 AND 연산으로 그린다. 마스크 이미지는 흰색과 검은색으로만 이뤄지고 배경 그림에 해당되는 부분은 다양한 컬러로 나타날 수 있기 때문에 아무 색이나 될 수 있다. 그러면 컬러와 흰색 그리고 컬러와 검은색 사이에 AND 연산을 하게 된다.

그림 5-24 마스크 출력

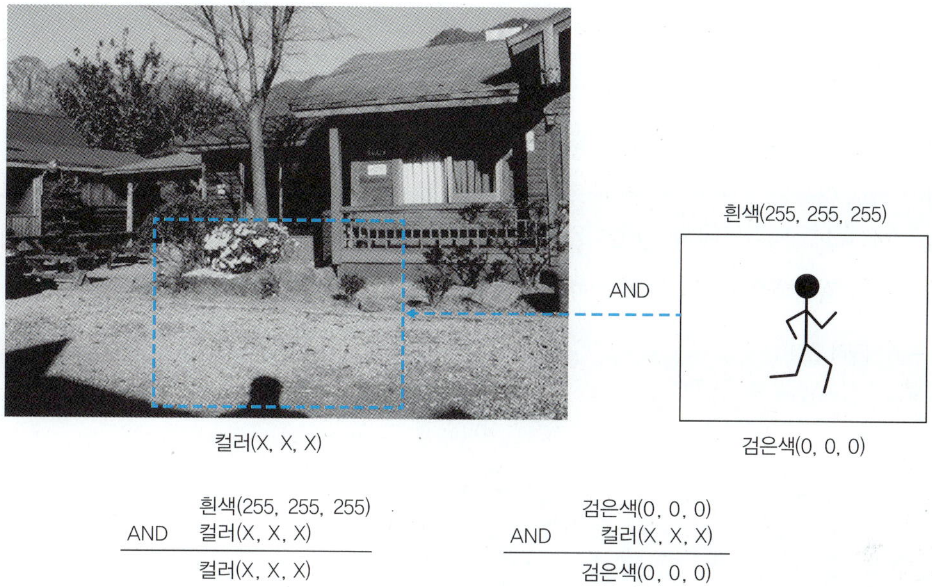

[그림 5-24]와 같이 마스크 이미지를 AND로 출력하면 결과는 컬러와 검은색이기 때문에 [그림 5-25]와 같이 검은색의 마스크가 배경에 나타난다.

그림 5-25 마스크 결과와 캐릭터 출력

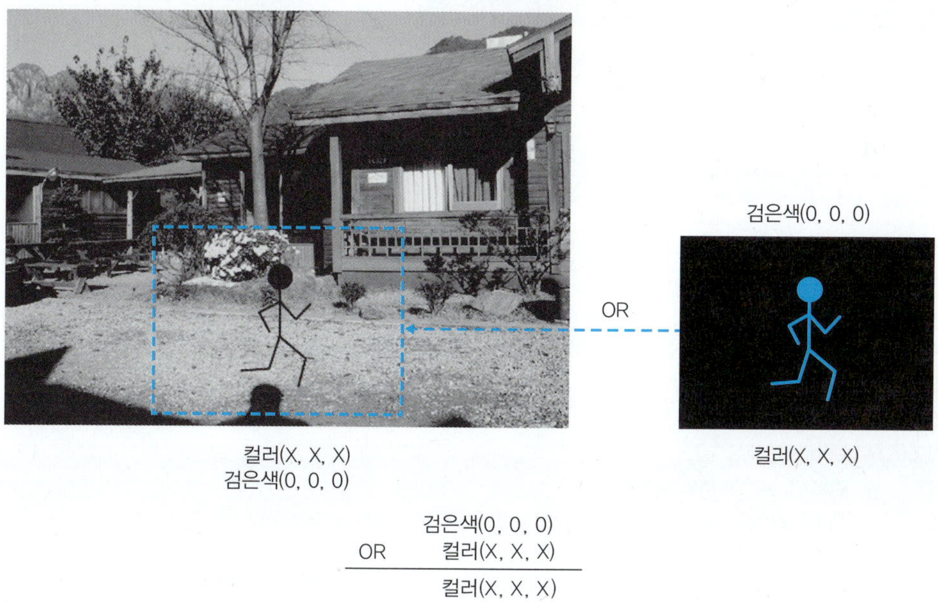

❷ 마스크가 배경 이미지에 나타난 다음 마스크와 같은 위치에 캐릭터 이미지를 OR로 출력한다. 단, 캐릭터 이미지는 [그림 5-25]에서 보듯이 마스크와 반대로 배경을 모두 검은색으로 채워야 한다.

이처럼 캐릭터 이미지는 검은색 아니면 컬러이다. 캐릭터 이미지와 마스크를 포함한 배경 사이에 서로 대응되는 색은 검은색과 컬러이다. 이 둘 사이에 OR 연산을 수행하면 컬러가 그대로 나타난다. 결국 [그림 5-26]과 같이 배경에 캐릭터만 남게 되는 것이다. 캐릭터 이미지에서 배경을 검은색으로 채우는 것은 바로 이 때문이다.

그림 5-26 캐릭터 출력

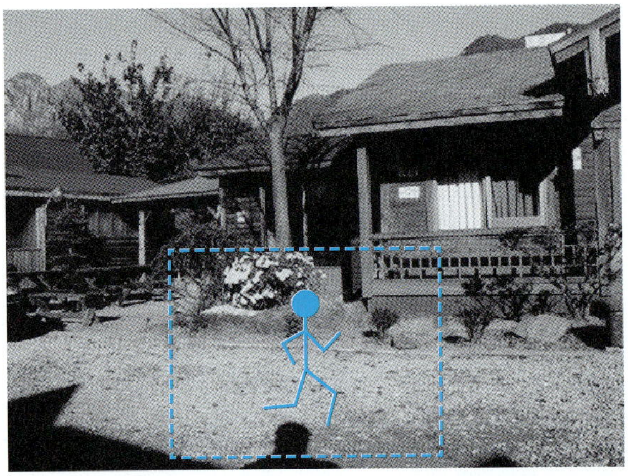

[실습 5-7]은 마스크를 이용해 달리는 사람을 구현하는 예제이다.

실습 5-7 마스크를 이용해 애니메이션 만들기

```
void Animation(int xPos, int yPos, HDC hdc)
{
    HDC memdc;
    HBITMAP RunBit[10], hBit, oldBit, Mask[10];
    static int count;
    int i;
    count++;
    count = count % 10;
    RunBit[0] = LoadBitmap(hInst, MAKEINTRESOURCE(IDB_BITMAP_R1)); // for (i = 0; i < 10; i++)
    RunBit[1] = LoadBitmap(hInst, MAKEINTRESOURCE(IDB_BITMAP_R2)); //
```

```
        RunBit[i] = LoadBitmap(hInst, MAKEINTRESOURCE(IDB_BITMAP_R1+i));
        RunBit[2] = LoadBitmap(hInst, MAKEINTRESOURCE(IDB_BITMAP_R3)); //
        RunBit[3] = LoadBitmap(hInst, MAKEINTRESOURCE(IDB_BITMAP_R4)); //
        RunBit[4] = LoadBitmap(hInst, MAKEINTRESOURCE(IDB_BITMAP_R5)); //
        RunBit[5] = LoadBitmap(hInst, MAKEINTRESOURCE(IDB_BITMAP_R5)); //
        RunBit[6] = LoadBitmap(hInst, MAKEINTRESOURCE(IDB_BITMAP_R7)); //
        RunBit[7] = LoadBitmap(hInst, MAKEINTRESOURCE(IDB_BITMAP_R8)); //
        RunBit[8] = LoadBitmap(hInst, MAKEINTRESOURCE(IDB_BITMAP_R9)); //
        RunBit[9] = LoadBitmap(hInst, MAKEINTRESOURCE(IDB_BITMAP_R10)); //
        Mask[0] = LoadBitmap(hInst, MAKEINTRESOURCE(IDB_BITMAP_M1)); // for (i = 0;
        i < 10; i++)
        Mask[1] = LoadBitmap(hInst, MAKEINTRESOURCE(IDB_BITMAP_M2)); //
        Mask[i] = LoadBitmap(hInst, MAKEINTRESOURCE(IDB_BITMAP_M1+i));
        Mask[2] = LoadBitmap(hInst, MAKEINTRESOURCE(IDB_BITMAP_M3));
        Mask[3] = LoadBitmap(hInst, MAKEINTRESOURCE(IDB_BITMAP_M4));
        Mask[4] = LoadBitmap(hInst, MAKEINTRESOURCE(IDB_BITMAP_M5));
        Mask[5] = LoadBitmap(hInst, MAKEINTRESOURCE(IDB_BITMAP_M6));
        Mask[6] = LoadBitmap(hInst, MAKEINTRESOURCE(IDB_BITMAP_M7));
        Mask[7] = LoadBitmap(hInst, MAKEINTRESOURCE(IDB_BITMAP_M8));
        Mask[8] = LoadBitmap(hInst, MAKEINTRESOURCE(IDB_BITMAP_M9));
        Mask[9] = LoadBitmap(hInst, MAKEINTRESOURCE(IDB_BITMAP_M10));
        memdc = CreateCompatibleDC(hdc);
        hBit = LoadBitmap(hInst, MAKEINTRESOURCE(IDB_BITMAP5_6));
        oldBit = (HBITMAP)SelectObject(memdc, hBit);
        BitBlt(hdc, 0, 0, 819, 614, memdc, 0, 0, SRCCOPY);
        SelectObject(memdc, Mask[count]);
        BitBlt(hdc, xPos, yPos, 180, 240, memdc, 0, 0, SRCAND);
        SelectObject(memdc, RunBit[count]);
        BitBlt(hdc, xPos, yPos, 180, 240, memdc, 0, 0, SRCPAINT);
        SelectObject(memdc, oldBit);
            for (i = 0; i < 10; i++)
            {
                DeleteObject(RunBit[i]);
                DeleteObject(Mask[i]);
            }
            DeleteDC(memdc);
            DeleteObject(hBit);
}
LRESULT CALLBACK WndProc(HWND hwnd, UINT iMsg,
    WPARAM wParam, LPARAM lParam)
```

```
093 {
094     HDC hdc;
095     PAINTSTRUCT ps;
096     static int xPos;
097 
098     switch (iMsg)
099     {
100     case WM_CREATE:
101         xPos = -100;
102         SetTimer(hwnd, 1, 100, NULL);
103         break;
104     case WM_TIMER:
105         xPos += 10;
106         if (xPos > 819) xPos = -100;
107         InvalidateRgn(hwnd, NULL, true);
108         return 0;
109     case WM_PAINT:
110         hdc = BeginPaint(hwnd, &ps);
111         Animation(xPos, 300, hdc);
112         EndPaint(hwnd, &ps);
113         break;
114     case WM_DESTROY:
115         KillTimer(hwnd, 1);
116         PostQuitMessage(0);
117         break;
118     }
119         return DefWindowProc(hwnd, iMsg, wParam, lParam);
120 }
```

49행 : 마스크 이미지를 저장할 변수 Mask를 배열로 선언한다. 마스크 이미지 역시 10개이므로 배열의 크기는 10이다.

64~73행 : 마스크 이미지 10개를 불러오는 부분이다. 이 또한 [실습 5-6]과 같이 반복문으로 간단하게 쓸 수도 있다.

```
for (i = 0; i < 10; i++)
        Mask[i] = LoadBitmap(hInst, MAKEINTRESOURCE(IDB_BITMAP_M1+i));
```

이렇게 쓰려면 비트맵 마스크 이미지 10개를 리소스에 추가할 때 차례대로 해야 한다. 차례대로 해야 ID 값이 순서대로 정해지기 때문이다.

75~77행 : 배경 그림을 hBit에 불러온다. 배경 그림을 메모리 디바이스 콘텍스트에 설정하고 디바이스 콘텍스트에 배경을 그린다.

78, 79행 : 인덱스 count가 가리키는 마스크 이미지를 불러 배경 이미지 위에 먼저 그린다. 그릴 때 SRCAND를 이용해 AND 연산을 해야 한다.

80, 81행 : 마스크의 인덱스와 같은 인덱스를 가진 캐릭터 비트맵을 불러 마스크 위에 SRCPAINT로 덮어씌운다. 두 이미지의 인덱스는 모두 count를 이용하고 있다. 이때는 OR 연산을 해서 출력해야 하기 때문에 SRCPAINT를 이용한다.

83~89행 : 만들었던 모든 비트맵과 메모리 디바이스 콘텍스트를 삭제한다.

소스코드에서 보는 바와 같이 배경을 먼저 그리고, 그 위에 마스크 그리고 그 위에 캐릭터를 그린다. 세 번의 비트맵 출력이 동영상의 한 프레임에 해당하는 것이다. 이와 같은 방법으로 연속 동작을 나타내려면 화면 디바이스 콘텍스트에 이미지를 순서대로 계속 출력해야 한다. 그런데 이처럼 구현하면 잦은 이미지 출력으로 인해 화면이 자주 깜박이고 동영상이 잘못 나오는 경우가 있을 것이다. 이는 너무 잦은 비트맵 출력 때문으로, 이 문제는 더블 버퍼링을 적용해 해결할 수 있다. 더블 버퍼링은 출력하고자 하는 비트맵을 메모리상에서 모아 놓은 다음 한 번에 출력하는 방식으로, 디바이스 콘텍스트에 출력하는 횟수를 줄일 수 있다. 이는 연습문제 11번에서 실습해보기 바란다.

요약

1 단축키와 비트맵을 만들고 사용하는 방법

- 먼저 리소스 파일을 만든다.
- 단축키는 키보드 메시지(WM_KEYDOWN)를 커맨드 메시지(WM_COMMAND)로 변환한다.
- 비트맵을 사용하려면 원본 그림의 크기와 색상 수를 알아야 한다.
- 비트맵을 비주얼 스튜디오에서 편집하는데 속성에서 색상 수를 24비트로 수정한다.

2 비트맵 이미지를 화면에 출력하는 다양한 방법

- LoadBitmap( ) 함수를 이용해 비트맵을 불러오고 메모리 디바이스 콘텍스트를 사용한다.
- 메모리 디바이스 콘텍스트는 실제 디바이스 콘텍스트와 호환되어야 한다.
- 메모리 디바이스 콘텍스트의 비트맵 이미지는 BitBlt( ) 또는 StretchBlt( ) 함수를 이용해 디바이스 콘텍스트에 출력한다.
- 비트맵 이미지를 이용해 애니메이션을 만들 때는 더블 버퍼링을 이용한다. 이는 메모리 디바이스 콘텍스트를 하나 더 두고 그곳에서 먼저 이미지 작업을 하는 방법이다.

3 움직이는 캐릭터를 만드는 방법

- 캐릭터 스냅숏 이미지에 그래픽 툴을 사용해 작업한다. 먼저 캐릭터를 둘러싼 배경을 검은색으로 채워 캐릭터 이미지를 만든다. 그리고 캐릭터 이미지를 각각 복사한 다음 캐릭터 내부는 검은색으로 채우고 배경은 흰색으로 채워 마스크 이미지를 만든다.
- 스냅숏 이미지를 연속으로 출력하기 위해 순서를 정한다. 정해진 순서에 따라 캐릭터 이미지를 먼저 SRCAND 연산으로 그리고, 같은 위치에 마스크 이미지를 SRCPAINT 연산으로 그린다.

연습문제

1 4장의 연습문제 4번의 결과 프로그램에서 [복사] 메뉴에 단축키를 설정하고 취소하기 기능을 구현해보자. 취소하기는 마지막에 붙여넣은 원을 화면에서 사라지게 하는 것이다.

2 본문에서 만든 윈도우 배경에 그림을 그리는 프로그램을 작성해보자. 그림 크기는 어떻든 상관없고 StretchBlt( ) 함수를 이용해 윈도우 크기에 그림을 맞추면 된다. 프로그램 실행 중간에 윈도우 크기를 변경할 수 있게 하려면 윈도우 크기를 다시 측정해 그림을 그 크기에 맞춰 다시 그려야 한다.

3 크기가 작은 비트맵 파일을 이용해 윈도우 배경을 꾸미는 프로그램을 작성해보자. 비트맵 파일이 윈도우 화면에 연속으로 나타나 배경이 바둑판 모양이 되게 한다.

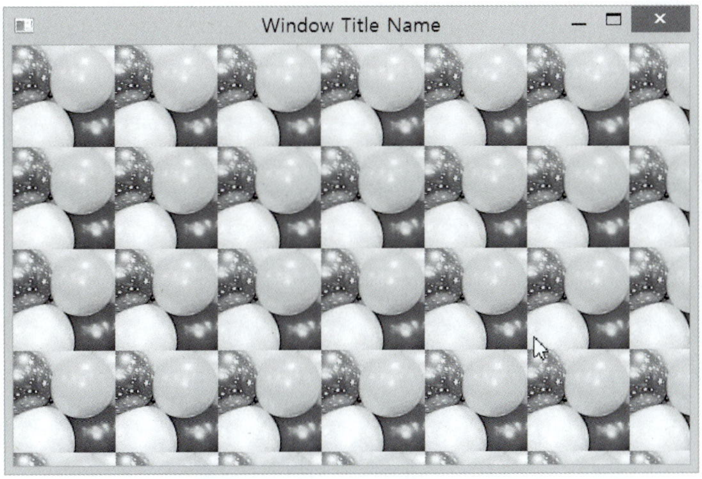

4 화면에 크기가 작은 비트맵 이미지를 출력한 후 아무 키나 눌러도 이 이미지가 화면을 돌아다니는 프로그램을 작성해보자.

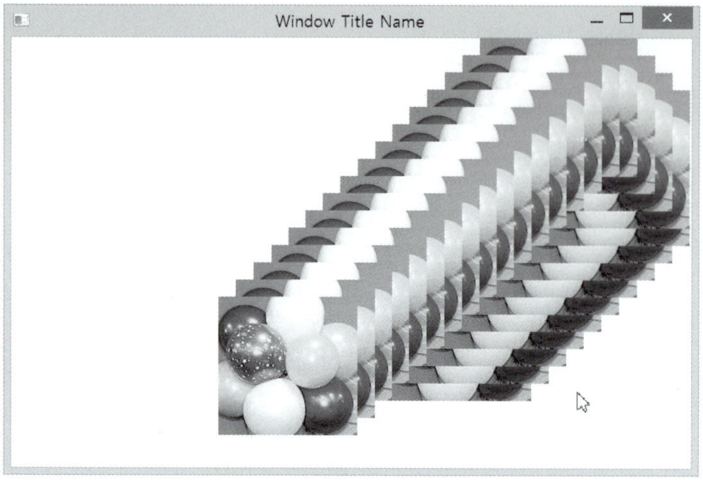

5 나비 같은 작은 그림이 클릭한 위치마다 나타나는 프로그램을 작성해보자. 단, 직사각형 모양으로 붙여넣지 않고 나비 모양만 나타나게 한다.

※ **6** 화면에 비트맵 이미지를 복사해 붙여넣는 프로그램을 작성해보자. 프로그램을 시작하면 화면에 이미지 하나가 나타나는데 윈도우 전체를 채워도 되고 일부만 채워도 된다. 윈도우 화면에서 마우스로 복사할 영역에 해당하는 사각형을 그리고 Ctrl+C를 누른다. 복사할 위치를 마우스로 클릭한 다음 Ctrl+V를 누르면 복사한 사각형 이미지가 붙는다.

※ **7** [실습 5-4]의 프로그램을 바탕으로 간단한 타자 연습 프로그램을 작성해보자. 먼저 배경 그림을 그리고 프로그램을 실행하면 단어 5개가 위에서 아래로 내려오도록 한다. 윈도우 하단에는 텍스트를 입력받을 공간이 있어야 한다. 위에서 내려오는 단어 중 일치하는 단어를 입력하면 내려오던 단어가 화면에서 사라진다.

8 그림을 분할해 화면에 배치하는 프로그램을 작성해보자. 프로그램에 다음과 같은 메뉴 항목을 추가하고, BitBlt() 함수를 이용해 윈도우 화면에 큰 비트맵 이미지를 출력한다. 선택한 메뉴 항목에 맞게 그림을 분할해 화면에 배치한다.

Caption	ID	속성
그림 나누기		Popup
3×3	ID_3BY3	기본 값
4×4	ID_4BY4	기본 값
5×5	ID_5BY5	기본 값

※ 9 연습문제 8번의 결과 프로그램을 조각 그림 하나를 비우고 전체 그림을 완성하는 게임으로 변경해보자. [게임 시작] 메뉴를 선택하면 다음과 같이 그림 하나가 비워지고 게임을 시작한다. 게임 도중 [그림 전체보기] 메뉴를 선택하면 완성된 형태를 보여준다.

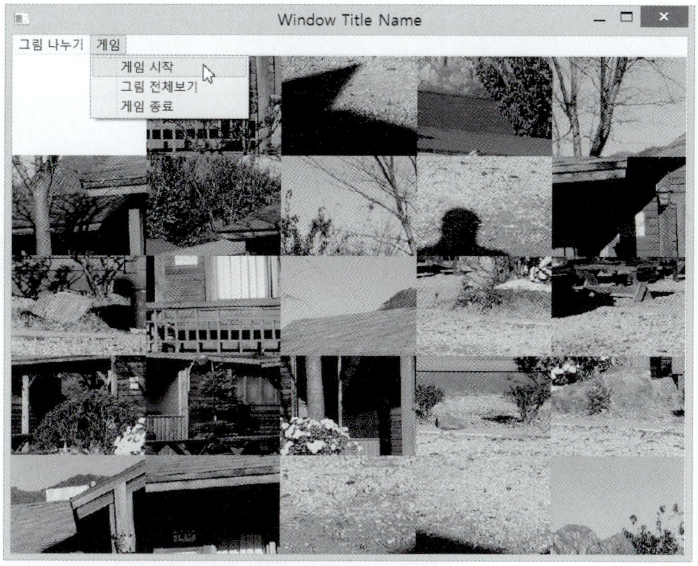

Caption	ID	속성
게임		Popup
게임 시작	ID_GAMESTART	기본 값
그림 전체보기	ID_OVERVIEW	기본 값

10 간단한 쥐잡기 게임을 구현해보자. 프로그램을 실행하면 윈도우의 (100, 100) 위치에 고양이 그림을 출력하고, 마우스 왼쪽 버튼을 누르면 마우스 포인터의 위치에 쥐를 출력하고 버튼을 떼면 쥐가 사라진다. 화면에 쥐가 나타나면 고양이가 쥐를 잡으려고 이동한다. 마우스 왼쪽 버튼을 누른 채 이동하면 쥐가 움직이고 고양이는 쥐를 쫓는다. 쥐가 화면에서 사라지면 고양이가 움직임을 멈춘다.

※**11** [실습 5-7]에서는 배경 그림에 캐릭터가 뛰어가는 모습을 나타냈는데 잦은 비트맵 출력으로 인해 동영상이 매끄럽지 않았다. 이는 더블 버퍼링을 적용해 해결할 수 있는데, 여기서는 더블 버퍼링으로 이 문제를 해결해보자.

12 윈도우에 배경 그림을 나타내는데 다음과 같이 전체 그림의 일부분만 나타나게 한다. 그림으로 나타나는 조각은 방향키로 바꿀 수 있다. 예를 들어 왼쪽 그림처럼 나타났을 때 →를 누르면 오른쪽 그림처럼 오른쪽으로 이웃하는 조각이 나타난다.

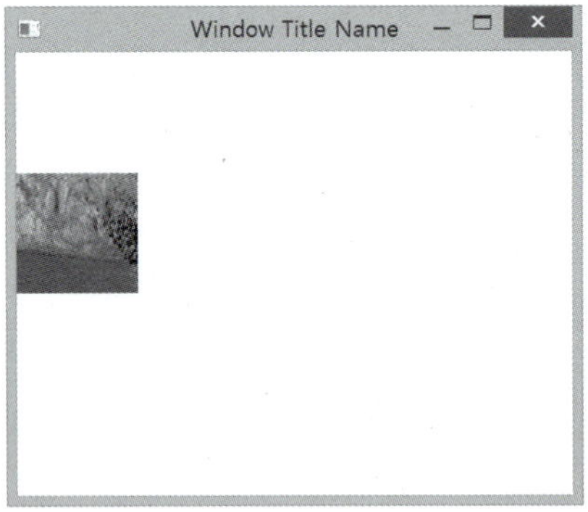

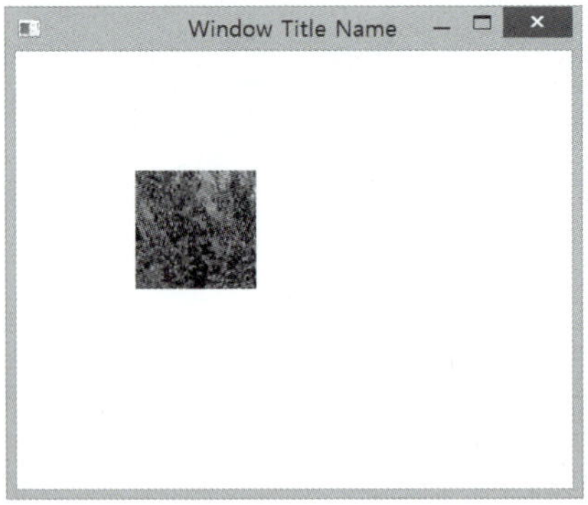

13 연습문제 12번을 수정해 윈도우에 나타나는 그림 조각이 Enter 키를 눌렀을 때 자동으로 전체 그림에서 한 조각만 나타나는 프로그램을 작성해보자. 다음 그림의 화살표 방향과 같이 왼쪽에서 오른쪽으로 차례대로 그림 조각이 나타나고, 오른쪽 끝까지 보여주고 나면 아랫줄 왼쪽 조각부터 나타난다.

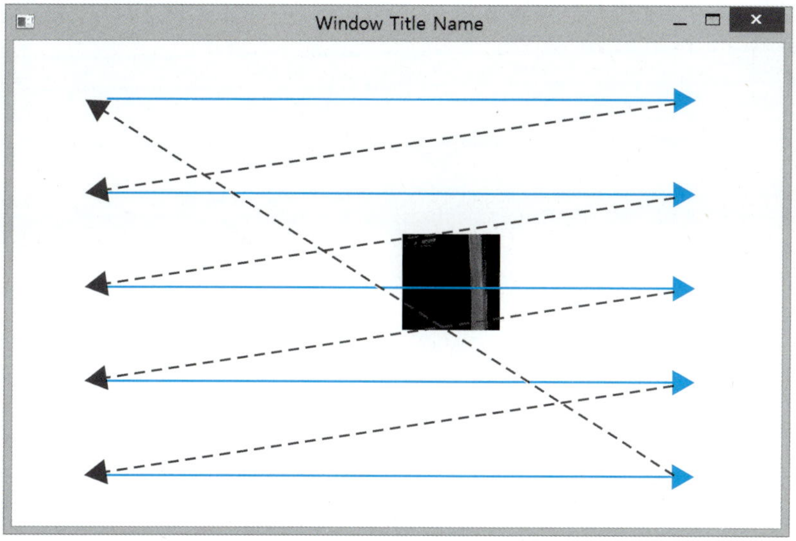

Chapter 06

대화상자와 컨트롤

학습목표

- 대화상자를 만들고 사용할 수 있다.
- 컨트롤의 종류를 알고 각 컨트롤을 사용할 수 있다.
- 다양한 컨트롤을 이용해 응용 프로그램을 개발할 수 있다.
- 모덜리스 대화상자를 사용할 수 있다.

01 대화상자 만들기

대화상자는 프로그램 실행 중에 사용자로부터 다양한 형식으로 입력받거나 사용자에게 정보를 알려주기 위해 사용하는 보조 윈도우이다. 이 대화상자에서 사용하는 도구를 컨트롤이라고 한다. 컨트롤은 사용자로부터 입력을 받기 위해 사용할 수도 있고 사용자에게 정보를 제공하기 위해 사용할 수도 있다.

이 장에서는 대화상자를 띄우는 기본 방법을 먼저 알아본 다음 대화상자에 사용하는 컨트롤을 다룰 것이다. 다양한 컨트롤이 있지만 여기서는 다음과 같이 자주 사용하는 몇 가지 컨트롤을 살펴본다.

- **버튼 컨트롤** : 마우스 왼쪽 버튼을 눌러 입력받을 수 있다.
- **에디트 컨트롤** : 사용자가 입력하는 문자열을 받아들이거나 문자열을 출력할 때 사용한다.
- **콤보 박스 컨트롤** : 여러 개의 항목을 사용자에게 보여주고 그중 하나를 선택하도록 할 때 사용한다.
- **리스트 컨트롤** : 테이블과 비슷한 형태이며 특정 정보를 선택하거나 출력할 때 사용한다.

대화상자를 사용하는 방법을 간단히 설명하면 다음과 같다.

- **1단계** : 리소스에서 새로운 대화상자를 만든다. 메뉴, 액셀러레이터, 비트맵 등의 리소스와 유사한 방법으로 대화상자를 만들 수 있다.
- **2단계** : 대화상자에 대한 메시지 처리 함수를 만든다. 대화상자에는 다양한 컨트롤을 배치할 수 있고, 이러한 컨트롤에 마우스나 키보드를 통해 입력을 하면 메시지가 발생한다. 이 메시지 처리에 필요한 함수를 작성하는 단계로 함수 이름은 사용자가 임의로 정한다. 여기서는 WndProc( ) 함수와 구분하기 위해 장 번호와 실습 번호(#)를 이용해 Dlg6_#Proc( )라는 이름을 사용한다. 또한 메뉴나 대화상자 ID에도 다른 장처럼 실습 번호를 부여한다.
- **3단계** : 대화상자 ID를 이용해 대화상자를 화면에 띄운다.

대화상자 사용법

❶ 리소스에서 새로운 대화상자 만들기
❷ 대화상자에 대한 메시지 처리 함수 작성하기
❸ 대화상자 띄우기

1.1 대화상자 만들기

[리소스 파일] 폴더에서 마우스 오른쪽 버튼을 누른 후 [추가]–[리소스]를 선택하면 리소스 추가를 위한 대화상자가 나타난다. 여기서 [Dialog]를 선택하고 〈새로 만들기〉 버튼을 누르면 새 대화상자가 생성된다.

그림 6-1 새 대화상자 만들기

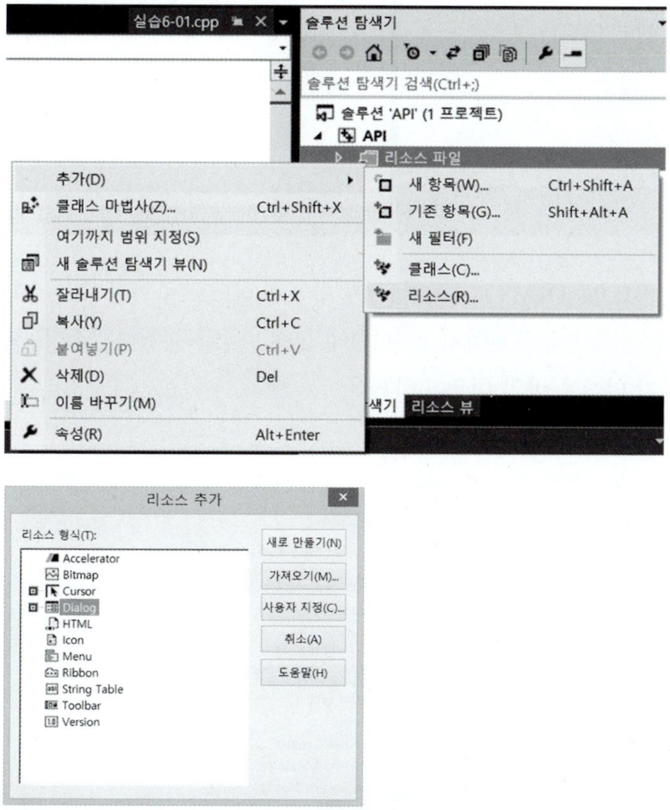

새롭게 추가된 대화상자를 확인해보려면 [리소스 뷰] 탭을 누르고 [Dialog] 폴더를 열면 추가된 대화상자의 ID가 보인다.

그림 6-2 추가된 대화상자

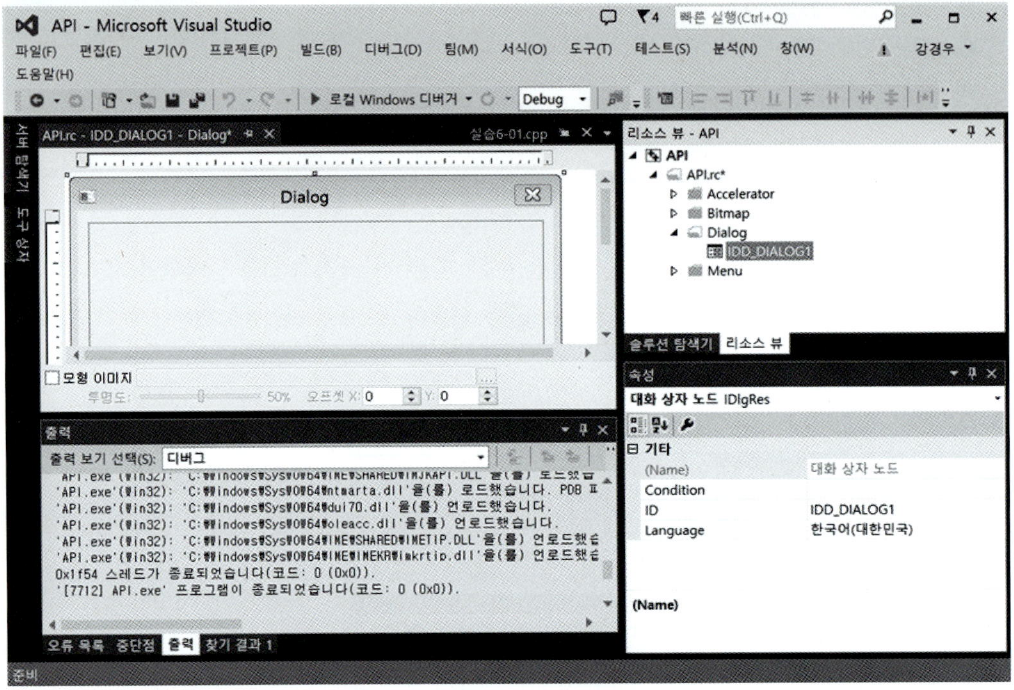

새로 추가된 대화상자의 기본 ID는 IDD_DIALOG1이며, 이렇게 기본적으로 주어진 ID는 [속성]에서 변경이 가능하다. 여기서는 실습별로 구분하기 위해 ID에 실습 번호를 붙였다. [속성] 창에서 Caption을 변경하면 대화상자 타이틀 바의 내용이 바뀐다.

그림 6-3 대화상자 ID 변경

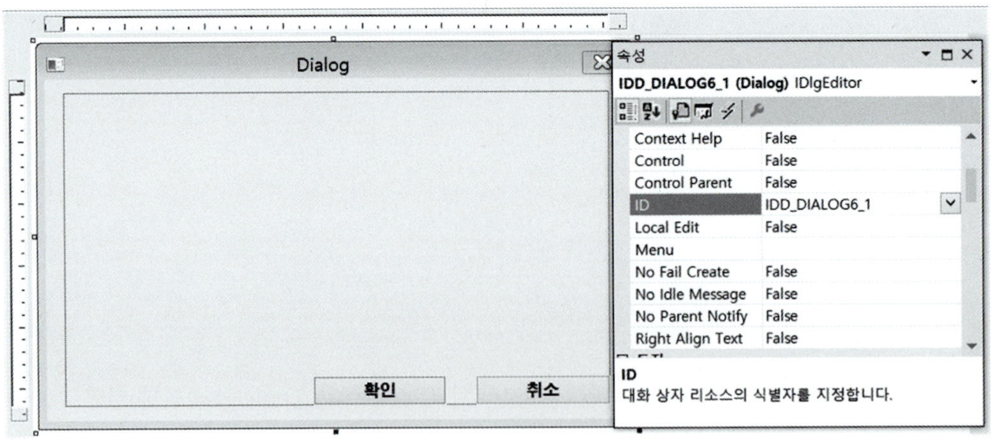

추가된 대화상자 IDD_DIALOG6_1에는 기본적으로 〈확인〉(또는 〈Ok〉)과 〈취소〉(또는 〈Cancel〉) 버튼이 있다. 여기서는 이 두 버튼을 버튼 또는 버튼 컨트롤이라고 부를 것이다. 컨트롤은 이러한 버튼 이외에도 다양한 것이 존재한다. [그림 6-4]의 컨트롤은 대화상자에서 기본적으로 사용할 수 있도록 제공되는 것인데, 여기서 이 컨트롤들을 모두 살펴보기는 어렵고 이 중 몇 가지의 사용법만 다룰 것이다.

그림 6-4 컨트롤 대화상자

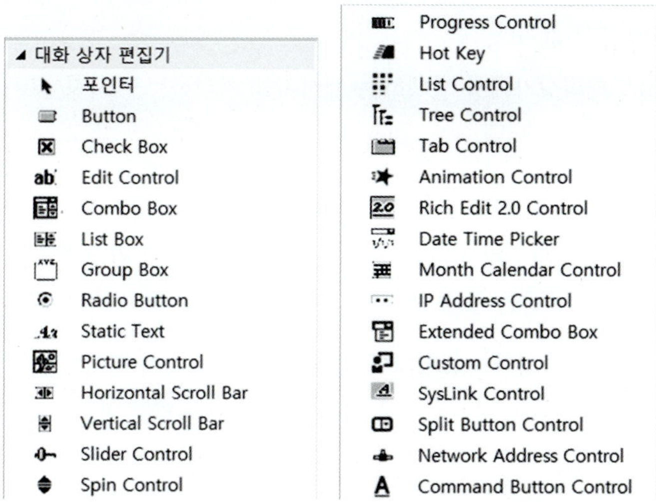

1.2 대화상자 관련 함수

대화상자는 DialogBox( ) 함수로 띄우고 EndDialog( ) 함수로 종료한다.

대화상자 관련 함수

- 대화상자 띄우기

```
int DialogBox(HINSTANCE hInstance,
      LPCTSTR lpTemplate,
      HWND    hwnd,
      DLGPROC lpDialogFunc
);
```

- 대화상자 종료하기

```
BOOL EndDialog(HWND hDlg, int nResult);
```

DialogBox() 함수의 매개변수는 다음과 같다.

- **첫 번째 매개변수(hInstance)** : 응용 프로그램의 인스턴스 값을 사용한다. 커널이 WinMain() 함수에 부여한 값이기 때문에 hInstance 변수에 저장되어 있다. 대화상자를 생성하는 DialogBox() 함수 호출 부분이 WndProc()에 있다면 WinMain()에 있는 hInstance 값을 전역변수에 복사해 넘겨주어야 한다.
- **두 번째 매개변수(lpTemplate)** : 생성하고자 하는 대화상자의 ID이다.
- **세 번째 매개변수(hwnd)** : 윈도우의 핸들 값이다.
- **네 번째 매개변수(lpDialogFunc)** : 대화상자에서 발생하는 메시지를 처리하는 메시지 처리 함수이다.

사용을 마친 대화상자는 EndDialog() 함수로 종료할 수 있다. DialogBox() 함수의 호출은 주로 WndProc()에서 한다면 EndDialog() 함수의 호출은 대화상자의 메시지 처리 함수에서 한다. 대화상자의 종료는 대화상자에 있는 컨트롤을 통해 이뤄지기 때문이다.

EndDialog() 함수의 첫 번째 매개변수는 생성한 대화상자의 핸들 값이고, 이 값이 메시지 처리 함수에 주어지기 때문에 받은 값을 그대로 사용한다. 두 번째 매개변수에는 0을 넣는다.

[실습 6-1]에서는 대화상자용 메시지 처리 함수를 Dlg6_1Proc()라고 가정했다.

실습 6-1 대화상자 만들기

```
#include <windows.h>
#include <TCHAR.H>
#include "..\resource.h"
LRESULT CALLBACK WndProc(HWND hwnd, UINT iMsg,
                            WPARAM wParam, LPARAM lParam);
BOOL CALLBACK Dlg6_1Proc(HWND hDlg, UINT iMsg,
                            WPARAM wParam, LPARAM lParam);
HINSTANCE hInst;

int WINAPI WinMain(HINSTANCE hInstance, HINSTANCE hPrevInstance,
                        LPSTR lpszCmdLine, int nCmdShow)
{
    HWND      hwnd;
```

```
    MSG       msg;
    WNDCLASS WndClass;
    hInst = hInstance;
    WndClass.style = CS_HREDRAW | CS_VREDRAW;
    WndClass.lpfnWndProc = WndProc;
    WndClass.cbClsExtra = 0;
    WndClass.cbWndExtra = 0;
    WndClass.hInstance = hInstance;
    WndClass.hIcon = LoadIcon(NULL, IDI_APPLICATION);
    WndClass.hCursor = LoadCursor(NULL, IDC_ARROW);
    WndClass.hbrBackground = (HBRUSH)GetStockObject(WHITE_BRUSH);
    WndClass.lpszMenuName = NULL;
    WndClass.lpszClassName = _T("Window Class Name");
    RegisterClass(&WndClass);
    hwnd = CreateWindow(_T("Window Class Name"),
        _T("Window Title Name"),
        WS_OVERLAPPEDWINDOW,
        CW_USEDEFAULT,
        CW_USEDEFAULT,
        CW_USEDEFAULT,
        CW_USEDEFAULT,
        NULL,
        NULL,
        hInstance,
        NULL
    );
    ShowWindow(hwnd, nCmdShow);
    UpdateWindow(hwnd);
    while (GetMessage(&msg, NULL, 0, 0))
    {
        TranslateMessage(&msg);
        DispatchMessage(&msg);
    }
    return (int)msg.wParam;
}

BOOL CALLBACK Dlg6_1Proc(HWND hDlg, UINT iMsg,
                                WPARAM wParam, LPARAM lParam)
{
    switch(iMsg)
```

```
54      {
55      case WM_INITDIALOG:
56          return 1;
57      case WM_COMMAND:
58          switch (LOWORD(wParam))
59          {
60          case IDOK:
61              EndDialog(hDlg,0);
62              break;
63          case IDCANCEL:
64              EndDialog(hDlg,0);
65              break;
66          }
67          break;
68      }
69      return 0;
70  }
71
72  LRESULT CALLBACK WndProc(HWND hwnd, UINT iMsg,
73                              WPARAM wParam, LPARAM lParam)
74  {
75      switch (iMsg)
76      {
77      case WM_CREATE:
78          break;
79      case WM_LBUTTONDOWN:
80          DialogBox(hInst, MAKEINTRESOURCE(IDD_DIALOG6_1), hwnd,
81              Dlg6_1Proc);
82          break;
```

06~07행 : Dlg6_1Proc() 함수의 원형은 WndProc()와 같다. 첫 번째 매개변수는 대화상자의 핸들 값, 두 번째 매개변수는 대화상자에서 발생한 메시지 값이다. 세 번째와 네 번째 매개변수인 wParam과 lParam에는 WndProc() 함수처럼 보조 정보가 저장되어 온다. WndProc() 함수와 같이 대화상자에 발생하는 메시지를 이 함수에서 처리할 수 있다.

08, 16행 : 대화상자를 띄우는 DialogBox() 함수를 호출하려면 WinMain() 함수의 첫 번째 인자 값인 hInstance가 필요하다. 따라서 다른 함수인 WndProc()에서 대화상자를 띄울 수 있도록 hInstance 값을 전역변수로 복사해둬야 한다. 이를 위해 전역변수 hInst를 선언하고 hInstance 값

을 복사해줌으로써 다른 함수에서 사용할 수 있게 한다.

53, 55, 57행 : 메시지 처리를 위해 switch 문을 사용한다. 대화상자가 처음 생성될 때는 WM_INITDIALOG 메시지가 발생하고, 컨트롤 조작일 때는 WM_COMMAND 메시지가 발생한다.

55, 56행 : WM_INITDIALOG 메시지가 발생하면 아무 일도 하지 않고 함수를 끝낸다.

57, 58행 : WM_COMMAND 메시지가 발생하면 어떤 컨트롤에서 보내온 것인지 구분해야 한다. 앞서 만든 대화상자에는 버튼이 2개 있고, ID는 각각 IDOK와 IDCANCEL이다.

60~62행 : 〈Ok〉(또는 〈확인〉) 버튼을 누르면 iMsg에는 WM_COMMAND 값이, wParam에는 IDOK가 있을 것이다. 그러면 EndDialog(hDlg, 0); 문을 수행하는데, 이는 생성한 대화상자를 화면에서 제거하는 역할을 한다.

63~65행 : 〈Cancel〉(또는 〈취소〉) 버튼을 누르지 않고 대화상자의 닫기()를 클릭해도 ID가 IDCANCEL인 WM_COMMAND 메시지가 발생한다. 따라서 대화상자에 〈종료〉 버튼을 따로 만들지 않아도 ID가 IDCANCEL인 버튼을 처리하는 코드를 추가하면 닫기()로 대화상자를 종료할 수 있다.

79~82행 : 마지막으로 대화상자를 띄운다. 윈도우에서 마우스 왼쪽 버튼을 누르면 앞서 만든 대화상자가 화면에 등장한다고 가정하자. 그러면 윈도우 메시지 처리 함수인 WndProc()에는 마우스 왼쪽 버튼을 누르는 이벤트를 처리하는 코드가 있어야 한다. 여기서는 case WM_LBUTTONDOWN: 이 이를 담당한다. 마우스 왼쪽 버튼을 누르면 DialogBox() 함수를 호출한다. 여기서는 IDD_DIALOG6_1의 값을 ID로 가진 대화상자를 띄우고 대화상자에서 발생하는 모든 메시지를 Dlg6_1Proc() 함수에서 처리한다. WinMain() 함수에서 알고 있는 hInstance 값을 전역변수 hInst에 저장해 사용한다.

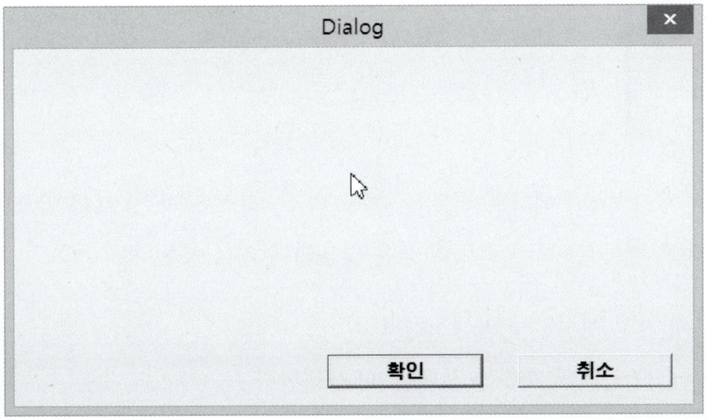

02 컨트롤의 종류

대화상자에서 사용할 수 있는 컨트롤은 종류가 매우 다양하다. 컨트롤에는 비주얼 스튜디오에서 기본으로 제공하는 공통 컨트롤과 사용자가 제공하는 컨트롤이 있다. 공통 컨트롤 중 일부를 여기서 살펴보고, 사용자 제공 컨트롤은 응용 분야에 따라 제공되는 것으로 이 책에서는 다루지 않는다. 공통 컨트롤은 메뉴에서 [보기]-[도구 상자]를 선택하거나 Ctrl+Alt+X(기본 단축키)로 확인할 수 있다.

그림 6-5 공통 컨트롤의 종류

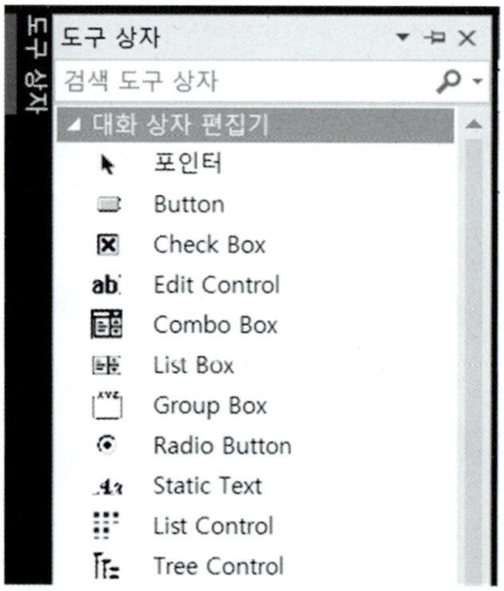

[그림 6-5]에서 볼 수 있는 버튼, 체크 박스, 에디트 컨트롤, 콤보 박스, 리스트 박스, 그룹 박스, 라디오 버튼, 스태틱 텍스트, 리스트 컨트롤, 트리 컨트롤 등은 다음과 같이 사용된다.

- **버튼(Button)** : 마우스로 클릭해 어떤 메시지를 발생시킨다.
- **체크 박스(Check Box)** : 여러 개 중 임의의 개수를 선택할 때 사용한다.
- **에디트 컨트롤(Edit Control)** : 사용자가 입력하는 문자열을 받아들일 수 있다. 사용자에게 메

시지를 전달할 때 사용하기도 한다.

- **콤보 박스(Combo Box)** : 리스트 박스처럼 여러 항목을 한 줄로 보여주지만 공간을 덜 차지한다는 장점이 있다.
- **리스트 박스(List Box)** : 여러 항목을 한 줄로 표시해 선택할 수 있도록 한다.
- **그룹 박스(Group Box)** : 컨트롤들을 모아서 그릴 수 있도록 하는 것으로 입력을 받는 컨트롤이 아니다.
- **라디오 버튼(Radio Box)** : 여러 개를 나열할 수 있다는 점에서는 체크 박스와 유사하지만 여러 개 중 하나만 선택할 수 있다는 것이 다르다. 라디오 버튼 하나를 선택하면 같은 그룹에 속한 다른 라디오 버튼의 선택이 해제된다.
- **스태틱 텍스트(Static Text)** : 문자열을 출력하기 위한 것으로 그룹 박스와 같이 외부 입력을 받는 것이 아니다.
- **리스트 컨트롤(List Control)** : 여러 항목을 표 형태로 나타낼 때 사용한다. 윈도우의 폴더 내용을 보여주는 탐색기가 여기에 속한다.
- **트리 컨트롤(Tree Control)** : 여러 항목을 트리 구조로 나타낼 때 사용한다. 폴더와 파일 구조를 트리 형태로 보여주는 윈도우 탐색기가 여기에 속한다.

03 버튼 컨트롤

버튼 컨트롤을 만들 때도 컨트롤 대화상자를 이용한다. 만드는 방법은 직사각형과 같아 마우스 왼쪽 버튼을 누르고 드래그한 후 버튼을 떼면 된다.

버튼 컨트롤을 이용하려면 이 컨트롤에서 발생하는 메시지를 알아야 한다. 대화상자의 컨트롤에서 발생하는 메시지는 모두 WM_COMMAND이다. 대화상자에 컨트롤이 여러 개 존재할 수 있기 때문에 어떤 컨트롤에서 WM_COMMAND 메시지를 보냈는지 알려면 lParam, wParam의 내용을 확인해야 한다.

표 6-1 컨트롤에서 오는 WM_COMMAND 메시지

메시지를 보낸 곳	wParam		lParam
	HIWORD	LOWORD	
컨트롤	컨트롤에 따른 통지 정보	컨트롤 ID	컨트롤 핸들 값

버튼 컨트롤에서 오는 통지 정보의 종류는 다음과 같다.

버튼 컨트롤의 통지 정보

- BN_CLICKED : 버튼 클릭
- BN_DBLCLK : 버튼 더블클릭
- BN_DISABLE : 버튼 사용 불가능 상태
- BN_HILITE : 사용자가 버튼 선택
- BN_SETFOCUS : 버튼이 포커스를 받음

대화상자가 처음 생성될 때 발생하는 메시지는 WM_INITDIALOG이다. 대화상자의 설정을 위한 변수 초기화에 주로 사용된다.

WM_INITDIALOG 메시지

- wParam : 대화상자에서 제일 먼저 키보드로 입력받을 컨트롤의 핸들 값
- lParam : 부가 정보를 저장하며 일반적으로 0 값

대화상자에 존재하는 다양한 컨트롤을 다루려면 컨트롤의 핸들을 얻어야 한다. 컨트롤의 핸들은 윈도우 핸들과 같은 타입인 HWND이다. 대화상자에 있는 컨트롤의 핸들 값은 GetDlgItem() 함수로 얻을 수 있다.

대화상자에 존재하는 컨트롤의 핸들 값을 얻는 함수

```
HWND GetDlgItem(
     HWND    hDlg,
     int     nIDDlgItem
);
```

- hDlg : 컨트롤이 있는 대화상자의 핸들
- nIDDlgItem : 컨트롤 ID

컨트롤의 핸들을 얻으면 해당 컨트롤을 사용 불가능한 상태로 만들거나 다시 사용 가능한 상태로 변환할 수 있다. 사용 가능은 마우스나 키보드로 입력을 받아들일 수 있다는 의미이며 EnableWindow() 함수를 사용한다.

윈도우나 컨트롤을 사용 가능 · 불가능 상태로 만드는 함수

```
BOOL EnableWindow(
     HWND    hwnd,
     BOOL    bEnable
);
```

- hwnd : 대상이 되는 윈도우나 컨트롤의 핸들
- bEnable : TRUE이면 사용 가능, FALSE이면 사용 불가능 상태로 만듦

실습 6-2 버튼 컨트롤 이용하기

1 대화상자 만들기 : ID가 IDD_DIALOG6_2인 대화상자를 만든다.

그림 6-6 실습을 위해 만든 대화상자와 ID

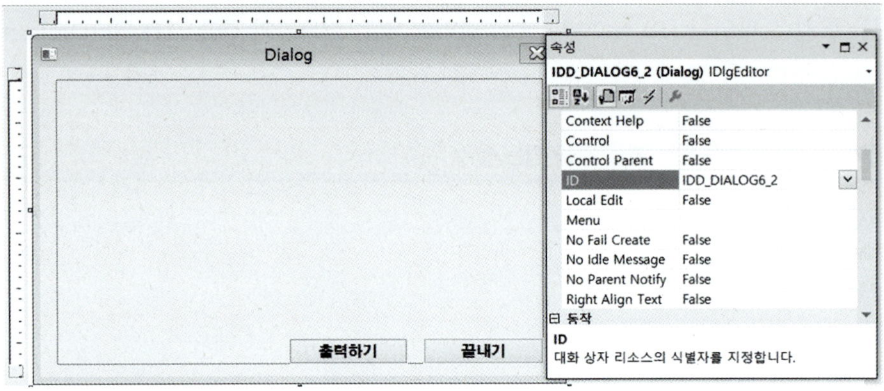

2 **컨트롤 속성 설정하기** : 각 버튼 컨트롤에서 마우스 오른쪽 버튼을 누르고 [Properties] 메뉴를 선택해 속성을 설정한다.

그림 6-7 〈출력하기〉, 〈끝내기〉 버튼 컨트롤 속성

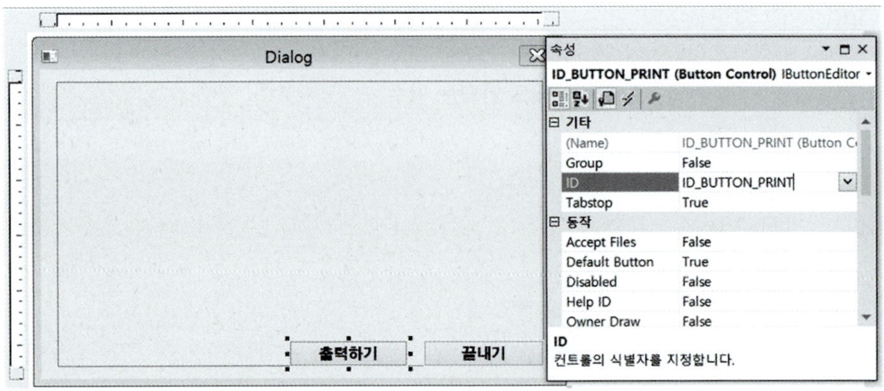

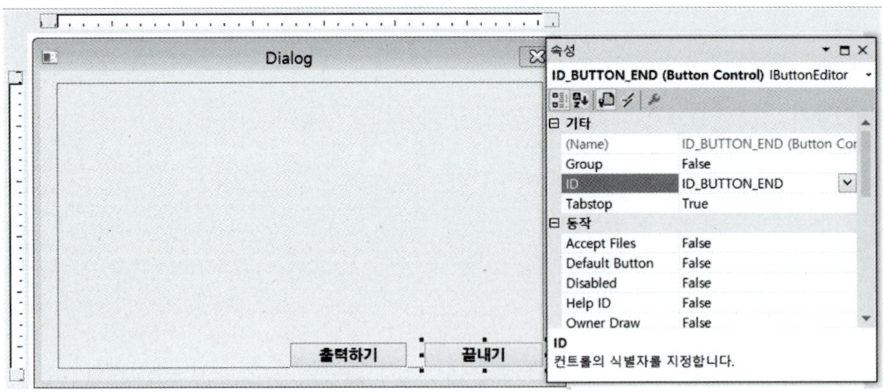

3 코드 작성하기 : 〈출력하기〉, 〈끝내기〉 버튼의 메시지를 처리하는 Dlg6_2Proc( ) 함수의 코드를 작성한다.

```
BOOL CALLBACK Dlg6_2Proc(HWND hDlg, UINT iMsg,
                                WPARAM wParam, LPARAM lParam)
{
    HDC hdc;

    switch(iMsg)
    {
    case WM_INITDIALOG:
        return 1;
    case WM_COMMAND:
        switch (LOWORD(wParam))
        {
        case ID_BUTTON_PRINT:
            hdc = GetDC(hDlg);
            TextOut(hdc, 0, 0, _T("Hello World"), 11);
            ReleaseDC(hDlg, hdc);
            break;
        case ID_BUTTON_END:
            EndDialog(hDlg,0);
            break;
        case IDCANCEL:
            EndDialog(hDlg,0);
            break;
        }
        break;
    }
    return 0;
}

LRESULT CALLBACK WndProc(HWND hwnd, UINT iMsg,
                                WPARAM wParam, LPARAM lParam)
{
    switch (iMsg)
    {
    case WM_CREATE:
        break;
```

```
86        case WM_LBUTTONDOWN:
87            DialogBox(hInst, MAKEINTRESOURCE(IDD_DIALOG6_2), hwnd, Dlg6_2Proc);
88            break;
```

59, 60행 : 버튼 컨트롤을 클릭하면 WM_COMMAND 메시지가 발생한다. 그런데 버튼 컨트롤이 2개이므로 WM_COMMAND 메시지만으로는 어떤 버튼을 눌렀는지 알 수 없다. 눌린 버튼 컨트롤에 대한 정보는 LOWORD(wParam)을 통해 알 수 있다. 버튼 컨트롤을 눌러 WM_COMMAND 메시지가 올 때 LOWORD(wParam)의 값은 눌린 버튼의 ID와 같다.

62~66행 : 〈출력하기〉 버튼을 누르면 화면 디바이스 콘텍스트를 GetDC( ) 함수를 통해 얻어온다. 여기서 화면은 메인 윈도우가 아니라 대화상자이다. 대화상자 핸들인 hDlg를 GetDC( ) 함수의 매개변수로 주었기 때문이다. 그다음에 hdc에 'Hello World'를 출력한다.

67~69행 : 〈끝내기〉 버튼을 누르면 EndDialog( ) 함수를 이용해 대화상자를 닫는다.

메뉴 항목을 활성화 · 비활성화한 것처럼 버튼 컨트롤도 활성화 · 비활성화할 수 있다. [실습 6-3]에서는 대화상자에 있는 버튼 컨트롤을 활성화 · 비활성화해본다. [실습 6-1]과 [실습 6-2]에서는 마우스 왼쪽 버튼을 클릭해 대화상자를 띄웠지만 이제부터는 메뉴에 대화상자를 띄우는 메뉴 항목도 만든다.

실습 6-3 버튼 컨트롤 활성화 · 비활성화하기

1 메뉴 항목 추가하기 : 메뉴에 [실습 6-3 대화상자] 메뉴 항목을 추가한다. 추가한 메뉴 항목의 ID는 ID_6_3_MENU로 지정한다. 이후의 실습에서는 각 대화상자를 띄우는 메뉴 항목의 ID를 ID_6_X_MENU와 같이 지정한다.

그림 6-8 대화상자를 위한 메뉴 항목

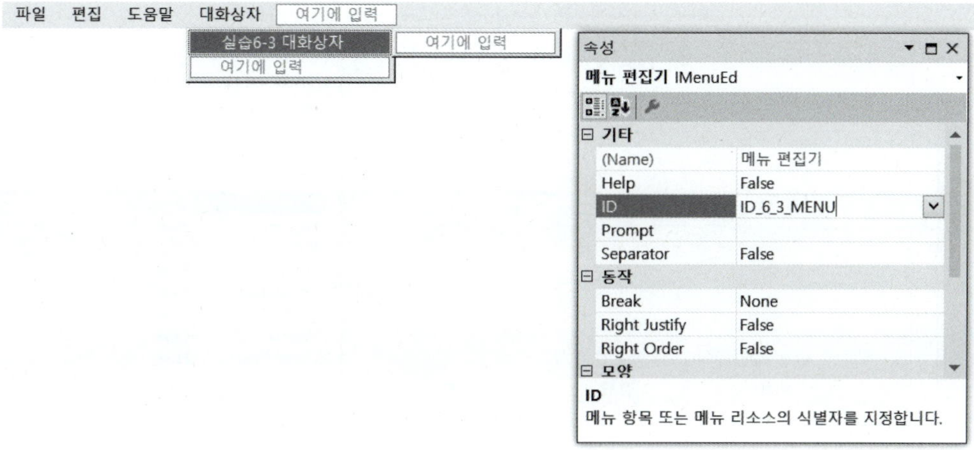

2 컨트롤 배치하고 속성 설정하기 : ID가 IDD_DIALOG6_3인 대화상자를 만들어 버튼 컨트롤을 3개 배치하고 표를 참고해 컨트롤의 속성을 설정한다. 이 프로그램에서는 〈정지〉 버튼을 비활성화해 선택하지 못하게 하고, 〈시작〉 버튼을 누르면 〈시작〉 버튼이 비활성화되고 〈정지〉 버튼이 활성화된다. 또한 〈정지〉 버튼을 누르면 〈시작〉 버튼이 활성화되고 〈정지〉 버튼이 비활성화된다. 〈종료〉 버튼은 언제든 누를 수 있으며 누르면 윈도우가 종료된다.

그림 6-9 대화상자에 컨트롤 배치

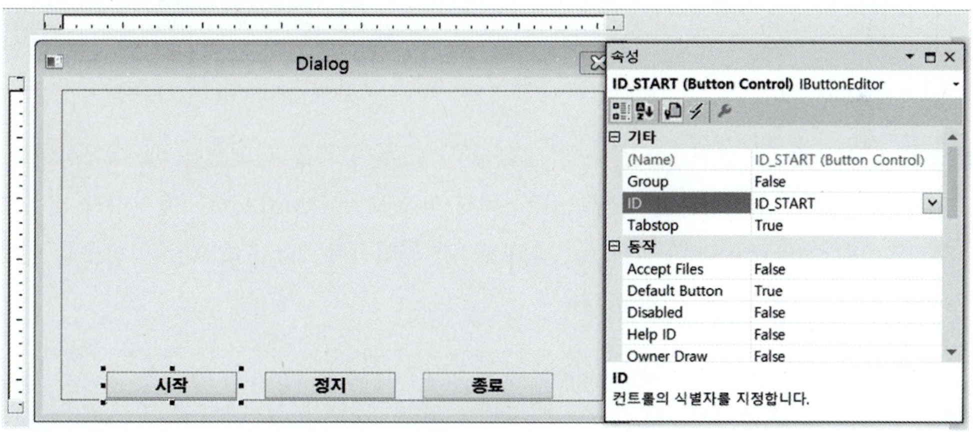

그림 6-9 대화상자에 컨트롤 배치(계속)

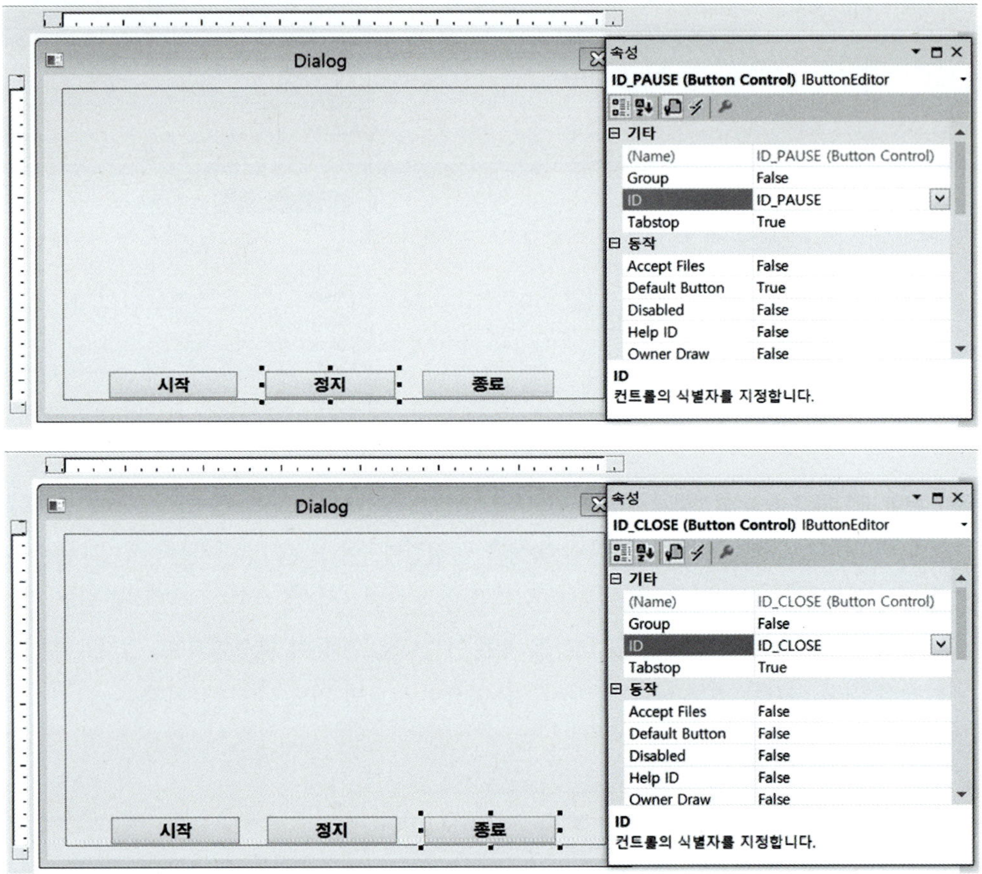

3 코드 작성하기(1) : 먼저 [실습 6-3 대화상자] 메뉴 항목을 선택했을 때 대화상자를 띄우는 코드를 작성한다. 메뉴 항목을 선택하면 WM_COMMAND 메시지가 발생하고 LOWORD(wParam)에는 ID_6_3_MENU가 들어간다. DialogBox( ) 함수를 이용해 IDD_DIALOG6_3 대화상자를 띄운다.

```
LRESULT CALLBACK WndProc(HWND hwnd, UINT iMsg,
                                    WPARAM wParam, LPARAM lParam)
{
    switch (iMsg)
    {
    case WM_CREATE:
```

```
            break;
        case WM_COMMAND:
            switch (LOWORD(wParam))
            {
            case ID_6_3_MENU:
                DialogBox(hInst, MAKEINTRESOURCE(IDD_DIALOG6_3),
                    hwnd, Dlg6_3Proc);
                break;
            }
            break;
        case WM_DESTROY:
            PostQuitMessage(0);
            break;
        }
        return DefWindowProc(hwnd, iMsg, wParam, lParam);
}
```

4 코드 작성하기(2) : 메시지를 처리하는 Dlg6_3Proc( ) 함수의 코드를 작성한다. 첫 번째 대화상자에 대한 메시지 처리 함수처럼 Dlg6_3Proc( )에 넘어오는 값은 대화상자의 핸들 값, 메시지 번호, 메시지 부가 정보이다.

```
BOOL CALLBACK Dlg6_3Proc(HWND hDlg, UINT iMsg,
                              WPARAM wParam, LPARAM lParam)
{
    HWND hButton;

    switch (iMsg)
    {
    case WM_INITDIALOG:
        hButton = GetDlgItem(hDlg, ID_PAUSE);
        EnableWindow(hButton, FALSE);
        return 1;
    case WM_COMMAND:
        switch (LOWORD(wParam))
        {
        case ID_START:
            hButton = GetDlgItem(hDlg, ID_START);
            EnableWindow(hButton, FALSE);
            hButton = GetDlgItem(hDlg, ID_PAUSE);
```

```
091                 EnableWindow(hButton, TRUE);
092                 break;
093             case ID_PAUSE:
094                 hButton = GetDlgItem(hDlg, ID_START);
095                 EnableWindow(hButton, TRUE);
096                 hButton = GetDlgItem(hDlg, ID_PAUSE);
097                 EnableWindow(hButton, FALSE);
098                 break;
099             case ID_CLOSE:
100                 EndDialog(hDlg, 0);
101                 break;
102             case IDCANCEL:
103                 EndDialog(hDlg, 0);
104                 break;
105             }
106             break;
107         }
108         return 0;
109     }
```

76행 : 윈도우 핸들 HWND 타입으로, 버튼을 얻어올 때 사용할 hButton 지역변수를 선언한다.

80, 81행 : 대화상자가 생성되어 WM_INITDIALOG 메시지가 발생하면 GetDlgItem( ) 함수를 통해 〈정지〉 버튼을 가져와 hButton에 저장한다. 가져온 버튼 컨트롤을 어떻게 윈도우 핸들 타입 변수에 저장할 수 있는지 궁금할 것이다. 이것은 모든 컨트롤이 하나의 윈도우이기 때문에 가능하다. 그렇다면 대화상자도 윈도우인데 윈도우에 다른 윈도우가 존재할 수 있을까? 그렇다. 윈도우에 작은 윈도우가 존재한다. 윈도우에 존재하는 작은 윈도우는 GetDlgItem( ) 함수를 이용해 ID로 얻어올 수 있다.

82행 : hButton에 버튼 컨트롤의 윈도우 핸들 값을 저장하고 EnableWindow( ) 함수를 이용해 비활성화한다. EnableWindow( ) 함수는 첫 번째 매개변수인 윈도우를 활성화 · 비활성화할 때 사용하고, 활성화할지 여부는 두 번째 매개변수로 결정한다. 여기서는 비활성화한다.

84~92행 : 두 번째 버튼을 눌렀을 때 발생한 WM_COMMAND 메시지 처리를 살펴보자. 지금은 〈시작〉 버튼만 활성화되었기 때문에 LOWORD(wParam)이 ID_START이다. 〈시작〉(ID_START) 버튼의 윈도우 핸들 값을 얻어 hButton에 저장하고 비활성화하며, 그다음으로 〈정지〉(ID_PAUSE) 버튼의 윈도우 핸들 값을 얻어 활성화한다.

93~98행 : 〈정지〉 버튼을 누르면 WM_COMMAND 메시지와 함께 LOWORD(wParam)에는 ID_PAUSE가 있게 된다. 이번에는 ID_START 버튼 컨트롤의 윈도우 핸들을 얻어 활성화하고 ID_PAUSE 버튼은 비활성화한다. GetDlgItem( )은 지정한 ID에 해당하는 컨트롤 윈도우의 핸들을 얻어오는 함수이다. 첫 번째 매개변수는 대화상자의 윈도우 핸들 값이고, 두 번째 매개변수는 얻어오고자 하는 컨트롤의 ID이다.

99~101행 : 〈종료〉 버튼을 누르면 EndDialog( ) 함수로 대화상자를 종료한다.

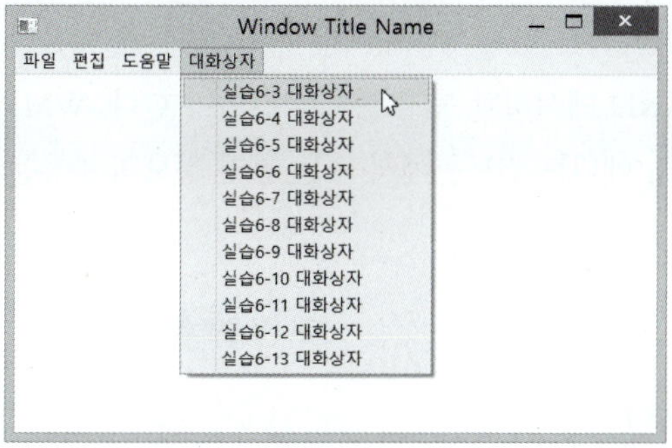

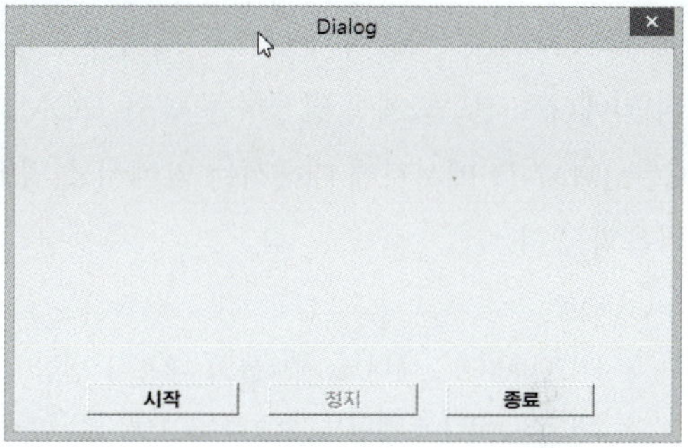

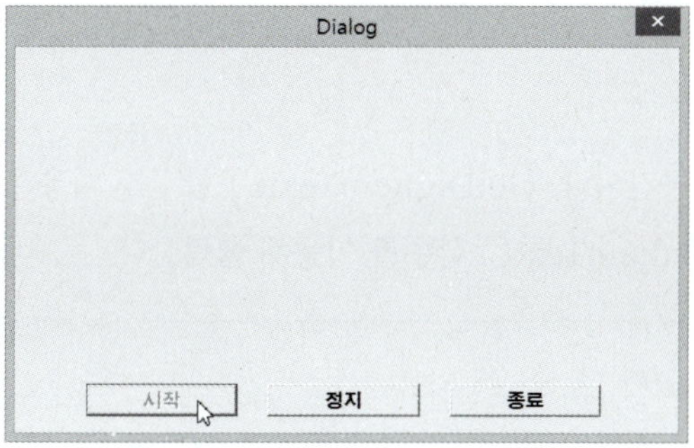

04 에디트 컨트롤

에디트 컨트롤은 사용자의 키보드 입력 또는 출력을 위한 편집 창이다. 에디트 컨트롤을 이용하려면 에디트 컨트롤에서 발생하는 WM_COMMAND 메시지와 통지 정보를 알아야 한다. WM_COMMAND 메시지에 대해서는 앞에서 설명했고, 에디트 컨트롤에서 오는 통지 정보의 종류는 다음과 같다.

에디트 컨트롤의 통지 정보

- EN_CHANGE : 에디트 컨트롤의 내용이 변함
- EN_HSCROLL : 에디트 컨트롤의 수평 스크롤바 선택
- EN_VSCROLL : 에디트 컨트롤의 수직 스크롤바 선택
- EN_SETFOCUS : 에디트 컨트롤이 포커스를 받음

에디트 컨트롤은 텍스트를 입력받거나 출력하는 공간이다. GetDlgItemText( ) 함수를 이용해 에디트 컨트롤에 입력한 텍스트를 얻어오고 SetDlgItemText( ) 함수를 이용해 출력한다.

에디트 컨트롤의 텍스트 교환 함수

- 에디트 컨트롤에서 텍스트 얻어오기

```
HWND GetDlgItemText(
     HWND hDlg,
     int nIDDlgItem
     LPTSTR lpString,
     int nMaxCount
);
```

- hDlg : 컨트롤을 가진 대화상자의 핸들
- nIDDlgItem : 컨트롤 ID
- lpString : 얻은 텍스트를 저장할 버퍼 주소
- nMaxCount : lpString이 가리키는 버퍼의 크기

• 에디트 컨트롤에 텍스트 출력하기

```
HWND SetDlgItemText(
      HWND hDlg,
      int nIDDlgItem
      LPTSTR lpString,
);
```

- hDlg : 컨트롤을 가진 대화상자의 핸들
- nIDDlgItem : 컨트롤 ID
- lpString : 출력할 문자열의 시작 주소

[실습 6-4]에는 에디트 컨트롤이 2개 존재한다. 하나는 사용자가 텍스트를 입력하는 공간이고, 또 하나는 입력은 받지 못하고 출력만 하는 공간이다. 이번 실습은 문자열을 위에서 아래로 복사하기 위한 것으로, 사용자가 키보드로 텍스트를 입력하고 〈복사하기〉 버튼을 누르면 아래쪽 에디트 컨트롤에 입력한 글이 복사되어 나타난다. 〈삭제하기〉 버튼을 누르면 두 에디트 컨트롤의 텍스트가 사라지고, 〈종료하기〉 버튼을 누르면 대화상자가 사라진다.

실습 6-4 에디트 컨트롤에 문자열 복사하기

1 **컨트롤 배치하기** : 새 대화상자에 버튼 3개와 에디트 컨트롤 2개를 배치한다. 에디트 컨트롤은 도구상자에서 [Edit Control]을 선택한 후 버튼을 그리듯이 원하는 위치에 사각형 형태로 그리면 된다.

그림 6-10 대화상자에 에디트 컨트롤 배치

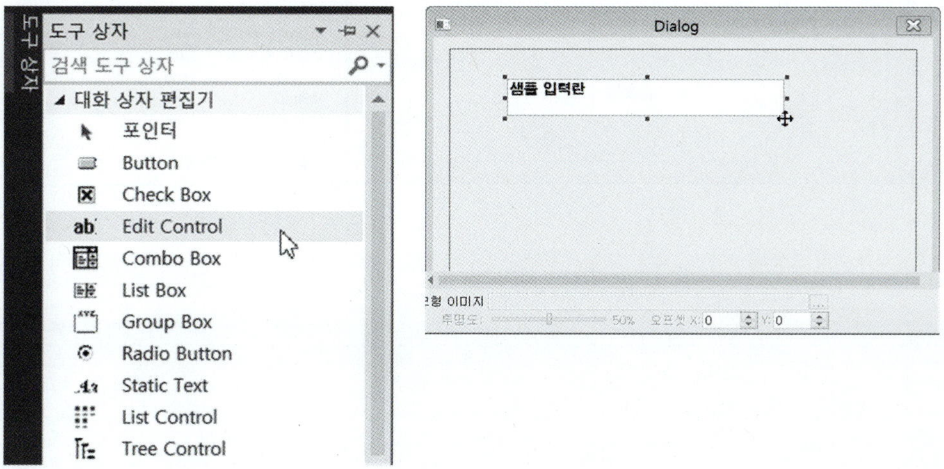

그림 6-10 대화상자에 에디트 컨트롤 배치(계속)

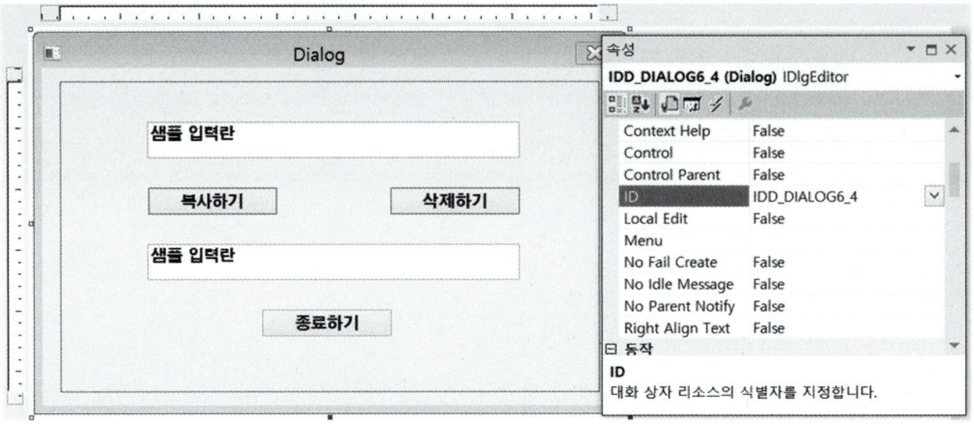

TIP 여러 단어를 조합한 ID를 붙일 때 그림과 같이 밑줄 문자(언더바)를 이용하는 것이 좋다. 그리고 버튼 ID는 ID_BUTTON으로 시작하면 다른 종류의 컨트롤과 구분하기 쉽다.

2 버튼 컨트롤 속성 설정하기 : 표를 참고해 〈복사하기〉, 〈삭제하기〉, 〈종료하기〉 버튼의 속성을 설정한다.

그림 6-11 버튼 컨트롤 속성

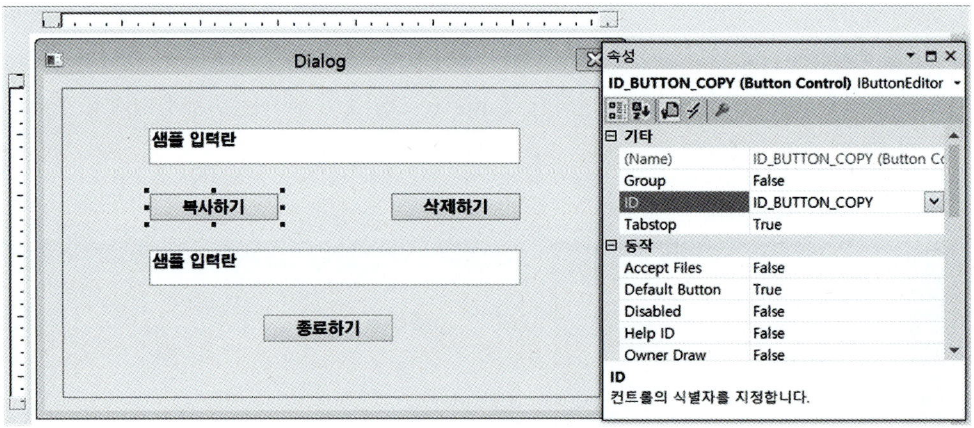

그림 6-11 버튼 컨트롤 속성(계속)

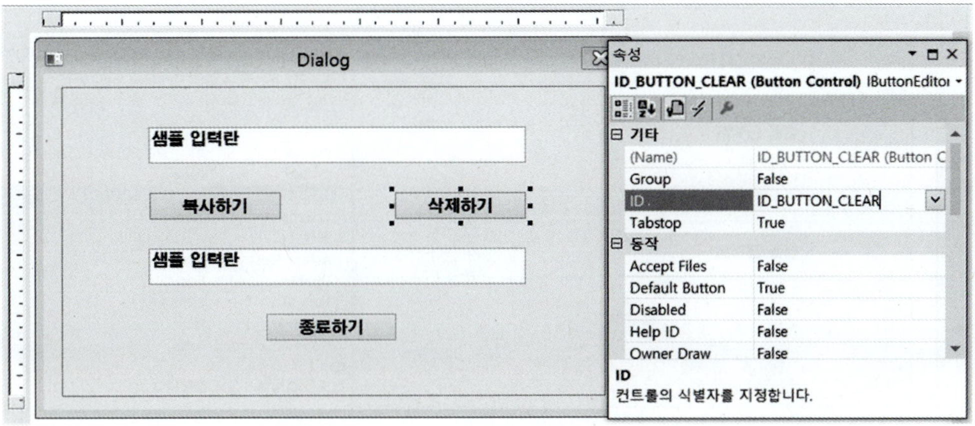

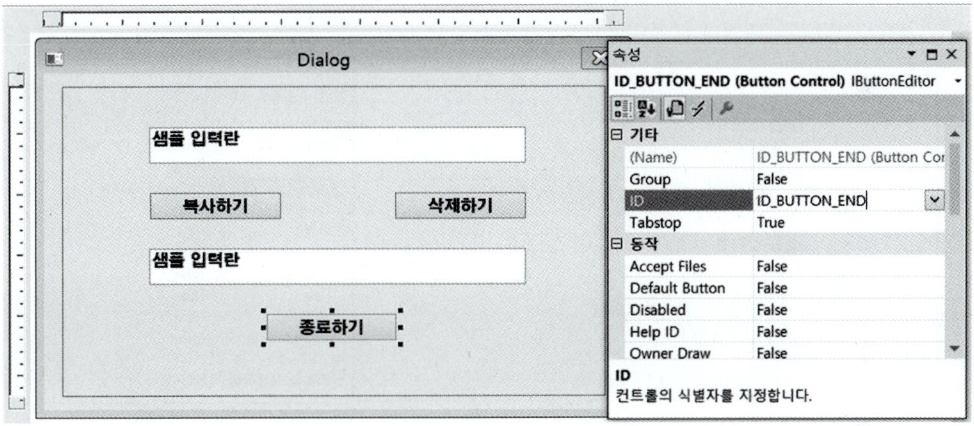

③ **에디트 컨트롤 속성 설정하기** : 위에 있는 에디트 컨트롤은 소스 에디트라 하고 ID를 IDC_EDIT_SOURCE로 설정한다. 에디트 컨트롤에는 Caption이 없다. 아래쪽 에디트 컨트롤은 소스 에디트의 내용을 복사해 출력하기 때문에 카피 에디트라 하고 ID를 IDC_EDIT_COPY로 설정한다. 카피 에디트는 소스 에디트와 달리 속성 [Read Only] 값을 True로 설정한다. 그러면 카피 에디트의 박스가 회색으로 바뀌어 입력을 받을 수 없는 상태가 된다.

그림 6-12 에디트 컨트롤 속성

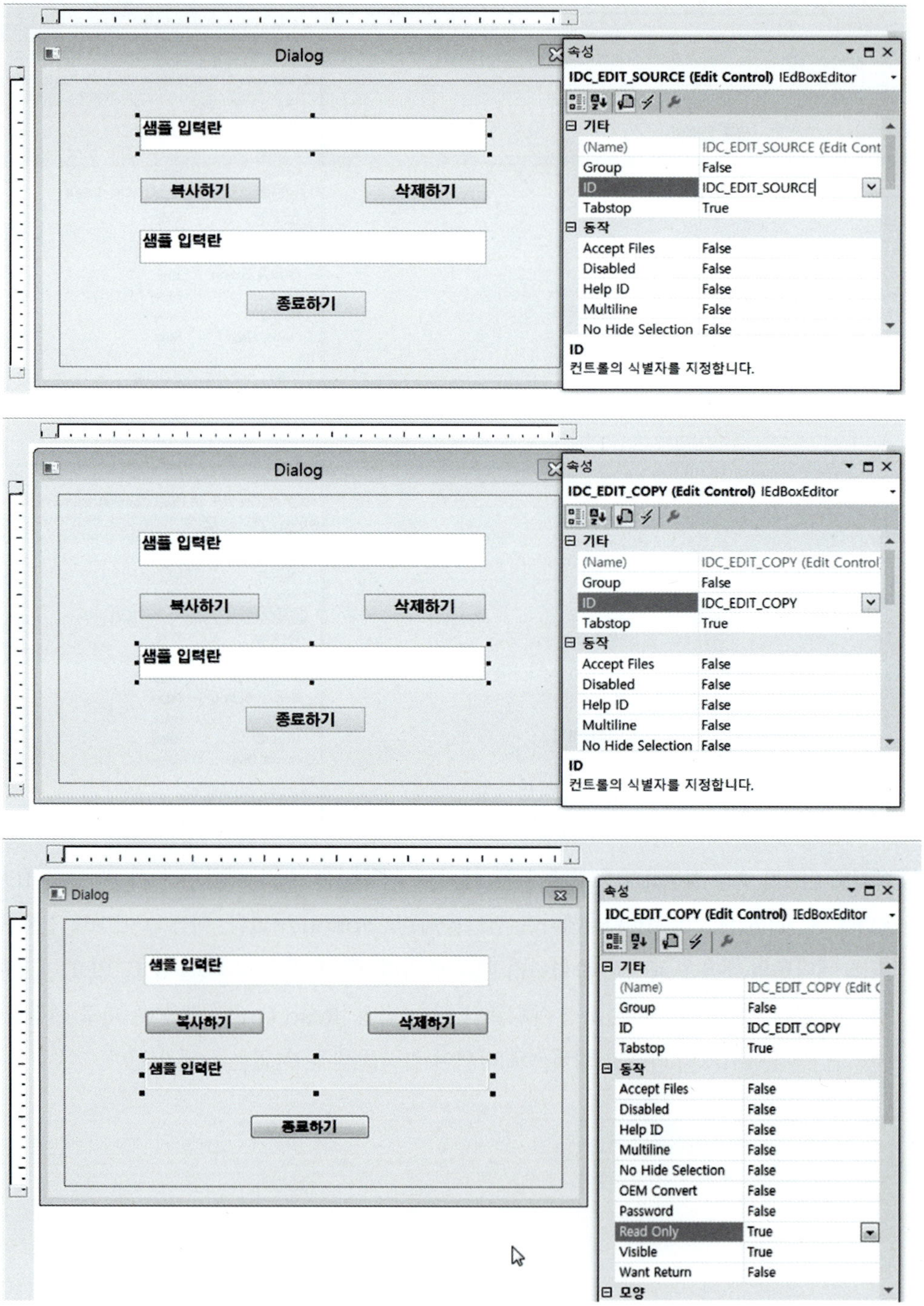

4 코드 작성하기 : 지금까지 문자열 복사 프로그램에 대한 대화상자를 만들었으니 이제 대화상자에 대한 메시지를 처리하는 Dlg6_4Proc( ) 함수의 코드를 작성한다. 지금까지 살펴본 프로그램과 매우 유사하므로 다른 부분만 살펴보자.

```
072 BOOL CALLBACK Dlg6_4Proc(HWND hDlg, UINT iMsg,
073                                 WPARAM wParam, LPARAM lParam)
074 {
075     TCHAR word[100];
076 
077     switch(iMsg)
078     {
079     case WM_INITDIALOG:
080         return 1;
081     case WM_COMMAND:
082         switch (LOWORD(wParam))
083         {
084         case ID_BUTTON_COPY:
085             GetDlgItemText(hDlg, IDC_EDIT_SOURCE, word, 100);
086             SetDlgItemText(hDlg, IDC_EDIT_COPY, word);
087             break;
088         case ID_BUTTON_CLEAR:
089             SetDlgItemText(hDlg, IDC_EDIT_SOURCE, _T(""));
090             SetDlgItemText(hDlg, IDC_EDIT_COPY, _T(""));
091             break;
092         case ID_BUTTON_END:
093             EndDialog(hDlg,0);
094             break;
095         case IDCANCEL:
096             EndDialog(hDlg,0);
097             break;
098         }
099         break;
100     }
101     return 0;
102 }
```

75행 : 소스 에디트에 입력한 텍스트를 문자 배열에 저장했다가 카피 에디트에 출력하므로 문자 배열 word[100]을 선언한다.

81, 82행 : 버튼을 눌러 WM_COMMAND 메시지가 발생하면 세 버튼 중 어떤 버튼을 눌렀는지

LOWORD(wParam) 값으로 판단한다.

84~87행 : 〈복사하기〉 버튼을 누르면 GetDlgItemText( ) 함수를 이용해 소스 에디트의 내용을 문자 배열 word에 복사한다. SetDlgItemText( ) 함수는 GetDlgItemText( )와 반대로 문자 배열 word의 내용을 ID가 IDC_EDIT_COPY인 카피 에디트에 출력한다.

88~91행 : 〈삭제하기〉 버튼을 누르면 SetDlgItemText( ) 함수를 이용해 두 에디트에 " "를 출력한다. 즉 박스를 깨끗이 비운다.

92~94행 : 〈종료하기〉 버튼을 누르면 대화상자를 종료한다.

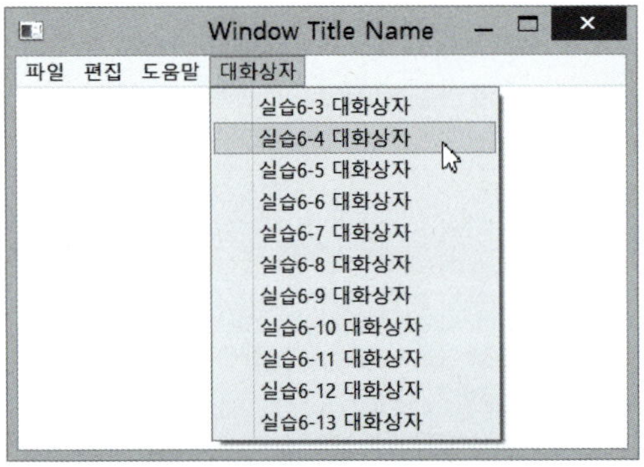

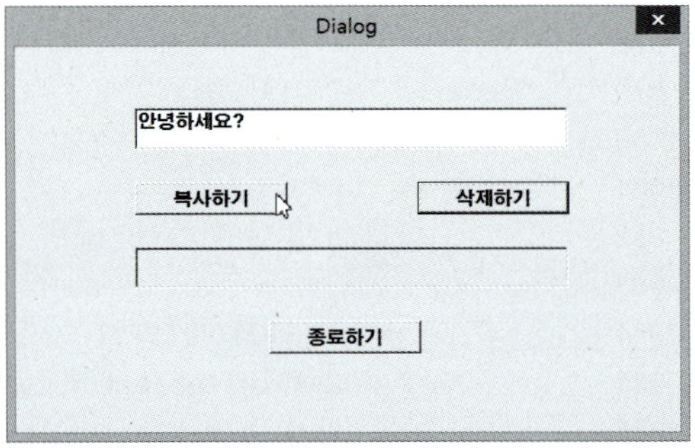

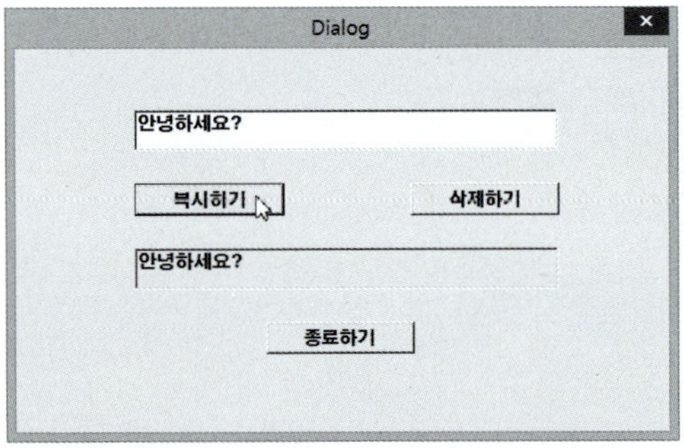

에디트 컨트롤에서 문자열을 입력한 후 Enter 키를 눌러 문자열 입력을 마치고자 하는 경우가 있다. 이와 같이 에디트 컨트롤에서 Enter 키가 입력되었는지 감지하는 것은 중요하게 사용될 수 있다. 에디트 컨트롤에서 Enter 키의 입력을 받으려면 먼저 몇 가지 속성을 변경해야 하는데, 에디트 컨트롤의 속성 중 Multiline과 WantReturn을 모두 True로 바꿔준다.

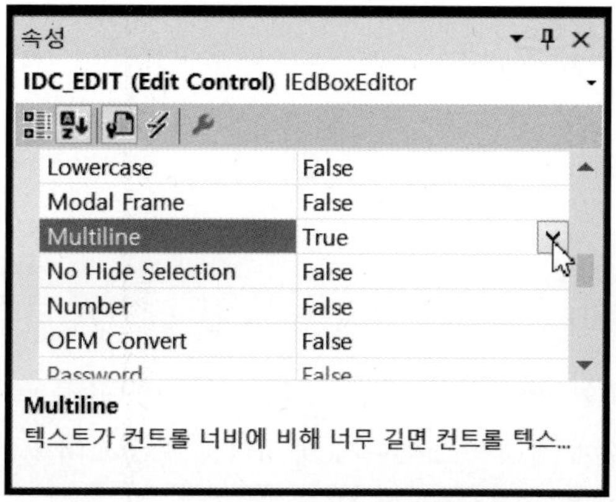

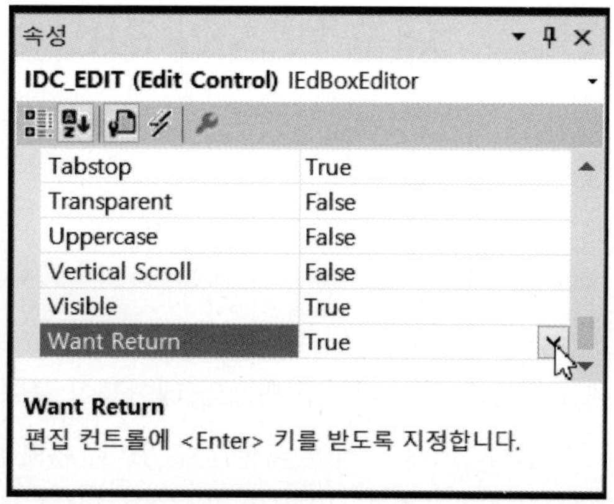

에디트 컨트롤에서 타이핑을 하면 기본적으로 WM_COMMAND 메시지가 나오는데, 아래와 같이 EN_CHANGE라는 통지 정보가 전달된다. 그리고 입력된 문자열을 보면 문자열의 끝 부분에 '\r\n'이 있다. 따라서 다음 세 가지 조건을 만족하면 Enter 키가 입력된 것이다.

- `LOWORD(wParam) == WM_COMMAND`
- `HIWORD(wParam) == EN_CHANGE`
- `word[_tcslen(word) - 2] == VK_RETURN`

05 체크 박스와 라디오 버튼

체크 박스는 작은 사각형 박스와 레이블이 붙어 있는 형태의 컨트롤이다. 사용자는 마우스를 클릭해 선택하거나 선택을 해제할 수 있다. 대화상자에 체크 박스가 여러 개 나타날 수 있으며, 사용자는 체크 박스를 선택하지 않을 수도 있고 여러 개를 선택할 수도 있다.

라디오 버튼은 원 모양의 버튼과 레이블이 붙어 있는 형태의 컨트롤이다. 이것도 사용자가 마우스를 클릭하거나 Enter 키를 눌러 선택할 수 있다. 그러나 선택을 해제할 때는 체크 박스와 달리 다른 라디오 버튼을 선택한다. 일반적으로 대화상자에 라디오 버튼이 여러 개 나타나고 이 중 하나를 선택하게 된다.

체크 박스와 라디오 버튼도 결국 버튼의 한 종류이기 때문에 3절에서 다룬 버튼 컨트롤의 메시지와 통지 정보를 그대로 사용할 수 있다. [실습 6-5]에서는 취미와 성별 정보를 선택한 후 〈출력하기〉 버튼을 누르면 하단에 선택한 취미와 성별 정보를 출력하는 대화상자를 구현한다. 한 사람이 여러 가지 취미를 가질 수 있으므로 [그림 6-13]과 같이 취미에는 체크 박스를 이용한다. 하지만 성별은 여자, 남자 둘 중 하나이기 때문에 라디오 버튼을 이용한다. 프로그램을 실행한 후 취미와 성별을 선택하고, 〈출력하기〉 버튼을 누르면 하단의 에디트 컨트롤에 선택한 내용을 출력할 것이다.

실습 6-5 체크 박스와 라디오 버튼을 이용해 개인 정보 선택하고 출력하기

1 **컨트롤 배치하고 속성 설정하기** : 그림과 표를 참고해 새 대화상자에 컨트롤을 배치하고 속성을 설정한다. 이때 주의할 점은 그룹 표시를 위해 사용할 그룹 박스 컨트롤을 체크 박스나 라디오 버튼보다 먼저 그려야 한다는 것이다. 그룹 박스 컨트롤은 Group Box를 클릭해 그린다. 그리고 에디트 컨트롤은 Multiline 속성 값을 True로 설정한다.

그림 6-13 컨트롤의 배치와 정보

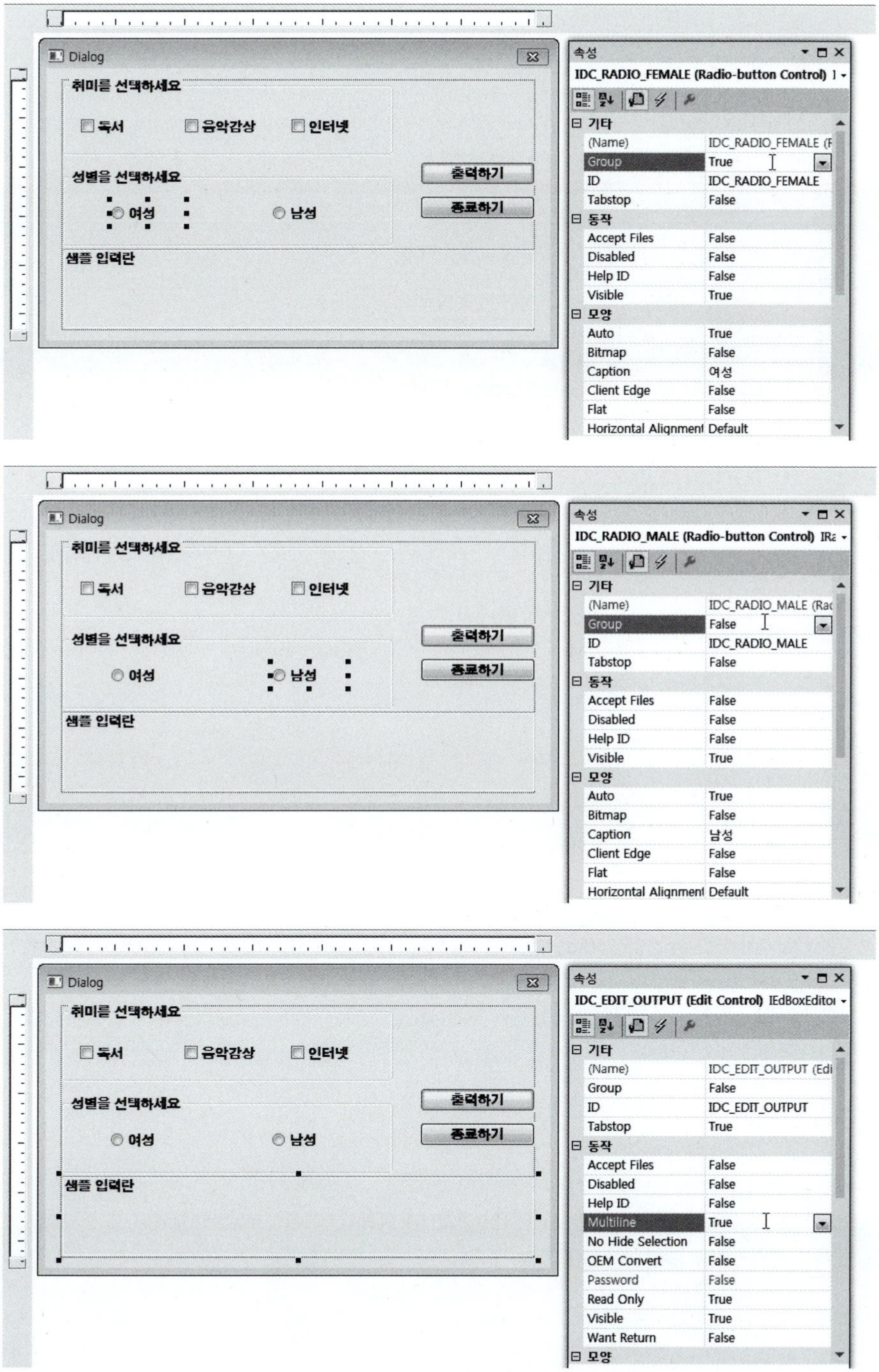

표 6-2 컨트롤 ID와 Caption

종류	ID	속성
Group	IDC_STATIC	Caption: 취미를 선택하세요
Group	IDC_STATIC	Caption: 성별을 선택하세요
Check	IDC_CHECK_READING	Caption: 독서
Check	IDC_CHECK_MUSIC	Caption: 음악감상
Check	IDC_CHECK_INTERNET	Caption: 인터넷
Radio	IDC_RADIO_FEMALE	Caption: 여자
Radio	IDC_RADIO_MALE	Caption: 남자
Edit	IDC_EDIT_OUTPUT	Multiline: TRUE
Button	IDC_BUTTON_OUTPUT	Caption: 출력하기
Button	IDC_BUTTON_CLOSE	Caption: 종료하기

2 코드 작성하기 : 대화상자의 메시지를 처리하는 Dlg6_5Proc( ) 함수의 코드를 작성한다.

```
#include <windows.h>
#include <TCHAR.H>
#include <stdio.h>
#include "..\resource.h"
… 생략 …
BOOL CALLBACK Dlg6_5Proc(HWND hDlg, UINT iMsg,
                                WPARAM wParam, LPARAM lParam)
{
    static int Check[3], Radio;
    TCHAR hobby[][30] = {_T("독서"), _T("음악감상"), _T("인터넷")};
    TCHAR sex[][30] = {_T("여자"), _T("남자")};
    TCHAR output[200];

    switch(iMsg)
    {
    case WM_INITDIALOG:
        CheckRadioButton(hDlg, IDC_RADIO_FEMALE, IDC_RADIO_MALE,
            IDC_RADIO_FEMALE);
        return 1;
    case WM_COMMAND:
        switch (LOWORD(wParam))
```

```
089         {
090         case IDC_CHECK_READING:
091             Check[0] = 1 - Check[0];
092             break;
093         case IDC_CHECK_MUSIC:
094             Check[1] = 1 - Check[1];
095             break;
096         case IDC_CHECK_INTERNET:
097             Check[2] = 1 - Check[2];
098             break;
099         case IDC_RADIO_FEMALE:
100             Radio = 0;
101             break;
102         case IDC_RADIO_MALE:
103             Radio = 1;
104             break;
105         case IDC_BUTTON_OUTPUT:
106             _stprintf_s(output, _T("선택한 취미는 %s %s %s입니다.\r\n")
107                 _T("선택한 성별은 %s입니다."),
108                 Check[0]?hobby[0]:_T(""), Check[1]?hobby[1]:_T(""),
109                 Check[2]?hobby[2]:_T(""), sex[Radio]);
110             SetDlgItemText(hDlg, IDC_EDIT_OUTPUT, output);
111             break;
112         case IDC_BUTTON_CLOSE:
113             EndDialog(hDlg, 0);
114             break;
115         case IDCANCEL:
116             EndDialog(hDlg, 0);
117             break;
118         }
119         break;
120     }
121     return 0;
122 }
```

76~79행 : 컨트롤의 값을 얻어오기 위한 변수를 선언한다. 각 체크 박스와 라디오 버튼을 위해 정수 변수를 만들어준다. 버튼의 선택 여부를 숫자로 저장하는데, 체크 박스가 3개이기 때문에 배열 변수 Check[3]을 선언한다. 라디오 버튼은 둘 중 하나만 선택되기 때문에 Radio 변수는 배열이 아니고, 0과 1 중 하나만 저장해 성별을 구분한다. 각 버튼에 부여된 Caption과 동일한 단어를 hobby 배열과 sex 배열에 초기화하고, 이것을 이용해 사용자의 선택에 따라 출력을 위한 문자 배열 output에 차례

로 넣는다.

83~85행 : 대화상자가 등장해 WM_INITDIALOG 메시지가 발생하면 라디오 버튼 중 '여자'가 선택되도록 초기화한다. 라디오 버튼은 둘 중 하나는 기본으로 선택되어 있어야 한다.

87~98행 : 대화상자에 있는 버튼을 선택하면 WM_COMMAND 메시지가 발생한다. 어떤 버튼이 선택되었는지는 LOWORD(wParam) 값으로 알 수 있다. 체크 박스를 처리하는 방법은 동일하다. 각 체크 박스와 관련된 변수 Check[i]는 static 변수이므로 처음에는 0이 들어 있는데, 이는 체크 박스가 아직 선택되지 않았다는 의미이다. '독서' 체크 박스를 선택하면 Check[0]에 (1 − Check[0])의 값 1을 저장하고, '독서' 체크 박스를 한 번 더 클릭해 선택을 해제하면 (1 − Check[0])을 다시 계산해 0을 저장한다. 다른 체크 박스도 마찬가지이다. 어쨌든 Check[i] 변수의 내용을 보면 체크 박스의 선택 여부를 알 수 있다.

99~104행 : 라디오 버튼이 선택된 경우는 더 간단하다. '여자' 라디오 버튼을 선택하면 Radio 변수에 0을, '남자' 라디오 버튼을 선택하면 1을 넣는다.

02, 105~111행 : 〈출력하기〉 버튼을 누르면 WM_COMMAND 메시지가 오는데, 이때 LOWORD(wParam)에 IDC_BUTTON_OUTPUT이 저장되어 함께 온다. 문자 배열 output에 "선택한 취미는 %s %s %s입니다. \r\n 선택한 성별은 %s입니다."를 넣는다. 취미에 해당하는 문자열 3개의 위치에는 Check 배열의 내용에 따라 1이면 hobby에 넣고, 저장된 내용이 0이면 NULL 값을 넣게 된다. 성별에 대한 문자열의 위치는 sex[Radio]이기 때문에 0이면 '여자', 1이면 '남자'가 들어간다. 여기서 '\r\n'은 다음 행에 출력되도록 한다. 문자 배열 output에 문자열을 복사하기 위해 여기서는 _stprintf_s( ) 함수를 이용했는데, 이 함수를 이용하려면 stdio.h 파일을 포함해야 한다. output에 출력할 문자열이 있기 때문에 SetDlgItemText( ) 함수를 이용해 output에 있는 내용을 에디트 컨트롤에 출력한다. _stprintf_s( ) 함수는 기존 sprintf( ) 함수의 TCHAR 버전이다.

112~114행 : 〈종료하기〉 버튼을 누르면 대화상자를 종료한다.

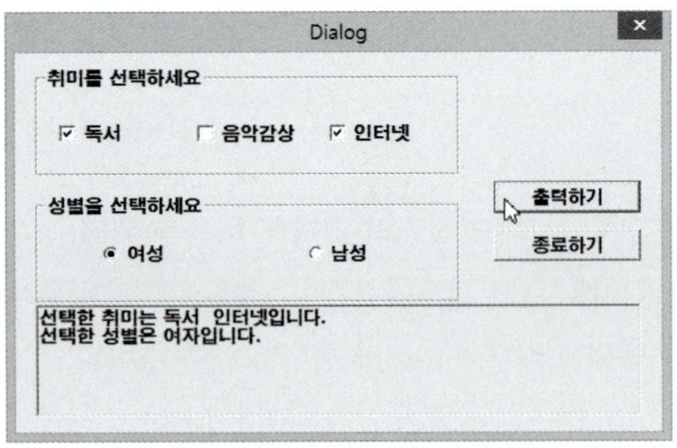

_stprintf_s( ) 함수

```
int _stprintf_s(
   tchar_t (&buffer)[size],
   const tchar_t *format,
   argument...
);
```

배열 buffer의 자료형은 프로젝트의 문자 집합 설정에 따라 char 형일 수도 있고 wchar_t 형일 수도 있다. 이 함수는 format이 가리키는 문자열을 buffer 공간으로 복사하는데, 그대로 복사하는 것이 아니라 printf() 함수처럼 변수의 내용을 반영해 복사한다. 즉 %d, %f, %s, %c와 같은 부분은 argument에 해당되는 위치의 내용으로 대체한다. 함수의 실행이 제대로 끝나면 buffer에 출력한 문자열의 길이를 반환하고, 오류가 발생하면 –1을 반환한다.

06 콤보 박스 컨트롤

콤보 박스 컨트롤은 항목의 리스트 컨트롤을 보여주어 이 중 하나를 선택하도록 할 때 주로 사용한다. 콤보 박스 컨트롤에 텍스트를 항목으로 추가하거나 항목 중 하나를 선택하려면 메시지와 통지 정보를 알아야 한다. 콤보 박스 컨트롤 역시 선택하면 다른 컨트롤처럼 WM_COMMAND 메시지를 발생시킨다. 콤보 박스 컨트롤에서 오는 통지 정보의 종류는 다음과 같다.

콤보 박스 컨트롤의 통지 정보

- CBN_DROPDOWN : 콤보 박스 컨트롤에 등록된 항목이 아래로 펼쳐짐
- CBN_DBLCLK : 아래로 펼쳐진 항목 리스트 컨트롤에서 하나를 더블클릭
- CBN_EDITCHANGE : 콤보 박스 컨트롤의 텍스트 편집 공간에 텍스트를 추가하거나 수정
- CBN_SELCHANGE : 항목 리스트 컨트롤에서 하나를 선택

콤보 박스 컨트롤은 여러 개의 텍스트 항목을 저장하고 사용자에게 보여주는 공간이다. 프로그램 실행 중에 항목 리스트 컨트롤에 텍스트 항목을 새로 추가할 수도 있고 선택된 항목의 텍스트를 얻어올 수도 있는데, 이를 위해서는 콤보 박스 컨트롤에 메시지를 보내야 한다.

컨트롤에 메시지를 보내는 함수는 SendMessage( )이다. 이 함수는 컨트롤이나 윈도우에 특정 명령을 내리기 위해 메시지를 보내고, 그 결과는 함수가 반환하는 값이다.

컨트롤에 메시지를 전송하는 함수

```
LRESULT SendMessage( // 메시지 처리 결과 값
    HWND     hwnd,
    UINT     iMsg,
    WPARAM   wParam,
    LPARAM   lParam
);
```

- hwnd : 메시지를 받을 윈도우나 컨트롤의 핸들 값
- iMsg : 전송할 메시지
- wParam, lParam : 메시지의 부가 정보

콤보 박스 컨트롤은 텍스트를 편집할 수 있는 공간과 여러 개의 항목 리스트 컨트롤로 구성된다. 콤보 박스 컨트롤의 오른쪽 버튼을 누르면 항목 리스트 컨트롤이 아래로 펼쳐진다. 텍스트 편집 공간에 입력한 텍스트를 항목 리스트 컨트롤에 추가하거나, 항목 리스트 컨트롤에서 텍스트를 삭제하거나 검색할 수 있는데, 이에 대한 메시지의 종류는 다음과 같다.

콤보 박스 컨트롤에 보내는 메시지

- CB_ADDSTRING

  콤보 박스 컨트롤의 항목 리스트에 문자열을 새로운 항목으로 추가한다.

  - wParam : 사용하지 않는다.
  - lParam : 추가될 문자열의 시작 주소

- CB_DELETESTRING

  콤보 박스 컨트롤에 있는 항목 하나를 삭제한다.

  - wParam : 삭제하고자 하는 항목의 인덱스를 나타내는 정수로 0부터 시작한다.
  - lParam : 0

- CB_FINDSTRING

  항목 리스트 컨트롤에 있는 텍스트 중 원하는 텍스트가 있는지 찾는다.

  - wParam : 찾기 시작할 위치를 지정하는 인덱스 값으로 0부터 시작한다. -1로 하면 리스트 컨트롤 전체에서 찾는다.
  - lParam : 찾고자 하는 문자열의 시작 주소

- CB_GETCOUNT

  콤보 박스 컨트롤의 항목 리스트에 있는 항목의 개수를 얻는다. 항목의 개수는 SendMessage() 함수가 반환한다.

  - wParam : 0
  - lParam : 0

- CB_GETCURSEL

  현재 선택한 항목의 인덱스 번호를 얻는다. 인덱스 번호는 SendMessage( ) 함수가 반환한다.

  - wParam : 0
  - lParam : 0

- CB_SETCURSEL

  콤보 박스 컨트롤의 텍스트 편집 공간에 지정한 항목의 텍스트를 보여준다.

  - wParam : 나타내고자 하는 항목의 인덱스 번호
  - lParam : 사용하지 않는다.

[실습 6-6]에서는 회원 이름을 에디트 컨트롤에 입력하고 〈가입〉 버튼을 누르면 콤보 박스 컨트롤에 이름이 추가된다. 또한 회원 명단에 있는 이름 하나를 콤보 박스 컨트롤에서 선택하고 〈탈퇴〉 버튼을 누르면 선택한 이름이 회원 명단에서 사라진다. 탈퇴 여부는 콤보 박스 컨트롤의 회원 명단을 펼쳐보면 확인할 수 있다.

실습 6-6 콤보 박스 컨트롤로 회원 명단 관리하기

1 **컨트롤 배치하고 속성 설정하기** : 그림과 표를 참고해 새 대화상자에 컨트롤을 배치하고 속성을 설정한다.

그림 6-14 대화상자와 콤보 박스 컨트롤

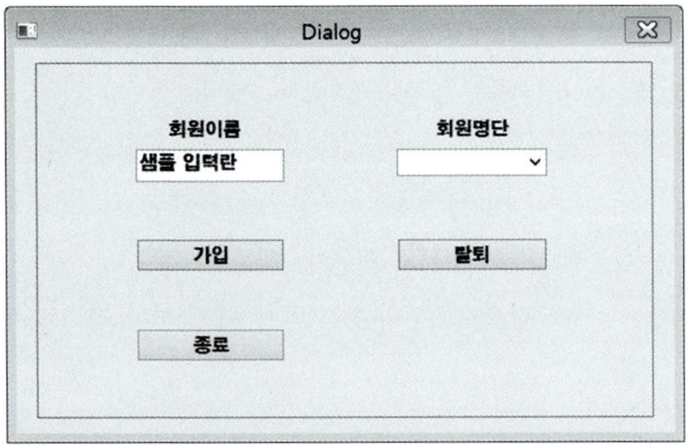

종류	ID	속성
Static	IDC_STATIC	Caption: 회원이름
Static	IDC_STATIC	Caption: 회원명단
Edit	IDC_EDIT_NAME	기본 값
Combo	IDC_COMBO_LIST	기본 값
Button	IDC_BUTTON_INSERT	Caption: 가입
Button	IDC_BUTTON_DELETE	Caption: 탈퇴
Button	IDCLOSE	Caption: 종료

TIP 리스트 박스를 그릴 때는 펼쳐질 영역을 고려해 콤보 박스 컨트롤의 세로 크기를 크게 그려야 한다.

2 **코드 작성하기** : 메시지를 처리하는 Dlg6_6Proc( ) 함수의 코드를 작성한다. 여기서 관심을 갖고 살펴볼 부분은 콤보 박스 컨트롤에 항목을 추가하고 삭제하는 것이다.

```
072  BOOL CALLBACK Dlg6_6Proc(HWND hDlg, UINT iMsg,
073                          WPARAM wParam, LPARAM lParam)
074  {
075      static HWND     hCombo;
076      static int      selection;
077      TCHAR           name[20];
078
079      switch(iMsg)
080      {
081      case WM_INITDIALOG:
082          hCombo = GetDlgItem(hDlg, IDC_COMBO_LIST);
083          return 1;
084      case WM_COMMAND:
085          switch (LOWORD(wParam))
086          {
087          case IDC_BUTTON_INSERT:
088              GetDlgItemText(hDlg, IDC_EDIT_NAME, name, 20);
089              if (_tcscmp(name, _T("")))
090                  SendMessage(hCombo, CB_ADDSTRING, 0, (LPARAM)name);
091              return 0;
092          case IDC_BUTTON_DELETE:
093              SendMessage(hCombo, CB_DELETESTRING, selection, 0);
094              return 0;
095          case IDC_COMBO_LIST:
096              if (HIWORD(wParam) == CBN_SELCHANGE)
097                  selection = SendMessage(hCombo, CB_GETCURSEL, 0, 0);
098              break;
099          case IDCLOSE:
100              EndDialog(hDlg,0);
101              return 0;
102          case IDCANCEL:
103              EndDialog(hDlg,0);
104              return 0;
105          }
106          break;
107      }
108      return 0;
109  }
```

75~77행 : 콤보 박스 컨트롤에 데이터를 추가하거나 삭제하려면 콤보 박스 컨트롤에 대한 윈도우 핸들

이 있어야 하므로 hCombo라는 HWND 타입 변수를 선언한다. 그리고 콤보 박스 컨트롤에서 몇 번째 항목을 선택했는지를 알려주는 정숫값을 저장할 selection 변수를 선언한다. 에디트 컨트롤에 입력한 이름을 저장할 name이라는 문자 배열 변수를 선언한다.

81, 82행 : 대화상자가 생성될 때 GetDlgItem( ) 함수를 이용해 콤보 박스 컨트롤에 대한 윈도우 핸들을 얻어온다. GetDlgItem( ) 함수는 컨트롤에 대한 윈도우 핸들을 얻어올 때 사용한다.

84~88행 : 〈가입〉 버튼을 누르면 WM_COMMAND 메시지와 IDC_BUTTON_INSERT가 wParam에 저장되어 온다. GetDlgItemText( ) 함수를 이용해 에디트 컨트롤에서 이름을 얻어온다.

89, 90행 : 얻어온 이름을 문자 배열 name에 저장하는데, name의 내용이 " "가 아니면, 즉 이름을 입력하면 SendMessage( ) 함수를 이용해 콤보 박스 컨트롤 윈도우에 메시지를 보낸다. 콤보 박스 컨트롤 윈도우에 보내는 메시지는 CB_ADDSTRING인데, 이는 네 번째 매개변수로 보내는 문자열을 콤보 박스 컨트롤에 추가하라는 의미이다.

_tcscmp( ) 함수

```
int _tcscmp(
   const tchar_t *string1,
   const tchar_t *string2
);
```

2개의 문자열, 즉 string1이 가리키는 문자열과 string2가 가리키는 문자열을 비교하는 함수이다. string1이 string2보다 사전적인 순서로 앞에 있으면 음수를 반환하고 뒤에 있으면 양수를 반환하며, 두 문자열이 같으면 0을 반환한다. 논리 값 0은 False이고 0이 아닌 수는 True이다.

92~94행 : 〈탈퇴〉 버튼을 누르면 마찬가지로 WM_COMMAND 메시지가 LOWORD(wParam)에 IDC_BUTTON_DELETE 값을 가져온다. 다시 콤보 박스 컨트롤 윈도우에 메시지를 보낸다. 이번에 보내는 메시지는 CB_DELETESTRING인데 이는 콤보 박스 컨트롤에서 항목을 하나 삭제할 때 사용한다. 삭제하고자 하는 항목이 몇 번째인지는 세 번째 매개변수로 보낸다.

95~98행 : 가입한 사람 중 1명이 탈퇴한다고 가정해보자. 먼저 콤보 박스 컨트롤에서 탈퇴할 사람을 선택해야 한다. 항목 하나를 선택하면 WM_COMMAND 메시지가 LOWORD(wParam)에 IDC_COMBO_LIST 값을 가져온다. 그리고 HIWORD(wParam)에는 CBN_SELCHANGE가 들어 있는데 이는 콤보 박스 컨트롤에서 항목을 선택했다는 의미이다. 다시 콤보 박스 컨트롤 윈도우에 메시지를 보내는데 이번에는 CB_GETCURSEL을 보낸다. 이 메시지는 현재 선택한 항목이 콤보 박스 컨트롤에서 몇 번째인지를 정수로 알고자 할 때 사용한다. 정숫값이 반환되면 selection에 저장한다. 현

재 콤보 박스 컨트롤에서 항목 하나를 선택한 상태이다.

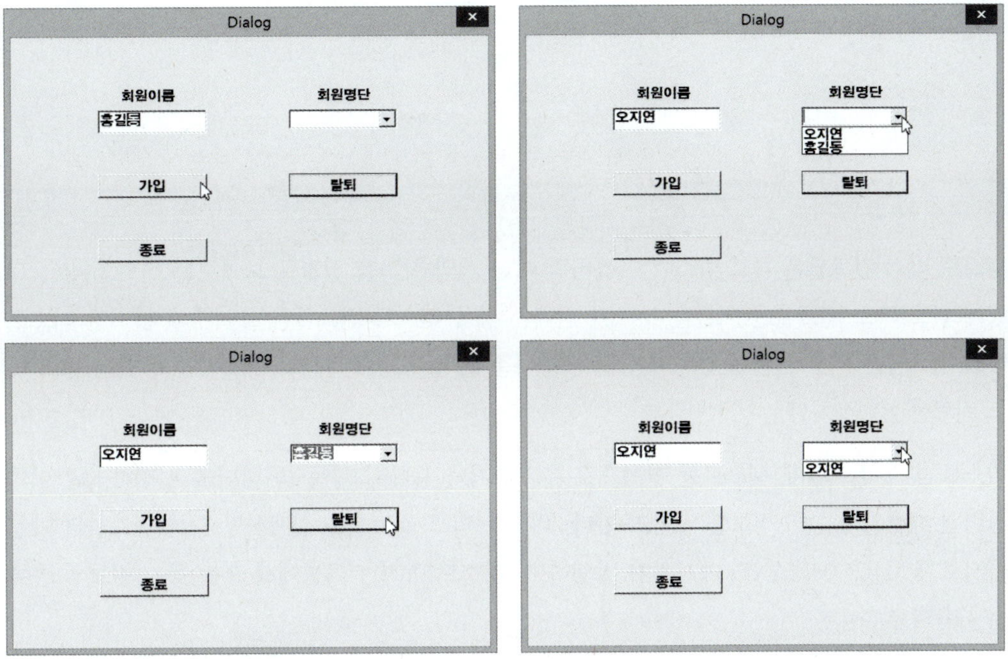

07 리스트 박스 컨트롤

리스트 박스 컨트롤은 콤보 박스 컨트롤처럼 여러 개의 항목을 일렬로 보여주는 컨트롤이다. 그런데 콤보 박스 컨트롤은 버튼을 누르기 전에는 항목 리스트 컨트롤을 보여주지 않지만 리스트 박스 컨트롤은 외부 입력이 없어도 항목을 보여준다. 항목을 추가하고 삭제하는 방법은 콤보 박스 컨트롤과 비슷하다.

리스트 박스 컨트롤에 텍스트를 항목으로 추가하거나 등록된 항목 중 하나를 선택하려면 이와 관련된 메시지와 통지 정보를 알아야 한다. 리스트 박스 컨트롤을 선택하면 다른 컨트롤과 마찬가지로 WM_COMMAND 메시지가 발생하며, 리스트 박스 컨트롤에서 오는 통지 정보의 종류는 다음과 같다.

리스트 박스 컨트롤의 통지 정보

- LBN_DBLCLK : 리스트 박스 컨트롤의 여러 항목 중 하나를 더블클릭
- LBN_SELCHANGE : 항목 중 하나가 선택됨
- LBN_SETFOCUS : 리스트 박스 컨트롤이 포커스를 받음
- LBN_KILLFOCUS : 리스트 박스 컨트롤이 포커스를 잃음
- WM_DELETEITEM : 리스트 박스 컨트롤의 항목 중 하나가 삭제됨

리스트 박스 컨트롤은 여러 개의 텍스트 항목을 저장하고 사용자에게 보여주는 공간이다. 프로그램 실행 중에 항목 리스트 컨트롤에 새로운 텍스트 항목을 추가할 수도 있고 선택된 항목의 텍스트를 얻어올 수도 있는데, 이를 위해서는 메시지를 리스트 박스에 보내야 한다. 이때 사용하는 함수는 SendMessage( )이다.

콤보 박스 컨트롤과 마찬가지로 리스트 박스 컨트롤에도 텍스트 항목을 추가하거나, 텍스트를 삭제하거나 검색할 수 있다. 리스트 박스 컨트롤에 보낼 수 있는 메시지의 종류는 다음과 같다.

- `LB_ADDSTRING`

  리스트 박스 컨트롤의 항목 리스트 마지막에 문자열을 항목으로 추가한다.
  - wParam : 사용하지 않는다.
  - lParam : 문자열의 시작 주소

- `LB_DELETESTRING`

  리스트 박스 컨트롤에 있는 항목 중 하나를 삭제한다.
  - wParam : 삭제하고자 하는 항목의 인덱스를 나타내는 정수로 0부터 시작한다.
  - lParam : 0

- `LB_FINDSTRING`

  항목 리스트 컨트롤에 있는 텍스트 중 원하는 텍스트가 있는지 찾는다.
  - wParam : 찾기 시작할 위치를 지정하는 인덱스로 값은 0부터 시작한다. -1로 하면 리스트 컨트롤 전체에서 찾는다.
  - lParam : 찾고자 하는 문자열의 시작 주소

- `LB_GETCOUNT`

  리스트 박스 컨트롤의 항목 리스트에 있는 항목의 개수를 얻는다. 항목의 개수는 SendMessage() 함수가 반환한다.
  - wParam : 0
  - lParam : 0

- `LB_GETCURSEL`

  현재 선택한 항목의 인덱스 번호를 얻는다. 인덱스 번호는 SendMessage( ) 함수가 반환한다.
  - wParam : 0
  - lParam : 0

- `LB_SETCURSEL`

  선택한 항목을 보여준다.
  - wParam : 선택한 항목의 인덱스 번호
  - lParam : 사용하지 않는다.

- `LB_GETSELCOUNT`

  리스트 컨트롤 중 선택한 항목의 개수를 얻는다. 항목의 개수는 SendMessage( ) 함수가 반환한다.
  - wParam : 0
  - lParam : 0

- LB_GETSELITEMS

  리스트 컨트롤 중 선택한 항목의 인덱스 번호를 가져온다.
  - wParam : 선택할 수 있는 항목의 최대 개수
  - lParam : 선택한 항목들의 인덱스 번호를 저장할 정수 배열의 시작 주소
- LB_GETTEXT

  항목 리스트 컨트롤 중 wParam에서 지정한 인덱스 항목의 텍스트를 얻어온다.
  - wParam : 얻어올 항목의 인덱스 번호
  - lParam : 얻어온 텍스트를 저장할 버퍼의 시작 주소
- LB_INSERTSTRING

  항목 리스트 중간에 문자열을 새로운 항목으로 추가한다.
  - wParam : 항목 리스트 중 추가될 위치의 인덱스 번호
  - lParam : 문자열의 시작 주소

[실습 6-7]은 [실습 6-6]의 과정을 콤보 박스 컨트롤 대신 리스트 박스 컨트롤로 구현한 것으로 두 실습의 유사점과 차이점을 살펴볼 필요가 있다. [실습 6-7]에서는 이름을 에디트 컨트롤에 입력하고 〈가입〉 버튼을 누르면 회원 명단에 이름이 추가된다. 또한 리스트 박스 컨트롤의 이름 중 하나를 선택하고 〈탈퇴〉 버튼을 누르면 선택한 이름이 리스트 박스 컨트롤에서 사라진다.

실습 6-7 리스트 박스 컨트롤로 회원 명단 관리하기

1 컨트롤 배치하고 속성 설정하기 : 그림과 표를 참고해 새 대화상자에 컨트롤을 배치하고 속성을 설정한다. 콤보 박스 컨트롤을 리스트 박스 컨트롤로 변경한 것 말고는 [실습 6-6]과 동일하다.

그림 6-15 대화상자와 리스트 박스 컨트롤

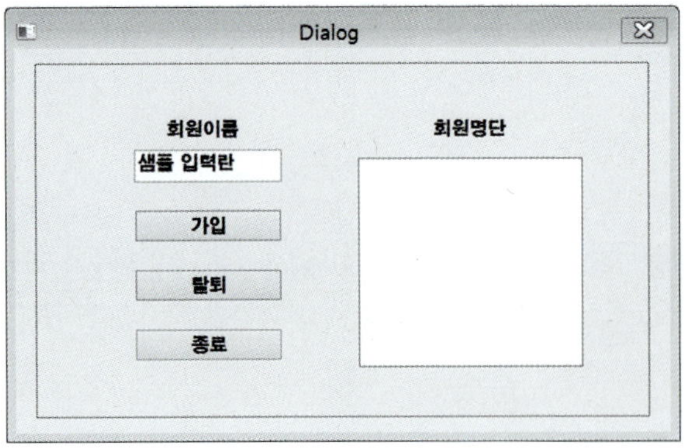

종류	ID	속성
Static	IDC_STATIC	Caption: 회원이름
Static	IDC_STATIC	Caption: 회원명단
Edit	IDC_EDIT_NAME	기본 값
List Box	IDC_LIST_NAME	기본 값
Button	IDC_BUTTON_INSERT	Caption: 가입
Button	IDC_BUTTON_DELETE	Caption: 탈퇴
Button	IDCLOSE	Caption: 종료

2 코드 작성하기 : 메시지를 처리하는 Dlg6_7Proc( ) 함수의 코드를 작성한다. 함수의 구조와 사용 변수는 [실습 6-6]과 비슷하다.

```
BOOL CALLBACK Dlg6_7Proc(HWND hDlg,UINT iMsg,
                        WPARAM wParam, LPARAM lParam)
{
    static HWND     hList;
    static int      selection;
    TCHAR           name[20];

    switch(iMsg)
    {
    case WM_INITDIALOG:
        hList = GetDlgItem(hDlg, IDC_LIST_NAME);
        return 1;
    case WM_COMMAND:
        switch (LOWORD(wParam))
        {
        case IDC_BUTTON_INSERT:
            GetDlgItemText(hDlg, IDC_EDIT_NAME, name, 20);
            if (_tcscmp(name, _T("")))
                SendMessage(hList, LB_ADDSTRING, 0, (LPARAM)name);
            return 0;
        case IDC_BUTTON_DELETE:
            SendMessage(hList, LB_DELETESTRING, selection, 0);
            return 0;
        case IDC_LIST_NAME:
            if (HIWORD(wParam) == LBN_SELCHANGE)
```

```
098                     selection = (int)SendMessage(hList, LB_GETCURSEL, 0, 0);
099                 break;
100             case IDCLOSE:
101                 EndDialog(hDlg, 0);
102                 return 0;
103             case IDCANCEL:
104                 EndDialog(hDlg, 0);
105                 return 0;
106             }
107             break;
108         }
109         return 0;
110     }
```

76~78행 : 리스트 박스 컨트롤의 윈도우 핸들이 필요하기 때문에 HWND 타입으로 hList를 선언한다. selection과 name 변수에 대한 설명은 [실습 6-6]과 같다.

82, 83행 : WM_INITDIALOG 메시지가 도착해 대화상자가 생성되었음을 알리면 리스트 박스 컨트롤의 윈도우 핸들을 얻어와 hList에 저장한다.

85~89행 : 에디트 컨트롤에 이름을 하나 입력하고 〈가입〉 버튼을 눌렀다고 가정해보자. 그러면 WM_COMMAND 메시지가 LOWORD(wParam)에 IDC_BUTTON_INSERT 값을 가지고 도착한다. WM_COMMAND 메시지가 도착하면 GetDlgItemText( ) 함수를 이용해 IDC_EDIT_NAME의 이름을 name에 얻어온다.

90, 91행 : 얻어온 이름이 널 문자가 아니면 리스트 박스의 윈도우 핸들에 이름을 추가하라는 메시지를 리스트 박스 컨트롤 윈도우 핸들에 보낸다. 이때 보내는 메시지는 LB_ADDSTRING이다. 콤보 박스 컨트롤과 같은 방식으로 항목을 추가한다는 것을 알 수 있다.

92~94행 : 가입자 중 한 사람을 선택하고 〈탈퇴〉 버튼을 누르면 case IDC_BUTTON_ DELETE:에 도달한다. 이번에는 hList에 LB_DELETESTRING 메시지를 보내는데 이 메시지는 데이터 항목을 삭제할 때 사용한다. 삭제할 항목의 위치가 selection에 저장되어 있기 때문에 selection을 매개변수로 전달한다.

95~98행 : 리스트 박스 컨트롤에서 한 사람을 선택해 탈퇴시키는 과정을 살펴보자. 리스트 박스 컨트롤에서 한 사람을 선택하면 WM_COMMAND 메시지가 온다. 아울러 LOWORD(wParam)에는 IDC_LIST_NAME이 있고 HIWORD(wParam)에는 LBN_SELCHANGE가 있다. 코드를 살펴보면 이런 상황에서는 hList에 LB_GETCURSEL 메시지를 보내는데, 이 메시지는 선택한 항목이 몇 번

째인지 알아내는 데 사용한다. 몇 번째 항목인지에 대한 정보는 selection에 저장된다.

100~102행 : 〈종료하기〉 버튼을 누르면 EndDialog( ) 함수를 이용해 대화상자를 종료한다.

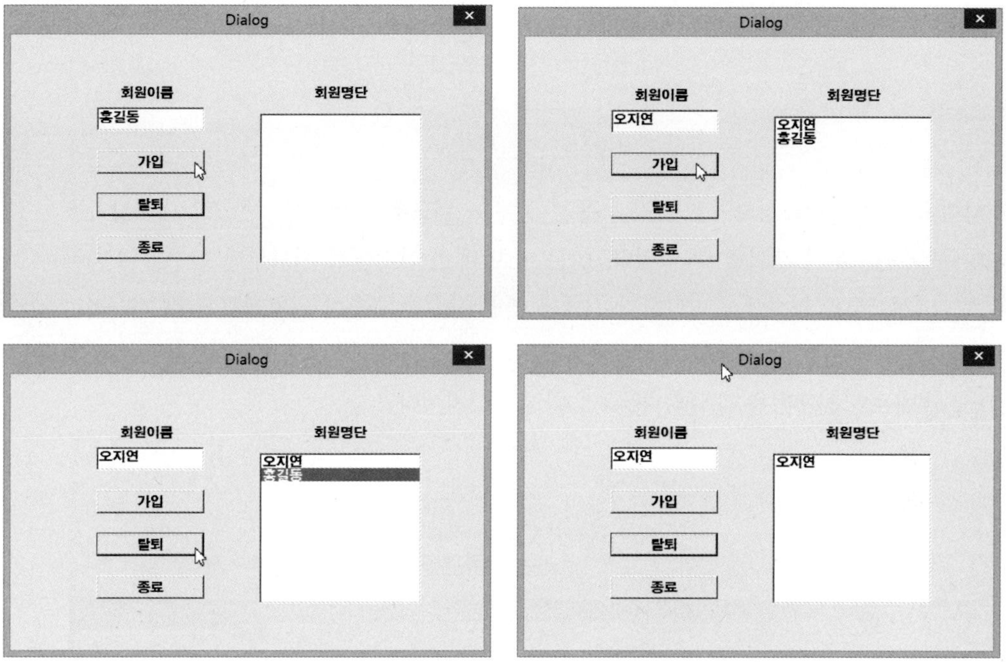

08 모덜리스 대화상자

지금까지 실습한 대화상자들은 등장과 동시에 부모 윈도우를 선택할 수 없고 대화상자를 종료해야 부모 윈도우가 제어될 수 있었다. 이는 마치 메인 함수에서 서브루틴 함수를 호출하는 것과 같다. 서브루틴 함수에서 리턴하기 전에는 메인 함수가 호출한 위치에서 멈춰 기다리는 것과 같다는 의미이다. 이런 형태의 대화상자를 모델 대화상자라고 하며, 그 대표적인 예는 [File]-[Open] 메뉴를 선택했을 때 나타나는 [열기] 대화상자이다.

그림 6-16 모델 대화상자의 예

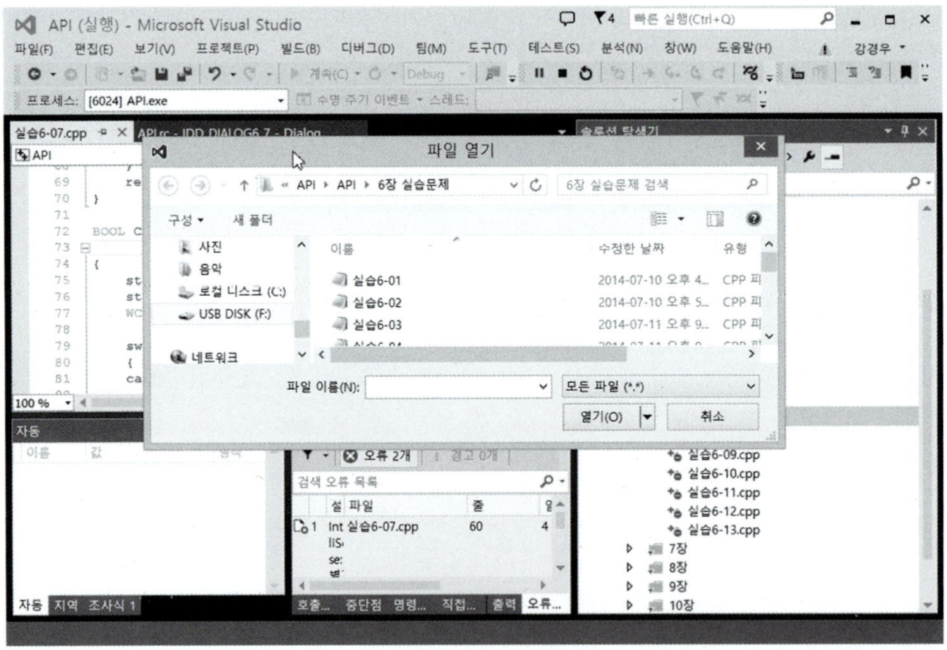

이에 반해 모덜리스 대화상자는 대화상자가 나타나도 부모 윈도우를 선택할 수 있으며, 그 대표적인 예는 비주얼 스튜디오의 [찾기 및 바꾸기] 대화상자이다. [그림 6-18]에서 보듯이 [찾기 및 바꾸기] 대화상자가 나타나도 부모 윈도우의 텍스트를 선택하거나 편집하는 등 부모 윈도우도

제어권을 가질 수 있다.

그림 6-17 모델리스 대화상자의 예

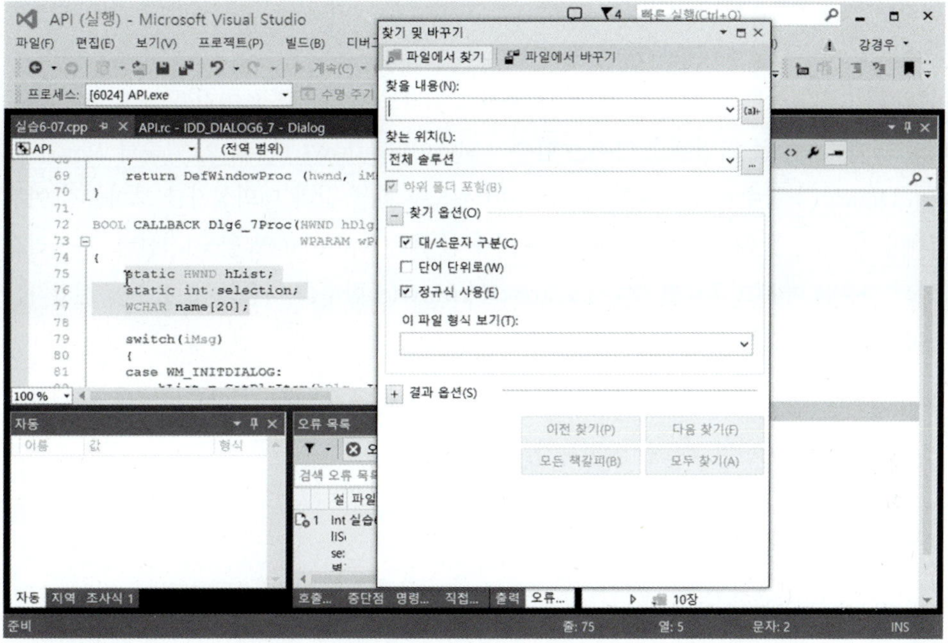

모델리스 대화상자를 만들거나 제거할 때는 모덜 대화상자와는 다른 함수를 이용한다.

모덜리스 대화상자 관련 함수

- 모덜리스 대화상자 생성하기

```
HWND CreateDialog(HINSTANCE hInstance,
LPCTSTR lpTemplate,
HWND hWndParent,
DLGPROC lpDialogFunc
);
```

- 모덜리스 대화상자 보이거나 숨기기

```
BOOL ShowWindow(HWND hwnd,
int nCmdShow
);
```

- 모덜리스 대화상자 종료하기

```
BOOL DestroyWindow(HWND hwnd);
```

모덜리스 대화상자를 생성하는 함수는 CreateDialog( )이다. CreateDialog( ) 함수의 매개변수는 DialogBox( )와 거의 유사하며, 생성된 대화상자의 윈도우 핸들 값을 반환한다는 점만 다르다. 모덜 대화상자는 대화상자의 핸들 값이 필요 없지만, 모덜리스 대화상자는 부모 윈도우와 대화상자가 동시에 구동되기 때문에 부모 윈도우가 대화상자의 윈도우 핸들 값을 가져야 한다. 윈도우 핸들 값을 이용해 대화상자를 종료하지 않더라도 숨기거나 보이기를 해야 하기 때문이다. 생성한 대화상자를 화면에 보여주는 함수는 ShowWindow( )인데, 이 함수를 호출할 때는 CreateDialog( ) 함수에서 생성한 대화상자의 윈도우 핸들 값과 대화상자를 보여줄지 여부를 지정해야 한다. 감출 때는 SW_HIDE를, 보이게 할 때는 SW_SHOW를 지정한다. 모덜리스 대화상자의 사용을 마치고 종료할 때는 DestroyWindow( ) 함수를 이용하며, 함수에 전달하는 인수는 대화상자의 윈도우 핸들 값이다.

[실습 6-8]에서는 [실습 6-7]과 같은 기능을 하는 대화상자를 모덜리스로 만들어본다. 여기서는 모덜리스 대화상자와 관련된 코드만 살펴보자.

실습 6-8 모덜리스 대화상자 만들기

```
#include <windows.h>
#include <TCHAR.H>
#include "..\resource.h"
LRESULT CALLBACK WndProc(HWND hwnd, UINT iMsg,
                     WPARAM wParam, LPARAM lParam);
BOOL CALLBACK Dlg6_8Proc(HWND hDlg, UINT iMsg,
                     WPARAM wParam, LPARAM lParam);
HINSTANCE hInst;

int WINAPI WinMain(HINSTANCE hInstance, HINSTANCE hPrevInstance,
                     LPSTR lpszCmdLine, int nCmdShow)
{
… 생략 …

LRESULT CALLBACK WndProc(HWND hwnd, UINT iMsg,
                     WPARAM wParam, LPARAM lParam)
{
    HWND hDlg = NULL;

    switch (iMsg)
```

```
    {
    case WM_CREATE:
        break;
    case WM_COMMAND:
        switch (LOWORD(wParam))
        {
        case ID_6_8_MENU:
            if (!IsWindow(hDlg))
            {
                hDlg = CreateDialog(hInst,
                    MAKEINTRESOURCE(IDD_DIALOG6_8), hwnd, Dlg6_8Proc);
                ShowWindow(hDlg, SW_SHOW);
            }
            break;
        }
        break;
    case WM_DESTROY:
        PostQuitMessage(0);
        break;
    }
    return DefWindowProc(hwnd, iMsg, wParam, lParam);
}

BOOL CALLBACK Dlg6_8Proc(HWND hDlg, UINT iMsg,
                          WPARAM wParam, LPARAM lParam)
{
    static   HWND hList;
    static   int selection;
    TCHAR    name[20];

    switch (iMsg)
    {
    case WM_INITDIALOG:
        hList = GetDlgItem(hDlg, IDC_LIST_NAME);
        return 1;
    case WM_COMMAND:
        switch (LOWORD(wParam))
        {
        case IDC_BUTTON_INSERT:
            GetDlgItemText(hDlg, IDC_EDIT_NAME, name, 20);
```

```
096                 if (_tcscmp(name, _T("")))
097                     SendMessage(hList, LB_ADDSTRING, 0, (LPARAM)name);
098                 return 0;
099             case IDC_BUTTON_DELETE:
100                 SendMessage(hList, LB_DELETESTRING, selection, 0);
101                 return 0;
102             case IDC_LIST_NAME:
103                 if (HIWORD(wParam) == LBN_SELCHANGE)
104                     selection = (int)SendMessage(hList, LB_GETCURSEL, 0, 0);
105                 break;
106             case IDCLOSE:
107                 DestroyWindow(hDlg);
108                 hDlg = NULL;
109                 return 0;
```

53행 : WndProc( ) 함수 안에서는 HWND 타입의 hDlg 변수를 선언한다. 이는 모덜리스 대화상자를 생성하고 나서 생성된 대화상자의 윈도우 핸들 값을 저장하기 위한 변수이다.

63행 : 모덜리스 대화상자를 두 번 이상 생성하려는 시도를 방지하기 위해 IsWindow( ) 함수를 호출한다. 대화상자가 이미 생성되어 있어도 부모 윈도우의 메뉴를 선택할 수 있기 때문에 대화상자를 또 생성하려고 시도할 수 있다. IsWindow( ) 함수는 매개변수로 주어진 윈도우 핸들 값이 유효한지 검사한다.

65~67행 : 유효하지 않은 윈도우이면, 즉 생성된 대화상자가 없을 때만 CreateDialog( ) 함수를 호출해 대화상자를 생성한다. 그리고 생성한 대화상자를 ShowWindow( ) 함수를 이용해 화면에 보여준다.

107, 111행 : 대화상자는 EndDialog( )가 아닌 DestroyWindow( ) 함수로 종료해야 한다.

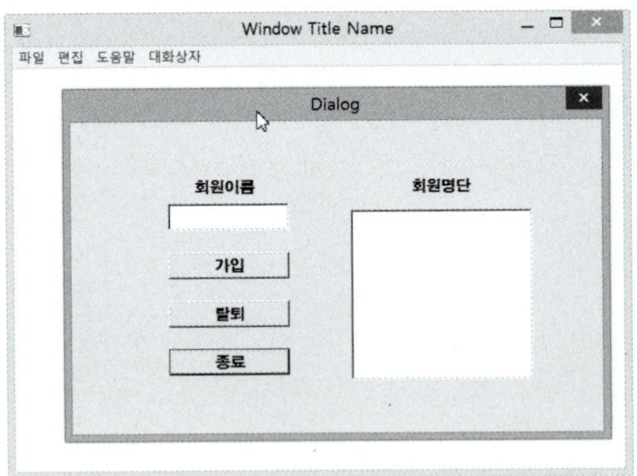

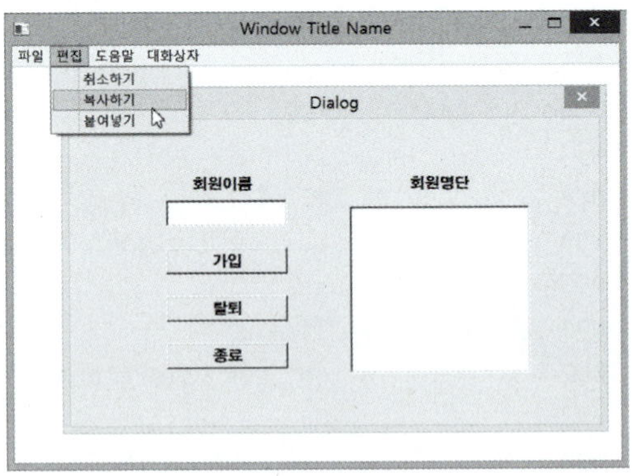

09 리스트 컨트롤

리스트 박스 컨트롤을 더 발전시킨 형태인 리스트 컨트롤을 사용하는 방법을 살펴보자. 리스트 박스 컨트롤이 여러 항목을 일렬로 보여준다면 리스트 컨트롤은 다음과 같이 여러 개의 열로 정보를 정렬해 보여준다. 리스트 컨트롤은 리스트 박스 컨트롤과 비슷하지만 훨씬 더 복잡하기 때문에 여기서는 예제 하나로 리스트 컨트롤을 설명하지 않고 몇 단계로 나누어 살펴볼 것이다. 하지만 모든 실습의 시나리오는 [실습 6-7]의 회원 가입/탈퇴 프로그램과 비슷한 형태이다.

리스트 컨트롤 칼럼을 만들려면 LVCOLUMN 구조체가 필요하다. 그리고 리스트 컨트롤 관련 자료 구조와 메시지를 사용하려면 commctrl.h 파일을 반드시 포함해야 한다.

LVCOLUMN 구조체

```
typedef struct _LVCOLUMN {
      UINT     mask;
      Int      fmt;
      int      cx;
      LPTSTR   pszText;
      int      cchTextMax;
      int      iSubItem;
} LVCOLUMN, *LPLVCOLUMN;
```

LVCOLUMN 구조체의 필드는 다음과 같다.

- **mask** : LVCOLUMN 구조체의 어떤 필드에 의미 있는 값이 들어 있는지를 나타내며, 다음과 같은 값의 조합으로 표현한다.
  - LVCF_FMT : fmt 필드
  - LVCF_WIDTH : cx 필드
  - LVCF_TEXT : pszText 필드
  - LVCF_SUBITEM : iSubItem 필드

- **fmt** : 칼럼 타이틀과 리스트 컨트롤 각 하부 항목의 정렬 방법을 나타낸다. 다음과 같은 값의 조합으로 표현하는데, 단 맨 왼쪽에 있는 칼럼은 항상 왼쪽 정렬을 해야 한다.
  - LVCFMT_LEFT : 왼쪽 정렬
  - LVCFMT_RIGHT : 오른쪽 정렬
  - LVCFMT_CENTER : 가운데 정렬
- **cx** : 칼럼의 폭을 픽셀 단위로 나타낸 정수이다.
- **pszText** : 칼럼의 타이틀명을 지정하려고 타이틀명이 저장된 공간의 시작 주소를 저장한다.
- **cchTextMax** : pszText가 가리키는 공간의 크기 값을 저장한다.
- **iSubItem** : 몇 번째 칼럼인지를 나타내는 인덱스로 정수이다.

칼럼 만들기 예

```
01 LVCOLUMN lvCol;
02 memset(&loCol, 0, sizeof(LVCOLUMN));
03 lvCol.mask = LVCF_FMT | LVCF_WIDTH | LVCF_TEXT |
04              LVCF_SUBITEM;
05 lvCol.fmt = LVCFMT_LEFT;
06 lvCol.cx = 90;
07 lvCol.pszText = _T("칼럼 이름");
08 lvCol.iSubItem = i;
09 SendMessage(HList, // 리스트 컨트롤의 핸들
10     LVM_INSERTCOLUMN, // 칼럼 추가를 위한 메시지
11     (WPARAM)1, // 추가할 칼럼의 인덱스
12     (LPARAM)&lvCol // 추가할 칼럼 정보
13 );
```

01행 : 먼저 LVCOLUMN이라는 구조체 타입의 lvCol 변수를 만들고 각 필드에 값을 부여한다.

02행 : lvCol의 모든 필드를 0으로 초기화한다.

03, 04행 : fmt, cx, pszText, iSubItem 필드에 의미 있는 값을 저장하기 위해 mask를 설정한다.

05행 : 칼럼을 왼쪽 정렬한다.

06행 : 칼럼의 폭을 90픽셀로 지정한다.

07행 : 칼럼의 이름을 '칼럼 이름'으로 지정한다.

08행 : 칼럼의 인덱스 번호를 지정한다.

09~13행 : 리스트 컨트롤에 LVM_INSERTCOLUMN 메시지와 함께 lvCol의 내용을 보내면 칼럼이 추가된다.

칼럼이 생성되면 리스트 컨트롤의 각 항목에 데이터를 입력해야 하는데 데이터를 입력하려면 LVITEM 구조체가 필요하다.

LVITEM 구조체

```
typedef struct _LVITEM {
    UINT    mask;
    int     iItem;
    int     iSubItem;
    UINT    state;
    UINT    stateMask;
    LPTSTR  pszText;
    int     cchTextMax;
    int     iImage;
    LPARAM  lParam;
} LVITEM, *LPLVITEM;
```

LVITEM 구조체의 필드는 다음과 같다.

- **mask** : LVITEM 구조체의 어떤 필드에 의미 있는 값이 들어 있는지를 나타내며, 다음과 같은 값의 조합으로 표현한다.
  - LVIF_STATE : state 필드
  - LVIF_TEXT : pszText 필드
  - LVIF_IMAGE : iImage 필드
  - LVIF_PARAM : lParam 필드
- **iItem** : 추가할 항목이 리스트 컨트롤의 몇 번째 항목인지를 나타내는 정수로 0부터 시작한다.
- **iSubItem** : iItem에서 지정한 행의 몇 번째 서브 항목인지를 가리키는 정수로 1부터 시작한다.
- **pszText** : iItem 행 iSubItem 열에 있는 서브 항목에 출력할 문자열을 가리키는 포인터이다.
- **cchTextMax** : pszText가 가리키는 버퍼의 크기를 나타내는 정수이다.
- **iImage** : 리스트 컨트롤에 등록된 이미지 리스트 중 아이콘으로 사용할 이미지의 인덱스 번호로 0부터 시작한다.

리스트 컨트롤 관련 함수

- 리스트 컨트롤에 새로운 항목 행 추가하기

```
int ListView_InsertItem(
      HWND        hwnd,
      const       LPLVITEM pitem
);
```

- 리스트 컨트롤의 특정 항목에 텍스트 출력하기

```
VOID ListView_SetItemText(
      HWND        hwnd,
      int         i,
      int         iSubItem,
      LPCTSTR     pszText
);
```

WM_NOTIFY 메시지는 컨트롤에 변화가 있을 때 부모 윈도우에 보내는 것이다. 변화에 대한 상세 정보는 lParam에 저장되어 온다. WM_NOTIFY 메시지가 왔을 때 lParam 정보를 보려면 NMHDR 타입에 대한 포인터형인 LPNMHDR 타입으로 형 변환을 하거나, NMLISTVIEW 구조체의 포인터형인 LPNMLISTVIEW 타입으로 형 변환을 해야 한다. LPNMHDR로 형 변환을 한 경우에는 변화가 일어난 컨트롤의 윈도우 핸들 값과 변화 내용을 알 수 있고, LPNMLISTVIEW로 형 변환을 하면 리스트 컨트롤의 어떤 항목에 변화가 있었는지 알 수 있다. NMHDR 구조체의 형태는 다음과 같다.

NMHDR 구조체

```
typedef struct tagNMHDR {
     HWND       hwndFrom;
     UINT_PTR   idFrom;
     UINT       code;
} NMHDR;
```

NMHDR 구조체의 필드는 다음과 같다.

- **hwndFrom** : 변화가 발생해 메시지를 보내는 컨트롤의 윈도우 핸들 값을 저장한다.
- **idFrom** : 메시지를 보낸 컨트롤의 ID 값을 저장한다.
- **code** : 컨트롤에 발생한 변화 내용을 담고 있다. 컨트롤은 종류에 따라 변화 내용이 너무 많

기 때문에 여기서는 리스트 컨트롤에서 발생할 수 있는 일부 변화만 설명한다.

- LVN_ITEMCHANGING : 리스트 컨트롤의 항목에 변화 발생
- LVN_KEYDOWN : 리스트 컨트롤에서 키보드를 누름
- LVN_INSERTITEM : 리스트 컨트롤에 새 항목이 추가됨
- LVN_DELETEITEM : 리스트 컨트롤의 항목 하나가 삭제됨
- LVN_COLUMNCLICK : 리스트 컨트롤의 특정 칼럼이 선택됨

다음으로 NMLISTVIEW 구조체의 형태는 다음과 같다.

NMLISTVIEW 구조체

```
typedef struct tagNMLISTVIEW {
     NMHDR    hdr;
     int      iItem;
     int      iSubItem;
     UINT     uNewState;
     UINT     uOldState;
     UINT     uChanged;
     POINT    ptAction;
     LPARAM   lParam;
} NMLISTVIEW,*LPNMLISTVIEW;
```

NMLISTVIEW 구조체의 필드는 다음과 같다.

- **hdr** : WM_NOTIFY와 함께 변화가 일어난 컨트롤의 윈도우 핸들 값과 변화 내용을 알려주는 정보가 들어 있다. 이는 lParam을 LPNMHDR 타입으로 형 변환할 때와 동일하다.
- **iItem** : 리스트 컨트롤의 몇 번째 행에 변화가 있었는지를 알려주는 인덱스 값으로 0부터 시작한다.
- **iSubItem** : 리스트 컨트롤의 몇 번째 열에 변화가 있었는지를 알려주는 인덱스 값으로 0부터 시작하는 정수이다.
- 나머지는 WM_NOTIFY에서 사용하지 않는다.

리스트 컨트롤의 특정 항목에서 텍스트를 얻어오는 함수

```
void ListView_GetItemText(
     HWND      hwnd, // 리스트 컨트롤 윈도우 핸들
     int       iItem, // 특정 항목의 위치(행)
     int       iSubItem, // 특정 항목의 위치(열)
     LPTSTR    pszText, // 텍스트 저장 버퍼 주소
     int       cchTextMax // 버퍼 길이
);
```

리스트 컨트롤의 특정 항목을 삭제하는 함수

```
BOOL ListView_DeleteItem(
     HWND     hwnd, // 리스트 컨트롤 윈도우 핸들
     int      iItem, // 특정 항목의 위치(행)
```

지금까지 배운 구조체와 함수를 이용해 리스크 컨트롤에 칼럼을 만들어보자. [실습 6-7]의 회원 가입/탈퇴 프로그램과 비슷한 시나리오로 구현하지만 리스트 컨트롤 사용법을 단계적으로 설명하기 위해 여기서는 칼럼만 만든다.

실습 6-9 리스트 컨트롤에 칼럼 만들기

1 컨트롤 배치하고 속성 설정하기 : 그림과 표를 참고해 새 대화상자에 컨트롤을 배치하고 속성을 설정한다. 속성 중 [View] 값을 Icon으로 하면 아래 그림과 같이 아이콘이 나열된 형태로 나

그림 6-18 대화상자와 리스트 컨트롤의 속성

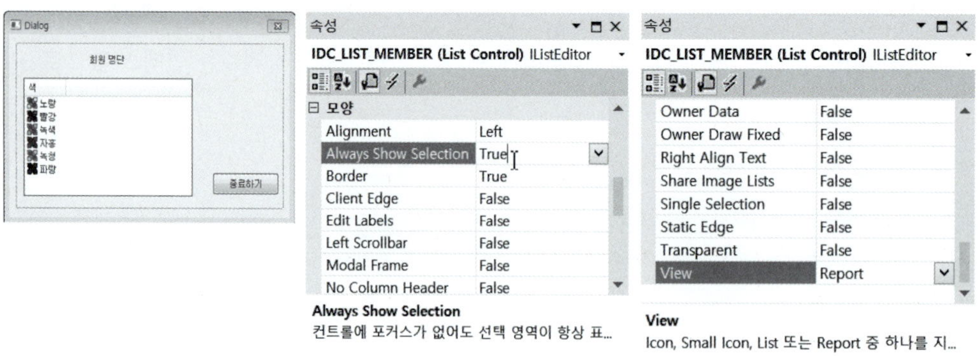

타나고, [View] 값을 Report로 하면 표와 같은 형태로 바뀐다. 여기서는 [View]를 Report로 변경해야 한다. 그리고 리스트 컨트롤에서 아이템을 선택하기 위해 [Always Show Selection] 속성을 True로 변경한다.

2 코드 작성하기 : 메시지를 처리하는 Dlg6_9Proc( ) 함수와 칼럼을 만드는 MakeColumn( ) 함수의 코드를 작성한다.

```
#include <commctrl.h>

… 생략 …

void MakeColumn(HWND hDlg)
{
    LPCTSTR       name[2] = {_T("이름"), _T("전화번호")};
    LVCOLUMN      lvCol = {0,};
    HWND          hList;
    int           i;
    hList = GetDlgItem(hDlg, IDC_LIST_MEMBER);
    lvCol.mask = LVCF_FMT | LVCF_WIDTH | LVCF_TEXT | LVCF_SUBITEM;
    lvCol.fmt = LVCFMT_LEFT;

    for (i=0; i<2; i++)
    {
        lvCol.cx = 90;
        lvCol.iSubItem = i;
        lvCol.pszText = (LPCSTR)name[i];
        SendMessage(hList, LVM_INSERTCOLUMN, (WPARAM)i, (LPARAM)&lvCol);
    }
}

BOOL CALLBACK Dlg6_9Proc(HWND hDlg, UINT iMsg,
                         WPARAM wParam, LPARAM lParam)
{
    switch(iMsg)
    {
    case WM_INITDIALOG:
        MakeColumn(hDlg);
        return 1;
    case WM_COMMAND:
```

```
108             switch (LOWORD(wParam))
109             {
110             case IDCLOSE:
111                 DestroyWindow(hDlg);
112                 hDlg=NULL;
113                 return 0;
```

82행 : MakeColumn( ) 함수 내부에 칼럼 이름을 저장할 name 배열 변수를 선언하고 칼럼의 이름을 '이름', '전화번호'로 초기화한다.

83~96행 : LVCOLUMN 구조체 변수인 lvCol을 만들고 mask, fmt, cx, iSubItem, pszText 필드를 채운다. 그리고 리스트 컨트롤(hList)에 LVM_INSERTCOLUMN 메시지를 보내 칼럼을 추가한다. SendMessage( ) 함수의 세 번째 매개변수는 몇 번째 칼럼인지를 나타내는 칼럼 인덱스이다. 칼럼이 2개이므로 MakeColumn( ) 함수에서 for 문을 이용해 칼럼을 추가한다.

104, 105행 : 대화상자를 초기화하는 WM_INITDIALOG 메시지가 도착하면 리스트 컨트롤의 칼럼을 만들기 위해 MakeColumn( ) 함수를 호출한다.

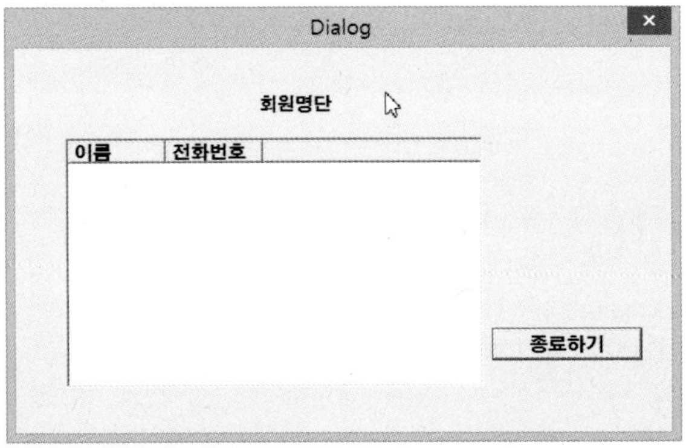

리스트 컨트롤의 칼럼 크기가 리스트 컨트롤의 너비와 같지 않기 때문에 전화번호 칼럼이 약간 잘려서 나온다. 리스트 컨트롤의 크기에 따라 칼럼의 크기가 맞춰서 나오게 하려면 리스트 컨트롤의 너비를 알아야 하는데, 이때 다음과 같이 GetClientRect( ) 함수를 이용할 수 있다. 다음 코드에서 만드는 첫 번째 칼럼의 크기는 리스트 컨트롤 너비의 절반을 차지한다.

```
LVCOLUMN lvCol;
RECT rt;
memset(&loCol, 0, sizeof(LVCOLUMN));
```

```
GetClientRect(hList, &rt);
lvCol.mask = LVCF_FMT | LVCF_WIDTH | LVCF_TEXT |
             LVCF_SUBITEM;
lvCol.fmt = LVCFMT_LEFT;
lvCol.cx = (int)rt.right/2;
lvCol.pszText = _T("칼럼 이름");
lvCol.iSubItem = 0;
SendMessage(hList, // 리스트 컨트롤의 핸들
    LVM_INSERTCOLUMN, // 칼럼 추가를 위한 메시지
    (WPARAM)0, // 추가할 칼럼의 인덱스
    (LPARAM)&lvCol // 추가할 칼럼의 정보
);
```

[실습 6-9]를 확장해 리스트 컨트롤에 데이터를 추가해보자. [실습 6-10]에서는 〈데이터 입력〉 버튼을 추가하고, 약속된 데이터를 버튼 클릭으로 리스트 컨트롤에 추가한다.

실습 6-10 리스트 컨트롤에 데이터 추가하기

1 컨트롤 배치하고 속성 설정하기 : 리스트 컨트롤을 이용하기 위해 버튼 하나를 추가하고 표를 참고해 속성을 설정한다. 추가된 〈데이터 입력〉 버튼 컨트롤은 리스트 컨트롤에 데이터를 입력하는 데 사용한다.

그림 6-19 대화상자와 리스트 컨트롤

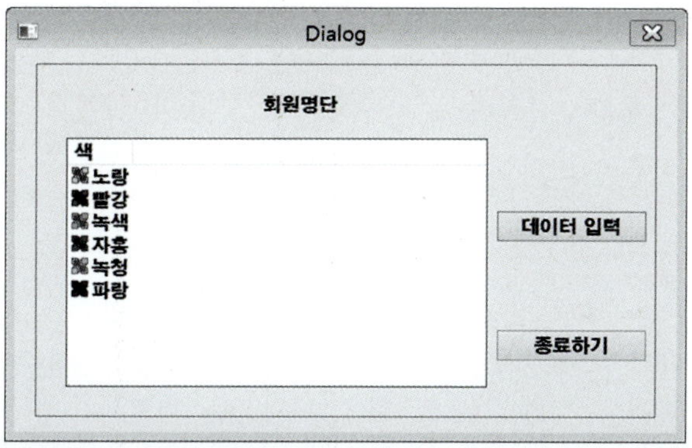

종류	ID	속성
Button	IDC_BUTTON_INSERT	Caption: 데이터 입력

2 코드 작성하기 : [실습 6-9]에서 작성한 프로그램에 데이터 입력을 위한 InsertData( ) 함수 코드를 추가한다.

```
void InsertData(HWND hDlg)
{
    LVITEM      item;
    HWND        hList;
    LPTSTR      name[20] = {_T("김철수"), _T("김영희")};
    LPTSTR      phone[20] = {_T("010-2573-8574"), _T("011-9872-5867")};
    int         i;
    hList = GetDlgItem(hDlg, IDC_LIST_MEMBER);

    for (i=0; i<2; i++)
    {
        item.mask = LVIF_TEXT;
        item.iItem = i;
        item.iSubItem = 0;
        item.pszText = name[i];
        ListView_InsertItem(hList,&item);
        ListView_SetItemText(hList, i, 1, phone[i]);
    }
}

BOOL CALLBACK Dlg6_10Proc(HWND hDlg, UINT iMsg,
                          WPARAM wParam, LPARAM lParam)
{
    switch (iMsg)
    {
    case WM_INITDIALOG:
        MakeColumn(hDlg);
        return 1;
    case WM_COMMAND:
        switch (LOWORD(wParam))
        {
        case IDC_BUTTON_INSERT:
            InsertData(hDlg);
            return 0;
        case IDCLOSE:
            DestroyWindow(hDlg);
            hDlg = NULL;
```

```
135                 return 0;
136             case IDCANCEL:
137                 DestroyWindow(hDlg);
138                 hDlg = NULL;
139                 return 0;
140             }
141             break;
142         }
143         return 0;
144     }
```

102, 103행 : InsertData( ) 함수에서는 2명의 이름과 전화번호를 저장하기 위해 name과 phone 배열 변수를 선언한다.

100~116행 : LVITEM 구조체 변수인 item를 만들고 mask, iItem, iSubItem, pszText 필드를 채워 넣는다. 그리고 ListView_InsertItem( ) 함수를 이용해 리스트 컨트롤(hList)에 항목(item)을 추가한다. 그러면 리스트 컨트롤에 새로운 항목 행이 추가되고 첫 번째 서브 항목이 완성된다. 두 번째 서브 항목에 전화번호를 출력하기 위해 ListView_SetItemText(hList, i, 1, phone[i]);을 수행한다. 입력할 데이터가 2명에 관한 것이므로 for 문을 이용해 데이터를 추가한다.

129~131행 : 〈데이터 입력〉 버튼을 누르면 2명의 데이터를 리스트 컨트롤에 입력하기 위해 InsertData( ) 함수를 호출한다.

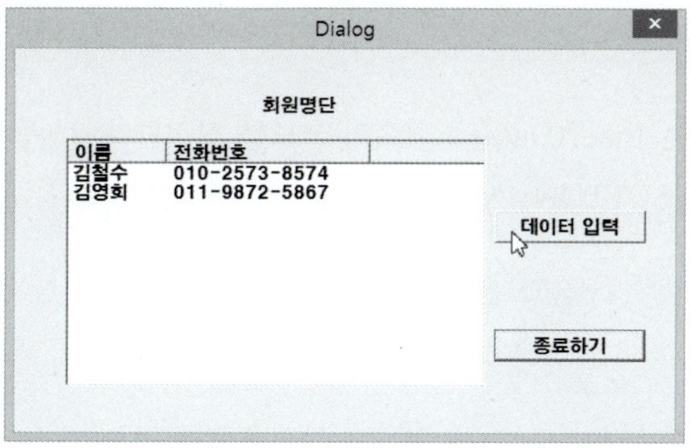

[실습 6-11]에서는 [실습 6-10]의 발전된 형태로 에디트 컨트롤을 이용해 회원의 이름과 전화번호를 입력한 데이터를 리스트 컨트롤에 추가한다.

실습 6-11 입력 정보를 리스트 컨트롤에 추가하기

1 컨트롤 배치하고 속성 설정하기 : [실습 6-10]의 대화상자를 [그림 6-20]과 같이 변경하고 표를 참고해 컨트롤 속성을 설정한다. 추가된 〈가입〉 버튼은 회원 이름과 전화번호에 입력된 정보를 리스트 컨트롤에 입력하는 데 사용된다.

그림 6-20 대화상자와 리스트 컨트롤

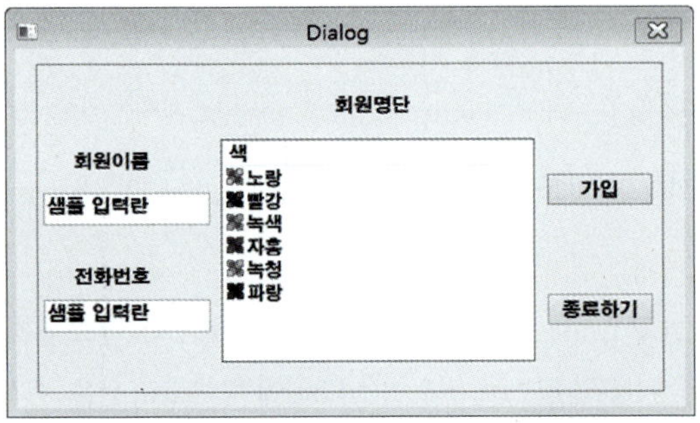

종류	ID	속성
Static	IDC_STATIC	Caption: 회원이름
Edit	IDC_EDIT_NAME	기본 값
Static	IDC_STATIC	Caption: 전화번호
Edit	IDC_EDIT_PHONE	기본 값
Button	IDC_BUTTON_INSERT	Caption: 가입

2 코드 작성하기 : [실습 6-10]에서 변경되는 InsertData( ) 함수의 코드를 작성한다. [실습 6-10]과 같이 InsertData( ) 함수는 IDC_BUTTON_INSERT 버튼을 클릭하면 호출된다.

```
void InsertData(HWND hDlg)
{
    int         count;
    LVITEM      item;
    HWND        hList;
    TCHAR       name[20], phone[20];

    GetDlgItemText(hDlg, IDC_EDIT_NAME, name, 20);
    SetDlgItemText(hDlg, IDC_EDIT_NAME, _T(""));
    if (_tcscmp(name, _T("")) == 0) return;
```

```
    GetDlgItemText(hDlg, IDC_EDIT_PHONE, phone, 20);
    SetDlgItemText(hDlg, IDC_EDIT_PHONE, _T(""));

    hList = GetDlgItem(hDlg, IDC_LIST_MEMBER);
    count = ListView_GetItemCount(hList);
    item.mask = LVIF_TEXT;
    item.iItem = count;
    item.iSubItem = 0;
    item.pszText = name;
    ListView_InsertItem(hList, &item);
    ListView_SetItemText(hList, count, 1, phone);
}

BOOL CALLBACK Dlg6_11Proc(HWND hDlg, UINT iMsg,
                            WPARAM wParam, LPARAM lParam)
{
    switch(iMsg)
    {
    case WM_INITDIALOG:
        MakeColumn(hDlg);
        return 1;
    case WM_COMMAND:
        switch (LOWORD(wParam))
        {
        case IDC_BUTTON_INSERT:
            InsertData(hDlg);
            return 0;
        case IDCLOSE:
            DestroyWindow(hDlg);
            hDlg=NULL;
            return 0;
        case IDCANCEL:
            DestroyWindow(hDlg);
            hDlg=NULL;
            return 0;
        }
        break;
    }
    return 0;
}
```

105, 108행 : 여기서는 〈가입〉 버튼을 누르면 에디트 컨트롤에 입력된 정보를 읽어들인다. 회원 이름은 name에 저장하고 전화번호는 phone에 저장한다.

106, 109행 : 에디트 컨트롤의 내용을 삭제한다.

107행 : 만약 회원 이름을 입력하지 않고 〈가입〉 버튼을 눌렀다면 계속 처리할 수 없다. 그러므로 전화번호를 입력했어도 이를 무시하고 함수를 종료해 회원 이름의 입력을 기다린다.

TIP _tcscmp( ) 함수는 6절에서 설명했으니 참고하기 바란다.

112~118행 : 회원 한 사람의 이름과 전화번호를 리스트 컨트롤에 저장하는 것은 [실습 6-10]에서 설명한 것과 동일하다.

[실습 6-11]에서는 에디트 컨트롤에 입력된 회원의 이름과 전화번호를 리스트 컨트롤에 새로운 항목을 만들고 저장하는 프로그램을 작성했다. [실습 6-12]에서는 리스트 컨트롤에 저장된 항목을 선택해 그 정보를 에디트 컨트롤에 출력하는 프로그램을 작성해보자. 대화상자와 컨트롤은 [실습 6-11]에서 사용했던 것을 그대로 활용한다.

실습 6-12 리스트 컨트롤에 있는 항목 선택하기

1 **대화상자 만들기** : [실습 6-11]과 같은 모양의 대화상자를 사용하므로 복사해서 하나 더 만들고 ID를 IDD_DIALOG6_12로 변경한다.

2 **코드 작성하기** : SelectItem( ) 함수를 추가하고, 리스트 컨트롤 항목을 선택하면 SelectItem( ) 함수를 호출하도록 Dlg6_12Proc( ) 함수의 코드를 작성한다.

```
int SelectItem(HWND hDlg, LPARAM lParam)
{
    LPNMLISTVIEW    nlv;
    HWND            hList;
    TCHAR           name[20], phone[20];
    hList = GetDlgItem(hDlg, IDC_LIST_MEMBER);
    nlv = (LPNMLISTVIEW)lParam;
    ListView_GetItemText(hList, nlv->iItem, 0, name, 20);
    SetDlgItemText(hDlg, IDC_EDIT_NAME, name);
    ListView_GetItemText(hList, nlv->iItem, 1, phone, 20);
    SetDlgItemText(hDlg, IDC_EDIT_PHONE, phone);
    return(nlv->iItem);
```

```
132 }
133 
134 BOOL CALLBACK Dlg6_12Proc(HWND hDlg, UINT iMsg,
135                                     WPARAM wParam, LPARAM lParam)
136 {
137     LPNMHDR         hdr;
138     HWND            hList;
139 
140     switch (iMsg)
141     {
142     case WM_INITDIALOG:
143          MakeColumn(hDlg);
144          return 1;
145     case WM_NOTIFY:
146          hdr = (LPNMHDR)lParam;
147          hList = GetDlgItem(hDlg, IDC_LIST_MEMBER);
148          if (hdr->hwndFrom == hList &&
149               hdr->code == LVN_ITEMCHANGING) SelectItem(hDlg, lParam);
150          return 1;
151     case WM_COMMAND:
152          switch (LOWORD(wParam))
153          {
154          case IDC_BUTTON_INSERT:
155               InsertData(hDlg);
156               return 0;
157          case IDCLOSE:
158               DestroyWindow(hDlg);
159               hDlg = NULL;
160               return 0;
161          case IDCANCEL:
162               DestroyWindow(hDlg);
163               hDlg = NULL;
164               return 0;
165          }
166          break;
167     }
168     return 0;
169 }
```

120행 : SelectItem( ) 함수에서 대화상자의 윈도우 핸들 값과 lParam 값을 인수로 넘겨받는다.

126행 : 넘겨받은 lParam에서 선택된 항목이 몇 번째에 위치하는지 얻어내야 하므로 LPNMLISTVIEW

타입으로 형 변환을 한다.

127, 129행 : ListView_GetItemText( ) 함수를 이용해 항목의 텍스트를 얻는다.

128, 130행 : 리스트 컨트롤에서 얻어온 이름과 전화번호를 회원 이름과 전화번호에 해당하는 에디트 컨트롤에 출력한다.

131행 : SelectItem( ) 함수의 반환 값은 선택된 항목이 리스트 컨트롤에서 몇 번째에 위치하는지를 나타내는 정수이다. 이 값은 다음 [실습 6-13]에서 사용한다.

145, 146행 : WM_NOTIFY 메시지가 오면 리스트 컨트롤에서 보낸 것인지 확인해야 한다. 이를 위해 LPNMHDR 타입 변수를 만들고 lParam을 형 변환해 검사한다.

148, 149행 : 조건이 TRUE이면 리스트 컨트롤 항목에 변화가 있는 것이다. 항목의 내용이 변했을 수도 있고, 항목이 새롭게 선택되거나 선택이 바뀌었을 수도 있다. 여기서는 내용을 변경하지 않기 때문에 항목이 선택되었을 때만 LVN_ITEMCHANGING이 온다.

리스트 컨트롤 사용에 관한 실습을 마무리하고 [실습 6-13]에서는 선택한 항목을 수정하고 삭제해보자.

실습 6-13 리스트 컨트롤에 있는 항목 수정 및 삭제하기

1 컨트롤 배치하고 속성 설정하기 : [실습 6-12]에서 사용한 대화상자에 〈수정〉, 〈탈퇴〉 버튼 컨트롤을 추가하고 속성을 설정한다.

그림 6-21 대화상자와 리스트 컨트롤

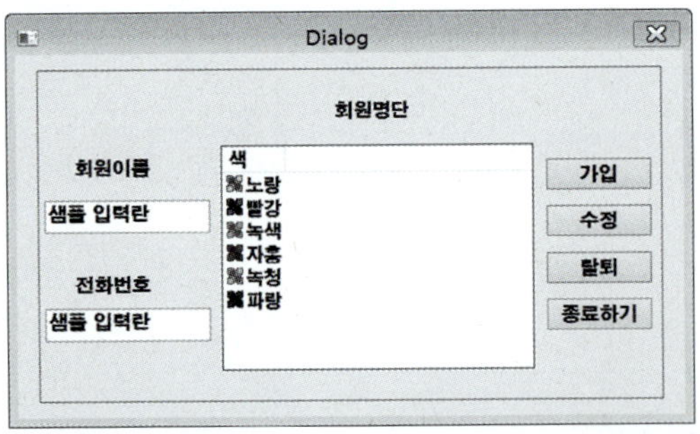

종류	ID	속성
Button	IDC_BUTTON_MODIFY	Caption: 수정
Button	IDC_BUTTON_DELETE	Caption: 탈퇴

2 코드 작성하기 : [실습 6-12]에 ModifyItem( ), DeleteItem( ) 함수를 추가하고, 〈수정〉과 〈탈퇴〉 버튼을 누르면 호출할 Dlg6_13Proc( ) 함수의 코드를 작성한다.

```
void ModifyItem(HWND hDlg, int selection)
{
    static HWND    hList;
    TCHAR          name[20], phone[20];
    hList = GetDlgItem(hDlg, IDC_LIST_MEMBER);
    GetDlgItemText(hDlg, IDC_EDIT_NAME, name, 20);
    GetDlgItemText(hDlg, IDC_EDIT_PHONE, phone, 20);
    if (_tcscmp(name, _T("")) == 0) return;
    ListView_SetItemText(hList, selection, 0, name);
    ListView_SetItemText(hList, selection, 1, phone);
    SetDlgItemText(hDlg, IDC_EDIT_NAME, _T(""));
    SetDlgItemText(hDlg, IDC_EDIT_PHONE, _T(""));
    return;
}

void DeleteItem(HWND hDlg, int selection)
{
    static HWND hList;
    hList = GetDlgItem(hDlg, IDC_LIST_MEMBER);
    ListView_DeleteItem(hList, selection);
    SetDlgItemText(hDlg, IDC_EDIT_NAME, _T(""));
    SetDlgItemText(hDlg, IDC_EDIT_PHONE, _T(""));
    return;
}

#define UNSELECTED -1
BOOL CALLBACK Dlg6_13Proc(HWND hDlg, UINT iMsg,
                          WPARAM wParam, LPARAM lParam)
{
    LPNMHDR        hdr;
    static HWND    hList;
    static int     selection;

    switch (iMsg)
    {
    case WM_INITDIALOG:
        selection = UNSELECTED;
```

```
170             MakeColumn(hDlg);
171             return 1;
172         case WM_NOTIFY:
173             hdr = (LPNMHDR)lParam;
174             hList = GetDlgItem(hDlg, IDC_LIST_MEMBER);
175             if (hdr->hwndFrom == hList && hdr->code == LVN_ITEMCHANGING)
176                 selection = SelectItem(hDlg, lParam);
177             return 1;
178         case WM_COMMAND:
179             switch (LOWORD(wParam))
180             {
181             case IDC_BUTTON_INSERT:
182                 InsertData(hDlg);
183                 return 0;
184             case IDC_BUTTON_MODIFY:
185                 if (selection == UNSELECTED) break;
186                 ModifyItem(hDlg, selection);
187                 selection = UNSELECTED;
188                 return 0;
189             case IDC_BUTTON_DELETE:
190                 if (selection == UNSELECTED) break;
191                 DeleteItem(hDlg, selection);
192                 selection = UNSELECTED;
193                 return 0;
194             case IDCLOSE:
195                 DestroyWindow(hDlg);
196                 hDlg = NULL;
197                 return 0;
198             case IDCANCEL:
199                 DestroyWindow(hDlg);
200                 hDlg = NULL;
201                 return 0;
202             }
203             break;
204         }
205         return 0;
206     }
```

133~146행 : ModifyItem( ) 함수에서는 회원 이름과 전화번호를 에디트 컨트롤에서 얻어와 name과 phone에 저장한다. 그리고 리스트 컨트롤에서 선택된 회원 이름과 전화번호를 name과 phone의

내용으로 수정한다. 회원 이름과 전화번호를 쓰는 에디트 컨트롤에 있는 내용은 삭제한다.

148, 152행 : DeleteItem( )은 리스트 컨트롤에서 선택된 항목을 ListView_DeleteItem( )을 이용해 삭제한다.

184, 189행 : 〈수정〉과 〈탈퇴〉 버튼을 눌렀을 때 (selection == UNSELECTED)를 검사한다. 이는 리스트 컨트롤에서 항목을 이미 선택했는지 판단하기 위한 것으로, 항목이 선택되지 않은 상태에서는 수정이나 삭제가 불가능하기 때문이다.

184~193행 : 〈수정〉과 〈탈퇴〉 버튼에 대한 COMMAND 메시지를 처리한다.

185, 190행 : 선택이 정상적으로 이뤄지면 ModifyItem( )이나 DeleteItem( ) 함수를 호출한다.

요약

1 대화상자를 만들고 사용하는 방법

- 대화상자를 만들려면 리소스 파일이 필요하다.
- 대화상자는 DialogBox( ) 함수로 화면에 띄우고 EndDialog( ) 함수로 종료한다.
- 대화상자는 모덜(모드형) 대화상자와 모덜리스(비모드형) 대화상자가 있다. 모덜리스 대화상자는 CreateDialog( ) 함수로 띄우고 DestroyWindow( ) 함수로 삭제한다.
- 대화상자에 다양한 컨트롤을 배치할 수 있다.

2 컨트롤을 이용하는 방법

- 컨트롤에서는 WM_COMMAND 메시지가 발생한다. 메시지 번호와 함께 LOWORD(wParam)에 버튼 ID, HIWORD(wParam)에 통지 정보, lParam에 컨트롤에 대한 윈도우 핸들이 저장되어 온다.
- 텍스트를 입력하거나 출력하는 데 사용하는 에디트 컨트롤은 SetDlgItemText( )와 GetDlgItemText( ) 함수를 이용한다.
- 버튼 컨트롤, 체크 박스, 라디오 버튼을 클릭해 이벤트를 발생시킨다.
- 콤보 박스 컨트롤과 리스트 박스 컨트롤은 텍스트를 리스트 컨트롤에 저장해 보어준다. SendMessage( ) 함수를 이용해 저장된 리스트 컨트롤에서 특정 텍스트를 얻어오거나 추가한다.
- 리스트 컨트롤은 데이터를 표 형태로 저장하고 출력할 수 있다. 데이터를 추가하려면 먼저 칼럼을 만들고 항목을 추가해야 한다.

연습문제

1 [실습 6-2]는 대화상자에 텍스트를 출력하고, [실습 6-3]은 대화상자에 있는 버튼 컨트롤로부터 메시지를 받는다. 이 두 실습을 기반으로 다음과 같이 대화상자 안에서 바운드되어 돌아다니는 원을 구현해보자.

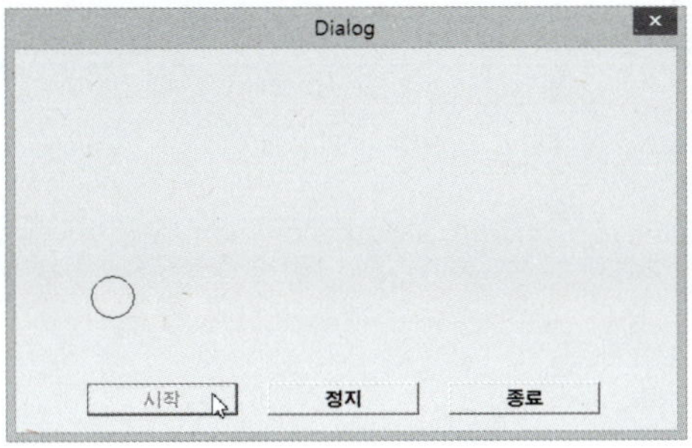

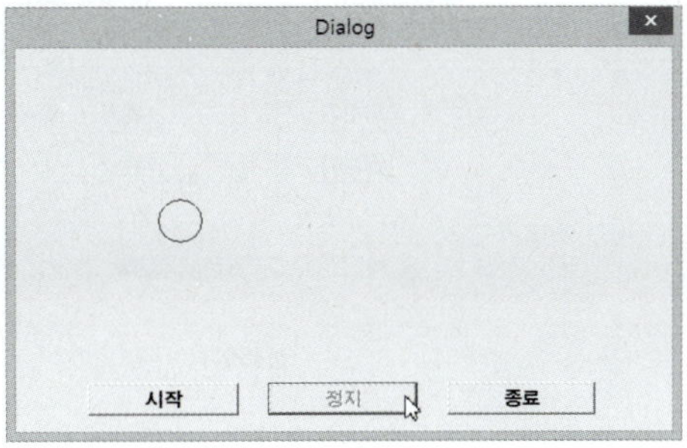

▶ **HINT** 대화상자에 버튼을 3개 만든다. 첫 번째는 원을 바운드하는 〈시작〉 버튼, 두 번째는 원의 바운드를 멈추게 하는 〈정지〉 버튼, 세 번째는 대화상자를 닫는 〈종료〉 버튼이다. 〈시작〉 버튼을 누르면 타이머가 동작하는데, 타이머에 의해 WM_TIMER 메시지가 발생하면 대화상자에서 화면 디바이스 콘텍스트를 얻어와 위치를 바꿔가며 원을 그린다. 실행 중에 〈정지〉 버튼을 누르면 KillTimer로 타이머가 멈춰 원도 정지한다.

2 [실습 6-5]에서는 〈출력하기〉 버튼을 누르면 선택한 취미를 공백으로만 구분해 나열했는데, 이번에는 취미를 쉼표로 구분하는 프로그램을 작성해보자. 즉 이웃하는 취미 사이에 쉼표가 있어야 한다.

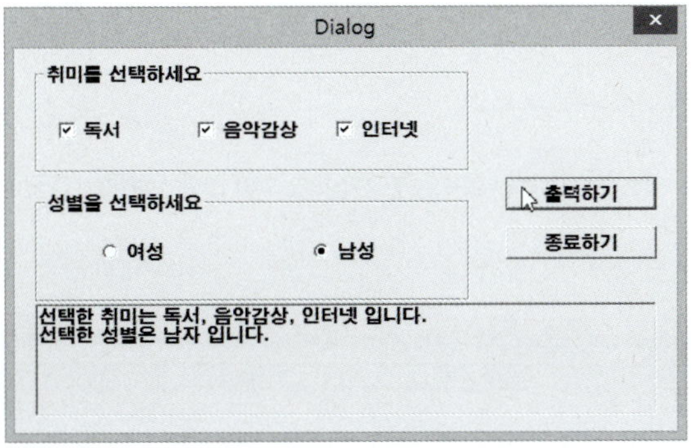

3 에디트 컨트롤과 버튼 컨트롤을 이용해 간단한 계산기 프로그램을 작성해보자. 2개의 에디트 컨트롤에 숫자를 입력하고 원하는 연산을 선택하면 다른 에디트 컨트롤에 연산 결과가 나타나는 간단한 프로그램이다.

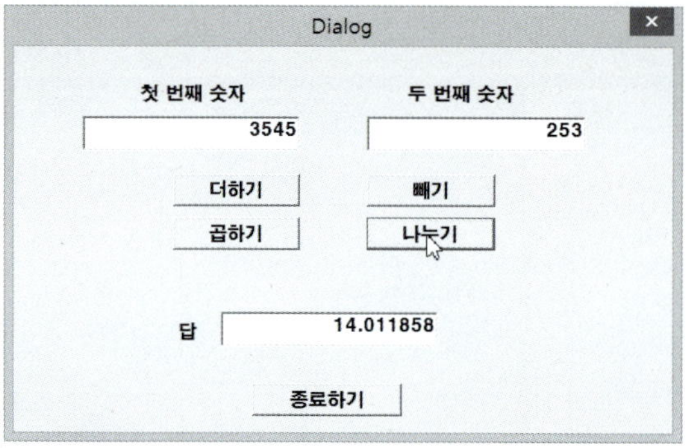

4 연습문제 3번에서 작성한 계산기 프로그램은 에디트 컨트롤에 숫자를 직접 입력하는 형태이다. 이번에는 다음과 같이 버튼으로 숫자를 입력하는 계산기를 구현해보자.

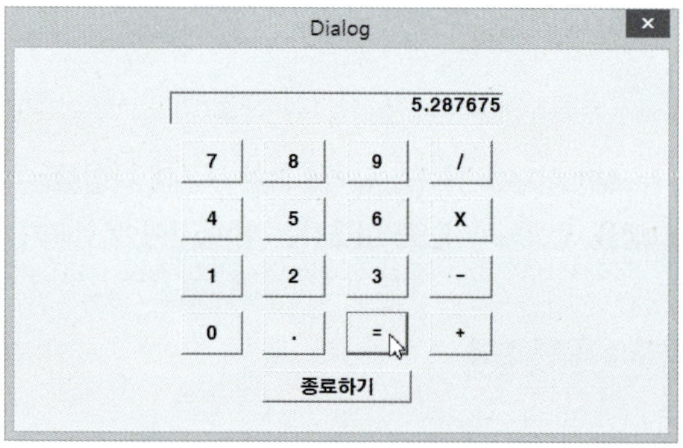

▶ **HINT** 0~9를 위한 버튼 10개, 연산자 +, −, ×, /, =를 위한 버튼 5개, 소수점을 위한 버튼 1개, 결과를 보여줄 에디트 컨트롤 1개를 사용한다.

5 다음과 같이 라디오 버튼으로 선택한 도형을 출력하는 프로그램을 작성해보자.

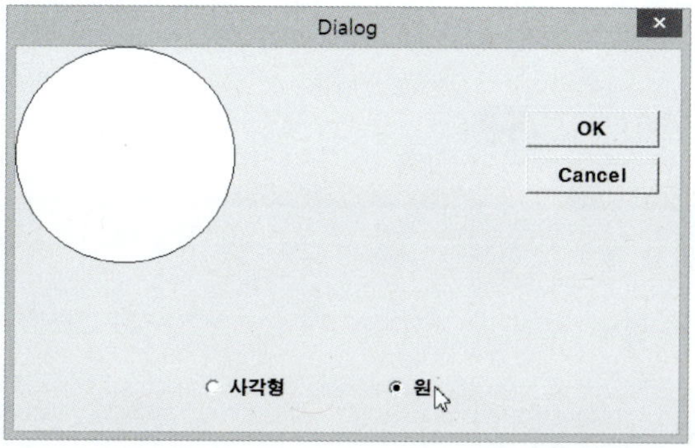

▶ **HINT** 프로그램을 실행한 후 임의의 윈도우 화면을 마우스로 클릭하면 대화상자가 나타난다. 대화상자에는 사각형이 기본으로 나타나고 2개의 라디오 버튼(사각형, 원)과 2개의 버튼(OK, Cancel)이 나타난다. 라디오 버튼 중 하나를 선택하면 선택한 버튼에 따라 도형의 모양이 변한다.

6 연습문제 5번의 결과 프로그램에 다음과 같은 기능을 추가해보자. 대화상자에서 마우스를 클릭하면 도형 중심점부터 클릭한 위치까지 직선이 그려진다. 또한 클릭을 하면 도형이 직선을 따라 자동으로 이동하는 <이동시작> 버튼 컨트롤을 추가한다.

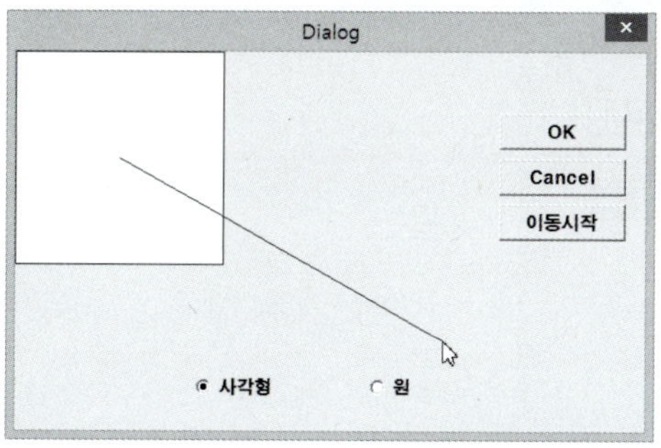

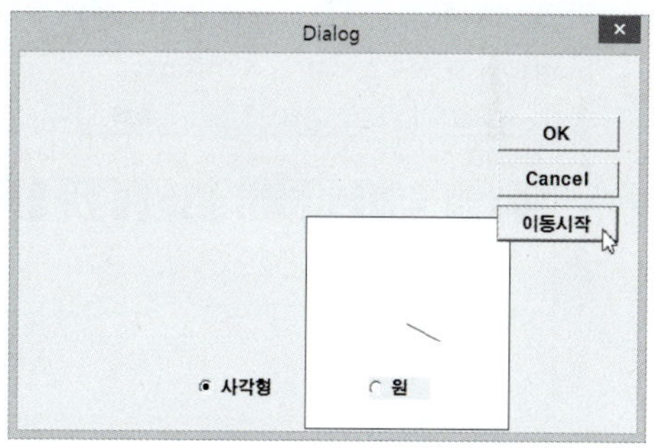

7 에디트 컨트롤에 텍스트를 입력하고 Enter 키를 누르면 에디트 컨트롤이 비워지고 입력한 내용이 리스트 박스 컨트롤 맨 위에 추가되는 프로그램을 작성해보자. 텍스트를 추가할 때마다 리스트 컨트롤이 한 행씩 내려온다.

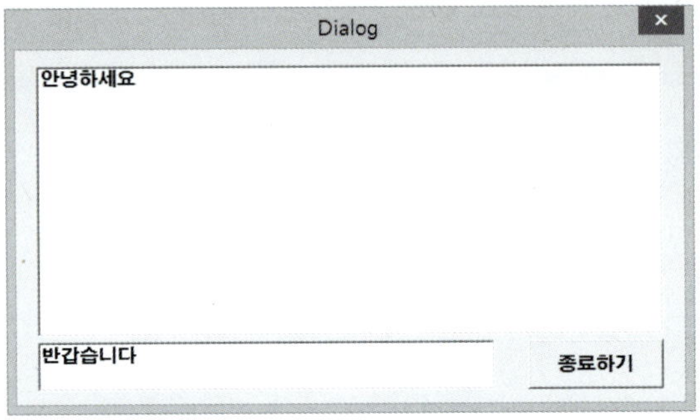

▶ **HINT** 대화상자에 리스트 박스 컨트롤과 에디트 컨트롤을 하나씩 배치한다. 에디트 박스 컨트롤은 Want return과 Multiline 속성을 설정한다. 에디트 컨트롤 두 행이 들어갈 정도로 그려주면 Enter 키를 누를 때 에디트 컨트롤에서는 EN_CHANGE 통지를 보낸다.

8 지금까지 배운 다양한 컨트롤을 이용해 다음과 같은 회원 관리 프로그램을 작성해보자. 회원 명단은 리스트 박스 컨트롤에서 보여준다.

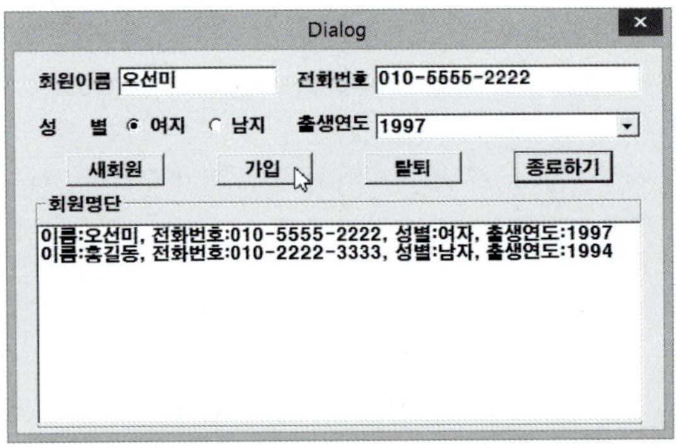

▶ **HINT** 〈새회원〉 버튼을 누르면 에디트 컨트롤이 비워져 새 회원 정보를 받을 수 있는 상태가 된다. 이름, 전화번호, 성별, 출생연도를 입력하고 〈가입〉 버튼을 누르면 회원 명단에 새 회원 정보가 추가된다. 예를 들어 '홍길동, 010-2222-3333, 남자, 1994'를 입력하면 회원 명단 리스트 박스 컨트롤에 '이름:홍길동, 전화:010-2222-3333, 성별:남자, 출생연도:1994' 행이 추가된다. 회원 1명을 선택하고 〈탈퇴〉 버튼을 누르면 해당 회원의 정보가 명단에서 사라진다.

※9 연습문제 8번에서는 리스트 박스 컨트롤을 사용해 회원 명단을 보여주었는데, 이번에는 리스트 박스 컨트롤을 리스트 컨트롤로 변경해 프로그램을 작성해보자. 회원 명단이 정렬될 필요는 없다.

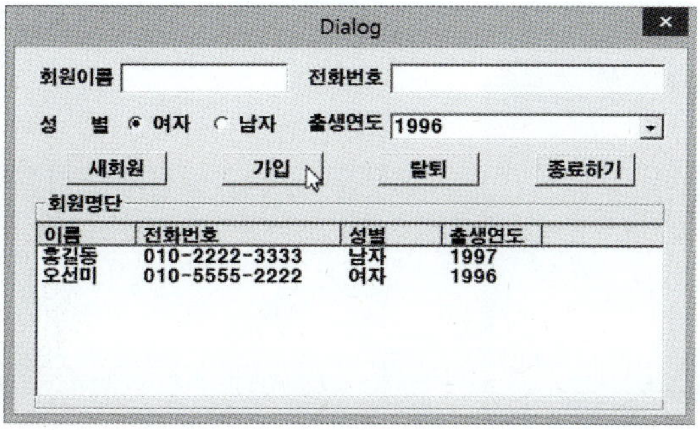

※10 연습문제 9번의 결과 프로그램에 다음과 같이 수정 기능을 추가해보자.

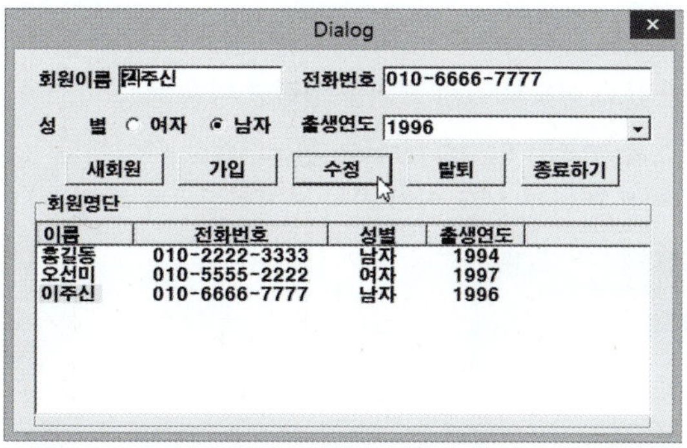

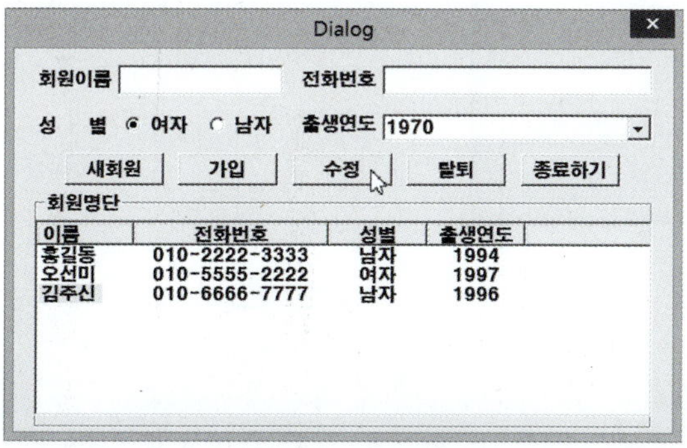

▶ **HINT** 수정할 회원의 이름을 선택하면 해당 회원의 정보가 에디트 컨트롤, 라디오 버튼, 콤보 박스 컨트롤에 나온다. 정보를 수정한 후 〈수정〉 버튼을 누르면 리스트 컨트롤의 회원 정보가 수정된다.

11 [실습 6-9]의 프로그램을 수정해 다음과 같이 칼럼 3개(이름, 전화번호, 주소)를 만들되 정렬 방식이 차례대로 왼쪽, 오른쪽, 가운데 정렬이 되게 작성해보자. 또한 칼럼의 크기는 리스트 컨트롤의 너비를 2 : 3 : 5로 분할한다.

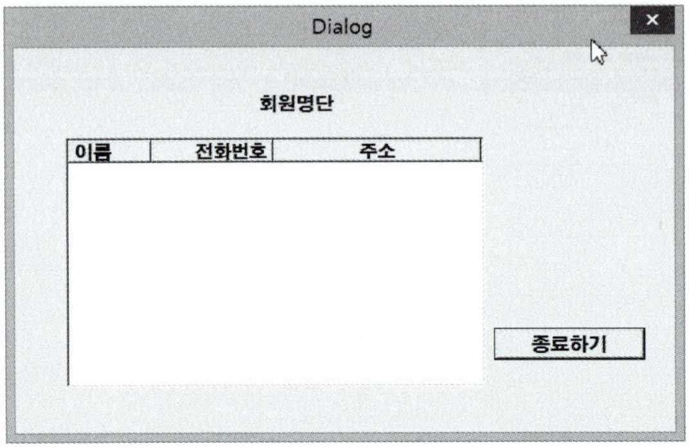

12 대화상자에 다음과 같이 리스트 컨트롤 1개, 칼럼 정보를 입력하기 위한 에디트 컨트롤 2개, 콤보 박스 1개를 만든다. 에디트 컨트롤에 칼럼 이름과 칼럼 크기를 입력한 다음 콤보 박스에서 정렬 방식을 선택하고 〈칼럼 만들기〉 버튼을 누르면 칼럼을 만드는 프로그램을 작성해보자. 기본 정렬 방식은 왼쪽 정렬로 하고, 칼럼을 만들고 나면 모든 입력 칸이 초기화되어야 한다.

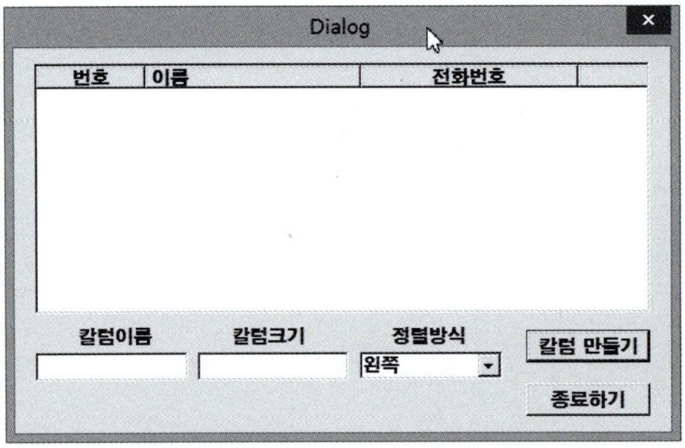

▶ **HINT** 정렬 방법을 나타내는 상숫값은 LVCFMT_LEFT, LVCFMT_RIGHT, LVCFMT_CENTER의 순서로 1씩 증가한다.

Chapter 07

MDI 프로그래밍

학습목표

- 문서 창을 여러 개 여는 MDI 기반 응용 프로그램을 작성할 수 있다.
- 자식 윈도우 여러 개를 관리할 수 있다.
- 윈도우 하나를 자식 윈도우 여러 개로 분할해 독립적으로 활용할 수 있다.
- 버튼, 에디트 박스, 콤보 박스, 리치 에디트 컨트롤 윈도우를 활용할 수 있다.

01 MDI 기반 응용 프로그램

지금까지 만들어본 윈도우 프로그램은 생성한 윈도우에 화면이 하나만 있는 형태였는데 이것을 SDI(single document interface)라고 부른다. SDI는 문서 하나를 한 화면에 보여주는 데 반해, 이 장에서 다룰 MDI(multiple document interface)는 여러 개의 문서를 여러 개의 화면에 출력하는 형태이다. SDI 프로그램의 대표적인 예는 메모장이고, MDI 프로그램의 예는 비주얼 스튜디오, 파워포인트, 엑셀 등이다.

이 장에서는 MDI 기반 응용 프로그램의 기본 개념을 먼저 이해한 다음 자식 윈도우를 사용하고 관리하는 방법을 살펴본다. 자식 윈도우는 메인 프레임 윈도우에 존재하는 여러 개의 화면으로, 각 자식 윈도우는 문서 하나를 표현한다.

[그림 7-1]은 MDI 응용 프로그램의 예를 보여준다. 이 프로그램은 파일 여러 개를 메인 프레임 윈도우 안에 표현할 수 있는데, 이때 메인 프레임 윈도우 역할을 하는 큰 윈도우의 프레임을 프

그림 7-1 MDI 응용 프로그램의 예

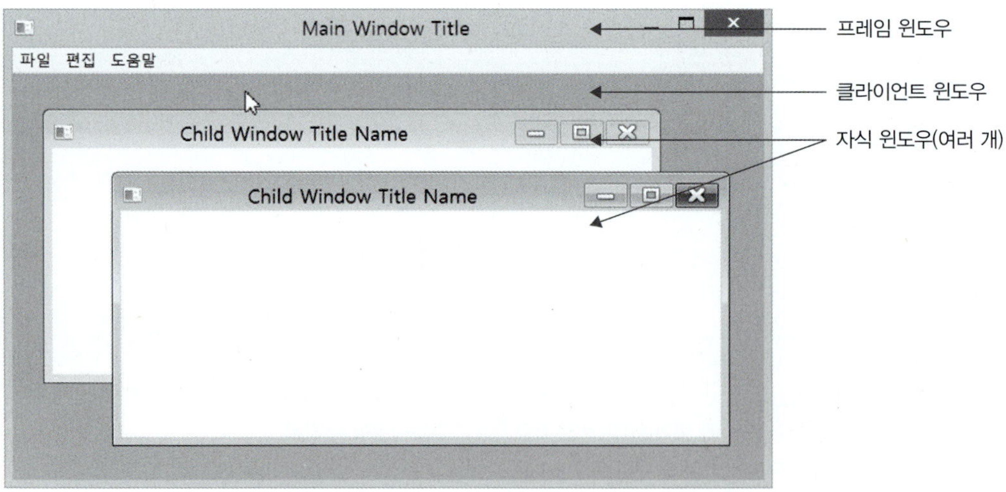

레임 윈도우라고 한다. 이 프레임 윈도우에 속하는 영역은 윈도우 타이틀 바, 메뉴, 도구상자, 테두리 등이다. 프레임 윈도우의 회색 영역은 클라이언트 윈도우라고 하며, 이는 자식 윈도우의 부모 역할을 한다. 또한 클라이언트 윈도우 내부에서 실제로 문서를 표현하는 작은 윈도우를 자식 윈도우 또는 차일드 윈도우라고 부른다.

[실습 7-1]을 통해 MDI 프로그램을 작성하는 방법을 크게 4단계로 나누어 단계별로 살펴보자. 이는 리소스 편집, WinMain( ) 함수 작성, 메인 메시지 처리 함수 WndProc( ) 작성, 자식 윈도우 메시지 처리 함수 ChildWndProc( ) 작성의 순이다.

- **1단계. 리소스 편집하기**
  - 자식 윈도우를 생성하는 데 사용할 메뉴 항목을 추가한다. [파일] 메뉴에 연결된 부메뉴에 [새글] 메뉴 항목을 추가한다.
- **2단계. WinMain( ) 함수 작성하기**
  - WinMain( ) 함수에 프레임 윈도우와 자식 윈도우를 위한 윈도우 클래스 변수를 선언하고, 각 변수의 필드에 값을 넣어주는 코드를 작성한다.
  - 만든 윈도우 클래스 변수를 이용해 윈도우 클래스를 2개 등록한다.
  - 프레임 윈도우를 생성한다.
  - 클라이언트 윈도우를 생성하는 코드를 추가한다.
- **3단계. WndProc( ) 함수 작성하기** : 자식 윈도우 생성하기
  - [새글] 메뉴 항목을 선택했을 때 클라이언트 윈도우가 자식 윈도우를 생성하도록 메시지를 전송하는 코드를 작성한다.
- **4단계. ChildWndProc( ) 함수 작성하기** : 자식 윈도우에서 발생하는 메시지 처리하기
  - 자식 윈도우에서 발생하는 메시지를 처리하는 코드를 작성한다.

먼저 MDI 프로그래밍에 필요한 자료 구조와 함수를 알아보자. MDI 응용 프로그램에서 자식 윈도우를 생성하려면 메인 윈도우를 먼저 생성한 후 클라이언트 윈도우를 생성해야 한다. 실제로는 클라이언트 윈도우가 자식 윈도우를 생성하기 때문이다. 클라이언트 윈도우를 생성하려면 CLIENTCREATESTRUCT 구조체가 필요한데, 이것은 메뉴와 MDI를 위한 첫 번째 자식 윈도우의 ID 값을 저장하고 있어야 하며, 클라이언트 윈도우를 만들기 위해 CreateWindow( ) 함수를 호출할 때 전달된다.

CLIENTCREATESTRUCT 구조체

```
typedef struct {
     HANDLE hWindowMenu;
     UINT   idFirstChild;
} CLIENTCREATESTRUCT;
```

CLIENTCREATESTRUCT 구조체의 필드는 다음과 같다.

- **hWindowMenu** : 응용 프로그램의 메인 메뉴 중 선택한 부메뉴에 대한 핸들 값이다.
- **idFirstChild** : 생성할 자식 윈도우의 ID로 사용할 정수이다. 클라이언트 윈도우는 이 값을 이용해 첫 번째 자식 윈도우를 생성하며, 두 번째 자식 윈도우부터는 1씩 증가시킨 정수를 ID로 사용한다.

CreateWindow( ) 함수를 호출하려면 1장에서 배운 것처럼 윈도우 클래스 이름을 제공해야 한다. 윈도우 클래스는 미리 등록되어 있어야 하는데 클라이언트 윈도우를 생성하려면 MDICLIENT 클래스를 이용한다. 시스템에 등록되어 있는 기타 윈도우 클래스는 다음과 같다.

시스템에 등록된 윈도우 클래스

- button : 버튼 컨트롤 윈도우
- combobox : 콤보 박스 컨트롤 윈도우
- edit : 에디트 컨트롤 윈도우
- listbox : 리스트 박스 컨트롤 윈도우
- MDICLIENT : MDI 클라이언트 윈도우
- RichEdit : 리치 에디트 컨트롤 윈도우

[실습 7-1]에서는 간단한 MDI 응용 프로그램을 만들어본다.

실습 7-1 MDI 응용 프로그램 만들기

1 리소스 편집하기 : ID가 IDR_MENU7_1인 새 메뉴를 만들어 [파일]-[새글] 메뉴 항목을 추가한다(또는 6장의 메뉴를 복사해 사용한다). [새글] 메뉴 항목을 선택하면 자식 윈도우가 생성될 것이다.

그림 7-2 [새글] 메뉴 항목 추가

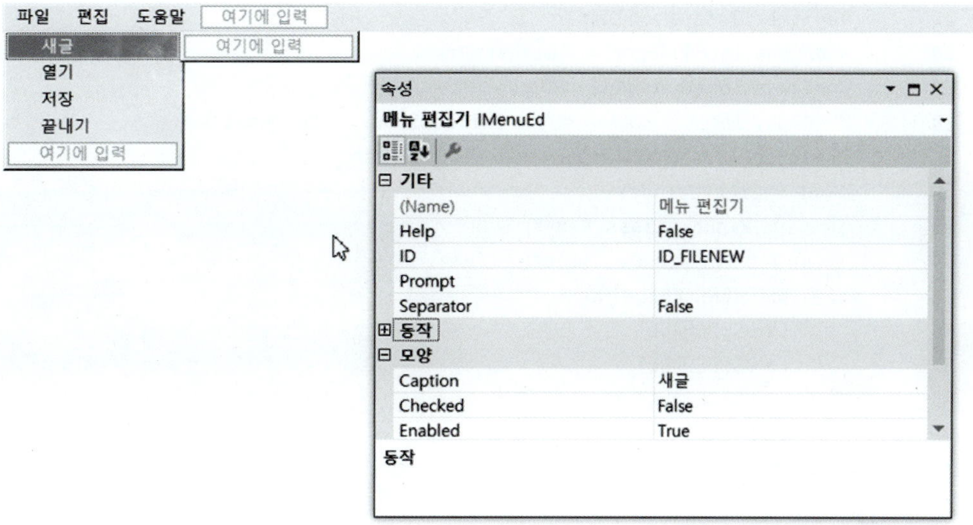

2 WinMain( ) 함수 작성하기 : WinMain( ) 함수에 프레임 윈도우을 위한 윈도우 클래스와 자식 윈도우를 위한 윈도우 클래스를 만들어 등록한다. 먼저 프레임 윈도우를 위한 윈도우 클래스를 만들어 등록한다.

```
HINSTANCE hInst;

int WINAPI WinMain(HINSTANCE hInstance, HINSTANCE hPrevInstance,
                            LPSTR lpszCmdLine, int nCmdShow)
{
     HWND      hwnd;
     MSG       msg;
     WNDCLASS WndClass;
     hInst = hInstance;
     WndClass.style = CS_HREDRAW | CS_VREDRAW;
     WndClass.lpfnWndProc = FrameWndProc;
     WndClass.cbClsExtra = 0;
     WndClass.cbWndExtra = 0;
     WndClass.hInstance = hInstance;
     WndClass.hIcon = LoadIcon(NULL, IDI_APPLICATION);
     WndClass.hCursor = LoadCursor(NULL, IDC_ARROW);
     WndClass.hbrBackground = (HBRUSH)GetStockObject(WHITE_BRUSH);
     WndClass.lpszMenuName = MAKEINTRESOURCE(IDR_MENU7_1);
```

```
26      WndClass.lpszClassName = _T("Window Class Name");
27      RegisterClass(&WndClass);
28      WndClass.lpfnWndProc = ChildWndProc;
29      WndClass.lpszMenuName = NULL;
30      WndClass.lpszClassName = _T("Child Window Class Name");
31      RegisterClass(&WndClass);
32      hwnd = CreateWindow(
33          _T("Window Class Name"),
34          _T("Main Window Title"),
35          WS_OVERLAPPEDWINDOW,
36          CW_USEDEFAULT,
37          CW_USEDEFAULT,
38          CW_USEDEFAULT,
39          CW_USEDEFAULT,
40          NULL,
41          NULL,
42          hInstance,
43          NULL
44      );
45      ShowWindow(hwnd, nCmdShow);
46      UpdateWindow(hwnd);
47      while(GetMessage(&msg, NULL, 0, 0))
48      {
49          TranslateMessage(&msg);
50          DispatchMessage(&msg);
51      }
52      return (int)msg.wParam;
53  }
54
```

08, 16행 : 응용 프로그램의 인스턴스인 hInstance 값은 FrameWndProc( ) 함수에서 사용하는데, 이를 위해 HINSTANCE 타입의 전역변수 hInst를 만들어 사용한다. WinMain( ) 함수에서 전역변수 hInst에 hInstance를 복사한 후 FrameWndProc( ) 함수에서 hInst를 이용한다. 만약 전역변수를 이용하고 싶지 않다면 FrameWndProc( ) 함수의 case WM_CREATE에 ((LPCREATESTRUCT) lParam)->hInstance의 값을 저장해 사용한다. WM_CREATE 메시지가 올 때 응용 프로그램의 인스턴스 값이 lParam에 저장되어 전달되기 때문이다.

18, 28행 : 메시지 처리 함수 FrameWndProc( )는 지금까지 사용한 WndProc( ) 함수와 같다. 자식 윈도우의 메시지를 처리하는 ChildWndProc( ) 함수와 명확히 구분하기 위해 Frame을 붙인 것뿐이다.

26, 30행 : 클래스 이름은 여기서 붙인 것을 따르지 않아도 되지만 프레임 윈도우와 자식 윈도우의 클래스 이름은 구분해야 한다. 나머지 필드는 프레임 윈도우와 자식 윈도우의 값이 동일하다.

3 FrameWndProc( ) 함수 작성하기 : 클라이언트 윈도우를 프레임 윈도우에 만들어주기 위해 FrameWndProc( ) 함수를 작성한다. 프레임 윈도우 없이는 클라이언트 윈도우가 존재할 수 없기 때문에 클라이언트 윈도우를 만드는 시점은 프레임 윈도우가 생성될 때이다.

```
55 LRESULT CALLBACK FrameWndProc(HWND hwnd, UINT iMsg,
56                              WPARAM wParam, LPARAM lParam)
57 {
58     static              HWNDhwndClient;
59     CLIENTCREATESTRUCT  clientcreate;
60
61     switch (iMsg)
62     {
63     case WM_CREATE:
64         clientcreate.hWindowMenu = GetSubMenu(GetMenu(hwnd),0);
65         clientcreate.idFirstChild = 100;
66         hwndClient = CreateWindow (
67             _T("MDICLIENT"), NULL,
68             WS_CHILD | WS_CLIPCHILDREN | WS_VISIBLE,
69             0, 0, 0, 0,
70             hwnd,
71             NULL,
72             hInst,
73             (LPSTR) &clientcreate
74         );
75         ShowWindow(hwndClient, SW_SHOW);
76         return 0;
77     case WM_DESTROY:
78         PostQuitMessage(0);
79         return 0;
80     }
81     return DefFrameProc(hwnd, hwndClient, iMsg, wParam, lParam);
82 }
```

58, 59행 : 클라이언트 윈도우를 만드는 데 필요한 HWND 타입의 hwndClient 변수와 CLIENTCREATESTRUCT 타입의 clientcreate 변수를 선언한다.

63, 64행 : WM_CREATE 메시지가 오면 clientcreate의 hWindowMenu 필드에 앞서 만든 메뉴

의 첫 번째 부메뉴에 저장한다. 첫 번째 부메뉴 [파일]에 생성되는 자식 윈도우 문서의 이름을 연결할 것이기 때문이다. 이후에 보면 알겠지만 열린 문서의 이름인 자식 윈도우의 타이틀 이름이 [파일] 메뉴의 메뉴 항목으로 붙는다. 먼저 GetMenu(hwnd) 함수를 통해 프레임 윈도우에 붙은 메뉴를 얻어오고, 그다음 GetSubMenu( ) 함수를 통해 [파일] 부메뉴를 얻어온다. GetSubMenu( )는 부메뉴를 얻어오는 함수로 0부터 시작한다.

65행 : idFirstChild 필드는 추가되는 메뉴 항목의 ID에 붙는 숫자로, 여기서 부여된 100부터 증가시키면서 붙인다.

66~74행 : CreateWindow( ) 함수를 이용해 클라이언트 윈도우를 만든다. 클라이언트 윈도우의 클래스 이름은 MDICLIENT인데 이는 이미 등록된 것이다.

75행 : 클라이언트 윈도우를 만든 다음 ShowWindow( ) 함수를 이용해 나타내면 프레임 윈도우에 클라이언트 윈도우가 나타난다.

4 WndProc( ) 함수 작성하기 : [새글] 메뉴 항목을 선택하면 자식 윈도우가 생성되도록 WndProc( ) 함수를 작성한다. 여기서는 자식 윈도우의 함수인 ChildWndProc( )와의 혼동을 피하기 위해 함수 이름을 FrameWndProc( )로 변경했다.

```
055 LRESULT CALLBACK FrameWndProc(HWND hwnd, UINT iMsg,
056                               WPARAM wParam, LPARAM lParam)
057 {
058       static HWND             hwndClient;
059       CLIENTCREATESTRUCT      clientcreate;
060       MDICREATESTRUCT         mdicreate;
061       HWND                    hwndChild;
062 
063       switch (iMsg)
064       {
065       case WM_CREATE:
066             clientcreate.hWindowMenu = GetSubMenu(GetMenu(hwnd),0);
067             clientcreate.idFirstChild = 100;
068             hwndClient = CreateWindow (
069                   _T("MDICLIENT"), NULL,
070                   WS_CHILD | WS_CLIPCHILDREN | WS_VISIBLE,
071                   0, 0, 0, 0,
072                   hwnd,
073                   NULL,
074                   hInst,
075                   (LPSTR) &clientcreate
```

```
076             );
077             ShowWindow(hwndClient, SW_SHOW);
078             return 0;
079         case WM_COMMAND:
080             switch (LOWORD(wParam))
081                 {
082                 case ID_FILENEW :
083                     mdicreate.szClass =
084                                     _T("Child Window Class Name");
085                     mdicreate.szTitle =
086                                     _T("Child Window Title Name");
087                     mdicreate.hOwner   = hInst;
088                     mdicreate.x = CW_USEDEFAULT;
089                     mdicreate.y = CW_USEDEFAULT;
090                     mdicreate.cx = CW_USEDEFAULT;
091                     mdicreate.cy = CW_USEDEFAULT;
092                     mdicreate.style = 0;
093                     mdicreate.lParam = 0;
094                     hwndChild = (HWND)SendMessage(hwndClient,
095                     WM_MDICREATE, 0,
096                     (LPARAM)(LPMDICREATESTRUCT) &mdicreate);
097                     return 0;
098                 }
099                 break;
100         case WM_DESTROY:
101             PostQuitMessage(0);
102             return 0;
103         }
104         return DefFrameProc(hwnd, hwndClient, iMsg, wParam, lParam);
105 }
```

60, 61행 : 자식 윈도우를 만드는 데 MDICREATESTRUCT 타입의 mdicreate와 HWND 타입의 hwndChild 변수가 필요하다.

79~82행 : [새글] 메뉴 항목을 선택하면 WM_COMMAND 메시지가 도착한다. LOWORD(wParam)에는 ID_FILENEW가 저장되어 있다.

83~86행 : mdicreate 변수에 자식 윈도우를 만들기 위한 값을 설정한다. szClass에는 사용할 자식 윈도우의 클래스 이름을 넣고, szTitle에는 등장할 자식 윈도우의 타이틀 이름을 넣는다.

87행 : hOwner에는 응용 프로그램 인스턴스인 전역변수 hInst를 넣는다. hInst는 WinMain( )에서

hInstance 값을 복사해 가지고 있다.

88~91행 : (x, y)는 윈도우가 나타날 위치 좌표이고, cx와 cy는 자식 윈도우의 너비와 높이 값이다. 4개의 변수에 모두 CW_USEDEFAULT를 넣었기 때문에 시스템이 원하는 위치에 원하는 크기로 나타낸다.

94~96행 : SendMessage( ) 함수를 이용해 클라이언트 윈도우에 WM_MDICREATE 메시지를 보낸다. 이는 클라이언트 윈도우에게 mdicreate의 내용을 가지고 자식 윈도우를 만들라는 메시지로, 이렇게 하면 자식 윈도우가 클라이언트 영역에 나타난다.

5 **ChildWndProc( ) 함수 작성하기** : 마지막으로 자식 윈도우에서 발생하는 메시지를 처리하는 함수를 작성한다. 함수 이름만 ChildWndProc( )일 뿐 기존의 WndProc( )와 크게 다르지 않다. 메시지를 처리한 후 마지막으로 호출하는 함수가 DefWindowProc(hwnd, iMsg, wParam, lParam)이 아니라 DefMDIChildProc(hwnd, iMsg, wParam, lParam)이라는 것만 다르다.

```
LRESULT CALLBACK ChildWndProc(HWND hwnd, UINT iMsg,
                              WPARAM wParam, LPARAM lParam)
{
        switch (iMsg)
        {
        case WM_CREATE:
            break;
        case WM_DESTROY:
            return 0;
        }
        return DefMDIChildProc(hwnd, iMsg, wParam, lParam);
}
```

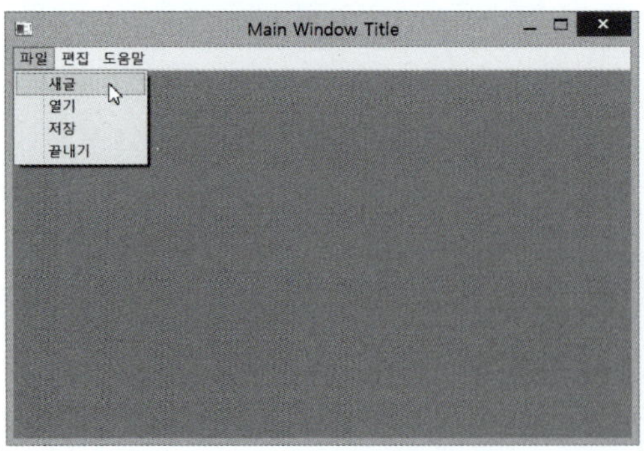

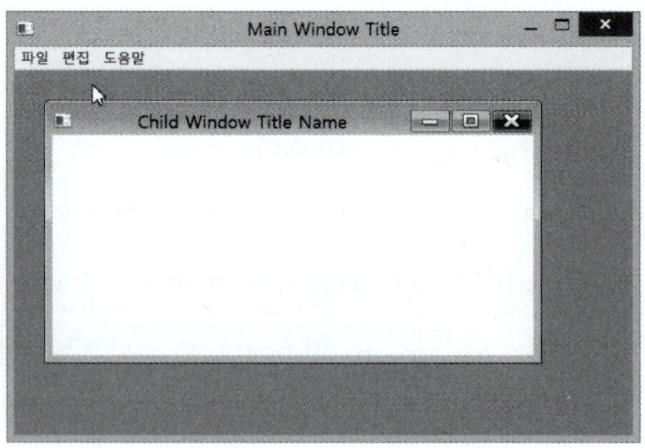

02 자식 윈도우 관리하기

클라이언트 윈도우에 자식 윈도우가 여러 개 만들어지면 관리가 필요하다. 예를 들면 다양한 정렬 형태, 창 닫기 등이 이에 해당한다.

실습 7-2 자식 윈도우 관리하기

1 **리소스 편집하기** : IDR_MENU7_2라는 새 메뉴를 만들고 [창관리] 메뉴를 추가한다. 이 메뉴는 팝업으로 설정한다.

그림 7-3 [창관리] 메뉴 만들기

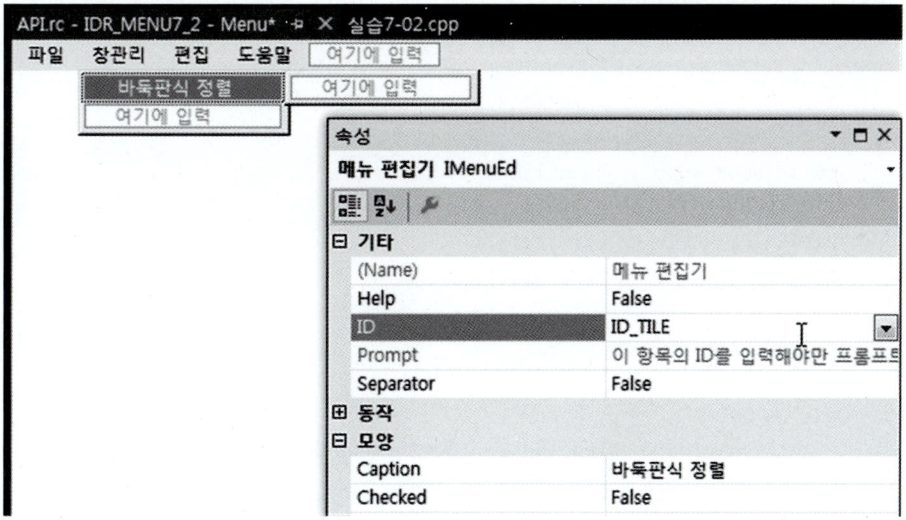

[창관리] 메뉴에 자식 윈도우 관리를 위한 메뉴 항목을 만든다. 표를 참고해 [바둑판식 정렬], [계단식 정렬], [아이콘 정렬], [창 닫기] 메뉴 항목을 만든다.

그림 7-4 메뉴 항목 만들기

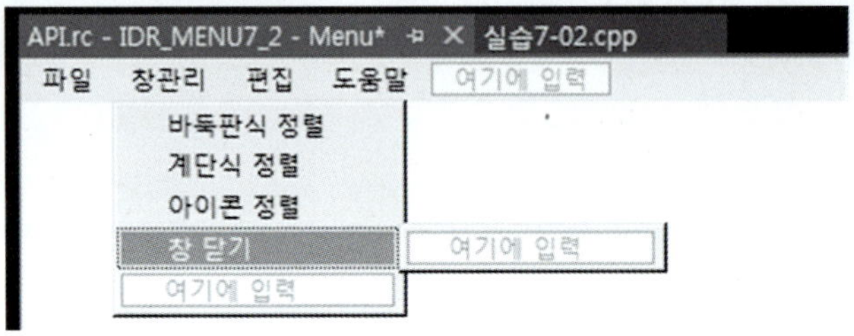

Caption	ID	속성
바둑판식 정렬	ID_TILE	기본 값
계단식 정렬	ID_CASCADE	기본 값
아이콘 정렬	ID_ARRANGE	기본 값
창 닫기	ID_WINDOW_CLOSE	기본 값

2 **FrameWndProc( ) 함수 작성하기** : 각 메뉴 항목에 대한 메시지를 처리하는 FrameWndProc( ) 함수를 작성한다. WinMain( ) 함수는 [실습 7-1]에서 작성한 것을 사용하면 된다.

```
LRESULT CALLBACK FrameWndProc(HWND hwnd, UINT iMsg,
                             WPARAM wParam, LPARAM lParam)
{
    static HWND         hwndClient;
    CLIENTCREATESTRUCT  clientcreate;
    MDICREATESTRUCT     mdicreate;
    HWND                hwndChild;

    switch (iMsg)
    {
    case WM_CREATE:
        clientcreate.hWindowMenu = GetSubMenu(GetMenu(hwnd), 0);
        clientcreate.idFirstChild = 100;
        hwndClient = CreateWindow(
            _T("MDICLIENT"),
            NULL,
            WS_CHILD | WS_CLIPCHILDREN | WS_VISIBLE,
            0, 0, 0, 0,
            hwnd,
            NULL,
            hInst,
```

```
                (LPSTR)&clientcreate
            );
            ShowWindow(hwndClient, SW_SHOW);
            return 0;
        case WM_COMMAND:
            switch (LOWORD(wParam))
            {
            case ID_FILENEW:
                mdicreate.szClass = _T("Child Window Class Name");
                mdicreate.szTitle = _T("Child Window Title Name");
                mdicreate.hOwner = hInst;
                mdicreate.x = CW_USEDEFAULT;
                mdicreate.y = CW_USEDEFAULT;
                mdicreate.cx = CW_USEDEFAULT;
                mdicreate.cy = CW_USEDEFAULT;
                mdicreate.style = 0;
                mdicreate.lParam = 0;
                hwndChild = (HWND)SendMessage(hwndClient,
                    WM_MDICREATE, 0, (LPARAM)(LPMDICREATESTRUCT) &mdicreate);
                return 0;
            case ID_WINDOW_CLOSE:
                hwndChild = (HWND)SendMessage(hwndClient, WM_MDIGETACTIVE, 0, 0);
                if (SendMessage(hwndChild, WM_QUERYENDSESSION,0,0))
                    SendMessage(hwndClient, WM_MDIDESTROY, (WPARAM)hwndChild, 0);
                return 0;
            case ID_TILE:
                SendMessage(hwndClient, WM_MDITILE, 0, 0);
                return 0;
            case ID_CASCADE:
                SendMessage(hwndClient, WM_MDICASCADE, 0, 0);
                return 0;
            case ID_ARRANGE:
                SendMessage(hwndClient, WM_MDIICONARRANGE, 0, 0);
                return 0;
            case ID_EXIT:
                PostQuitMessage(0);
                return 0;
            }
            break;
        case WM_DESTROY:
            PostQuitMessage(0);
```

```
116             return 0;
117         }
118         return DefFrameProc(hwnd, hwndClient, iMsg, wParam, lParam);
119 }
```

95행 : [창 닫기] 메뉴 항목을 선택하면 클라이언트 윈도우에서 활성화 상태인 자식 윈도우를 닫는다. 자식 윈도우 중 활성화 상태인 것은 하나뿐이다. [창 닫기] 메뉴 항목을 선택했기 때문에 LOWORD(wParam) 값은 ID_WINDOW_CLOSE이다.

96행 : 먼저 할 일은 현재 활성화 상태인 자식 윈도우를 알아내는 것이다. 이를 위해 클라이언트 윈도우 hwndClient에 WM_MDIGETACTIVE 메시지를 보내야 하는데, 이때 반환되는 값은 활성화 상태인 자식 윈도우의 핸들이다.

97행 : 자식 윈도우를 종료하기 위해 종료가 가능한지 알아보는 WM_QUERYENDSESSION 메시지를 보낸다.

98행 : 종료해도 된다면 TRUE를 반환하기 때문에 이제 종료 메시지인 WM_MDIDESTROY를 보낸다. 종료 메시지는 클라이언트 윈도우에 보낸다는 것을 명심해야 한다.

100, 101행 : 두 번째로 [바둑판식 정렬] 메뉴 항목을 선택했을 때를 알아본다. LOWORD(wParam)이 ID_TILE이기 때문에 여기서는 클라이언트 윈도우에 WM_MDITILE 메시지를 보낸다. 이는 자식 윈도우를 바둑판식으로 정렬하라는 메시지이다.

103, 104행 : [계단식 정렬] 메뉴 항목을 선택하면 LOWORD(wParam)이 ID_CASCADE이고 클라이언트 윈도우에 계단식으로 정렬하라는 메시지를 보낸다. 이 메시지는 WM_MDICASCADE이다.

106, 107행 : [아이콘 정렬] 메뉴 항목은 자식 윈도우가 아이콘 상태일 경우 아이콘을 자동 정렬할 때 사용한다. 이를 위해 보내는 메시지는 WM_MDIICONARRANGE이다.

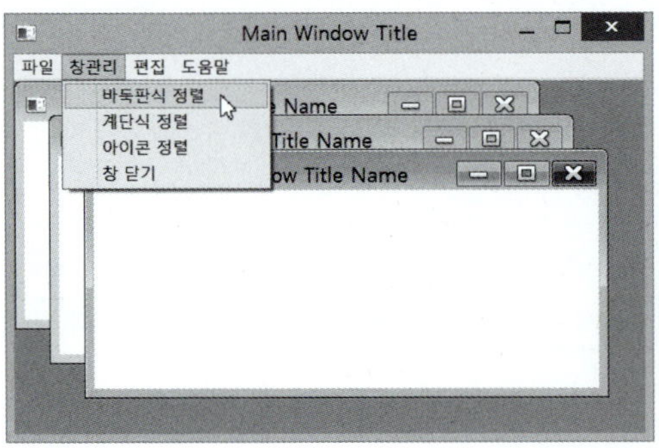

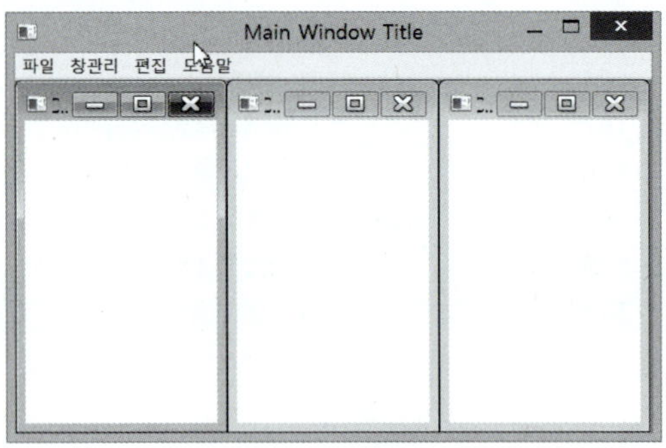

03 윈도우 분할하기

지금까지는 프레임 윈도우에 자식 윈도우를 여러 개 만들고 각 자식 윈도우가 문서를 표현하는 형태를 살펴보았는데, 이 절에서는 프레임 윈도우를 여러 개의 자식 윈도우로 분할하는 방법을 알아보자. [그림 7-5]는 프레임 윈도우를 자식 윈도우 2개로 분할한 예이다.

그림 7-5 윈도우 분할 예

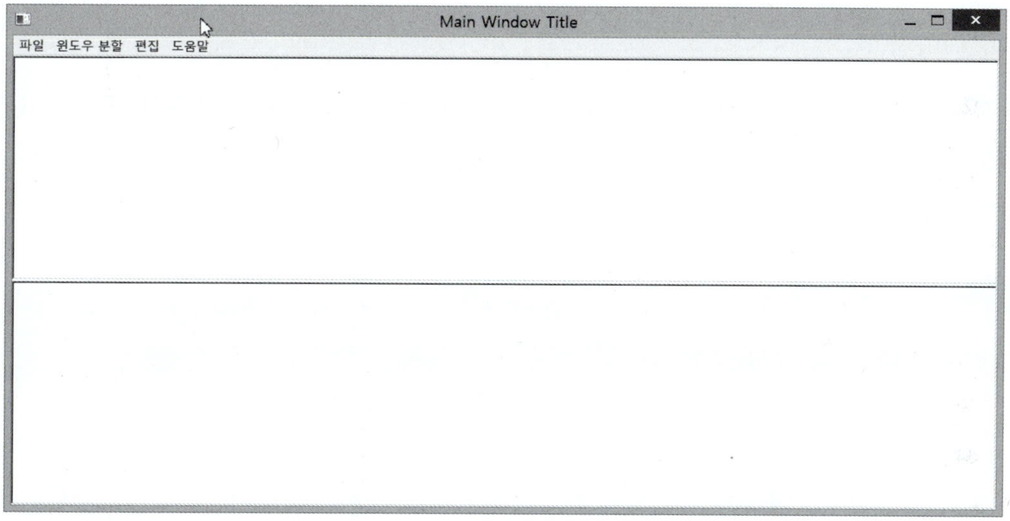

[그림 7-5]와 같이 분할된 윈도우는 자식 윈도우이지만 팝업 윈도우가 아니기 때문에 자식 윈도우를 위해 타이틀 바를 포함하는 독립적인 프레임이 존재하지 않는다. 분할 윈도우도 메인 윈도우와 같은 방법으로 생성하고 CreateWindowEx( ) 함수를 사용한다.

윈도우를 생성하고 나타내는 함수

```
HWND CreateWindowEx(
      DWORD      dwExStyle, // 생성되는 확장 윈도우의 스타일
      LPCTSTR    lpClassName, // 등록된 윈도우 클래스
      LPCTSTR    lpWindowName, // 윈도우 타이틀 텍스트
      DWORD      dwStyle, // 기본 윈도우 스타일
      int        x, // 생성 윈도우 위치의 X 값
      int        y, // 생성 윈도우 위치의 Y 값
      int        nWidth, // 생성 윈도우의 너비
      int        nHeight, // 생성 윈도우의 높이
      HWND       hWndParent, // 부모 윈도우 핸들
      HMENU      hMenu, // 사용될 메뉴의 핸들
      HINSTANCE hInstance, // 응용 프로그램 인스턴스
      LPVOID     lpParam
);
```

[실습 7-3]에서는 CreateWindowEx( ) 함수를 이용해 메인 윈도우를 2개의 자식 윈도우로 분할해본다. [실습 7-2]에서 작성한 프로그램의 FrameWndProc( ) 함수를 수정해 분할 윈도우를 확인한다.

실습 7-3 윈도우 분할하기

```
HWND     ChildHwnd[2];
LRESULT CALLBACK FrameWndProc(HWND hwnd, UINT iMsg,
                              WPARAM wParam, LPARAM lParam)
{
    RECT rectView;

    switch (iMsg)
    {
    case WM_CREATE:
        GetClientRect(hwnd, &rectView);
        ChildHwnd[0] = CreateWindowEx(
            WS_EX_CLIENTEDGE,
            _T("Child Window Class Name"),
            NULL,
            WS_CHILD | WS_VISIBLE,
            0,
            0,
```

```
                rectView.right,
                rectView.bottom/2-1,
                hwnd,
                NULL,
                hInst,
                NULL
            );

            ChildHwnd[1] = CreateWindowEx(
                WS_EX_CLIENTEDGE,
                _T("Child Window Class Name"),
                NULL,
                WS_CHILD | WS_VISIBLE,
                0,
                rectView.bottom/2+1,
                rectView.right,
                rectView.bottom/2-1,
                hwnd,
                NULL,
                hInst,
                NULL
            );
            return 0;
        case WM_DESTROY:
            PostQuitMessage(0);
            return 0;
        }
        return DefWindowProc(hwnd, iMsg, wParam, lParam);
}

LRESULT CALLBACK ChildWndProc(HWND hwnd, UINT iMsg,
                              WPARAM wParam, LPARAM lParam)
{
    switch (iMsg)
    {
    case WM_CREATE:
        break;
    case WM_DESTROY:
        return 0;
    }
    return DefMDIChildProc(hwnd, iMsg, wParam, lParam);
}
```

62, 63행 : 메인 윈도우가 생성될 때 자식 윈도우 2개를 생성한다. 생성된 윈도우는 메인 윈도우에 나타나는 위치만 다르다. 프로그램을 실행한 후 메인 윈도우의 크기를 조정해도 자식 윈도우의 크기가 고정되어 있어 변하지 않는다. 메인 윈도우의 크기가 변하는 데 따라 자식 윈도우도 이에 비례해서 변하게 하고 싶다면 메인 윈도우의 크기가 변할 때마다 MoveWindow( ) 함수를 이용하면 된다.

64~92행 : 메인 윈도우가 생성된 직후에 자식 윈도우가 생성되고, 윈도우의 크기가 변경될 때마다 자식 윈도우의 크기도 조정된다. 첫 번째 윈도우가 생성될 때 CreateWindowEx( ) 함수에 전달되는 매개변수 값은 다음과 같다.

- WS_EX_CLIENTEDGE : 생성되는 윈도우는 경계가 약간 들어간 입체 형태이다.
- Child Window Class Name : 자식 윈도우를 위해 등록된 윈도우 클래스의 이름으로 WinMain( ) 함수에서 이미 등록했다.
- NULL : 윈도우의 타이틀 바에 나타낼 문자열을 쓴다. 자식 윈도우가 팝업 형태가 아니므로 NULL 값을 이용한다.
- WS_CHILD | WS_VISIBLE : 생성되는 윈도우가 팝업 형태가 아니고 자식 윈도우 형태이다.
- 0, 0 : 윈도우가 나타날 위치로, 메인 윈도우의 상반부에 나타나야 하므로 자식 윈도우의 위치는 (0, 0)이다.
- rectView.right : 생성될 윈도우의 너비로 메인 윈도우의 너비 값을 그대로 이용하고 있다.
- rectView.bottom/2-1 : 생성될 윈도우의 높이로 메인 윈도우 높이의 절반을 이용하고 있다.
- hwnd : 부모 윈도우의 핸들 값을 쓰는 부분이므로 메인 윈도우의 핸들 값을 쓴다.
- hInst : 전역변수를 이용해 응용 프로그램의 인스턴스 값을 전달한다.
- NULL : 메뉴의 핸들 값을 쓰는 부분인데 윈도우가 팝업 형태가 아니므로 사용할 필요가 없다.

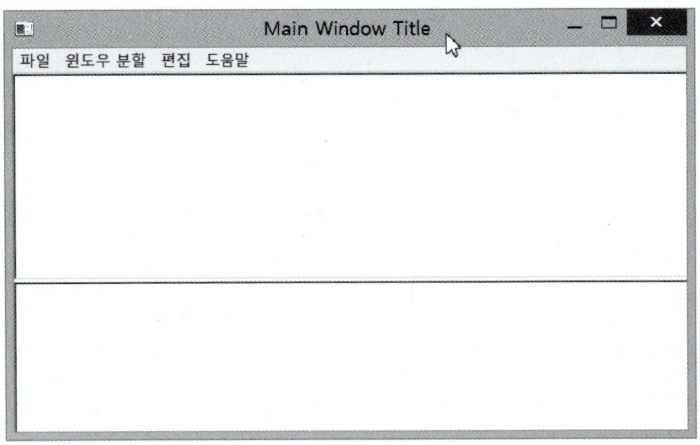

윈도우 크기를 재조정하는 함수

```
BOOL MoveWindow(
      HWND        hWnd, // 윈도우 핸들
      int         X, // 윈도우 새 위치의 x 좌표
      int         Y, // 윈도우 새 위치의 y 좌표
      int         nWidth, // 윈도우의 새 너비
      int         nHeight, // 윈도우의 새 높이
      BOOL        bRepaint // 재조정 후 재출력 여부
);
```

[실습 7-4]에서는 메인 윈도우의 크기를 조정하면 자식 윈도우도 그에 비례해서 크기가 조정되게 한다. 그리고 메뉴 항목을 선택해 자식 윈도우를 생성하게 한다. 다음과 같이 [분할(2×1)] 메뉴 항목을 추가하고 이 메뉴 항목을 선택하면 윈도우가 2개로 분할되도록 한다.

그림 7-6 [분할(2×1)] 메뉴 항목 추가

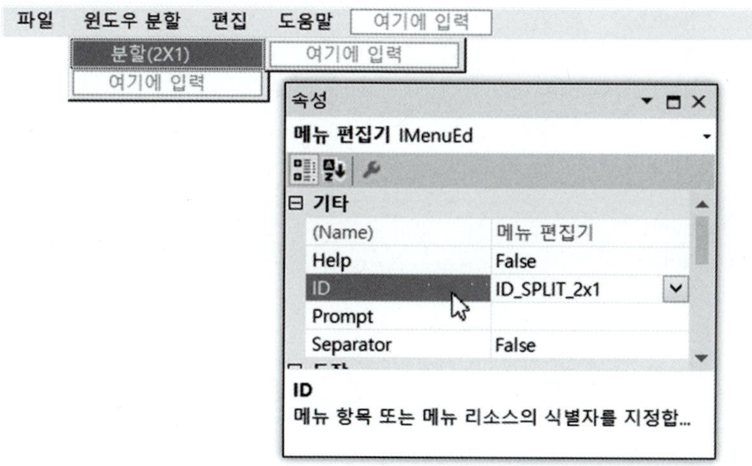

실습 7-4 메인 윈도우의 크기 조정하기

```
HWND     ChildHwnd[2];
LRESULT CALLBACK FrameWndProc(HWND hwnd, UINT iMsg,
                              WPARAM wParam, LPARAM lParam)
{
    static BOOL split;
```

```
    RECT rectView;

    switch (iMsg)
    {
    case WM_CREATE:
        split = FALSE;
        return 0;
    case WM_COMMAND:
        switch(LOWORD(wParam))
        {
        case ID_SPLIT_2x1:
            if (split == TRUE) break;
            split = TRUE;
            GetClientRect(hwnd, &rectView);
            ChildHwnd[0] = CreateWindowEx(
                WS_EX_CLIENTEDGE,
                _T("Child Window Class Name"),
                NULL,
                WS_CHILD | WS_VISIBLE,
                0,
                0,
                rectView.right,
                rectView.bottom/2-1,
                hwnd,
                NULL,
                hInst,
                NULL
            );

            ChildHwnd[1] = CreateWindowEx(
                WS_EX_CLIENTEDGE,
                _T("Child Window Class Name"),
                NULL,
                WS_CHILD | WS_VISIBLE,
                0,
                rectView.bottom/2+1,
                rectView.right,
                rectView.bottom/2-1,
                hwnd,
                NULL,
```

```
099                 hInst,
100                 NULL
101             );
102             return 0;
103         case ID_EXIT:
104             PostQuitMessage(0);
105             return 0;
106         }
107         return 0;
108     case WM_SIZE:
109         if (split == TRUE)
110         {
111             GetClientRect(hwnd, &rectView);
112             MoveWindow(ChildHwnd[0], 0, 0, rectView.right,
113                     rectView.bottom/2-1, TRUE);
114             MoveWindow(ChildHwnd[1], 0, rectView.bottom/2+1,
115                     rectView.right, rectView.bottom/2-1, TRUE);
116         }
117         return 0;
118     case WM_DESTROY:
119         PostQuitMessage(0);
120         return 0;
121     }
122     return DefWindowProc(hwnd, iMsg, wParam, lParam);
123 }
124
125 LRESULT CALLBACK ChildWndProc(HWND hwnd, UINT iMsg,
126                               WPARAM wParam, LPARAM lParam)
127 {
128     switch (iMsg)
129     {
130     case WM_CREATE:
131         break;
132     case WM_DESTROY:
133         return 0;
134     }
135     return DefMDIChildProc(hwnd, iMsg, wParam, lParam);
136 }
```

108행 : 윈도우의 크기가 변하면 WM_SIZE 메시지가 도착한다. 이때 메인 윈도우의 크기에 따라 자식 윈도우의 크기를 조정한다.

111행 : 메인 윈도우의 크기를 먼저 측정하고 2개의 자식 윈도우를 나타낼 위치와 크기를 조정한다.

112~115행 : 자식 윈도우의 크기가 변한 후 자식 윈도우를 다시 출력하도록 한다. 앞에서 자식 윈도우의 높이를 메인 윈도우의 높이 절반보다 작게 만든 이유는 두 자식 윈도우 사이의 경계 두께 부분을 제공하기 위함이다.

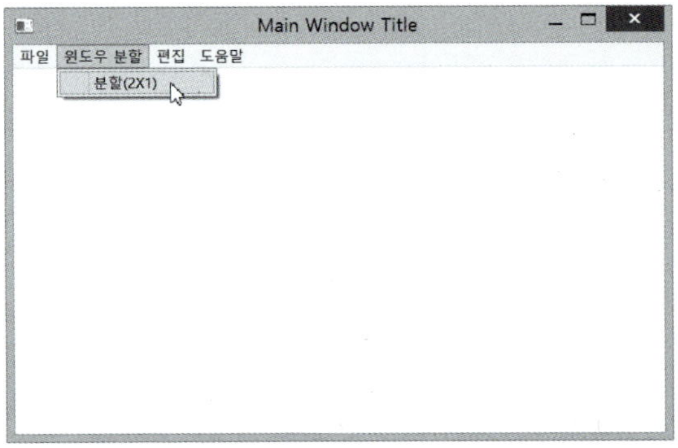

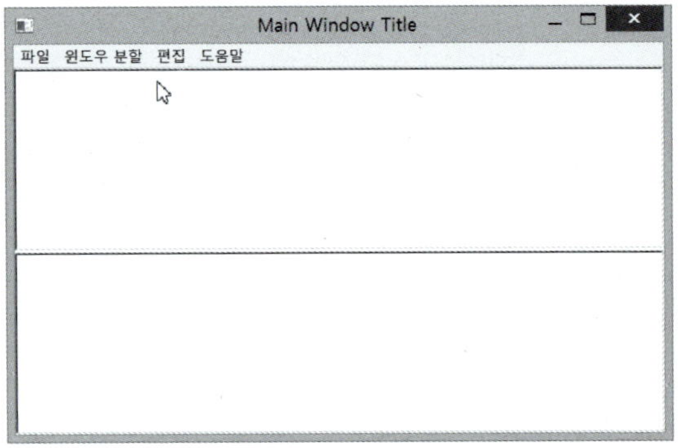

지금까지는 자식 윈도우의 크기가 전체 윈도우의 크기에 따라 비례해서 변할 뿐 고정된 예를 살펴보았다. [실습 7-5]에서는 자식 윈도우의 크기를 각각 조정하고 싶을 때 어떻게 해야 하는지 알아보자. 먼저 요구 사항은 다음과 같다.

- 자식 윈도우의 크기를 각각 조정하려면 자식 윈도우 사이의 경계를 움직일 수 있어야 한다.
- 자식 윈도우 사이의 경계를 움직이기 위해 마우스 커서가 경계선에 있을 때와 크기를 조정 중일 때 커서의 모양을 바꾼다.
- 크기를 조정하기 위해 경계선에서 마우스를 드래그해 경계선의 위치를 위나 아래로 이동한다.
- 자식 윈도우의 최소 크기는 보장해야 한다.

실습 7-5 자식 윈도우의 크기 조정하기

```
HWND     ChildHwnd[2];
LRESULT CALLBACK FrameWndProc(HWND hwnd, UINT iMsg,
                               WPARAM wParam, LPARAM lParam)
{
    static BOOL        split;
    static HCURSOR     hCursor;
    static int         boundary = -1;
    RECT               rectView;

    switch (iMsg)
    {
    case WM_CREATE:
        split = FALSE;
        return 0;
    case WM_COMMAND:
        switch(LOWORD(wParam))
        {
        case ID_SPLIT_2x1:
            if (split == TRUE) break;
            split = TRUE;
            GetClientRect(hwnd, &rectView);
            ChildHwnd[0] = CreateWindowEx(
                WS_EX_CLIENTEDGE,
                _T("Child Window Class Name"),
                NULL,
                WS_CHILD | WS_VISIBLE,
                0,
                0,
                rectView.right,
                rectView.bottom/2-1,
                hwnd,
                NULL,
                hInst,
                NULL
            );
            ChildHwnd[1] = CreateWindowEx(
                WS_EX_CLIENTEDGE,
                _T("Child Window Class Name"),
```

```
                    NULL,
                    WS_CHILD | WS_VISIBLE,
                    0,
                    rectView.bottom/2+1,
                    rectView.right,
                    rectView.bottom/2-1,
                    hwnd,
                    NULL,
                    hInst,
                    NULL
                );
                boundary = rectView.bottom/2;
                hCursor = LoadCursor(NULL, MAKEINTRESOURCE(IDC_SIZENS));
                return 0;
            case ID_EXIT :
                PostQuitMessage (0);
                return 0 ;
            }
            return 0;
        case WM_MOUSEMOVE:
            if (HIWORD(lParam)>=boundary-2 &&
                HIWORD(lParam)<=boundary+2) SetCursor(hCursor);
            if (wParam == MK_LBUTTON && split == TRUE)
            {
                GetClientRect(hwnd, &rectView);
                if (rectView.top+5 < HIWORD(lParam) &&
                    HIWORD(lParam) <
                    rectView.bottom-5)boundary = HIWORD(lParam);
                MoveWindow(ChildHwnd[0], 0, 0, rectView.right,
                                                boundary - 1, TRUE);
                MoveWindow(ChildHwnd[1], 0, boundary+1, rectView.right,
                            rectView.bottom - boundary + 1, TRUE);
            }
            return 0;
        case WM_LBUTTONDOWN:
            if (split == TRUE)
            {
                SetCursor(hCursor);
                SetCapture(hwnd);
            }
```

```
132             return 0;
133         case WM_LBUTTONUP:
134             if (split == TRUE) ReleaseCapture();
135             return 0;
136         case WM_DESTROY:
137             PostQuitMessage(0);
138             return 0;
139         }
140         return DefWindowProc(hwnd, iMsg, wParam, lParam);
141     }
142 
143     LRESULT CALLBACK ChildWndProc(HWND hwnd, UINT iMsg,
144                                             WPARAM wParam, LPARAM lParam)
145     {
146         switch (iMsg)
147         {
148         case WM_CREATE:
149             break;
150         case WM_DESTROY:
151             return 0;
152         }
153         return DefMDIChildProc(hwnd, iMsg, wParam, lParam);
154     }
```

59, 60행 : 마우스 커서의 모양을 변경하기 위해 커서 핸들 타입인 HCURSOR 변수를 선언한다. 그리고 자식 윈도우 사이에 있는 경계선의 y 좌표 값을 저장하기 위해 정수 변수 boundary를 static으로 선언한다.

103, 104행 : 자식 윈도우가 생성될 때 boundary에 메인 윈도우 높이의 절반을 저장하고 hCursor에는 윈도우 크기 조정용 마우스 커서인 ↕(IDC_SIZENS)를 로드한다. 로드된 커서는 마우스 커서의 위치가 boundary±2 안에 들어가면 사용한다. SetCursor( ) 함수는 지정한 마우스 커서로 변경하는 함수이다.

111~125행 : 마우스가 움직이고(WM_MOUSEMOVE) 마우스 왼쪽 버튼을 눌렀을 때 자식 윈도우가 생성되어 있으면(wParam == MK_LBUTTON && split == TRUE) 마우스의 현재 위치를 바탕으로 두 자식 윈도우의 크기를 조정한다. 자식 윈도우의 크기 조정은 경계를 조정해 수행한다. 이때 자식 윈도우의 크기가 너무 작아지지 않도록 조건(rectView.top+5 〈 HIWORD(lParam) && HIWORD(lParam) 〈 rectView.bottom−5)을 검사한다. 이 조건은 마우스의 현재 위치 Y 값이 메

인 윈도우의 top과 bottom에 너무 가까이 있는지를 점검한다. 너무 가깝지 않을 때만 마우스의 현재 위치 Y 값인 (HIWORD(lParam))을 boundary에 저장한다. boundary 값은 위쪽 자식 윈도우의 높이 값과 아래쪽 자식 윈도우의 시작 좌표가 된다.

126~135행 : 마우스 왼쪽 버튼을 누르면 자식 윈도우가 생성되었는지 검사하고, 자식 윈도우가 있으면 크기 조정을 위한 마우스 커서(↕)로 모양을 바꾼다. 드래그하는 동안 마우스가 윈도우 밖으로 나가지 못하도록 마우스 캡처를 하기 위해 SetCapture( ) 함수를 수행한다. 그리고 드래그 후 마우스 왼쪽 버튼을 떼면 캡처를 해제하기 위해 ReleaseCapture( ) 함수를 수행한다.

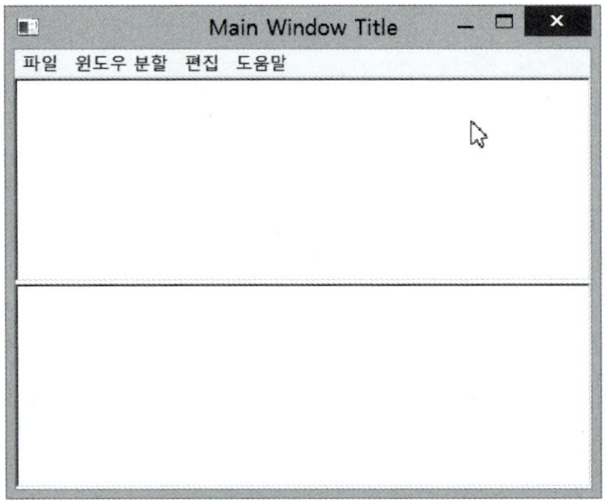

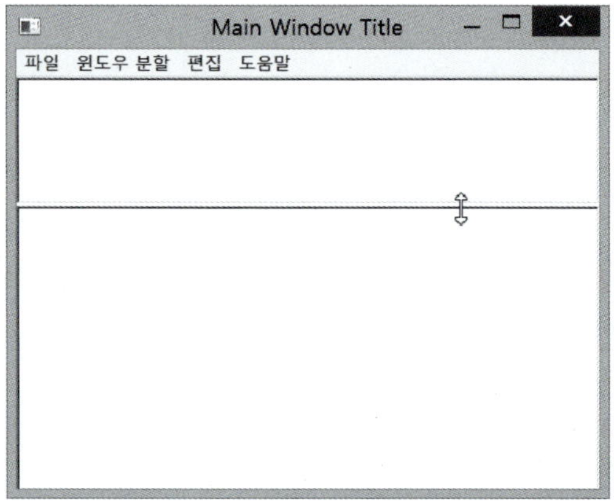

마우스를 캡처하고 캡처를 해제하는 함수

- 마우스를 윈도우 내에 캡처하기

```
HWND SetCapture(HWND hwnd);
```

- 마우스 캡처 해제하기

```
ReleaseCapture();
```

[실습 7-6]에서는 [실습 7-5]를 기반으로 각 자식 윈도우마다 메시지를 처리하고 출력해본다. 여기서는 각 자식 윈도우에서 마우스 왼쪽 버튼을 눌렀을 때와 타이머 이벤트가 발생했을 때의 메시지를 처리한다.

실습 7-6 자식 윈도우 메시지 처리하기

```
139 LRESULT CALLBACK ChildWndProc(HWND hwnd, UINT iMsg,
140                                 WPARAM wParam, LPARAM lParam)
141 {
142     HDC             hdc;
143     static          int x[2] = {20, 20}, y[2]={20, 20}, flag[2];
144     int             select;
145 
146     switch (iMsg)
147     {
148     case WM_CREATE:
149         break;
150     case WM_TIMER:
151         x[wParam] = x[wParam] + 20;
152         hdc = GetDC(hwnd);
153         Ellipse(hdc, x[wParam] - 20, y[wParam] - 20,
154                 x[wParam] + 20, y[wParam] + 20);
155         ReleaseDC(hwnd, hdc);
156         break;
157     case WM_LBUTTONDOWN:
158         if (hwnd == ChildHwnd[0])
159             select = 0;
160         else
161             select = 1;
162         flag[select] = 1 - flag[select];
163         if (flag[select])
164             SetTimer(hwnd, select, 100, NULL);
165         else
166             KillTimer(hwnd, select);
167         break;
168     case WM_DESTROY:
169         return 0;
170     }
171     return DefMDIChildProc(hwnd, iMsg, wParam, lParam);
172 }
```

139, 140, 158행 : 2개의 자식 윈도우 모두 메시지를 처리하는 함수가 ChildWndProc( )이다. 어떤 윈도우에서 발생했는지는 전역변수인 ChildHwnd로 구분한다.

150~156행 : WM_TIMER 메시지가 오면 타이머 번호에 따라 어떤 윈도우에 원을 그릴지 결정한다.

157행 : 마우스 왼쪽 버튼을 한 번 누르면 원이 왼쪽 끝에서 오른쪽으로 이동하고 한 번 더 누르면 이동을 멈춘다. 2개의 자식 윈도우에서 각각 독립적으로 메시지를 처리한다.

159, 161, 164, 166행 : select 변수에 선택된 자식 윈도우의 인덱스가 0인지 1인지 구분해 저장한다. 이 번호를 타이머 ID로 이용해 타이머를 동작시킨다.

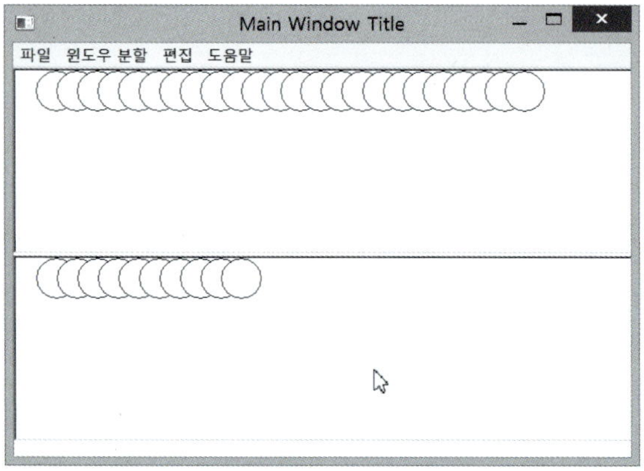

04 컨트롤 윈도우 활용하기

6장에서는 대화상자에 사용할 수 있는 다양한 컨트롤을 살펴보았다. 6장에서 언급했듯이 컨트롤도 윈도우이지만 독립적으로 존재하지 않고 부모 윈도우에 속한 자식 윈도우의 형태이다. 이때 부모 윈도우는 어떤 윈도우라도 가능하다. 6장에서는 대화상자를 부모 윈도우로 이용했지만, 여기서는 사용자가 만든 윈도우를 부모 윈도우로 두고 컨트롤 윈도우를 사용하는 방법을 살펴볼 것이다.

4.1 버튼 컨트롤 윈도우

버튼을 자식 윈도우로 사용하려면 CreateWindow( ) 함수를 이용해 버튼 컨트롤 윈도우를 생성해야 한다. 1장에서 언급했듯이 CreateWindow( ) 함수를 이용해 윈도우를 생성하려면 윈도우 클래스가 미리 등록되어 있어야 한다. 버튼 컨트롤의 윈도우 클래스가 'button'이라는 이름으로 이미 등록되어 있으므로 이것을 이용하기만 하면 된다. [실습 7-7]에서는 버튼 컨트롤 윈도우를 메인 윈도우에 생성하고, 버튼을 누르면 윈도우 화면에 'Hello World'를 출력하도록 해본다.

실습 7-7 버튼 컨트롤 윈도우 생성하기

```
#define IDC_BUTTON 100
LRESULT CALLBACK WndProc(HWND hwnd, UINT iMsg,
                              WPARAM wParam, LPARAM lParam)
{
    HDC      hdc;
    HWND     hButton;

    switch (iMsg)
    {
    case WM_CREATE:
        hButton = CreateWindow(
```

```
58                  _T("button"),
59                  _T("확인"),
60                  WS_CHILD | WS_VISIBLE | BS_PUSHBUTTON,
61                  200,
62                  0,
63                  100,
64                  25,
65                  hwnd,
66                  (HMENU)IDC_BUTTON,
67                  hInst,
68                  NULL
69              );
70              return 0;
71          case WM_COMMAND:
72              switch (LOWORD(wParam))
73              {
74              case IDC_BUTTON:
75                  hdc = GetDC(hwnd);
76                  TextOut(hdc, 0, 100, _T("Hello World"), 11);
77                  ReleaseDC(hwnd, hdc);
78                  return 0;
79              }
80              return 0;
81          case WM_DESTROY:
82              PostQuitMessage(0);
83              return 0;
84          }
85          return DefWindowProc(hwnd, iMsg, wParam, lParam);
86      }
```

47행 : 버튼 컨트롤의 ID 값으로 사용할 IDC_BUTTON을 상수로 정의한다. ID가 없으면 버튼을 눌렀을 때 메시지를 받아도 누가 보낸 것인지 알 수 없다.

57~69행 : 부모 윈도우가 생성되면 버튼 윈도우를 부모 윈도우의 자식 윈도우로 만든다. 윈도우 생성 시 CreateWindow( ) 함수에 전달되는 매개변수는 다음과 같다.

- button : 버튼 컨트롤의 윈도우 클래스 이름
- 확인 : 버튼 컨트롤의 캡션
- WS_CHILD | WS_VISIBLE | BS_PUSHDOWN : 생성되는 윈도우는 자식 윈도우이고 누르는 버튼 형태

- 200, 0 : 버튼이 나타날 부모 윈도우의 좌표
- 100, 25 : 버튼의 크기(너비와 높이)
- hwnd : 부모 윈도우 핸들
- IDC_BUTTON : 버튼 컨트롤 ID
- hInst : 커널이 부여한 프로그램의 인스턴스 값
- NULL : 생성되는 윈도우를 위한 부가 정보

71~77행 : 버튼을 클릭하면 WM_COMMAND 메시지가 WndProc( ) 함수에 오고, 이 함수는 버튼에서 온 것인지를 검사한다. 검사 결과가 TRUE이면 부모 윈도우에 'Hello World'를 출력한다.

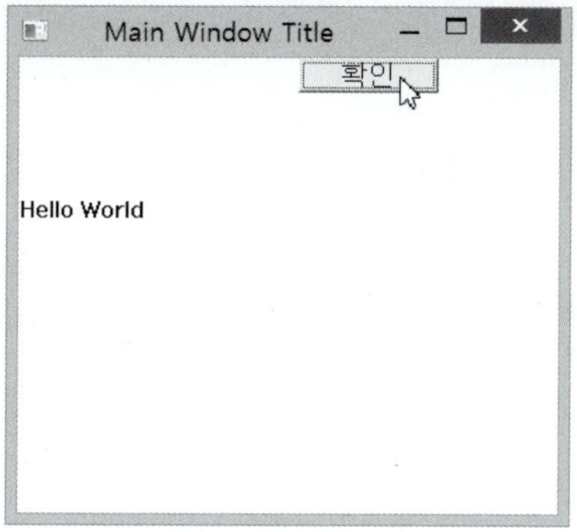

4.2 에디트 컨트롤 윈도우

에디트 컨트롤도 버튼 컨트롤과 생성 방법이 유사하다. 에디트 컨트롤의 등록된 윈도우 클래스는 'edit'이다.

[실습 7-8]에서는 윈도우 화면에 에디트 컨트롤과 버튼 컨트롤 하나가 등장한다. 에디트 박스 컨트롤에 텍스트를 입력한 후 〈확인〉 버튼을 누르면 입력한 텍스트를 윈도우 화면에 출력한다.

실습 7-8 에디트 컨트롤 윈도우 생성하기

```
#define IDC_BUTTON 100
#define IDC_EDIT   101
LRESULT CALLBACK WndProc(HWND hwnd, UINT iMsg,
                                          WPARAM wParam, LPARAM lParam)
```

```
{
    HDC             hdc;
    static HWND     hButton, hEdit;
    TCHAR           str[100];

    switch (iMsg)
    {
    case WM_CREATE:
        hButton = CreateWindow(
            _T("button"),
            _T("확인"),
            WS_CHILD | WS_VISIBLE | BS_PUSHBUTTON,
            200,
            0,
            100,
            25,
            hwnd,
            (HMENU)IDC_BUTTON,
            hInst,
            NULL
        );
        hEdit = CreateWindow(
            _T("edit"),
            _T("에디팅"),
            WS_CHILD | WS_VISIBLE | WS_BORDER,
            0,
            0,
            200,
            25,
            hwnd,
            (HMENU)IDC_EDIT,
            hInst,
            NULL
        );
        return 0;
    case WM_COMMAND:
        switch(LOWORD(wParam))
        {
        case IDC_BUTTON:
            GetDlgItemText(hwnd, IDC_EDIT, str, 100);
```

```
91              hdc = GetDC(hwnd);
92              TextOut(hdc, 0, 100, str, _tcslen(str));
93              ReleaseDC(hwnd, hdc);
94              return 0;
95          }
96          return 0;
```

48행 : 에디트 컨트롤 ID 값으로 사용할 IDC_EDIT를 상수로 정의한다.

72~84행 : 부모 윈도우가 생성되면 버튼 컨트롤뿐만 아니라 에디트 컨트롤을 부모 윈도우의 자식 윈도우로 만든다. 윈도우 생성 시 CreateWindow( ) 함수에 전달되는 매개변수는 다음과 같다.

- edit : 에디트 컨트롤의 윈도우 클래스 이름
- 에디팅 : 초기에 에디트 컨트롤에 나타낼 텍스트
- WS_CHILD | WS_VISIBLE | WS_BORDER : 생성되는 윈도우는 자식 윈도우이고 에디트 컨트롤 주위에 테두리가 있는 형태
- 0, 0 : 에디트 컨트롤이 나타날 부모 윈도우의 좌표
- 200, 25 : 에디트 컨트롤의 크기(너비와 높이)
- hwnd : 부모 윈도우 핸들
- IDC_EDIT : 에디트 컨트롤 ID
- hInst : 커널이 부여한 프로그램의 인스턴스 값
- NULL : 생성되는 윈도우를 위한 부가 정보

90~93행 : 버튼을 클릭하면 WM_COMMAND 메시지가 WndProc( ) 함수에 오고, 이 함수는 버튼 컨트롤에서 온 것인지를 검사한다. 검사 결과가 TRUE이면 IDC_EDIT인 에디트 컨트롤에 입력된 텍스트를 str에 얻어와 부모 윈도우에 출력한다.

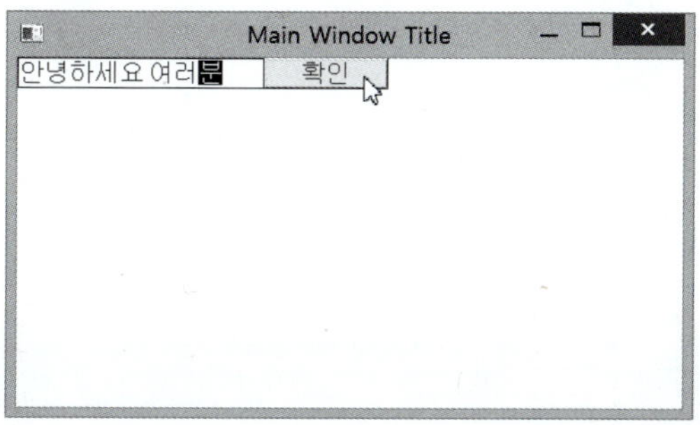

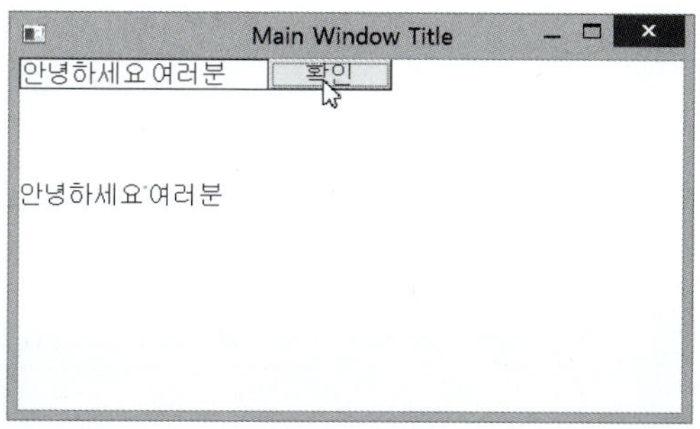

4.3 콤보 박스 컨트롤 윈도우

콤보 박스 컨트롤도 버튼이나 에디트 컨트롤과 생성 방법이 유사하다. 콤보 박스 컨트롤의 등록된 윈도우 클래스는 'combobox'이다.

[실습 7-9]에서는 윈도우 화면에 에디트 컨트롤, 버튼, 콤보 박스 컨트롤이 각각 하나씩 등장한다. 에디트 컨트롤에는 '에디팅'이라는 텍스트가 기본으로 출력된다. 에디트 컨트롤에 텍스트를 입력한 후 〈확인〉 버튼을 누르면 콤보 박스 컨트롤에 그 텍스트가 추가된다.

실습 7-9 콤보 박스 컨트롤 윈도우 생성하기

```
#define IDC_BUTTON 100
#define IDC_EDIT   101
#define IDC_COMBO  102
LRESULT CALLBACK WndProc(HWND hwnd, UINT iMsg,
                         WPARAM wParam, LPARAM lParam)
{
    static HWND    hButton, hEdit, hCombo;
    TCHAR          str[100];

    switch (iMsg)
    {
    case WM_CREATE:
         hButton = CreateWindow(
              _T("button"),
              _T("확인"),
              WS_CHILD | WS_VISIBLE | BS_PUSHBUTTON,
              200,
              0,
              100,
              25,
              hwnd,
              (HMENU)IDC_BUTTON,
              hInst,
              NULL
         );
         hEdit = CreateWindow(
              _T("edit"),
              _T("에디팅"),
```

```
                WS_CHILD | WS_VISIBLE | WS_BORDER,
                0,
                0,
                200,
                25,
                hwnd,
                (HMENU)IDC_EDIT,
                hInst,
                NULL
            );
            hCombo = CreateWindow(
                _T("combobox"),
                NULL,
                WS_CHILD | WS_VISIBLE | CBS_DROPDOWN,
                0,
                100,
                200,
                300,
                hwnd,
                (HMENU)IDC_COMBO,
                hInst,
                NULL
            );
            return 0;
        case WM_COMMAND:
            switch(LOWORD(wParam))
            {
            case IDC_BUTTON:
                GetDlgItemText(hwnd, IDC_EDIT, str, 100);
                if (_tcscmp(str, _T("")))
                        SendMessage(hCombo,CB_ADDSTRING,0,(LPARAM)str);
                return 0;
            }
            return 0;
        case WM_DESTROY:
            PostQuitMessage(0);
            return 0;
        }
    return DefWindowProc(hwnd, iMsg, wParam, lParam);
}
```

49행 : 콤보 박스 컨트롤 ID 값으로 사용할 IDC_COMBO를 상수로 정의한다.

85~97행 : 부모 윈도우가 생성되면 버튼 컨트롤 윈도우, 에디트 컨트롤뿐만 아니라 콤보 박스 컨트롤을 부모 윈도우의 자식 윈도우로 만든다. 윈도우 생성 시 CreateWindow( ) 함수에 전달되는 매개변수는 다음과 같다.

- combobox : 콤보 박스 컨트롤의 윈도우 클래스 이름
- NULL : 여기서는 필요 없으므로 NULL로 설정
- WS_CHILD | WS_VISIBLE | CBS_DROPDOWN : 생성되는 윈도우는 자식 윈도우이고 콤보 박스 컨트롤은 아래로 내용을 보여주는 형태
- 0, 100 : 콤보 박스 컨트롤이 나타날 부모 윈도우의 좌표
- 200, 300 : 콤보 박스 컨트롤이 펼쳐졌을 때의 크기(너비와 높이)
- hwnd : 부모 윈도우 핸들
- IDC_COMBO : 콤보 박스 컨트롤 ID
- hInst : 커널이 부여한 프로그램의 인스턴스 값
- NULL : 생성되는 윈도우를 위한 부가 정보

99~105행 : 버튼을 클릭하면 WM_COMMAND 메시지가 WndProc( ) 함수에 오고, 이 함수는 버튼에서 온 것인지를 검사한다. 검사 결과가 TRUE이면 IDC_EDIT인 에디트 컨트롤에 입력된 텍스트를 str에 가져오고, str에 저장된 텍스트가 있으면 콤보 박스 컨트롤에 추가한다. SendMessage( ) 함수를 통해 콤보 박스 컨트롤에 CB_ADDSTRING 메시지를 보내면 데이터가 추가된다.

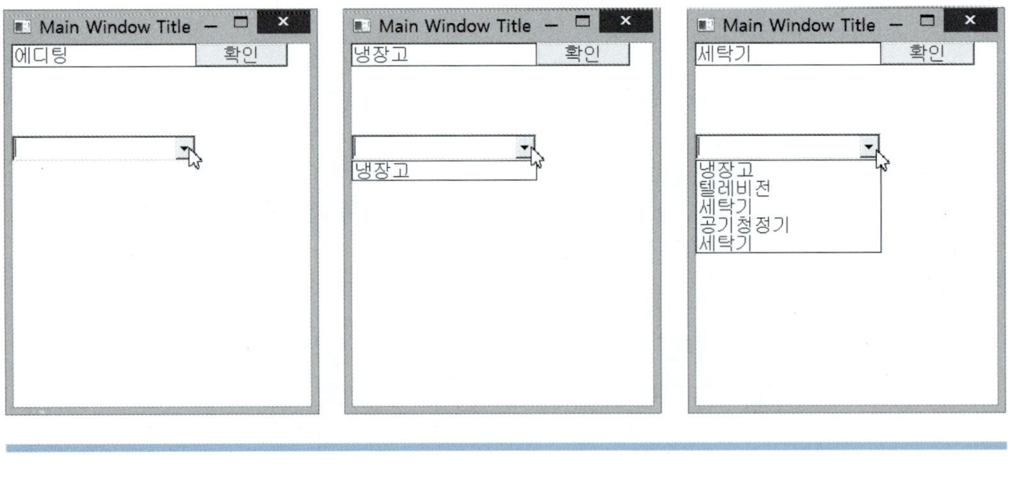

윈도우에 메시지를 전송하는 함수

```
LRESULT SendMessage(
     HWND       hWndControl, // 콤보 박스 윈도우 핸들
     UINT       iMsg, // 메시지 ID
     WPARAM     wParam,
     LPARAM     lParam
);
```

SendMessage( ) 함수의 메시지 ID 종류는 다음과 같다.

- **CB_ADDSTRING** : 콤보 박스 컨트롤의 리스트에 문자열을 추가한다. wParam은 사용하지 않고 lParam에는 문자열의 시작 주소가 저장된다.
- **CB_DELETESTRING** : 콤보 박스 컨트롤의 리스트에 있는 문자열을 삭제한다. wParam에는 삭제할 문자열의 인덱스 번호를 저장하고 lParam은 사용하지 않는다.
- **CB_GETCOUNT** : 콤보 박스 컨트롤의 리스트에 저장되어 있는 문자열 아이템의 개수를 얻을 때 사용한다. wParam과 lParam 둘 다 사용하지 않는다. 개수는 SendMessage( )의 반환 값이다.
- **CB_GETCURSEL** : 콤보 박스 컨트롤의 리스트에서 사용자가 선택한 문자열이 리스트에서 몇 번째인지를 알고자 할 때 사용한다. wParam과 lParam 둘 다 사용하지 않는다. 개수는 SendMessage( )의 반환 값이다.

4.4 리치 에디트 컨트롤 윈도우

리치 에디트 컨트롤도 앞서 다룬 컨트롤과 생성 방법이 유사하다. 리치 에디트 컨트롤의 등록된 윈도우 클래스는 'RichEdit'이다.

[실습 7-10]에서는 윈도우에 리치 에디트 컨트롤을 생성하고 활용해보는데 리치 에디트 컨트롤의 크기를 윈도우의 클라이언트 영역으로 확대한다. 리치 에디트 컨트롤은 에디트 컨트롤처럼 텍스트를 추가로 입력하거나 삭제할 수 있지만 텍스트를 선택한 후 텍스트의 글꼴을 변경할 수도 있다는 것이 다르다. 글꼴 변경은 메뉴에 만든 [글꼴] 메뉴 항목을 선택하면 가능하다.

그림 7-7 [글꼴] 메뉴 항목 추가

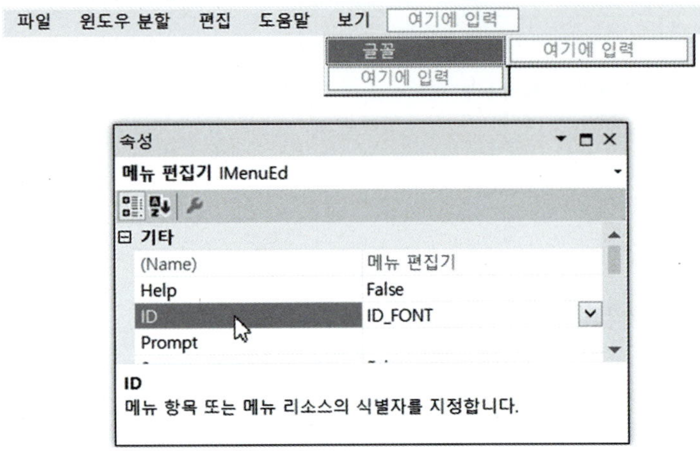

실습 7-10 리치 에디트 컨트롤 윈도우 생성하기

```
#include <windows.h>
#include <TCHAR.H>
#include <richedit.h>
#include "..\resource.h"
LRESULT CALLBACK WndProc(HWND hwnd, UINT iMsg,
                         WPARAM wParam, LPARAM lParam);
HINSTANCE hInst;

int WINAPI WinMain(HINSTANCE hInstance, HINSTANCE hPrevInstance,
                   LPSTR lpszCmdLine, int nCmdShow)
{
    HINSTANCE       hRichedit;
    HWND            hwnd;
    MSG             msg;
    WNDCLASS   WndClass;
    hInst = hInstance;
    WndClass.style = CS_HREDRAW | CS_VREDRAW;
    WndClass.lpfnWndProc = WndProc;
    WndClass.cbClsExtra = 0;
    WndClass.cbWndExtra = 0;
    WndClass.hInstance = hInstance;
    WndClass.hIcon = LoadIcon(NULL, IDI_APPLICATION);
    WndClass.hCursor = LoadCursor(NULL, IDC_ARROW);
```

```
    WndClass.hbrBackground = (HBRUSH)GetStockObject(WHITE_BRUSH);
    WndClass.lpszMenuName = MAKEINTRESOURCE(IDR_MENU7_10);
    WndClass.lpszClassName = _T("Window Class Name");
    RegisterClass(&WndClass);
    hRichedit = LoadLibrary(_T("RICHED20.DLL"));
    hwnd = CreateWindow(
        _T("Window Class Name"),
        _T("Main Window Title"),
        WS_OVERLAPPEDWINDOW,
        CW_USEDEFAULT,
        CW_USEDEFAULT,
        CW_USEDEFAULT,
        CW_USEDEFAULT,
        NULL,
        NULL,
        hInstance,
        NULL
    );
    ShowWindow(hwnd, nCmdShow);
    UpdateWindow(hwnd);
    while(GetMessage(&msg, NULL, 0, 0))
    {
        TranslateMessage(&msg);
        DispatchMessage(&msg);
    }
    FreeLibrary(hRichedit);
    return (int)msg.wParam;
}

#define IDC_RICHEDIT 100
LRESULT CALLBACK WndProc(HWND hwnd, UINT iMsg,
                                    WPARAM wParam, LPARAM lParam)
{
    static HWND hRichedit;
    RECT        rect;
    CHARFORMAT  cf;

    switch (iMsg)
    {
    case WM_CREATE:
        GetClientRect(hwnd, &rect);
```

```
        hRichedit = CreateWindow(
            _T("RichEdit20W"),
            _T("우리는 민족 중흥의 역사적 사명을 띠고 이 땅에 태어났다."),
            WS_CHILD | WS_VISIBLE | WS_HSCROLL | WS_VSCROLL |
            ES_AUTOHSCROLL | ES_AUTOVSCROLL | ES_MULTILINE | WS_BORDER,
            100,
            100,
            rect.right,
            rect.bottom,
            hwnd,
            (HMENU)IDC_RICHEDIT,
            hInst,
            NULL
        );
        return 0;
    case WM_SIZE:
        GetClientRect(hwnd, &rect);
        MoveWindow(hRichedit, 0, 0, rect.right, rect.bottom, TRUE);
        return 0;
    case WM_COMMAND:
        switch(LOWORD(wParam))
        {
        case ID_FONT:
            cf.cbSize = sizeof (CHARFORMAT);
            cf.dwMask = CFM_FACE | CFM_SIZE | CFM_COLOR;
            cf.yHeight = 300;
            cf.dwEffects = NULL;
            _tcscpy_s(cf.szFaceName, _T("HY울릉도M"));
            cf.crTextColor = RGB(100, 0, 0);
            SendMessage(hRichedit, EM_SETCHARFORMAT,
                        (WPARAM)(UINT)SCF_SELECTION, (LPARAM)&cf);
            return 0;
        }
        return 0;
    case WM_DESTROY:
        PostQuitMessage(0);
        return 0;
    }
    return DefWindowProc(hwnd, iMsg, wParam, lParam);
}
```

03행 : 리치 에디트 컨트롤을 사용하려면 다른 컨트롤과 달리 richedit.h 파일을 포함해야 한다.

12, 28, 49행 : 리치 에디트 컨트롤 관련 라이브러리 함수는 DLL 형태이기 때문에 프로그램 수행 중에 해당 DLL인 'RICHED20.DLL'을 LoadLibrary( ) 함수를 이용해 로드한다. 이 함수는 특정 라이브러리 모듈을 프로그램 실행 중에 실행 공간으로 불러오고 모듈 이름을 인수로 받는다. 반환 값은 모듈의 핸들 값이다. 라이브러리를 사용하고 난 다음에는 DLL 사용을 마쳤음을 커널에 알리기 위해 FreeLibrary( ) 함수에서 인수로 사용한다.

53행 : 리치 에디트 컨트롤의 ID 값으로 사용할 IDC_RICHEDIT를 상수로 정의한다.

63~78행 : 부모 윈도우가 생성되면 리치 에디트 컨트롤을 부모 윈도우의 자식 윈도우로 만든다. 윈도우의 크기를 부모 윈도우의 클라이언트 영역과 같게 하려고 GetClientRect(hwnd, &rect)를 먼저 수행한다. 윈도우 생성 시 CreateWindow( ) 함수에 전달되는 매개변수는 다음과 같다.

- RichEdit20W : 리치 에디트 컨트롤의 윈도우 클래스 이름
- 우리는 민족 중흥의~ : 컨트롤에 나타날 기본 문자열
- WS_CHILD | WS_VISIBLE | WS_HSCROLL | WS_VSCROLL : 생성되는 윈도우는 자식 윈도우이고 수직 스크롤과 수평 스크롤이 컨트롤에 붙어 있는 형태
- ES_AUTOHSCROLL | ES_AUTOVSCROLL | ES_MULTILINE : 수직 스크롤과 수평 스크롤이 필요할 때 자동으로 나타나는 형태이고, 출력되는 텍스트가 길면 여러 행에 거쳐 나타낼 수 있음
- WS_BORDER : 리치 에디트 콘트롤의 테두리가 나타남
- 100, 100 : 리치 에디트 컨트롤이 나타날 부모 윈도우의 좌표
- rect.right, rect.bottom : 리치 에디트 컨트롤의 크기를 윈도우의 크기에 맞춰 설정하기 위해 GetClientRect( ) 함수 이용
- hwnd : 부모 윈도우 핸들
- IDC_RICHEDIT : 리치 에디트 컨트롤 ID
- hInst : 커널이 부여한 프로그램의 인스턴스 값
- NULL : 생성되는 윈도우를 위한 부가 정보

80~82행 : 부모 윈도우의 크기가 변경되어 WM_SIZE 메시지가 오면 리치 에디트 컨트롤의 크기도 달라져야 한다. 이때도 부모 윈도우의 클라이언트 영역 크기를 구한 다음 그 값으로 리치 에디트 컨트롤의 크기를 변경한다.

87~96행 : [보기]-[글꼴] 메뉴를 선택하면 WM_COMMAND 메시지가 WndProc( ) 함수에 오고, 그러면 리치 에디트 컨트롤에서 선택된 텍스트 영역을 'HY울릉도M' 서체로 변경한다. 리치 에

디트 컨트롤에서 선택된 텍스트의 글꼴을 변경하려면 EM_SETCHARFORMAT 메시지를 SCF_SELECTION, CHARFORMAT 값과 함께 리치 에디트 컨트롤에 보내야 한다. 리치 에디트 컨트롤의 텍스트 글꼴을 변경할 때는 CHARFORMAT 구조체를 사용한다.

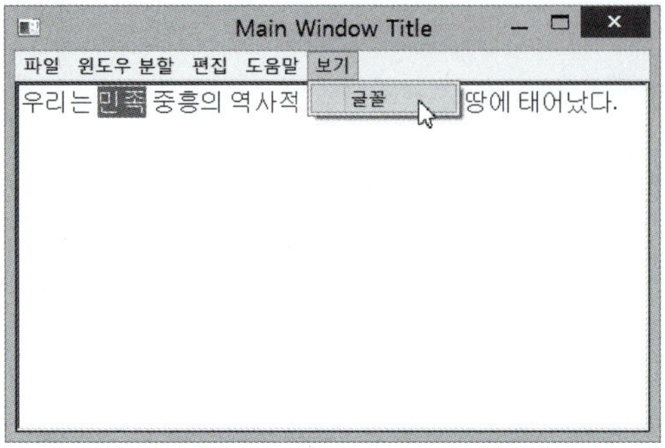

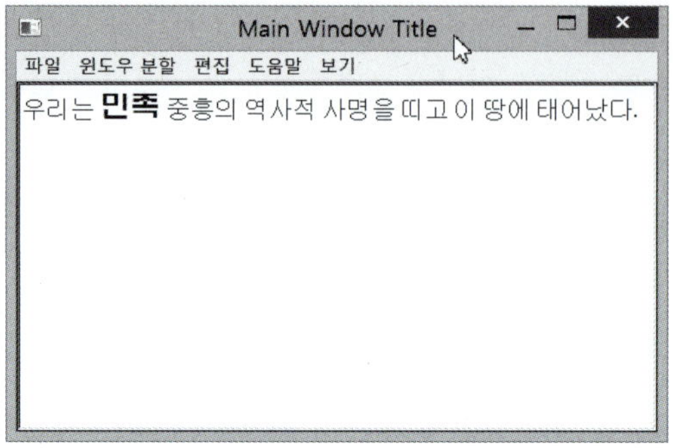

실행 중 라이브러리(DLL) 관련 함수

- 라이브러리 로드하기

```
HMODULE WINAPI LoadLibrary(
     LPCTSTR lpFileName
);
```

- 로드된 라이브러리 풀어주기

```
BOOL WINAPI FreeLibrary(
     HMODULE hModule
);
```

CHARFORMAT 구조체

```
typedef struct _charformat {
     UINT      cbSize;
     DWORD     dwMask;
     DWORD     dwEffects;
     LONG      yHeight;
     LONG      yOffset;
     COLORREF crTextColor;
     BYTE      bCharSet;
     BYTE      bPitchAndFamily;
     TCHAR     szFaceName[LF_FACESIZE];
} CHARFORMAT;
```

CHARFORMAT 구조체의 중요 필드는 다음과 같다.

- **cbSize** : CHARFORMAT 구조체의 크기 값이므로 sizeof(CHARFORMAT)을 넣는다.
- **dwMask** : 멤버 중 어떤 정보가 의미 있는지를 다음과 같이 사용 가능한 플래그 조합으로 나타낸다.
  - CFM_CHARSET : bCharSet 필드 값이 의미 있음
  - CFM_FACE : szFaceName 필드 값이 의미 있음
  - CFM_OFFSET : yOffset 필드 값이 의미 있음
  - CFM_SIZE : yHeight 필드 값이 의미 있음
  - CFM_COLOR : crTextColor 필드 값이 의미 있음
  - CFM_BOLD : dwEffects에 CFE_BOLD가 저장되어 있으면 그 값이 의미 있음
  - CFM_ITALIC : dwEffects에 CFE_ITALIC이 저장되어 있으면 그 값이 의미 있음
  - CFM_STRIKEOUT : dwEffects에 CFE_STRIKEOUT이 저장되어 있으면 그 값이 의미 있음
  - CFM_UNDERLINE : dwEffects에 CFE_UNDERLINE이 저장되어 있으면 그 값이 의미 있음
- **dwEffects** : 텍스트에 나타낼 효과 정보를 다음과 같은 값의 조합으로 나타낸다.
  - CFE_BOLD : 텍스트를 굵은 글씨로 표시
  - CFE_ITALIC : 텍스트를 이탤릭체로 표시
  - CFE_STRIKEOUT : 텍스트 가운데에 가로줄(고침표)을 그음
  - CFE_UNDERLINE : 텍스트에 밑줄을 그음
- **yHeight** : 문자의 높이로 단위는 twips(인치의 1/1440)이다.
- **yOffset** : 문자와 베이스라인의 간격으로 양수이면 위첨자, 음수이면 아래첨자이다.
- **crTextColor** : 텍스트의 색상으로 COLORREF 타입이다.
- **szFaceName** : 글꼴 이름을 문자열로 저장한다.

[실습 7-10]에서는 CHARFORMAT 구조체 변수로 cf를 선언해 새로운 글꼴 정보를 저장했다. 글꼴 정보를 선택된 텍스트 영역에 적용하려면 리치 에디트 컨트롤에 메시지와 함께 보내야 한다.

리치 에디트 컨트롤 윈도우에 메시지를 전송하는 함수

```
LRESULT SendMessage(
    HWND      hWndControl, // 리치 에디트 윈도우 핸들
    UINT      iMsg, // 메시지 ID
    WPARAM    wParam,
    LPARAM    lParam
);
```

SendMessage( ) 함수의 메시지 ID 종류는 다음과 같다.

- **EM_SETCHARFORMAT** : CHARFORMAT 구조체에 설정한 글꼴을 리치 에디트 컨트롤의 텍스트에 적용한다. CHARFORMAT 구조체 값에 대한 포인터를 lParam에 전달하는데, 구조체에 글꼴 정보가 미리 저장되어 있어야 한다. wParam에는 글꼴 변화를 적용할 영역을 알려주는 플래그 값으로 다음 상수 중 하나를 사용한다.
  - SCF_ALL : 컨트롤에 있는 모든 텍스트에 적용한다.
  - SCF_SELECTION : 현재 선택된 텍스트 영역에 적용한다. 선택 영역이 없으면 다음에 입력하는 텍스트에 적용한다.
  - SCF_WORD : 선택된 문자에 적용한다. 선택된 단어가 없으면 다음에 입력하는 문자에 적용한다.
- **EM_GETCHARFORMAT** : 리치 에디트 컨트롤의 텍스트 글꼴 정보를 CHARFORMAT 구조체에 얻어온다. CHARFORMAT 구조체 값에 대한 포인터를 lParam에 전달하는데, 메시지를 전송하면 구조체에 얻어온 글꼴 정보가 저장된다. wParam에는 얻어오고자 하는 것을 알려주는 플래그 값으로 다음 상수 중 하나를 사용한다.
  - SCF_DEFAULT : 기본 값으로 설정한 글꼴 정보
  - SCF_SELECTION : 선택 영역의 글꼴 정보
- **EM_GETSELTEXT** : 리치 에디트 컨트롤에서 선택한 텍스트 영역을 버퍼에 복사해 오기 위해 보낸다. wParam은 사용하지 않고 lParam에는 버퍼의 시작 주소 값을 넣어야 한다. 이때 버퍼의 크기는 선택한 텍스트의 크기보다 커야 한다. 이 메시지에 대해 SendMessage( ) 함수가 반환하는 값은 복사한 텍스트의 길이를 나타내는 정수이다.
- **EM_SETBKGNDCOLOR** : 리치 에디트 컨트롤의 배경 색을 변경하기 위해 보낸다. wParam은 배경 색으로 부모 윈도우의 배경 색을 이용할지, lParam을 통해 전달되는 색을 이용할지

구분하는 데 사용된다. wParam이 0이 아니면 부모 윈도우의 배경 색을 컨트롤의 배경 색으로 이용하고, 0이면 변경하고자 하는 색상 정보를 COLORREF 형식으로 lParam을 통해 제공해야 한다.

- **EM_SETFONTSIZE** : 선택한 텍스트의 글꼴 크기를 조정한다. wParam에는 글꼴 크기를 정수로 전달하고 lParam에는 0의 값을 전달해야 한다.

요약

1 메인 윈도우에 문서 창을 여러 개 생성하는 방법

- 클라이언트 윈도우(MDICLIENT)는 자식 윈도우를 생성하고 관리할 수 있다.
- MDI 응용 프로그램을 만들려면 프레임 윈도우와 자식 윈도우를 위한 윈도우 클래스를 등록해야 한다.
- CreateWindowEx( ) 함수로 메인 윈도우를 분할해 자식 윈도우를 여러 개 만들 수 있다.
- MoveWindow( ) 함수로 메인 윈도우의 크기가 조정되었을 때 분할된 윈도우의 크기도 비례해서 조정되게 할 수 있다.

2 컨트롤을 이용하는 방법

- CreateWindow( ) 함수를 이용해 컨트롤 윈도우를 자식 윈도우로 만들 수 있다. 그리고 이때는 각 컨트롤 윈도우가 가진 윈도우 클래스 이름을 알고 있어야 한다.
- 버튼 컨트롤 윈도우의 클래스 이름은 'button'이고 버튼 클릭은 WM_COMMAND 메시지를 발생시킨다.
- 에디트 컨트롤 윈도우를 만들려면 'edit'를 클래스 이름으로 사용하고, 리치 에디트 컨트롤 윈도우를 만들려면 'Rich Edit'를 클래스 이름으로 사용해야 한다. 둘 다 텍스트 편집을 위해 사용할 수 있지만, 리치 에디트 컨트롤은 폰트를 사용할 수 있다는 점이 에디트 컨트롤과 다르다.
- 윈도우 화면에 콤보 박스 컨트롤을 만들려면 'combobox'를 클래스 이름으로 사용한다. 콤보 박스 컨트롤에 데이터를 추가하거나 선택된 항목 정보를 얻어오려면 SendMessage( ) 함수를 통해 콤보 박스 컨트롤에 메시지를 보내야 한다.

연습문제

1 [실습 7-1]에서는 자식 윈도우의 타이틀 이름이 모두 같았는데, 이번에는 자식 윈도우마다 타이틀 이름이 다르게 프로그램을 작성해보자.

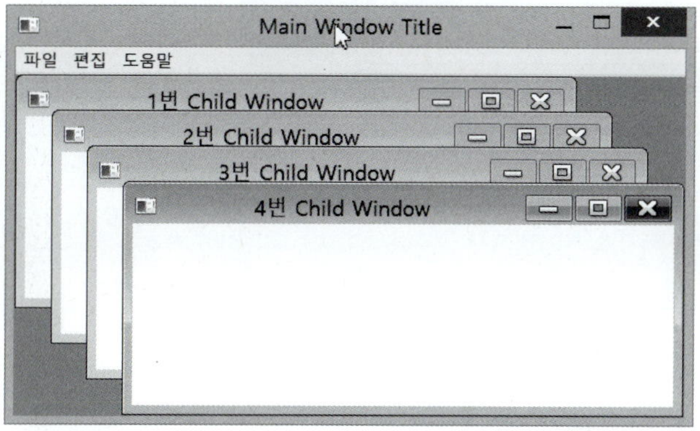

▶ HINT [새 파일] 메뉴 항목을 반복적으로 선택하면 자식 윈도우가 계속 만들어지는데 자식 윈도우의 이름을 '%d번 Child Window'라고 한다. %d에는 숫자를 1부터 시작해 붙여준다.

2 연습문제 1번의 결과 프로그램을 확장해보자. [파일]-[열기] 메뉴 항목을 추가하고, [열기] 메뉴 항목을 선택하면 파일 열기 공용 대화상자를 띄우고 파일을 선택할 수 있게 한다. 선택된 파일의 이름을 자식 윈도우의 타이틀 이름으로 사용한다. 선택된 파일의 내용이 자식 윈도우에 나타나지 않아도 된다. 또한 [새글] 항목을 선택하면 자식 윈도우의 타이틀 이름은 'NoName'이 된다.

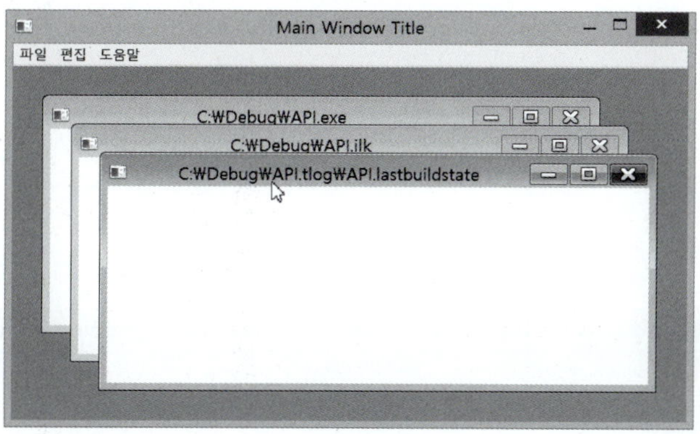

※ **3** 2장의 연습문제 3번에서는 10행의 입력 에디터를 작성했다. 이번에는 MDI를 활용해 각 자식 윈도우가 10행의 입력 에디터가 되도록 작성해보자.

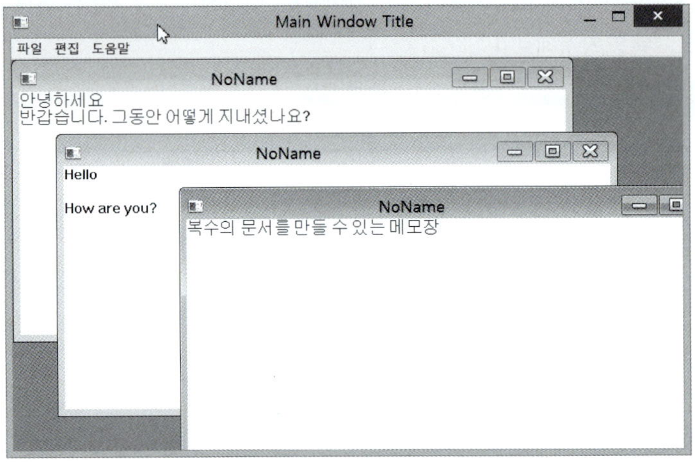

▶ **HINT** [새글] 메뉴 항목을 선택하면 새로운 자식 윈도우가 뜨며 거기에 10행의 글을 입력하고 편집할 수 있어야 한다.

4 [실습 7-3]을 바탕으로 메인 윈도우를 2×2 격자 모양으로 분할해 자식 윈도우가 총 4개가 되도록 해보자. 메인 윈도우의 크기 변경에 따른 자식 윈도우의 크기 변경은 고려하지 않아도 된다.

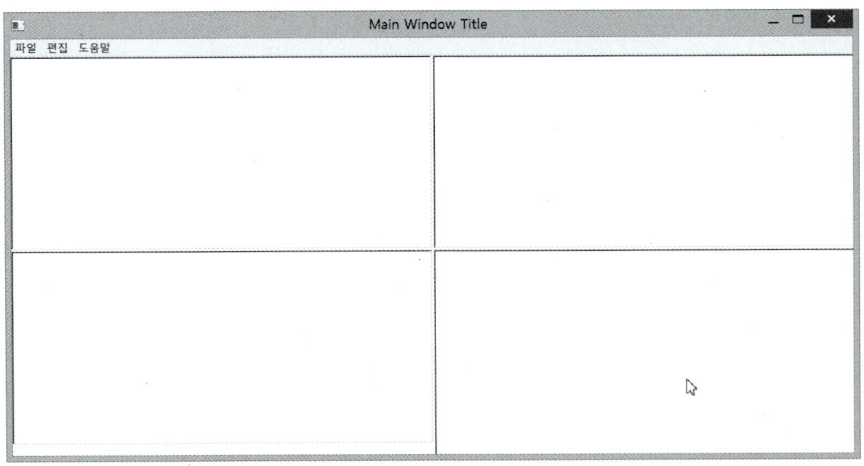

5 [실습 7-6]을 바탕으로 2개의 자식 윈도우에서 원이 바운드되는 프로그램을 작성해보자. 마우스를 한 번 클릭하면 원이 움직이기 시작하고 한 번 더 클릭하면 움직이던 원이 멈춘다. 두 자식 윈도우에 있는 원이 각각 독립적으로 움직여야 한다.

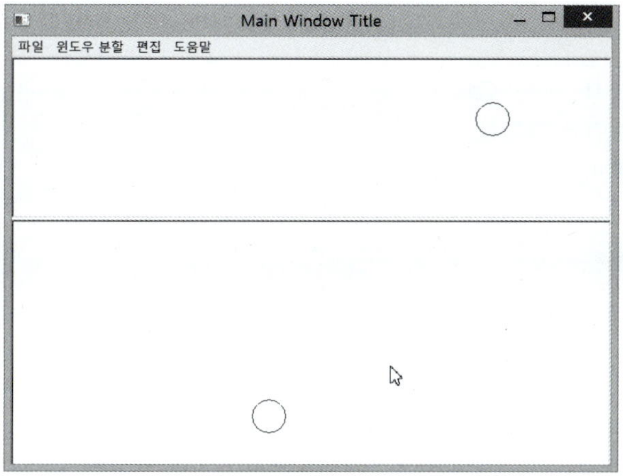

6 6장의 연습문제 3번에서 작성한 간단한 계산기를 대화상자가 아닌 윈도우 화면에 구현해보자.

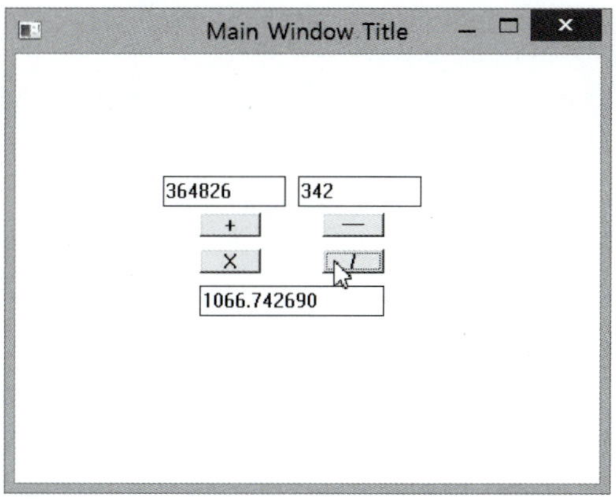

▶ HINT 에디트 컨트롤 3개를 화면에 나타내고 +, −, ×, / 연산자를 버튼으로 만든다. 2개의 에디트 컨트롤은 피연산자인 숫자를 입력받는 데 사용하고, 나머지 하나에는 계산 결과를 출력한다. 사용자가 숫자를 입력하고 원하는 연산자 버튼을 클릭하면 계산 결과가 아래 에디트 컨트롤에 출력된다.

7 콤보 박스를 이용해 주민등록번호 앞자리를 자동으로 완성하는 프로그램을 작성해보자.

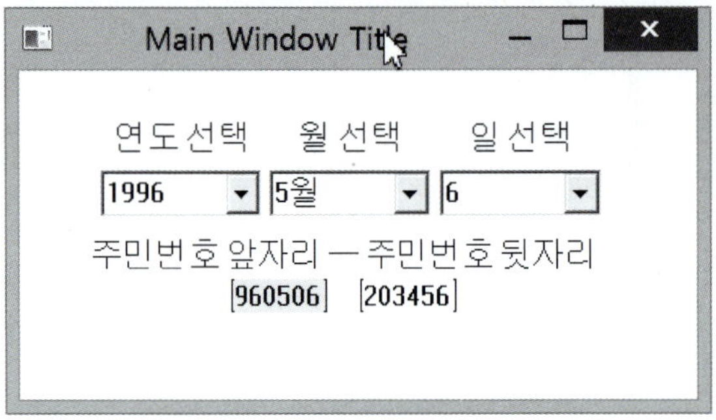

▶ HINT '연도 선택', '월 선택', '일 선택'을 위한 콤보 박스 컨트롤이 각각 존재한다. 연도와 월, 일을 선택하면 주민등록번호 앞자리가 완성되고 읽기 전용 에디트 컨트롤에 출력한다. 주민등록번호 뒷자리를 채울 수 있도록 입력이 가능한 에디트 컨트롤을 만든다. 그리고 월을 선택하면 그에 따라 '일 선택' 콤보 박스 컨트롤이 완성된다. 즉 2월을 선택하면 '일 선택' 콤보 박스 컨트롤에 1~28일이 나오게 해야 한다.

8 버스 노선을 그리는 프로그램을 작성해보자. 버스 노선의 정류장은 10개라고 가정한다.

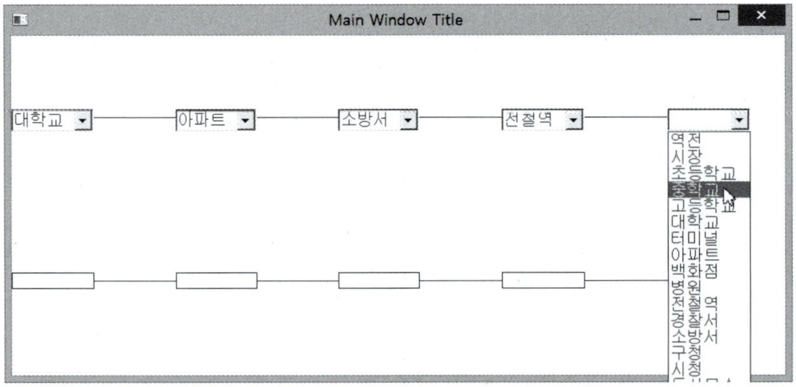

▶ HINT 정류장은 빈 박스로, 도로는 직선으로 나타낸다. 정류장 박스를 마우스 오른쪽 버튼으로 클릭하면 박스에 콤보 박스 컨트롤이 나타난다. 이 콤보 박스 컨트롤을 확장하면 선택할 수 있는 정류장 이름이 나타나고 정류장 중 하나를 선택할 수 있어야 한다.

※9 연습문제 8번의 결과 프로그램을 확장해보자. 정류장 이름을 선택하면 콤보 박스 컨트롤이 사라지고 선택한 정류장 이름만 박스에 나타난다. 그런데 정류장 이름이 나오고 콤보 박스 컨트롤이 사라진 박스도 마우스 오른쪽 버튼으로 클릭하면 정류장 이름을 새로 선택할 수 있는 콤보 박스 컨트롤로 바뀐다.

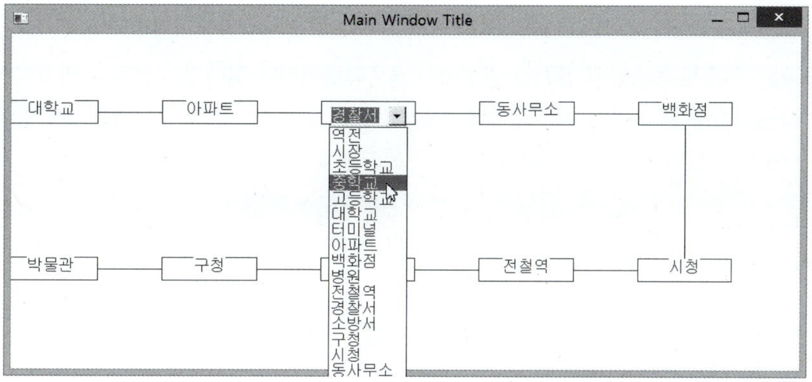

▶ **HINT** ShowWindow( ) 함수를 이용해 콤보 박스 컨트롤을 윈도우에 나타냈다가 감추기를 반복하게 한다. 또한 콤보 박스 컨트롤에서 특정 항목이 선택되어 CBN_SELCHANGE 메시지가 발생하는데, 이때 어떤 콤보 박스 컨트롤에서 항목이 선택되었는지를 구별할 수 있어야 한다. CBN_SELCHANGE 메시지가 올 때 LOWORD(wParam)을 보면 선택에 사용된 콤보 박스 컨트롤의 ID가 저장되어 있다.

※10 대화상자에 입력한 회원 정보를 윈도우 화면에 출력하는 프로그램을 작성해보자. 메인 윈도우에 있는 〈회원 입력〉 버튼을 누르면 대화상자가 나타나고, 대화상자를 통해 회원 이름, 전화번호, 성별, 출생 연도를 입력하거나 선택할 수 있다.

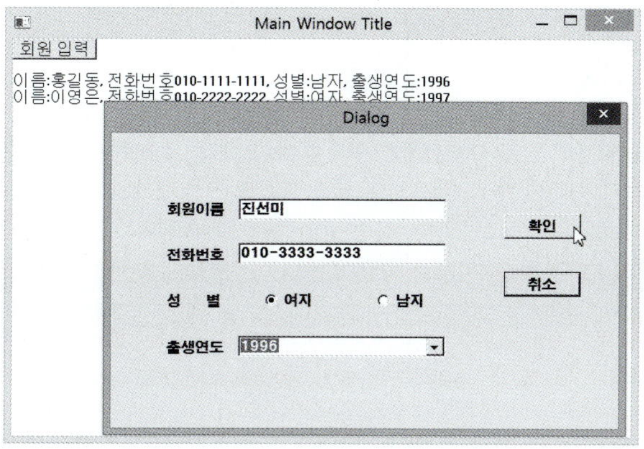

▶ **HINT** 대화상자에는 회원 이름과 전화번호 에디트 컨트롤, 성별 선택 라디오 버튼, 출생 연도 선택 콤보 박스 컨트롤, 〈확인〉과 〈취소〉 버튼 컨트롤이 있다. 대화상자에 회원 정보를 입력하고 〈확인〉 버튼을 누르면 회원 정보가 메인 윈도우 화면에 출력된다. 그리고 메인 윈도우에 있는 〈회원 입력〉 버튼을 눌러 입력한 회원 정보가 메인 윈도우에 차례로 출력된다.

※11 [실습 7-10]은 선택된 문자열의 글꼴을 변경하는 프로그램이지만 정해진 글꼴로만 변경이 가능하다. 여기서는 [실습 4-7]에서 다뤘던 글꼴 대화상자를 이용해 사용자가 선택한 글꼴이 리치 에디트 콘트롤에서 선택한 문자열에 반영되도록 프로그램을 작성해보자.

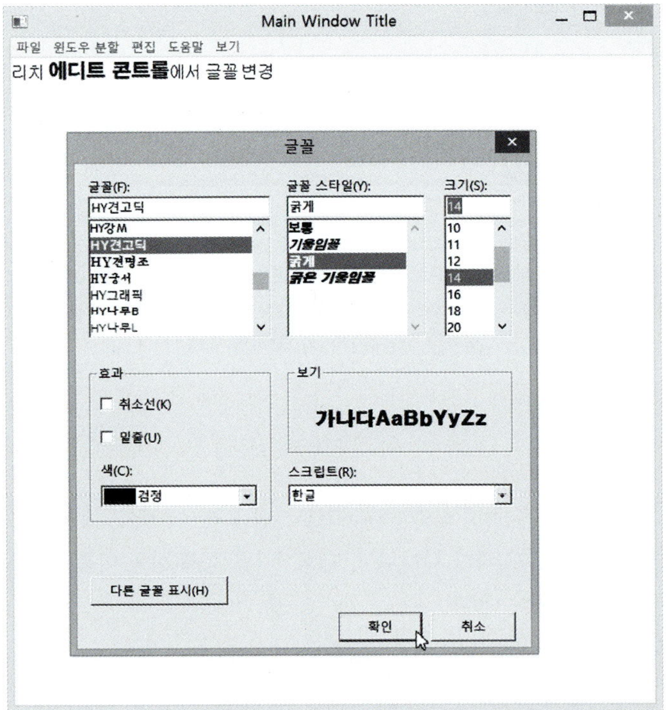

▶ **HINT** ChooseFont( ) 함수를 이용해 글꼴 대화상자를 구동할 수 있으며, 선택된 글꼴 정보는 CHOOSEFONT 구조체에 저장된다. CHOOSEFONT에 저장된 글꼴 정보 중 iPointSize에 있는 글꼴의 크기는 2배로 해야 yHeight에 맞게 저장된다. 그리고 글꼴의 색상은 rgbColors에 저장되고 글꼴의 이름은 lpLogFont→lfFaceName에 저장되어 있다. 글꼴의 이름을 szFaceName에 옮길 때 문자열 복사를 위해 _tcscpy_s를 사용할 수 있다.

_tcscpy_s( ) 함수

```
errno_t _tcscpy_s(
   tchar_t (&strDestination)[size],
   const tchar_t *strSource
);
```

strSource가 가리키는 문자열을 문자 배열 strDestination에 복사하는 함수이다. 복사에 성공하면 0이고 그렇지 않으면 오류이다.

Chapter 08

파일 입출력

학습목표

- 표준 입출력이 아닌 API에서 제공하는 파일 입출력 기능을 이용할 수 있다.
- 공용 대화상자를 이용해 파일을 입출력할 수 있다.
- 에디트 박스, 리치 에디트 컨트롤을 이용해 메모장을 만들 수 있다.

01 파일 다루기

이미 C 언어에서 표준 입출력을 통해 파일을 입출력하는 방법을 배웠을 것이다. API에서도 파일 입출력 기능을 제공하는데 기본적인 표준 입출력과 파일 사용법이 유사하다.

먼저 파일을 만들고 열어주는데, 열 때는 읽기용인지 쓰기용인지를 명시한다. 열린 파일에는 텍스트를 쓰거나 읽을 수 있으며, 작업을 마친 후에는 파일을 닫는다. 이 절에서는 각 과정을 살펴보고, 다음 절에서 [파일] 부메뉴의 [열기], [저장하기] 메뉴 항목을 통해 사용자가 파일 이름을 지정하는 방법을 배운다.

1.1 파일 만들기, 파일 열기

파일은 CreateFile( ) 함수로 만든다. 이 함수는 파일이 만들어지면 파일 핸들 값을 반환한다.

파일 생성 함수 CreateFile()

```
HANDLE CreateFile(
     LPCTSTR    lpFileName,
     DWORD      dwDesiredAccess,
     DWORD      dwShareMode,
     LPSECURITY_ATTRIBUTES lpSecurityAttributes,
     DWORD      dwCreationDistribution,
     DWORD      dwFlagsAndAttributes,
     HANDLE     hTemplateFile
);
```

CreateFile( ) 함수의 매개변수와 각 매개변수에 사용할 수 있는 매크로 상수는 다음과 같다.

- **첫 번째 매개변수(lpFileName)** : 파일 이름을 문자열 형태로 쓴다.
- **두 번째 매개변수(dwDesiredAccess)** : 파일 용도를 읽기, 쓰기, 읽기/쓰기 세 가지 모드 중

하나로 지정한다.

- 읽기 : GENERIC_READ
- 쓰기 : GENERIC_WRITE
- 읽기/쓰기 : GENERIC_READ | GENERIC_WRITE

- **세 번째 매개변수(dwShareMode)** : 파일 공유 여부를 명시한다. 읽기 공유와 쓰기 공유가 있다.
  - 읽기 공유 : FILE_SHARE_READ
  - 쓰기 공유 : FILE_SHARE_WRITE
- **네 번째 매개변수(lpSecurityAttributes)** : 보안 속성에 대한 포인터로, 생성된 파일의 핸들이 이후에 생성될 자녀 프로세스에 상속될 수 있는지를 알려준다.
- **다섯 번째 매개변수(dwCreationDistribution)** : 파일 생성 모드를 지정한다. 만들거나 열려는 파일 이름이 이미 존재하거나 존재하지 않을 때 어떻게 할지 명시한다.
  - 만들기 모드 : CREATE_NEW(이름이 동일한 파일이 존재하면 파일을 만들지 않음)
  - 강제로 만들기 모드 : CREATE_ALWAYS(이름이 동일한 파일이 존재해도 파일을 새로 만듦)
  - 기존 파일 열기 모드 : OPEN_EXISTING(존재하는 파일만 엶)
  - 강제 열기 모드 : OPEN_ALWAYS(존재하지 않는 파일이면 파일을 새로 만듦)
- **여섯 번째 매개변수(dwFlagsAndAttributes)** : 생성되는 파일의 속성을 지정한다. 읽기 전용 파일, 시스템 파일, 숨겨진 파일 등을 지정한다.
  - 일반 파일 : FILE_ATTRIBUTE_NORMAL

읽어들이거나 쓰는 파일이 저장될 디렉터리를 작업 디렉터리라고 한다. 작업 디렉터리의 위치는 [프로젝트]–[속성]을 선택해 나타난 프로젝트 속성 페이지에서 확인할 수 있다. 다음 그림과 같이 프로젝트 속성 페이지가 나타나면 [구성 속성]–[디버깅]을 선택해 작업 디렉터리를 찾는다. 〈찾아보기...〉를 클릭해 나타난 디렉터리가 작업 디렉터리이고 폴더 선택 버튼으로 변경도 가능하다.

그림 8-1 작업 디렉터리 위치 확인

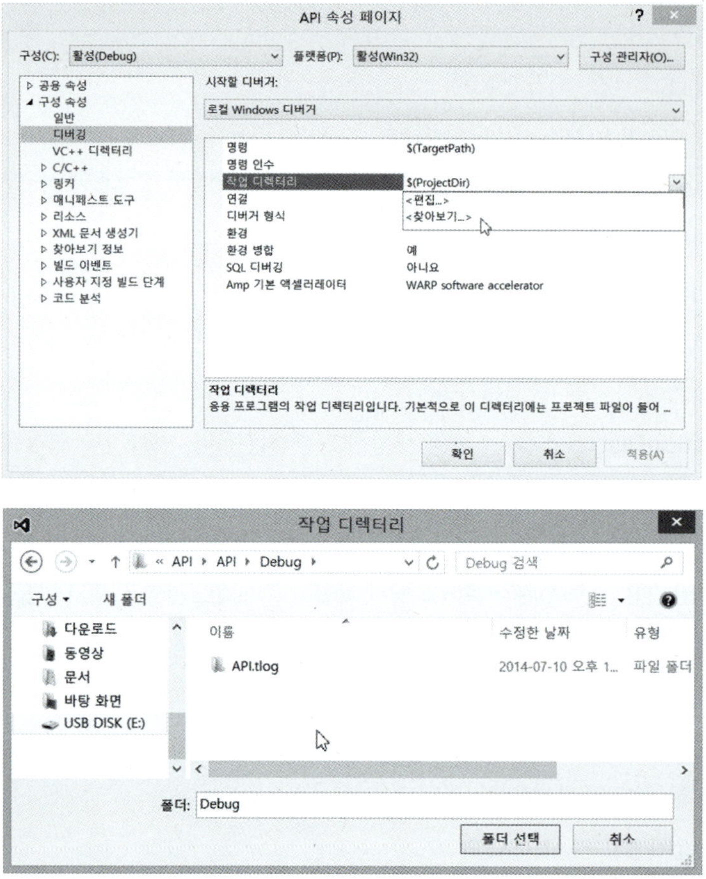

1.2 파일 읽기

파일 열기를 수행한 후 ReadFile() 함수를 이용해 파일을 읽어들인다.

파일 읽기 함수 ReadFile()

```
BOOL ReadFile(
     HANDLE hFile,
     LPVOID lpBuffer,
     DWORD nNumberOfBytesToRead,
     LPDWORD lpNumberOfBytesRead,
     LPOVERLAPPED lpOverlapped
);
```

ReadFile( ) 함수의 각 매개변수는 다음과 같다.

- **첫 번째 매개변수(hFile)** : 읽고자 하는 파일의 핸들 변수를 지정한다. 이는 열기를 통해 얻어온 값이다.
- **두 번째 매개변수(lpBuffer)** : 파일에서 읽은 내용을 저장할 변수이다. 문자열을 읽으려면 문자 배열의 시작 주소를 지정한다.
- **세 번째 매개변수(nNumberOfBytesToRead)** : 읽고자 하는 내용의 크기를 바이트 단위로 나타낸 수이다. 프로그램 개발자가 희망하는 수이기 때문에 실제로 읽어들인 크기와 다를 수 있다.
- **네 번째 매개변수(lpNumberOfBytesRead)** : 실제로 읽어들인 바이트 수를 저장할 공간의 주소이다. ReadFile( ) 함수를 수행한 후 이 변수의 내용을 보면 실제로 몇 바이트를 읽어들였는지 알 수 있다.
- **다섯 번째 매개변수(lpOverlapped)** : 구조체 OVERLAPPED에 대한 포인터이다. 생성된 파일 핸들인 hFile을 생성하거나 열 때 FILE_FLAG_OVERLAPPED를 이용했다면 포인터 값을 제공해야 한다.

1.3 파일 쓰기

파일에 텍스트를 쓸 때는 WriteFile( ) 함수를 사용하는데 사용법은 ReadFile( ) 함수와 같다.

파일 쓰기 함수 WriteFile()

```
BOOL WriteFile(
     HANDLE    hFile,
     LPVOID    lpBuffer,
     DWORD     nNumberOfBytesToWrite,
     LPDWORD   lpNumberOfBytesWritten,
     LPOVERLAPPED lpOverlapped
);
```

WriteFile( ) 함수의 각 매개변수는 다음과 같다.

- **첫 번째 매개변수(hFile)** : 쓰고자 하는 파일의 핸들 변수를 지정한다. 이는 쓰기 모드로 열기를 통해 얻어온 값이다.
- **두 번째 매개변수(lpBuffer)** : 파일에 쓸 내용을 저장할 변수이다. 문자열을 쓰려면 문자열이 저

장된 문자 배열의 시작 주소를 지정한다.

- **세 번째 매개변수(nNumberOfBytesToWrite)** : 쓰고자 하는 내용의 크기를 바이트 단위로 나타낸 수이다.
- **네 번째 매개변수(lpNumberOfBytesWritten)** : 실제로 쓴 바이트 수를 저장할 공간의 주소이다.
- **다섯 번째 매개변수(lpOverlapped)** : 구조체 OVERLAPPED에 대한 포인터이다. 생성된 파일 핸들인 hFile을 생성하거나 열 때 FILE_FLAG_OVERLAPPED를 이용했다면 포인터 값을 제공해야 한다.

1.4 파일 닫기

파일의 읽기나 쓰기를 마치면 파일을 닫아야 한다. 파일을 닫을 때는 CloseHandle( ) 함수를 사용하는데 이 함수의 매개변수는 파일 핸들 변수 하나이다.

파일 닫기 함수 CloseHandle()

```
CloseHandle(HANDLE hFile);
```

[실습 8-1]에서는 기존 텍스트 파일을 열어 출력해본다. 실습을 위해 메모장과 같은 텍스트 편집기를 이용해 '나는 당신을 사랑합니다.'를 입력한 'test1.txt' 파일을 미리 만들어둔다.

실습 8-1 파일 입출력하기

```
LRESULT CALLBACK WndProc(HWND hwnd, UINT iMsg,
                                WPARAM wParam, LPARAM lParam)
{
    HDC         hdc;
    HANDLE      hFile;
    TCHAR       InBuff[1000];
    TCHAR       OutBuff[100] = _T("API 프로그래밍을 못해도 사랑합니다.");
    DWORD       size;
    RECT        rt;
    switch (iMsg)
    {
```

```
60      case WM_CREATE:
61          break;
62      case WM_LBUTTONDOWN:
63          hFile = CreateFile(
64              _T("test1.txt"),
65              GENERIC_READ|GENERIC_WRITE,
66              FILE_SHARE_READ|FILE_SHARE_WRITE,
67              NULL, OPEN_EXISTING, 0, 0
68          );
69          memset(InBuff, 0, sizeof(InBuff));
70          ReadFile(hFile, InBuff, 999*sizeof(TCHAR), &size, NULL);
71          hdc = GetDC(hwnd);
72          GetClientRect(hwnd, &rt);
73          DrawText(hdc, InBuff, (int)_tcslen(InBuff), &rt, DT_TOP | DT_LEFT);
74          ReleaseDC(hwnd, hdc);
75          WriteFile(hFile, OutBuff,
76              (DWORD)_tcslen(OutBuff)*sizeof(TCHAR), &size, NULL);
77          CloseHandle(hFile);
78          break;
79      case WM_PAINT:
80          break;
81      case WM_DESTROY:
82          PostQuitMessage(0);
83          break;
84      }
85      return DefWindowProc(hwnd, iMsg, wParam, lParam);
86  }
```

53행 : 파일 핸들 변수 hFile을 선언한다.

63~68행 : 여기서 읽어들이는 파일의 이름은 'test1.txt'로 읽기/쓰기 모드로 만들어 다른 프로그램에서 읽거나 쓸 수 있다. OPEN_EXISTING은 파일이 존재해야 한다는 의미이다. 그러므로 만약 'test1.txt' 파일이 존재하지 않으면 INVALID_HANDLE_VALUE를 얻게 된다. 현재 작업 디렉터리는 소스코드가 저장된 디렉터리이기 때문에 'text1.txt' 파일이 소스코드와 같은 폴더에 저장되어 있어야 한다. 여기서 주의할 점은 테스트를 위해 메모장에서 'test1.txt' 파일을 만들어 저장할 때 반드시 ANSI 파일로 저장해야 한다는 것이다.

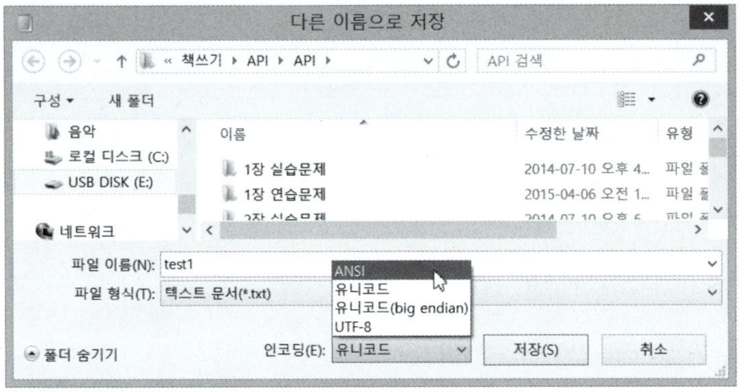

ANSI 파일로 저장

69행 : InBuff 배열의 모든 바이트를 NULL 문자로 초기화한다.

70행 : hFile에서 최대 999바이트를 읽어들여 InBuff 배열에 저장한다. 파일 크기에 따라 999바이트를 읽지 못할 수도 있는데, 실제로 읽어들인 문자의 개수는 size에 저장된다.

74행 : 파일에서 읽어들인 내용을 윈도우 화면에 출력한다. 출력 화면은 처음 실행했을 때의 화면과 같다. 그리고 문자 집합은 멀티바이트로 설정되어 있어야 한다.

75, 76행 : 윈도우 화면에 출력한 후 OutBuff에 저장된 내용을 hFile에 추가로 쓴다. 읽기 전용이 아니라 쓰기도 가능하게 파일을 생성했기 때문이다. 파일에 OutBuff의 내용을 쓰고 나서 메모장으로 'test1.txt' 파일의 내용을 열어보면 다음과 같다.

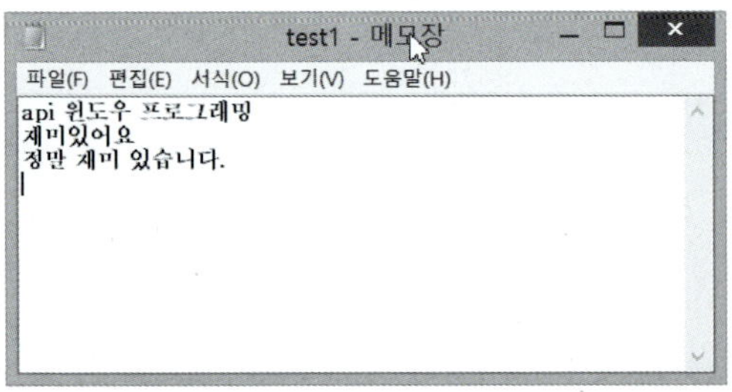

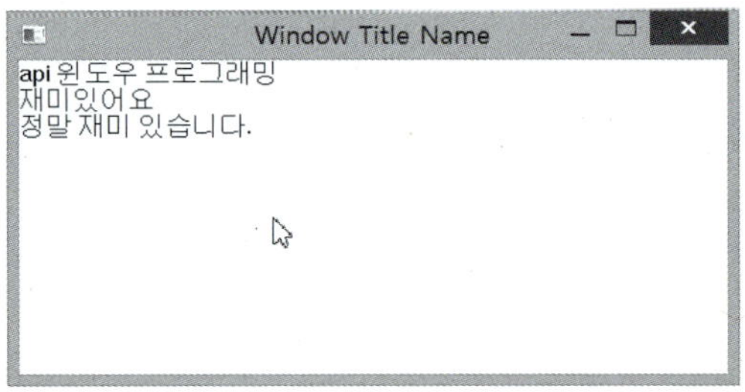

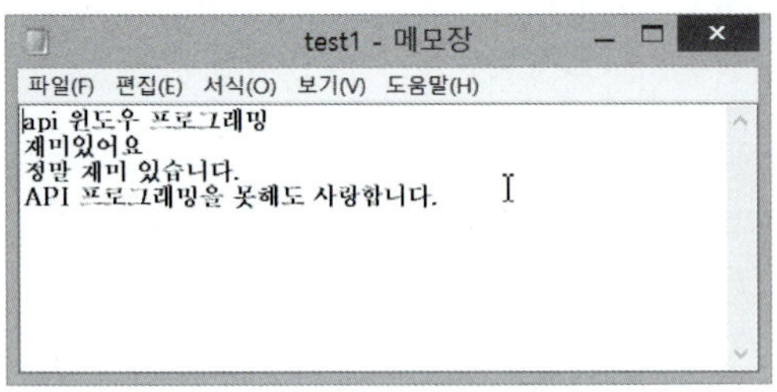

02 공용 대화상자

4장에서 공용 대화상자를 이용하는 방법을 다뤘는데 이 절에서는 공용 대화상자를 이용해 문서를 열어본다. [파일]-[열기] 메뉴 항목의 메시지 처리 부분에 [열기] 대화상자를 띄우는 내용을 추가한다. 그리고 사용자가 파일을 선택하거나 파일 이름을 입력한 파일을 열어 내용을 읽어들인다. 여기서는 텍스트 파일을 연다고 가정한다.

실습 8-2 공용 대화상자로 텍스트 파일 입력하기

```
#include <windows.h>
#include <TCHAR.H>
#include "..\resource.h"
LRESULT CALLBACK FrameWndProc(HWND hwnd, UINT iMsg,
                                            WPARAM wParam, LPARAM lParam);
LRESULT CALLBACK ChildWndProc(HWND hDlg, UINT iMsg,
                                            WPARAM wParam, LPARAM lParam);
void  ReadFromFile(int WndIndex, TCHAR filename[]);
HWND           hwndChild[100];
TCHAR          WinBuff[100][1000];
int            WndCount;
HINSTANCE      hInst;

int WINAPI WinMain(HINSTANCE hInstance, HINSTANCE hPrevInstance,
                          LPSTR lpszCmdLine, int nCmdShow)
{
    HWND  hwnd;
    MSG   msg;
    WNDCLASS WndClass;
    hInst = hInstance;
    WndClass.style = CS_HREDRAW | CS_VREDRAW;
    WndClass.lpfnWndProc = FrameWndProc;
    WndClass.cbClsExtra = 0;
```

```
    WndClass.cbWndExtra = 0;
    WndClass.hInstance = hInstance;
    WndClass.hIcon = LoadIcon(NULL, IDI_APPLICATION);
    WndClass.hCursor = LoadCursor(NULL, IDC_ARROW);
    WndClass.hbrBackground = (HBRUSH)GetStockObject(WHITE_BRUSH);
    WndClass.lpszMenuName = MAKEINTRESOURCE(IDR_MENU8_2);
    WndClass.lpszClassName = _T("Window Class Name");
    RegisterClass(&WndClass);
    WndClass.lpfnWndProc = ChildWndProc;
    WndClass.lpszMenuName = NULL;
    WndClass.lpszClassName = _T("Child Window Class Name");
    RegisterClass(&WndClass);
    hwnd = CreateWindow(
        _T("Window Class Name"),
        _T("Main Window Title"),
        WS_OVERLAPPEDWINDOW,
        CW_USEDEFAULT,
        CW_USEDEFAULT,
        CW_USEDEFAULT,
        CW_USEDEFAULT,
        NULL,
        NULL,
        hInstance,
        NULL
    );
    ShowWindow(hwnd, nCmdShow);
    UpdateWindow(hwnd);
    while (GetMessage(&msg, NULL, 0, 0))
    {
        TranslateMessage(&msg);
        DispatchMessage(&msg);
    }
    return (int)msg.wParam;
}

LRESULT CALLBACK FrameWndProc(HWND hwnd, UINT iMsg,
                                   WPARAM wParam, LPARAM lParam)
{
    static HWND          hwndClient;
    CLIENTCREATESTRUCT   clientcreate;
```

```
    MDICREATESTRUCT  mdicreate;
    static TCHAR     filepath[1000], folder[100], filename[100];
    TCHAR            filter[] = _T("텍스트 파일 (*.txt)\0*.txt\0모든 파일 (*.*)\0*.*\0");
    OPENFILENAME     OFN;

    switch (iMsg)
    {
    case WM_CREATE:
        clientcreate.hWindowMenu = GetSubMenu(GetMenu(hwnd),0);
        clientcreate.idFirstChild = 100 ;
        hwndClient = CreateWindow(
            _T("MDICLIENT"),
            NULL,
            WS_CHILD | WS_CLIPCHILDREN | WS_VISIBLE,
            0, 0, 0, 0,
            hwnd,
            NULL,
            hInst,
            (LPSTR)&clientcreate
        );
        ShowWindow(hwndClient, SW_SHOW);
        return 0;
    case WM_COMMAND:
        switch (LOWORD(wParam))
        {
        case ID_FILEOPEN:
            memset(&OFN, 0, sizeof(OPENFILENAME));
            OFN.lStructSize = sizeof(OPENFILENAME);
            OFN.hwndOwner = hwnd;
            OFN.lpstrFile = filepath;
            OFN.nMaxFileTitle = 100;
            OFN.lpstrFileTitle = filename;
            OFN.nMaxFile = 1000;
            OFN.lpstrFilter = filter;
            OFN.Flags = OFN_EXPLORER;
            GetOpenFileName(&OFN);
            WndCount++;
            ReadFromFile(WndCount, filepath);
            mdicreate.szClass = _T("Child Window Class Name");
            mdicreate.szTitle = filepath;
```

```
                mdicreate.hOwner = hInst;
                mdicreate.x = CW_USEDEFAULT;
                mdicreate.y = CW_USEDEFAULT;
                mdicreate.cx = CW_USEDEFAULT;
                mdicreate.cy = CW_USEDEFAULT;
                mdicreate.style = 0;
                mdicreate.lParam = 0;
                hwndChild[WndCount] = (HWND)SendMessage(hwndClient,
                     WM_MDICREATE, 0, (LPARAM)(LPMDICREATESTRUCT)&mdicreate);
                return 0;
                }
            break;
        case WM_DESTROY:
            PostQuitMessage(0);
            return 0;
        }
        return DefFrameProc (hwnd, hwndClient, iMsg, wParam, lParam);
}

void ReadFromFile(int WndIndex, TCHAR filename[])
{
    HANDLE    hFile;
    DWORD     size = 1000;
    hFile = CreateFile(
         filename,
         GENERIC_READ,
         FILE_SHARE_READ,
         NULL, OPEN_EXISTING , 0, 0
    );
    ReadFile(hFile, WinBuff[WndIndex], size*sizeof(TCHAR), &size, NULL);
    WinBuff[WndIndex][size] = NULL;
    CloseHandle(hFile);
}

LRESULT CALLBACK ChildWndProc(HWND hwnd, UINT iMsg,
                                  WPARAM wParam, LPARAM lParam)
{
    int       i, SelectWnd;
    HDC       hdc;
    RECT      rt;
```

```
144     PAINTSTRUCT    ps;
145
146     for (i=1; i<=WndCount; i++)
147         if (hwnd == hwndChild[i])
148         {
149             SelectWnd = i;
150             break;
151         }
152
153     switch (iMsg)
154     {
155         case WM_CREATE:
156             break;
157         case WM_PAINT:
158             hdc = BeginPaint(hwnd, &ps);
159             GetClientRect(hwnd, &rt);
160             DrawText(hdc, WinBuff[SelectWnd], (int)_tcslen(WinBuff[SelectWnd]),
161                 &rt, DT_TOP | DT_LEFT);
162             EndPaint(hwnd, &ps);
163             break;
164         case WM_DESTROY:
165             return 0;
166     }
167     return DefMDIChildProc(hwnd, iMsg, wParam, lParam);
168 }
```

09~11행 : 공용 대화상자를 이용해 선택한 파일 내용을 읽어들여 저장할 버퍼 공간이 필요하다. 열린 파일이 하나일 때는 일차원 배열이면 충분했지만 여러 개이면 버퍼도 이차원으로 확대해야 한다. 이를 위해 여기서는 WinBuff라는 이차원 문자 배열을 선언한다. 첫 번째 첨자는 윈도우 인덱스이고, 두 번째 첨자는 버퍼를 위한 인덱스이다. 윈도우당 1000바이트까지 저장할 수 있게 선언하고, 생성될 윈도우는 최대 100개라고 가정했다.

100, 111~112행 : 여러 윈도우가 동시에 존재하기 때문에 각 윈도우의 핸들 값을 저장해야 하는데, 이를 위해 hwndChild 배열 변수를 이용한다. 윈도우가 생성될 때마다 WndCount를 증가시키면서 얻은 윈도우 핸들 값을 차례로 저장한다.

101행 : 파일로부터 텍스트를 읽어들이는 ReadFromFile( ) 함수를 호출한다. ReadFromFile( ) 함수는 호출할 때 윈도우 인덱스 값과 파일 이름을 제공해야 하는데, 그러면 파일을 열어 WinBuff에 읽어들인다.

146~151행 : 이벤트에 의해 특정 윈도우가 선택되면 저장된 윈도우 핸들 값을 통해 선택된 윈도우의 인덱스를 얻는다.

160, 161행 : 윈도우 인덱스는 선택한 윈도우에 출력할 버퍼가 무엇인지 구분하는 데 사용된다. 윈도우 화면에는 윈도우에 대응되는 버퍼의 내용이 출력된다.

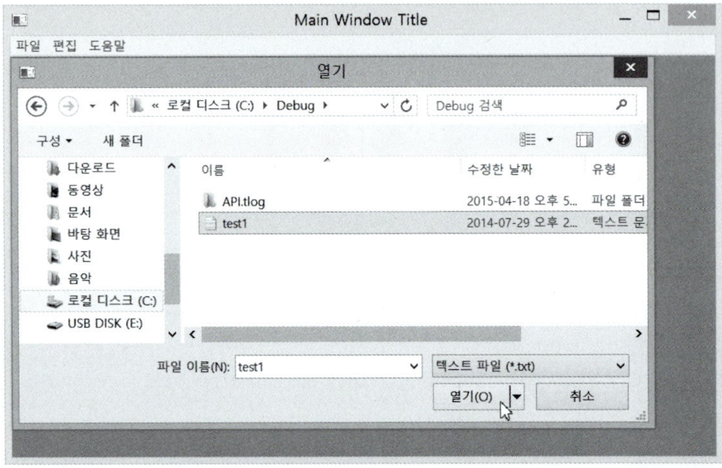

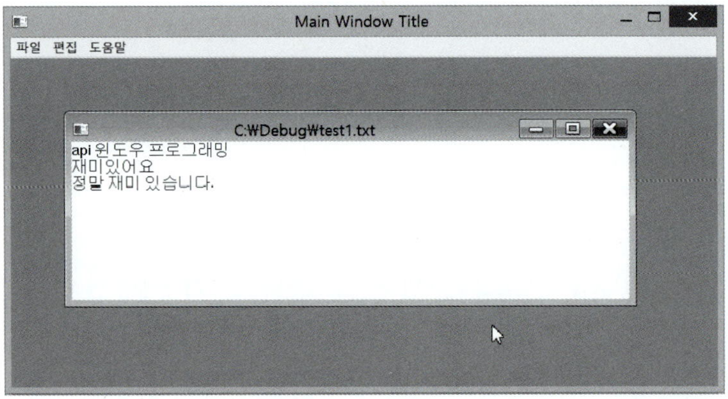

공용 대화상자에서 Ctrl 키를 누르고 마우스 왼쪽 버튼을 클릭하면 파일을 여러 개 선택할 수 있다. 이렇게 파일을 여러 개 선택하는 경우에는 대화상자를 닫아도 선택한 파일의 이름을 모두 알 수 있어야 한다. 선택한 파일들의 이름은 filepath에 [그림 8-2]와 같이 저장된다. 그리고 파일을 여러 개 선택할 수 있도록 하기 위해 Flags 필드에 OFN_EXPLORER | OFN_ALLOWMULTISELECT를 넣어야 한다.

그림 8-2 파일 이름을 여러 개 저장하는 형식

```
static char filepath[1000];
OFN.lpstrFile = filepath;
OFN.Flags = OFN_EXPLORER | OFN_ALLOWMULTISELECT;
```

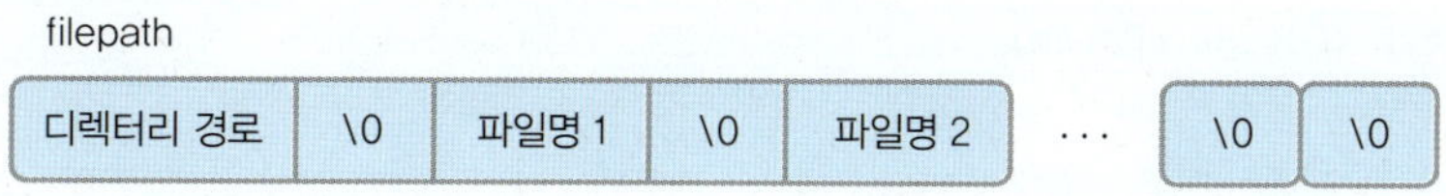

[실습 8-3]에서는 [실습 8-2]의 프로그램에서 파일을 여러 개 선택할 수 있도록 변경해본다. 선택한 파일의 수만큼 자식 윈도우를 만든다.

실습 8-3 파일 이름 여러 개 얻어오기

```
LRESULT CALLBACK FrameWndProc(HWND hwnd, UINT iMsg,
                                    WPARAM wParam, LPARAM lParam)
{
    static              HWND hwndClient;
    CLIENTCREATESTRUCT  clientcreate;
    MDICREATESTRUCT     mdicreate;
    static TCHAR        filepath[1000], folder[100], filename[100];
    LPTSTR              pStr;
    TCHAR               filter[] = _T("텍스트 파일 (*.txt)\0*.txt\0
                         모든 파일 (*.*)\0*.*\0");
    OPENFILENAME        OFN;
    switch (iMsg)
    {
    case WM_CREATE:
        clientcreate.hWindowMenu = GetSubMenu(GetMenu(hwnd), 1);
        clientcreate.idFirstChild = 100;
        hwndClient = CreateWindow(
            _T("MDICLIENT"),
            NULL,
            WS_CHILD | WS_CLIPCHILDREN | WS_VISIBLE,
            0, 0, 0, 0,
            hwnd,
            NULL,
```

```
                hInst,
                (LPSTR)&clientcreate
            );
            ShowWindow(hwndClient, SW_SHOW);
            return 0;
        case WM_COMMAND:
            switch (LOWORD(wParam))
            {
            case ID_FILEOPEN:
                memset(&OFN, 0, sizeof(OPENFILENAME));
                OFN.lStructSize = sizeof(OPENFILENAME);
                OFN.hwndOwner = hwnd;
                OFN.lpstrFile = filepath;
                OFN.nMaxFileTitle = 100;
                OFN.lpstrFileTitle = filename;
                OFN.nMaxFile = 1000;
                OFN.lpstrFilter = filter;
                OFN.Flags = OFN_EXPLORER | OFN_ALLOWMULTISELECT;
                GetOpenFileName(&OFN);
                pStr = filepath;
                if (!*pStr) break;
                _tcscpy_s(folder, pStr);
                pStr = pStr + _tcslen(pStr) + 1;
                if (!*pStr)
                {
                    WndCount++;
                    ReadFromFile(WndCount, filepath);
                    mdicreate.szClass = _T("Child Window Class Name");
                    mdicreate.szTitle = folder;
                    mdicreate.hOwner = hInst;
                    mdicreate.x = CW_USEDEFAULT;
                    mdicreate.y = CW_USEDEFAULT;
                    mdicreate.cx = CW_USEDEFAULT;
                    mdicreate.cy = CW_USEDEFAULT;
                    mdicreate.style = 0;
                    mdicreate.lParam = 0;
                    hwndChild[WndCount] = (HWND) SendMessage (hwndClient,
                        WM_MDICREATE, 0, (LPARAM)(LPMDICREATESTRUCT) &mdicreate);
                    return 0;
                }
```

```
121             while (*pStr)
122             {
123                 _tcscpy_s(filename, pStr);
124                 pStr = pStr + _tcslen(pStr) + 1;
125                 WndCount++;
126                 ReadFromFile(WndCount, filename);
127                 mdicreate.szClass = _T("Child Window Class Name");
128                 mdicreate.szTitle = filename;
129                 mdicreate.hOwner = hInst;
130                 mdicreate.x = CW_USEDEFAULT;
131                 mdicreate.y = CW_USEDEFAULT;
132                 mdicreate.cx = CW_USEDEFAULT;
133                 mdicreate.cy = CW_USEDEFAULT;
134                 mdicreate.style = 0;
135                 mdicreate.lParam = 0;
136                 hwndChild[WndCount] = (HWND) SendMessage (hwndClient,
137                   WM_MDICREATE, 0, (LPARAM)(LPMDICREATESTRUCT)&mdicreate);
138             }
139             return 0;
140         }
141         break;
142     case WM_DESTROY:
143         PostQuitMessage(0);
144         return 0;
145     }
146     return DefFrameProc(hwnd, hwndClient, iMsg, wParam, lParam);
```

65, 66행 : 여러 개의 파일이 선택될 수 있기 때문에 파일 이름을 저장할 공간인 배열 filepath를 충분히 크게 선언한다. filepath에 있는 파일 이름을 하나씩 따로 저장할 문자 배열 filename도 선언한다.

66, 100행 : pStr라는 문자 포인터를 이용해 파일 이름을 하나씩 읽어낼 것이다.

99행 : GetOpenFileName( ) 함수를 수행하면 앞 장과 같이 filepath에 파일 이름이 저장될 것이다.

102행 : 먼저 folder에 선택된 파일이 위치한 경로를 저장한다.

121, 123행 : while 문을 이용해 filename 배열에 파일 이름을 하나씩 복사한다.

127~137행 : 파일 이름을 이용해 윈도우를 만들고 만들어진 윈도우의 핸들 값을 hwndChild 배열에 저장한다.

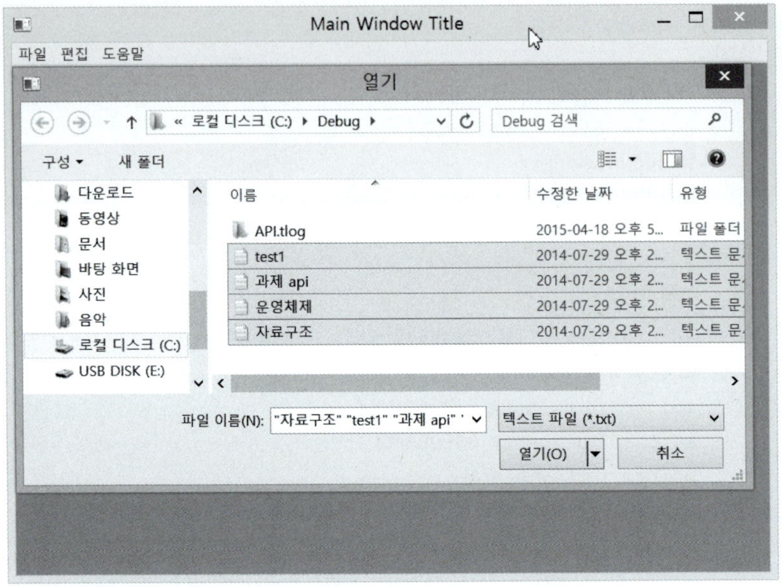
Main Window Title
파일 편집 도움말
열기
« 로컬 디스크 (C:) ▸ Debug ▸
Debug 검색
구성 ▾ 새 폴더
다운로드
동영상
문서
바탕 화면
사진
음악
로컬 디스크 (C:)
USB DISK (E:)
이름
수정한 날짜
유형
API.tlog 2015-04-18 오후 5... 파일 폴더
test1 2014-07-29 오후 2... 텍스트 문
과제 api 2014-07-29 오후 2... 텍스트 문
운영체제 2014-07-29 오후 2... 텍스트 문
자료구조 2014-07-29 오후 2... 텍스트 문
파일 이름(N): "자료구조" "test1" "과제 api"
텍스트 파일 (*.txt)
열기(O)
취소

03 메모장 만들기

7장에서는 컨트롤 윈도우를 부모 윈도우에서 사용하는 방법을 살펴보았다. 또한 에디트 컨트롤과 리치 에디트 컨트롤을 메인 윈도우의 자식 윈도우로 활용하는 방법을 [실습 7-8]과 [실습 7-10]에서 다뤘다. 이 절에서는 에디트 컨트롤과 리치 에디트 컨트롤을 이용해 손쉽게 메모장 프로그램을 작성해본다.

[실습 8-4]에서는 [파일]-[열기] 메뉴를 선택해 파일 내용을 읽어 에디트 컨트롤에 출력하는 방법과, [파일]-[저장하기] 메뉴를 선택해 에디트 컨트롤에서 편집한 텍스트를 파일로 저장하는 방법을 알아보자. 소스코드를 간단하게 하기 위해 파일명은 'test2.txt'로 고정한다.

여기서 주의해야 할 점은 테스트용 텍스트 파일이 UNICODE로 인코딩되었는지, ANSI로 인코딩되었는지에 따라 달리 처리해야 한다는 것이다. 만약 UNICODE로 인코딩된 텍스트 파일이라면 프로젝트의 문자 집합을 유니코드로 설정하고, ANSI로 인코딩되었다면 문자 집합을 멀티바이트로 설정해야 한다.

실습 8-4 에디트 컨트롤을 이용해 메모장 만들기

```
void FileRead(HWND hwnd, LPTSTR filename)
{
    HANDLE    hFile;
    LPTSTR    buffer;
    DWORD     size, CharNum;
    int       fileSize;
    hFile=CreateFile(
          filename,
          GENERIC_READ,
          0,
          0,
          OPEN_EXISTING,
```

```
            FILE_ATTRIBUTE_NORMAL,
            0
        );
        if (hFile == INVALID_HANDLE_VALUE)
            return;
        fileSize = GetFileSize(hFile, &size);
        buffer = new TCHAR[(int)fileSize/sizeof(TCHAR) + 1];
        memset(buffer, 0, fileSize);
        ReadFile(hFile, buffer, fileSize, &CharNum, NULL);
        buffer[(int)fileSize/sizeof(TCHAR)] = NULL;
        SetWindowText(hwnd, buffer);
        free(buffer);
        CloseHandle(hFile);
}

void FileSave(HWND hwnd, LPTSTR filename)
{
    HANDLE    hFile;
    LPTSTR    buffer;
    int       size;
#ifdef _UNICODE
    WORD      uni = 0xFEFF;
    DWORD     nSize;
#endif
    hFile = CreateFile(
            filename,
            GENERIC_WRITE,
            0,
            0, CREATE_ALWAYS, FILE_ATTRIBUTE_NORMAL, 0
            );
#ifdef _UNICODE
    WriteFile(hFile, &uni, 2, &nSize, NULL);
#endif
    size = GetWindowTextLength(hwnd);
    buffer = new TCHAR[size + 1];
    memset(buffer, 0, (size+1)*sizeof(TCHAR));
    size = GetWindowText(hwnd, (LPTSTR)buffer, size+1);
    buffer[size] = NULL;
    WriteFile(hFile, buffer, size*sizeof(TCHAR), (LPDWORD)&size, NULL);
    free(buffer);
```

```
    CloseHandle(hFile);
}

#define IDC_EDIT8_4 100
LRESULT CALLBACK WndProc(HWND hwnd, UINT iMsg,
                                WPARAM wParam, LPARAM lParam)
{
    static HWND hEdit;
    RECT        rect;

    switch (iMsg)
    {
    case WM_CREATE:
        GetClientRect(hwnd, &rect);
        hEdit = CreateWindow(
            _T("edit"),
            NULL,
            WS_CHILD | WS_VISIBLE | WS_HSCROLL | WS_VSCROLL |
               ES_AUTOHSCROLL | ES_AUTOVSCROLL | ES_MULTILINE,
            0,
            100,
            rect.right,
            rect.bottom,
            hwnd,
            (HMENU)IDC_EDIT8_4,
            hInst,
            NULL
        );
        return 0;
    case WM_SIZE:
        GetClientRect(hwnd, &rect);
        MoveWindow(hEdit, 0, 0, rect.right, rect.bottom, TRUE);
        return 0;
    case WM_COMMAND:
        switch(LOWORD(wParam))
        {
        case ID_FILEOPEN:
            FileRead(hEdit, _T("test2.txt"));
            break;
        case ID_FILESAVE:
```

```
140             FileSave(hEdit, _T("test2.txt"));
141             break;
142         }
143         return 0;
144     case WM_DESTROY:
145         PostQuitMessage(0);
146         return 0;
147     }
148     return DefWindowProc(hwnd, iMsg, wParam, lParam);
149 }
```

48, 75행 : FileRead( ) 함수는 파일을 읽어 에디트 컨트롤 윈도우에 출력하고, FileSave( ) 함수는 에디트 컨트롤 윈도우에서 편집 중인 텍스트를 얻어와 파일에 저장한다.

54~62, 65행 : 파일은 CreateFile( ) 함수를 이용해 만든다. 그런데 파일에서 텍스트를 읽어야 하기 때문에 파일 생성 시 GENERIC_READ를 이용했다. 파일 내용을 buffer로 옮기기에 앞서 buffer의 크기를 정하기 위해 파일 크기를 알아야 한다. 파일 크기는 GetFileSize( ) 함수를 이용해 알 수 있다.

63, 64행 : 읽어들일 'test2.txt' 파일이 존재하지 않으면 파일을 읽어들이는 작업을 하지 않는다.

66행 : 파일 크기를 얻은 후 그 값으로 buffer에 메모리를 할당한다. 메모리는 파일 크기보다 1만큼 크게 하는데, 이는 문자열의 끝을 알리는 NULL 문자를 저장하기 위함이다.

67행 : 할당된 메모리의 모든 공간을 0으로 초기화한다.

68행 : ReadFile( ) 함수를 이용해 buffer에 파일을 읽어들인다.

70행 : buffer에 저장된 텍스트가 에디트 컨트롤 윈도우에 출력되고, 이때는 SetWindowText( ) 함수를 사용한다. SetWindowText( ) 함수에는 2개의 매개변수가 전달되어야 하는데, 첫 번째는 윈도우 핸들 값이고 두 번째는 출력할 문자열의 시작 주소이다.

75행 : FileSave( ) 함수를 이용해 에디트 컨트롤에서 편집한 텍스트를 파일에 저장한다.

80~83, 90~92행 : 프로젝트의 문자 집합이 유니코드이면 생성되는 파일이 유니코드 파일이다. 유니코드 형식의 파일을 생성하려면 파일 첫 부분에 0xFEFF를 출력해야 한다. 그래서 파일 내용을 저장하기 전에 출력하는 것이다.

84~89행 : 파일에 텍스트를 저장해야 하기 때문에 파일 생성 시 GENERIC_WRITE를 이용한다. 파일에 에디트 컨트롤 윈도우의 텍스트를 저장하려면 텍스트를 buffer로 옮겨야 한다.

93행 : 여기서도 FileRead( ) 함수처럼 buffer의 크기를 결정해야 하는데, 이를 위해서는 에디트 컨트롤 윈도우에 현재 편집 중인 텍스트의 길이를 얻어와야 한다. 윈도우에 저장된 텍스트의 길이는 GetWindowTextLength( ) 함수를 이용해 얻어온다.

94행 : 텍스트의 길이를 얻은 후 그 값으로 buffer에 메모리를 할당한다. 메모리는 텍스트의 길이보다 1만큼 크게 하는데, 이는 문자열의 끝을 알리는 NULL 문자를 저장하기 위함이다.

95행 : 할당된 메모리의 모든 공간을 0으로 초기화한다.

96행 : GetWindowText( ) 함수로 윈도우의 텍스트를 buffer에 읽어들인다. GetWindowText( ) 함수에는 3개의 매개변수가 전달되는데 첫 번째는 윈도우 핸들 값, 두 번째는 읽어온 문자열을 저장할 buffer의 시작 주소, 세 번째는 buffer의 크기 값이다.

98행 : WriteFile( ) 함수를 이용해 buffer에 저장된 텍스트를 파일에 저장한다.

113~127행 : 에디트 컨트롤 윈도우를 생성하기 위해 윈도우 클래스 'edit'와 CreateWindow( ) 함수를 이용한다. 생성된 에디트 컨트롤 윈도우의 핸들 값을 hEdit에 저장한다.

136~142행 : [파일]–[열기] 메뉴를 선택하면 FileRead( ) 함수를 호출하고, [파일]–[저장하기] 메뉴를 선택하면 FileSave( ) 함수를 호출한다. 두 함수 모두 에디트 컨트롤 윈도우의 핸들 값과 파일명을 매개변수로 받는다.

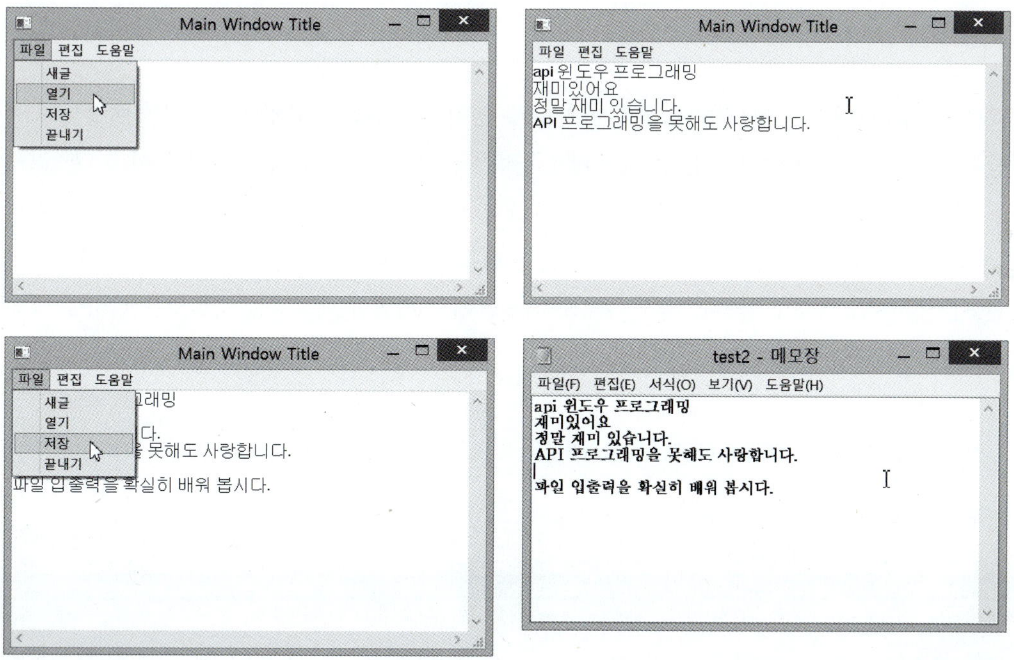

윈도우의 텍스트 크기를 얻는 함수

```
int GetWindowTextLength( // 텍스트의 길이 반환
HWND hwnd // 에디트 컨트롤 윈도우 핸들
);
```

윈도우에 텍스트를 출력하는 함수

```
BOOL SetWindowText(
HWND hwnd, // 에디트 컨트롤 윈도우의 핸들
LPCTSTR lpString // 출력할 텍스트 문자열
);
```

윈도우에서 텍스트를 얻어오는 함수

```
int GetWindowText(
HWND hwnd, // 에디트 컨트롤 윈도우의 핸들
LPTSTR lpString, // 텍스트를 저장할 버퍼의 시작 주소
int nMaxCount // 버퍼 크기
);
```

[실습 8-4]에서 만든 메모장은 글꼴을 변경할 수 없지만, [실습 8-5]에서는 글꼴을 변경하고 저장할 수 있는 메모장을 만든다. 글꼴을 활용하려면 리치 에디트 컨트롤을 이용해야 한다. 리치 에디트 컨트롤을 메인 윈도우의 자식 윈도우로 활용하는 방법은 7장에서 살펴보았다. 여기서는 [파일]-[열기] 메뉴를 선택해 파일 내용을 읽어 리치 에디트 컨트롤에 출력하는 방법과, [파일]-[저장하기] 메뉴를 선택해 리치 에디트 컨트롤에서 편집한 텍스트를 파일로 저장하는 방법을 배워보자. 파일명은 'test3.txt'로 고정한다.

실습 8-5 리치 에디트 컨트롤을 이용해 메모장 만들기

```
#include <windows.h>
#include <TCHAR.H>
#include <richedit.h>

… 생략 …
```

```
int WINAPI WinMain(HINSTANCE hInstance, HINSTANCE hPrevInstance,
                         LPSTR lpszCmdLine, int nCmdShow)
{
    HINSTANCE      hRichedit;
    HWND           hwnd;
    MSG            msg;
    WNDCLASS WndClass;
    hInst = hInstance;
    WndClass.style = CS_HREDRAW | CS_VREDRAW;
    WndClass.lpfnWndProc = WndProc;
    WndClass.cbClsExtra = 0;
    WndClass.cbWndExtra = 0;
    WndClass.hInstance = hInstance;
    WndClass.hIcon = LoadIcon(NULL, IDI_APPLICATION);
    WndClass.hCursor = LoadCursor(NULL, IDC_ARROW);
    WndClass.hbrBackground = (HBRUSH)GetStockObject(WHITE_BRUSH);
    WndClass.lpszMenuName = MAKEINTRESOURCE(IDR_MENU8_5);
    WndClass.lpszClassName = _T("Window Class Name");
    RegisterClass(&WndClass);
    hRichedit = LoadLibrary(_T("RICHED20.DLL"));
```

… 생략 …

```
    FreeLibrary(hRichedit);
    return (int)msg.wParam;
}

DWORD CALLBACK StreamInCallback(DWORD dwCookie, LPBYTE buffer,
                                          LONG size, LONG *CharNum)
{
    HANDLE hFile = (HANDLE)dwCookie;
    ReadFile(hFile, buffer, size, (LPDWORD)CharNum, NULL);
    return(0);
}

DWORD CALLBACK StreamOutCallback(DWORD dwCookie,
                               LPBYTE buffer, LONG size, LONG *CharNum)
{
    HANDLE hFile = (HANDLE)dwCookie;
    WriteFile(hFile, buffer, size, (LPDWORD)CharNum, NULL);
```

```
    return(0);
}

void FileRead(HWND hwnd, LPTSTR filename)
{
    HANDLE          hFile;
    EDITSTREAM      es;
    hFile=CreateFile(filename, GENERIC_READ, 0, 0,
         OPEN_EXISTING, FILE_ATTRIBUTE_NORMAL,0);
    if (hFile == INVALID_HANDLE_VALUE) return;
    es.dwCookie = (DWORD)hFile;
    es.pfnCallback = StreamInCallback;
    SendMessage(hwnd, EM_STREAMIN, (WPARAM)SF_RTF, (LPARAM)&es);
    CloseHandle(hFile);
}

void FileSave(HWND hwnd, LPTSTR filename)
{
    HANDLE          hFile;
    EDITSTREAM      es;
    hFile = CreateFile(
         filename,
         GENERIC_WRITE,
         0,
         0, CREATE_ALWAYS, FILE_ATTRIBUTE_NORMAL, 0
    );
    es.dwCookie = (DWORD)hFile;
    es.pfnCallback = StreamOutCallback;
    SendMessage(hwnd, EM_STREAMOUT, (WPARAM)SF_RTF, (LPARAM)&es);
    CloseHandle(hFile);
}

#define IDC_RICHEDIT 100
LRESULT CALLBACK WndProc(HWND hwnd, UINT iMsg,
                              WPARAM wParam, LPARAM lParam)
{
    static HWND     hRichedit;
    CHOOSEFONT      FONT;
    LOGFONT         LogFont;
    RECT            rect;
```

```
    CHARFORMAT      cf;

    switch (iMsg)
    {
    case WM_CREATE:
         GetClientRect(hwnd, &rect);
         hRichedit = CreateWindow(
              _T("RichEdit20W"),
                NULL,
                WS_CHILD | WS_VISIBLE | WS_HSCROLL | WS_VSCROLL |
                  ES_AUTOHSCROLL | ES_AUTOVSCROLL | ES_MULTILINE,
                0, 100,
                rect.right,
                rect.bottom,
                hwnd,
                (HMENU)IDC_RICHEDIT,
                hInst,
                NULL
         );
         return 0;
    case WM_SIZE:
         GetClientRect(hwnd, &rect);
         MoveWindow(hRichedit, 0, 0, rect.right, rect.bottom, TRUE);
         return 0;
    case WM_COMMAND:
         switch(LOWORD(wParam))
         {
         case ID_FILEOPEN:
              FileRead(hRichedit, _T("test3.txt"));
              break;
         case ID_FILESAVE:
              FileSave(hRichedit, _T("test3.txt"));
              break;
         case ID_FONTDLG:
              memset(&FONT, 0, sizeof(CHOOSEFONT));
              FONT.lStructSize = sizeof(CHOOSEFONT);
              FONT.hwndOwner = hwnd;
              FONT.lpLogFont= &LogFont;
              FONT.Flags = CF_EFFECTS | CF_SCREENFONTS;
              if(ChooseFont(&FONT)!=0)
```

```
146             {
147                 cf.cbSize = sizeof (CHARFORMAT);
148                 cf.dwMask = CFM_FACE | CFM_SIZE | CFM_COLOR;
149                 cf.yHeight = FONT.iPointSize * 3;
150                 cf.dwEffects = NULL;
151                 _tcscpy_s(cf.szFaceName, FONT.lpLogFont -> lfFaceName);
152                 cf.crTextColor = FONT.rgbColors;
153                 SendMessage(hRichedit, EM_SETCHARFORMAT,
154                     (WPARAM)(UINT)SCF_SELECTION, (LPARAM)&cf);
155             }
156             return 0;
157         }
158         return 0;
159     case WM_DESTROY:
160         PostQuitMessage(0);
161         return 0;
162     }
163     return DefWindowProc(hwnd, iMsg, wParam, lParam);
164 }
```

53~59행 : StreamInCallback( ) 함수는 매개변수 dwCookie를 통해 넘겨받은 파일 핸들을 가지고 데이터를 읽어들인다. 그리고 읽은 데이터는 buffer에, 읽은 데이터의 양은 CharNum에 저장한다.

61~67행 : StreamOutCallback( ) 함수는 넘겨받은 데이터를 파일에 저장만 하면 된다.

72~79행 : 파일에서 텍스트를 읽어야 하므로 파일 생성 시 GENERIC_READ를 이용한다. 여기서는 [실습 8-4]와 달리 파일 크기를 알아볼 필요가 없다. 데이터를 읽어들일 콜백 함수 StreamIn Callback( )만 설정하면 된다. StreamInCallback( ) 함수가 얻어오는 데이터 스트림을 리치 에디트 컨트롤이 받아들이도록 하는 EM_STREAMIN 메시지를 리치 에디트 컨트롤에 보낸다.

78행 : EM_STREAMIN 메시지에서 buffer에 있는 데이터를 리치 에디트 컨트롤에 출력하는 것을 처리한다.

85~95행 : EM_STREAMOUT 메시지를 이용해 리치 에디트 컨트롤의 텍스트를 파일에 저장한다. FileSave( ), StreamOutCallback( ) 함수는 FileRead( ), StreamInCallback( ) 함수와 형식이나 사용법이 유사하다. EM_STREAMOUT 메시지는 리치 에디트 컨트롤이 자신의 데이터를 StreamOutCallback( ) 함수에 전달하게 한다.

102, 112~124행 : 리치 에디트 컨트롤 윈도우를 생성하기 위해 윈도우 클래스 'RichEdit20W'와

CreateWindow( ) 함수를 이용한다. 생성된 리치 에디트 컨트롤 윈도우의 핸들 값을 hRichedit에 저장한다.

133~138행 : [파일]–[열기] 메뉴 항목을 선택하면 FileRead( ) 함수를 호출하고, [파일]–[저장하기] 메뉴 항목을 선택하면 FileSave( ) 함수를 호출한다. 두 함수 모두 리치 에디트 컨트롤 윈도우의 핸들 값과 파일 이름을 매개변수로 받는다. FileRead( ) 함수는 파일을 읽어 리치 에디트 컨트롤 윈도우에 텍스트를 출력하고, FileSave( ) 함수는 리치 에디트 컨트롤 윈도우에서 편집 중인 텍스트를 얻어와 파일에 저장한다.

139~156행 : [보기]–[글꼴] 메뉴 항목을 선택하면 [글꼴] 대화상자가 나타나 글꼴을 선택할 수 있다. 글꼴을 선택하고 〈확인〉 버튼을 누르면 리치 에디트 컨트롤에서 선택한 텍스트 영역에 적용된다.

리치 에디터 컨트롤에 메시지를 전송하는 함수

```
LRESULT SendMessage(
      HWND    hWndControl, // 리치 에디트 윈도우 핸들
      UINT    message, // 메시지 ID
      WPARAM  wParam,
      LPARAM  lParam
);
```

SendMessage( ) 함수의 메시지 ID 종류는 다음과 같다.

- **EM_STREAMIN** : 리치 에디트 컨트롤의 텍스트를 프로그램에서 정의한 콜백 함수가 제공하는 데이터 스트림으로 변경한다. lParam에는 EDITSTREAM 구조체 값에 대한 포인터를 전달한다. 구조체의 pfnCallback 필드에는 콜백 함수에 대한 포인터가 저장되고, dwCookie 필드에는 데이터 스트림을 얻어올 파일의 핸들 값이 저장된다. wParam은 얻어오는 데이터 스트림의 데이터 형식을 알려주는 플래그 값으로 다음 상수 중 하나를 사용한다.
    - SF_RTF : 리치 에디트 컨트롤의 데이터 형식으로 데이터 스트림이 제공된다. 이 형식은 글꼴 정보도 포함한다.
    - SF_TEXT : 일반 텍스트 데이터 형식으로 데이터 스트림이 제공된다. 이 형식은 글꼴 정보를 포함하지 않는다.
- **EM_STREAMOUT** : 리치 에디트 컨트롤의 텍스트 내용을 프로그램에서 정의한 콜백 함수에 전달한다. lParam과 wParam의 내용은 EM_STREAMIN 메시지와 동일하다.

```
typedef struct _editstream {
     DWORD_PTR dwCookie;
     DWORD     dwError;
     EDITSTREAMCALLBACK pfnCallback;
} EDITSTREAM;
```
EDITSTREAM 구조체

EDITSTREAM 구조체의 각 필드는 다음과 같다.

- **dwCookie** : 콜백 함수에 전달할 첫 번째 매개변수를 쓴다. [실습 8-5]에서는 읽거나 저장할 파일의 핸들 값을 저장했다.
- **dwError** : 입출력 후의 결과 값으로 [실습 8-5]에서는 사용하지 않았다.
- **pfnCallback** : 콜백 함수에 대한 포인터이다. 콜백 함수는 EditStreamCallback( ) 형식을 따라야 한다. 함수 이름까지 일치할 필요는 없다.

EM_STREAMIN, EM_STREAMOUT 메시지에서 사용하는 콜백 함수 형식

```
DWORD EditStreamCallback(
     DWORD_PTR dwCookie,
     LPBYTE    pbBuff,
     LONG      cb,
     LONG      *pcb
);
```

EditStreamCallback( ) 함수의 각 매개변수는 다음과 같다.

- **dwCookie** : EDITSTREAM 구조체의 dwCookie 필드 내용이다. [실습 8-5]에서는 입출력할 파일의 핸들 값을 사용했다.
- **pbBuff** : 읽어들이거나 출력하는 데 사용할 버퍼에 대한 포인터 값이다. 읽어들일 때는 콜백 함수가 버퍼의 내용을 리치 에디트 컨트롤에 보내고, 출력할 때는 리치 에디트 컨트롤에서 텍스트를 얻어와 버퍼를 채운다.
- **cb** : 읽어들이거나 출력할 텍스트의 최대 크기로 버퍼의 크기를 나타낸다.
- **pcb** : 콜백 함수가 실제 읽어들이거나 출력한 텍스트의 크기를 저장한다.

요약

1 API에서 제공하는 파일 입출력 함수를 사용하는 방법

- 파일을 생성할 때는 CreateFile( ) 함수를 이용한다. 읽기, 쓰기, 파일 공유와 같은 속성 값을 파일 이름과 함께 제공해야 한다.
- 파일을 읽을 때는 ReadFile( ) 함수를 이용하고, 파일에 쓸 때는 WriteFile( ) 함수를 이용한다.
- 파일 내용을 읽어들이려면 그 크기만큼의 공간이 필요하다. 파일 크기는 GetFileSizeEx( ) 함수를 이용해 얻어온다.
- [열기] 공용 대화상자를 이용하면 파일 이름을 여러 개 선택할 수 있다.

2 에디트 컨트롤과 리치 에디트 컨트롤을 이용해 메모장(텍스트 편집기)을 만드는 방법

- SetWindowText( ) 함수를 이용해 에디트 컨트롤에 텍스트를 출력하고, GetWindowText( ) 함수를 이용해 에디트 컨트롤에서 텍스트를 읽어온다.
- 에디트 컨트롤에 있는 텍스트를 얻어오려면 텍스트 길이만큼의 공간을 할당받아야 한다. 텍스트 길이를 얻어오는 함수는 GetWindowTextLength( )이다.
- 리치 에디트 컨트롤에서 데이터를 읽어들이거나 출력하려면 콜백 함수인 StreamInCallback( )과 StreamOutCallback( )을 EDITSTREAM에 설정해야 한다.
- 데이터 스트림을 리치 에디트 컨트롤에 출력하려면 EM_STREAMIN 메시지를 리치 에디트 컨트롤에 보내고, 에디트 컨트롤에서 데이터 스트림을 읽어오려면 EM_STREAMOUT 메시지를 리치 에디트 컨트롤에 보낸다.

연습문제

1 4장 연습문제 2번의 결과 프로그램을 수정해보자. 파일 공용 대화상자를 이용해 선택된 텍스트 파일을 읽어 화면에 출력하는 프로그램을 작성하며, 파일 입출력은 API 함수를 이용한다.

▶ **HINT** 4장의 연습문제에서는 공용 대화상자에서 선택한 파일을 _ftscanf_s( )나 _fgetts( ) 함수를 이용해 읽어 왔다. 여기서는 ReadFile( ) 함수를 이용하고, 읽어온 내용을 화면에 출력하면 메모장에 나타나는 것과 동일해야 한다.

2 4장 연습문제 3번의 결과 프로그램을 수정해보자. 파일 공용 대화상자를 이용해 선택된 파일 이름으로 화면에 출력 중인 텍스트를 저장하는 프로그램을 작성하며, 파일 입출력은 API 함수를 이용한다.

▶ **HINT** 4장의 연습문제에서는 공용 대화상자에서 선택한 파일에 _ftprintf_s( )나 _fputts( ) 함수를 이용해 저장했다. 여기서는 WriteFile( ) 함수를 이용해 편집 중인 텍스트를 저장하며, 저장 후 파일을 메모장으로 확인하면 윈도우 화면에 나타나는 것과 동일해야 한다.

3 [실습 8-2]는 파일 공용 대화상자를 이용해 문서를 여는 MDI 기반 응용 프로그램이다. 이번에는 파일 공용 대화상자를 이용해 문서를 저장하는 MDI 기반 응용 프로그램을 작성해보자. [파일]–[저장하기] 메뉴 항목에 대한 메시지 처리 부분에 [파일 저장하기] 공용 대화상자를 띄우게 한다. 사용자가 파일을 선택하거나 파일 이름을 입력하면 그 파일 이름으로 화면 내용을 저장한다.

▶ **HINT** 각 자식 윈도우에서 입력한 텍스트를 파일로 저장할 수 있도록 한다. 저장할 때 WriteFile( ) 함수를 이용하며, 저장된 파일을 메모장으로 확인하면 윈도우 화면에 나타나는 것과 동일해야 한다.

4 MDI 기반 10행 에디터에 파일 열기/저장하기 기능을 추가해보자. [열기] 메뉴 항목을 선택하면 파일 대화상자를 통해 파일을 선택할 수 있고, 선택한 파일의 내용이 새로 생성한 자식 윈도우에 나타난다. 10행 이내로 편집한 후 저장할 수 있어야 한다.

▶ **HINT** 각 자식 윈도우는 기본적으로 10행 텍스트의 입력/수정/삭제가 가능해야 한다. [열기] 메뉴를 통해 선택한 파일을 ReadFile( ) 함수로 읽어 화면에 출력할 수 있고, [저장하기] 메뉴를 통해 선택한 파일을 WriteFile( ) 함수를 이용해 저장할 수 있다. 파일 내용을 메모장으로 확인하면 윈도우 화면에 나타나는 것과 동일해야 한다.

5 연습문제 4번의 결과 프로그램에 [실습 8-3]에서 배운 여러 개 파일 선택 기능을 추가해보자. [열기] 대화상자에서 텍스트 파일을 여러 개 선택하면 파일 개수만큼 자식 윈도우가 나타나면서 텍스트 파일을 편집할 수 있게 한다.

> ▶ **HINT** OFN_ALLOWMULTISELECT를 이용해 파일을 여러 개 선택하고 열 수 있도록 프로그램을 작성한다.

※ **6** 4장의 연습문제 7번에서 작성한 프로그램은 윈도우 화면에 직선, 원, 사각형을 그리고, 화면에 있는 내용을 파일에 저장해 다시 불러올 수 있었으며, 표준 입출력 함수를 이용했다. 여기서는 API 함수를 이용하도록 프로그램을 수정해보자.

> ▶ **HINT** 4장의 연습문제에서는 윈도우 화면에 그려진 개체를 _ftprintf_s( ), _ftscanf_s( ), _fgetts( ), _fputts( ) 등의 함수를 이용해 파일에서 읽어오거나 파일에 저장했다. 여기서는 ReadFile( ), WriteFile( ) 함수를 이용해 개체 정보를 파일에서 읽어오거나 파일에 저장한다.

※ **7** 에디트 컨트롤에 단일 문서만 열 수 있었던 [실습 8-4]의 프로그램을 수정해 문서를 여러 개 열어 편집할 수 있도록 MDI 기반으로 확장해보자.

> ▶ **HINT** 자식 윈도우에 에디트 컨트롤을 적용해 텍스트 편집 프로그램을 작성한다. 자식 윈도우의 메시지를 처리하는 ChildWndProc( ) 함수에서 에디트 컨트롤 윈도우인 'edit'를 자식 윈도우로 생성해야 한다.

※ **8** 리치 에디트 컨트롤에 단일 문서만 열 수 있었던 [실습 8-5] 프로그램을 수정해 문서를 여러 개 열어 편집할 수 있도록 MDI 기반으로 확장해보자.

> ▶ **HINT** 자식 윈도우에 리치 에디트 컨트롤을 적용해 텍스트 편집 프로그램을 작성한다. 자식 윈도우의 메시지를 처리하는 ChildWndProc( ) 함수에서 리치 에디트 컨트롤 윈도우인 'RichEdit'를 자식 윈도우로 생성해야 한다.

Chapter 09

윈도우 소켓 프로그래밍

학습목표

- 윈도우 소켓을 이용해 독립된 프로그램끼리 연결할 수 있다.
- 메시지를 교환하는 함수의 종류를 알고 사용할 수 있다.
- 상대가 연결하거나 메시지를 보낼 때까지 멈추지 않는 논블로킹 통신을 할 수 있다.
- 윈도우 소켓을 이용해 두 프로그램이 메시지를 주고받는 채팅 응용 프로그램을 작성할 수 있다.

01 소켓 연결하기

독립된 두 프로그램이 서로 정보를 교환하는 경우가 있는데, 정보를 교환하는 방법은 다양하지만 일반적으로 소켓 통신을 이용한다. 소켓은 IP 주소와 포트 번호로 이뤄진 컴퓨터 통신의 끝점으로, 표준화된 인터페이스를 제공한다. 이 장에서는 윈도우 API에서 사용할 수 있는 윈도우 소켓 통신에 대해 살펴보자. 윈도우 소켓은 윈속(Winsock)이라고도 부르는데 여기서는 두 가지를 혼용할 것이다.

윈도우 소켓을 이용해 네트워크 프로그래밍을 하려면 프로젝트 환경에 ws2_32.lib 라이브러리를 추가해야 한다. 비주얼 스튜디오에서 [프로젝트]–[속성] 메뉴를 선택하고, [속성 페이지] 대화상자에서 [구성 속성]–[링커]–[명령줄]을 선택한다. 그리고 '추가 옵션(D)' 항목에 'ws2_32.lib'를 추가한다.

그림 9-1 ws2_32.lib 추가

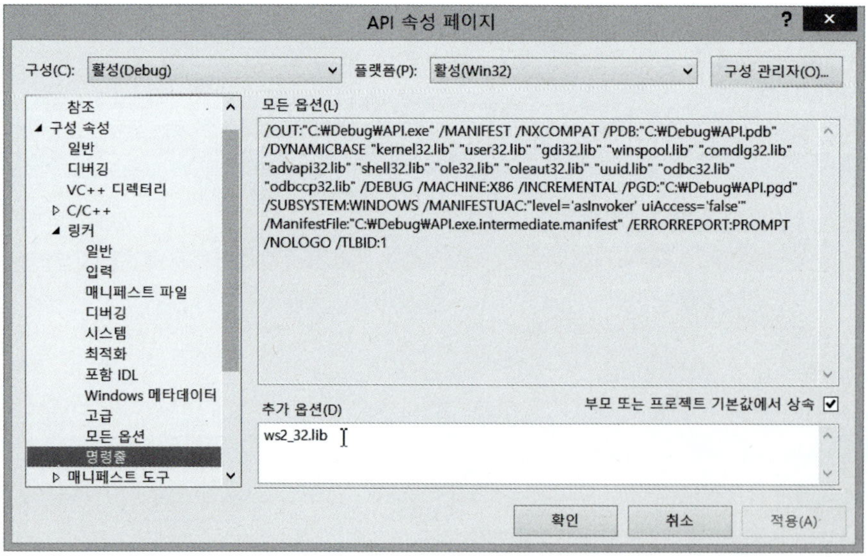

본격적으로 소켓 프로그램을 작성하기에 앞서 윈도우 소켓을 이용하는 데 필요한 자료 구조와 통신 함수를 알아보자. 먼저 소켓을 만드는 데 필요한 자료 구조는 다음과 같다.

소켓 프로그래밍을 위한 구조체

- 윈도우 소켓 초기화 정보를 가지고 있는 구조체

```
struct WSAData {
      WORD     wVersion;
      WORD     wHighVersion;
      char     szDescription[WSADESCRIPTION_LEN+1];
      char     szSystemStatus[WSASYSSTATUS_LEN+1];
      unsigned short iMaxSockets;
      unsigned short iMaxUdpDg;
      char FAR* lpVendorInfo;
};
```

- 소켓을 연결할 대상의 주소를 쓰는 구조체

```
struct sockaddr_in {
      short sin_family;
      unsignedshort sin_port;
      struct in_addr sin_addr;
      char sin_zero[8];
};
```

소켓 통신을 위해서는 먼저 소켓을 만들고 소켓끼리 연결해야 한다. 소켓을 만들고 서로 연결하는 함수는 다음과 같다.

소켓 통신을 위한 함수

- 윈속 사용 시작하기

```
int WSAStartup(
      WORD       wVersionRequested,  // 사용할 윈도우 소켓 버전
      LPWSADATA lpWSAData            // 소켓 정보 저장 공간
);
```

- 소켓 생성하기

```
SOCKET WSAAPI socket(
      int af,           // address family를 명시, AF_INET 이용
      int type,         // 소켓의 유형으로 SOCK_STREAM 이용
      int protocol      // 0 입력
);
```

- 주소와 소켓 연결하기

```
BOOL bind (
      SOCKET s,                       // 연결할 소켓
      const SOCKADDR* lpSockAddr,     // 소켓에 지정할 주소와 포트 번호를
                                      // 포함하는 SOCKADDR 구조체 주소
      int nSockAddrLen                // 주소를 저장하는 구조체 SOCKADDR의 크기
);
```

- 연결 요구 기다리기

```
BOOL listen(
      SOCKET s,                 // 기다릴 소켓
      int nConnectionBacklog    // 대기할 수 있는 요구 최대 개수로 1~5
);
```

- 연결 요구하기

```
BOOL connect(
      SOCKET s,                       // 연결에 사용할 소켓
      const SOCKADDR* lpSockAddr,     // 상대의 주소와 포트 번호
      int nSockAddrLen                // 주소를 저장하는 구조체 SOCKADDR의 크기
);
```

- 연결 요구 받아들이기

```
SOCKET accept(
      SOCKET s,              // 소켓에 대한 요구를 받아들임
      SOCKADDR*lpSockAddr,   // 접속하는 상대방의 주소를 저장할
                             // SOCKADDR 구조체 주소
      int* lpSockAddrLen     // 주소를 저장하는 구조체 SOCKADDR의 크기
);
```

- 소켓과 관련된 리소스 해제하기

```
int closesocket(SOCKET s);
```

- 윈속 사용 끝내기

```
int WSACleanup();
```

위의 함수를 이용해 가장 간단한 소켓 통신 프로그램을 작성해보자. 통신을 해야 하므로 프로그램이 2개 필요하다. 접속을 기다리는 프로그램을 서버라 하고, 접속을 시도하는 프로그램을 클라이언트라고 부를 것이다.

실습 프로그램에서 사용할 IP 주소인 '127.0.0.1'은 루프백(loopback) 주소로, 서버와 클라이언

트 프로그램을 컴퓨터 하나에서 실습하기 위해 사용한다. 서로 다른 컴퓨터에서 서버와 클라이언트 프로그램을 구동한다면 실제 컴퓨터 주소를 찾아서 IP 주소로 사용한다. 포트 번호인 20은 임의로 지정한 것으로, 컴퓨터에서 사용하지 않는 포트 번호라면 어떤 번호든 상관없다.

실습 9-1 소켓 통신 프로그램 작성하기

1 소켓 통신 프로그램 서버(9-01-S)를 작성한다.

```
01 #include <windows.h>
02 #include <TCHAR.H>
03 int WINAPI WinMain(HINSTANCE hInstance, HINSTANCE hPrevInstance,
04                        LPSTR lpszCmdLine, int nCmdShow)
05 {
06     WSADATA         wsadata;
07     SOCKET          s;
08     SOCKADDR_IN          addr = { 0 };
09     WSAStartup(MAKEWORD(2, 2), &wsadata);
10     s = socket(AF_INET, SOCK_STREAM, 0);
11     addr.sin_family = AF_INET;
12     addr.sin_port = 20;
13     addr.sin_addr.s_addr = inet_addr("127.0.0.1");
14     bind(s,(LPSOCKADDR)&addr, sizeof(addr));
15     if (listen(s, 5) == -1)
16         return 0;
17     do
18     {
19         SOCKADDR_IN     c_addr;
20         int             size = sizeof(c_addr);
21         accept(s, (LPSOCKADDR)&c_addr, &size);
22     } while (MessageBox(NULL,
23              _T("클라이언트 접속을 확인했습니다. 서버를 종료하시겠습니까?"),
24              _T("Server 메시지"), MB_YESNO) == IDNO);
25     closesocket(s);
26     WSACleanup();
27     return 1;
28 }
```

06~08행 : 소켓 통신을 위해 WSADATA, SOCKET, SOCKADDR_IN 타입의 변수가 필요하다.

09행 : 사용할 윈도우 소켓 버전을 지정하고 소켓 정보를 얻어온다. MAKEWORD(2, 2)는 WORD 타입을 만들 때 사용하는 매크로로, 여기서는 윈속의 버전 2.2를 지정하기 위해 사용한다.

10행 : 소켓을 만든다.

11~13행 : 소켓에 부여할 서버의 IP 주소와 포트 번호를 설정한다. inet_addr("127.0.0.1")은 IP 주소인 '127.0.0.1'을 32비트 숫자 타입으로 변환한다.

14행 : 만들어진 주소를 소켓에 부여한다.

15, 16행 : 소켓이 클라이언트의 접속을 기다리게 한다.

17~21행 : accept( ) 함수에서 클라이언트의 접속을 기다린다. 접속을 시도하는 클라이언트가 나타나면 c_addr에 클라이언트의 정보를 얻어온다. accept( ) 함수는 클라이언트와 연결할 소켓을 반환하는데 여기서는 이 값을 사용하지 않는다.

22~24행 : 클라이언트의 접속 시도를 서버에서 받아들인 후 서버는 메시지 박스를 보여주고 서버를 종료할지, 클라이언트의 접속을 또 기다릴지를 결정한다. 클라이언트와 메시지를 주고받으려면 accept( ) 함수가 반환하는 소켓을 이용해야 한다. 2절에서 이에 관해 자세히 살펴볼 것이다.

2 소켓 통신 프로그램 클라이언트(9-01-C)를 작성한다.

```
#include <windows.h>
#include <TCHAR.H>
int WINAPI WinMain(HINSTANCE hInstance, HINSTANCE hPrevInstance,
                            LPSTR lpszCmdLine, int nCmdShow)
{
     WSADATA          wsadata;
     SOCKET           s;
     SOCKADDR_IN      addr = { 0 };
     WSAStartup(MAKEWORD(2, 2), &wsadata);
     s = socket(AF_INET, SOCK_STREAM, 0);
     addr.sin_family = AF_INET;
     addr.sin_port = 20;
     addr.sin_addr.s_addr = inet_addr("127.0.0.1");
     connect(s, (LPSOCKADDR)&addr, sizeof(addr));
     closesocket(s);
     WSACleanup();
     return 0;
}
```

06~08행 : 클라이언트에서도 소켓 통신을 위해 WSADATA, SOCKET, SOCKADDR_IN 타입의 변수가 필요하다.

09행 : 사용할 윈도우 소켓 버전을 지정하고 소켓 정보를 얻어온다. MAKEWORD(2, 2)는 WORD 타입을 만들 때 사용하는 매크로로, 여기서는 윈속의 버전 2.2를 지정하기 위해 사용한다.

10행 : 소켓을 만든다.

12, 13행 : 접속할 서버의 IP 주소와 포트 번호를 설정한다. inet_addr("127.0.0.1")은 IP 주소인 '127.0.0.1'을 32비트 숫자 타입으로 변환한다.

14행 : 소켓을 통해 만들어진 주소에 접속을 시도한다.

15행 : 소켓 사용을 종료한다.

3 서버와 클라이언트 실행 파일을 만든다. 9장의 실습은 독립 프로그램 2개가 통신하는 과정이기 때문에 서버 프로그램 하나만으로는 완전한 실습을 할 수 없다. 서버 프로그램과 클라이언트 프로그램이 동시에 수행되어야 서로 통신하는 것을 살펴볼 수 있다. 한 번의 실습을 위해 2개의 독립 프로그램을 만들어야 한다는 것을 꼭 기억하기 바란다. 만약 서버 프로그램과 클라이언트 프로그램을 프로젝트 하나에 저장했다면 아래 단계를 수행하고, 서로 다른 프로젝트로 관리한다면 4단계로 넘어간다.

다음은 서버 프로그램과 클라이언트 프로그램을 한 프로젝트에서 관리할 때 실행하는 방법이다.

1. 서버 프로그램 만들기 : 프로젝트에 서버 소스 파일을 만들고 서버용 프로그램을 완성한다. 완성되어 빌드를 성공적으로 했다면 프로젝트 폴더에서 Debug 폴더를 찾는다. 실행용 파일을 찾을 수 있을 텐데 그 파일이 바로 서버 프로그램 실행 파일이다. 나중을 위해 파일 이름을 'Server'로 변경한다.
2. 서버를 빌드에서 제외하기 : 솔루션 탐색기 내의 서버 소스 파일에서 마우스 오른쪽 버튼을 누르고 [속성]을 선택하면 서버 소스에 대한 속성 정보를 보여주는 창이 나타날 것이다. 여기서 [빌드에서 제외] 값을 '아니요'에서 '예'로 변경한다.

그림 9-2 서버를 빌드에서 제외

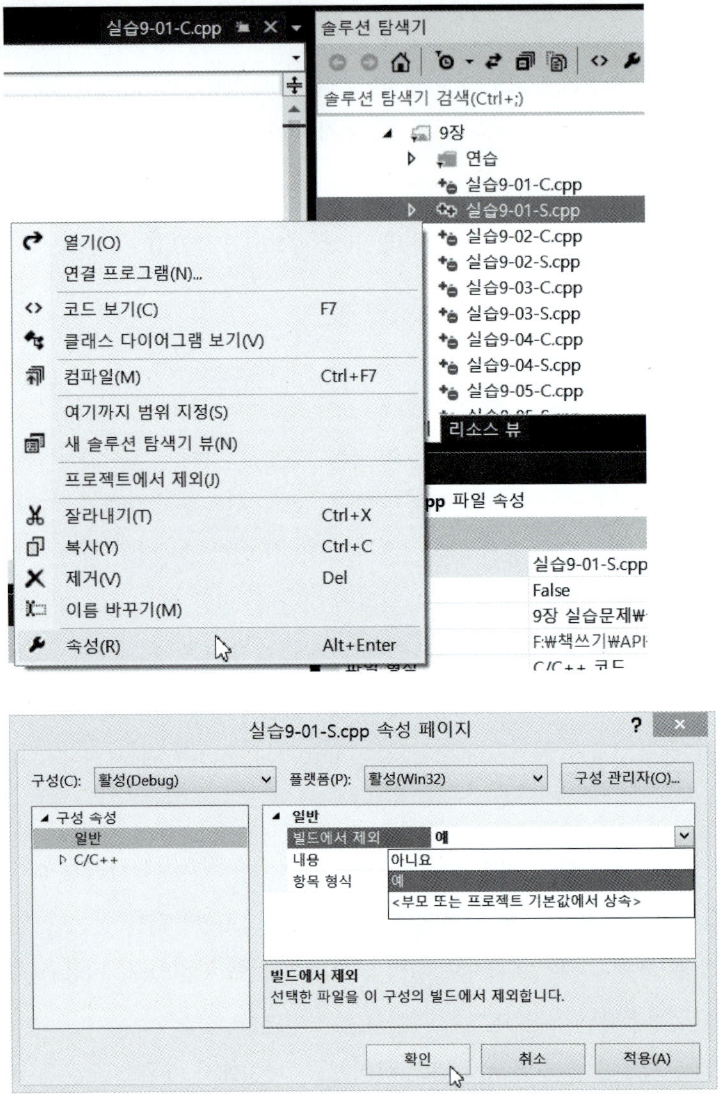

❸ 프로젝트에 클라이언트를 위한 소스 파일을 추가하고 클라이언트를 위한 프로그램을 만든다. 완성되어 빌드를 수행하면 실행 파일이 Debug 폴더에 생성되는데 이번에 만들어진 것은 클라이언트 실행 파일이 된다. 클라이언트 실행 파일의 이름을 'Client'로 변경한다.

❹ 서버 프로그램인 Server.exe를 먼저 실행하고 Client.exe를 나중에 실행하면 통신하는 것을 확인할 수 있다. 만약 서버 프로그램에서 오류가 발견되어 수정해야 한다면 이번에는

클라이언트를 빌드에서 제외하고 서버는 빌드에 포함해 수정한 다음 빌드를 수행한다.

4 서버 프로그램인 '9-01-S.exe'와 클라이언트 프로그램인 'API실습.exe'를 차례로 실행한다. 클라이언트 프로그램은 서버 접속을 한 번 시도한다. 클라이언트의 접속을 받아들이면 서버에서는 클라이언트가 접속했음을 나타내기 위해 메시지 박스를 띄워서 보여준다.

클라이언트의 접속을 나타내는 서버의 메시지 박스

02 메시지 교환하기

앞 절에서는 소켓을 이용해 두 프로그램을 서로 연결하는 방법을 배웠는데 여기서는 연결된 소켓에서 메시지를 보내고 받는 방법을 살펴보자. 메시지를 보내고 받는 데 필요한 함수는 다음과 같다.

메시지 송수신 함수

- 메시지 전송하기

```
int send(
      SOCKET s,              // 연결된 소켓
      const void* lpBuf,     // 보낼 메시지가 저장된 버퍼
      int nBufLen,           // 메시지의 길이
      int nFlags             // 0을 이용
);
```

- 메시지 수신하기

```
int recv(
      SOCKET s,        // 연결된 소켓
      void* lpBuf,     // 받는 메시지가 저장될 버퍼
      int nBufLen,     // 버퍼의 길이
      int nFlags       // 0을 이용
);
```

소켓 통신에서 메시지를 보낼 때는 유니코드로 보내지 않는다. 모든 문자열은 ANSI 코드로 인코딩되어 있어야 하므로 유니코드로 저장된 한글 메시지는 당연히 멀티바이트 문자 집합으로 인코딩되어 있어야 한다. 그러나 윈도우 프로젝트는 문자 집합 설정 값에 따라 보낼 메시지가 유니코드일 수도 있다. 따라서 메시지를 보내기 전에 유니코드 문자열을 멀티바이트로 변환해야 한다. 또한 상대방이 보내온 문자열은 기본적으로 멀티바이트이기 때문에 받아서 출력하기 전에 먼저 유니코드 문자열로 변환해야 한다. 이를 위해 제공되는 함수는 MultiByteToWideChar( )와 WideCharToMultiByte( )이다.

그림 9-3 유니코드 문서에 대한 소켓 통신

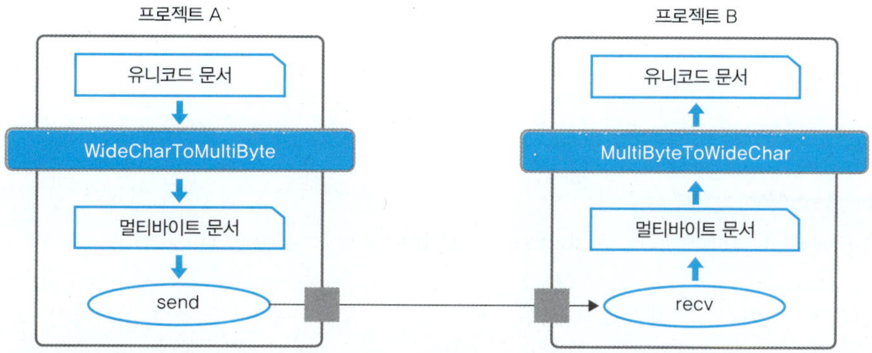

문자 집합 변환 함수

- 멀티바이트에서 유니코드로 변환

```
int MultiByteToWideChar(
    _In_        UINT CodePage, // ANSI 문자열에 대한 언어, CP_ACP
    _In_        DWORD dwFlags, // 사용하지 않음, 0
    _In_        LPCSTR lpMultiByteStr, // 변환하려는 멀티바이트 문자열
    _In_        int cbMultiByte, // 문자열의 길이, -1이면 함수가 자동 계산
    _Out_opt_   LPWSTR lpWideCharStr, // 유니코드로 변환 후 저장될 공간
    _In_        int cchWideChar // 유니코드 문자열의 길이
);
```

- 유니코드에서 멀티바이트로 변환

```
int WideCharToMultiByte(
    _In_        UINT CodePage, // ANSI 문자열에 대한 언어, CP_ACP
    _In_        DWORD dwFlags, // 사용하지 않음, 0
    _In_        LPCWSTR lpWideCharStr,// 변환하려는 유니코드 문자열
    _In_        int cchWideChar, // 문자열의 길이, -1이면 함수가 자동 계산
    _Out_opt_   LPSTR lpMultiByteStr,// 멀티바이트로 변환 후 저장될 공간
    _In_        int cbMultiByte,// 변환 후 문자열의 길이
    _In_opt_    LPCSTR lpDefaultChar, // NULL
    _Out_opt_   LPBOOL lpUsedDefaultChar // NULL
);
```

위 함수들의 사용법을 예를 통해 살펴보자. 변환하기 위해 먼저 유니코드로 변환했을 때의 문자열 길이를 측정한다. 다음과 같이 다섯 번째, 여섯 번째 파라미터를 NULL로 설정하면 실제로 변환은 하지 않고 변환했을 경우의 유니코드 문자열 길이 값을 반환한다. 첫 번째 파라미터인 CP_

ACP는 윈도우에서 기본 언어로 설정된 것을 이용하라는 의미이다.

```
int msgLen;
char buffer[] = "멀티바이트 문자열";
msgLen = MultiByteToWideChar(CP_ACP, 0, buffer, strlen(buffer), NULL, NULL);

WCHAR wbuffer[100];
MultiByteToWideChar(CP_ACP, 0, buffer, strlen(buffer), wbuffer, msgLen);
```

이와 같이 변환하면 유니코드 문자열을 wbuffer에서 얻을 수 있다. 유니코드에서 멀티바이트로 변환하는 경우도 예를 통해 살펴보자. 이때도 먼저 문자열 변환 후 필요한 공간의 크기를 얻어낸다.

```
int msgLen;
WCHAR str[] = _T("유니코드 문자열");
msgLen = WideCharToMultiByte(CP_ACP, 0, str, -1, NULL, 0, NULL, NULL);

char buffer[100];
WideCharToMultiByte(CP_ACP, 0, str, -1, buffer, msgLen, NULL, NULL);
```

[실습 9-2]에서는 클라이언트 프로그램에서 서버 프로그램으로 접속한 다음 메시지를 보낸다.

실습 9-2 메시지 수신 프로그램 작성하기

1 메시지 수신 프로그램 서버(9-02-S)를 작성한다.

```
#include <windows.h>
#include <TCHAR.H>
#include <stdio.h>
int WINAPI WinMain(HINSTANCE hInstance, HINSTANCE hPrevInstance,
                    LPSTR lpszCmdLine, int nCmdShow)
{
    WSADATA         wsadata;
    SOCKET          s;
    TCHAR           message[300];
    SOCKADDR_IN     addr = { 0 };
    WSAStartup(MAKEWORD(2, 2), &wsadata);
    s = socket(AF_INET, SOCK_STREAM, 0);
```

```
13          addr.sin_family = AF_INET;
14          addr.sin_port = 20;
15          addr.sin_addr.s_addr = inet_addr("127.0.0.1");
16          bind(s,(LPSOCKADDR)&addr, sizeof(addr));
17          if (listen(s, 5) == -1)
18              return 0;
19          do
20          {
21              SOCKADDR_IN     c_addr;
22              char            buffer[100];
23  #ifdef _UNICODE
24              TCHAR           wbuffer[100];
25  #endif
26              int             msgLen;
27              int             size = sizeof(c_addr);
28              SOCKET          cs = accept(s, (LPSOCKADDR)&c_addr, &size);
29              msgLen = recv(cs, buffer, 100, 0);
30              buffer[msgLen] = NULL;
31  #ifdef _UNICODE
32              msgLen = MultiByteToWideChar(CP_ACP, 0, buffer, strlen(buffer),
                                            NULL, NULL);
33              MultiByteToWideChar(CP_ACP, 0, buffer, strlen(buffer), wbuffer,
                                    msgLen);
34              wbuffer[msgLen] = NULL;
35              _stprintf_s(message, _T("클라이언트 메시지: %s, 서버를 종료하시겠습니까?"),
36                      wbuffer);
37  #else
38              sprintf_s(message, _T("클라이언트 메시지: %s, 서버를 종료하시겠습니까?"),
39                  buffer);
40  #endif
41          } while (MessageBox(NULL, message, _T("Server 메시지"), MB_YESNO) == IDNO);
42          closesocket(s);
43          WSACleanup();
44          return 1;
45  }
```

03행 : 문자열을 생성하기 위해 35행에서 _stprintf_s() 함수를 사용하므로 stdio.h 파일을 포함한다.

08, 12, 28행 : 클라이언트가 접속하기를 기다리는 소켓을 s에 저장하고, 클라이언트와의 통신을 담당하는 소켓을 cs에 저장한다.

09행 : 메시지 박스에 출력할 문자열을 저장하기 위해 문자 배열 message를 선언한다.

22~26행 : 클라이언트가 보낸 메시지를 저장하기 위해 buffer와 wbuffer 변수를 선언하고, 보낸 메시지의 길이를 msgLen 변수에 저장한다. 2개의 변수를 선언한 것은 유니코드일 경우와 멀티바이트일 경우를 위해서이다.

28행 : 클라이언트의 접속을 받아들이는 accept( ) 함수는 SOCKET 타입을 반환한다. 반환하는 소켓은 클라이언트와 메시지를 주고받을 때 사용한다.

29~41행 : cs에서 buffer에 읽어들여 클라이언트가 보낸 메시지를 받고, 읽어들인 메시지는 메시지 박스를 이용해 보여준다. 이때도 프로젝트의 문자 집합이 유니코드일 경우에는 별도의 문자 변환이 필요하다.

2 메시지 수신 프로그램 클라이언트(9-02-C)를 작성한다.

```
01  #include <windows.h>
02  #include <TCHAR.H>
03  int WINAPI WinMain(HINSTANCE hInstance, HINSTANCE hPrevInstance,
04                          LPSTR lpszCmdLine, int nCmdShow)
05  {
06      WSADATA         wsadata;
07      SOCKET          s;
08      SOCKADDR_IN     addr = { 0 };
09      WSAStartup(MAKEWORD(2, 2), &wsadata);
10      s = socket(AF_INET, SOCK_STREAM, 0);
11      addr.sin_family = AF_INET;
12      addr.sin_port = 20;
13      addr.sin_addr.s_addr = inet_addr("127.0.0.1");
14      if(connect(s, (LPSOCKADDR)&addr, sizeof(addr)) == -1)
15          return 0;
16      send(s, "안녕하세요 Server!", 19, 0);
17      closesocket(s);
18      WSACleanup();
19      return 1;
20  }
```

07~15행 : 소켓을 만들고 서버 주소와 포트 번호를 이용해 접속을 시도한다. 접속이 실패하면 프로그램을 종료한다.

16행 : 서버 접속에 성공하면 send( ) 함수를 이용해 서버에 '안녕하세요 Server!'라는 메시지를 보낸다. 앞에서 보듯이 보내는 메시지는 유니코드가 아니라 멀티바이트이다.

3 두 프로그램을 실행한다. 클라이언트는 메시지를 단 한 번 전송하고, 서버는 받은 메시지를 다음과 같이 메시지 박스에 출력한다.

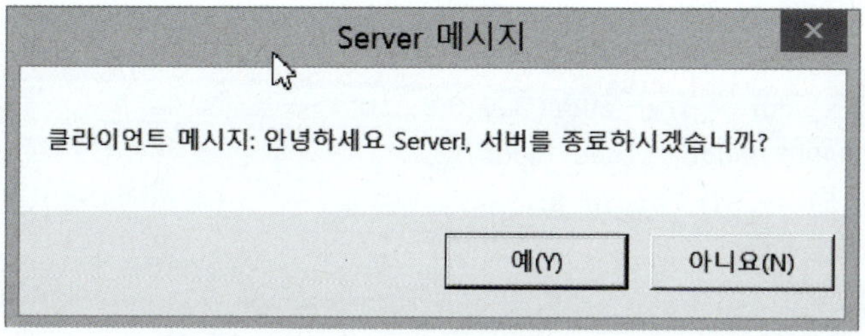

클라이언트가 보낸 메시지를 보여주는 메시지 박스

이제 윈도우 응용 프로그램에서 메시지를 주고받는 실습을 해보자.

실습 9-3 메시지 수신 윈도우 프로그램 작성하기

1 메시지 수신 윈도우 프로그램 서버(9-03-S)를 작성한다.

```
#include <windows.h>
#include <TCHAR.H>
#include <stdio.h>

… 생략 …

LRESULT CALLBACK WndProc(HWND hwnd, UINT iMsg,
                                WPARAM wParam, LPARAM lParam)
{
      HDC                   hdc;
      PAINTSTRUCT           ps;
      static WSADATA        wsadata;
      static SOCKET         s, cs;
      static TCHAR          msg[200];
      static SOCKADDR_IN    addr = { 0 }, c_addr;
      int                   size, msgLen;
      char                  buffer[100];

      switch (iMsg)
```

```
    {
    case WM_CREATE:
        WSAStartup(MAKEWORD(2, 2), &wsadata);
        s = socket(AF_INET, SOCK_STREAM, 0);
        addr.sin_family = AF_INET;
        addr.sin_port = 20;
        addr.sin_addr.s_addr = inet_addr("127.0.0.1");
        bind(s,(LPSOCKADDR)&addr, sizeof(addr));
        if (listen(s, 5) == -1) return 0;
        size = sizeof(c_addr);
        do
        {
            cs = accept(s, (LPSOCKADDR)&c_addr, &size);
        } while (cs == INVALID_SOCKET);
        msgLen = recv(cs, buffer, 100, 0);
        buffer[msgLen] = NULL;
#ifdef _UNICODE
        msgLen = MultiByteToWideChar(CP_ACP, 0, buffer, strlen(buffer),
          NULL, NULL);
        MultiByteToWideChar(CP_ACP, 0, buffer, strlen(buffer), msg, msgLen);
        msg[msgLen] = NULL;
#else
        strcpy_s(msg, buffer);
#endif
        break;
    case WM_PAINT:
        hdc = BeginPaint(hwnd, &ps);
        TextOut(hdc, 0, 0, msg, (int)_tcslen(msg));
        EndPaint(hwnd, &ps);
        break;
    case WM_DESTROY:
        closesocket(s);
        WSACleanup();
        PostQuitMessage(0);
        break;
    }
    return DefWindowProc (hwnd, iMsg, wParam, lParam);
}
```

60~72행 : WM_CREATE 메시지가 발생해 윈도우가 생성되면 서버용 소켓을 만들고 서버 주소 '127.0.0.1', 포트 번호 '20'에서 클라이언트의 접속을 기다린다. 클라이언트가 접속하지 않으면 서버 소켓은 계속 기다리고 화면에 윈도우가 나타나지 않는다.

72~74행 : 접속이 도착해 accept( ) 함수를 수행하면 INVALID_SOCKET인지 검사한다. INVALID_SOCKET이 아니면 도착한 데이터를 배열 buffer에 저장한다. 받은 메시지가 문자열이므로 끝에 NULL을 저장한다.

75~81행 : 배열 buffer에 저장된 메시지는 멀티바이트 형식의 문자열인데 이것을 현재 설정된 문자 집합으로 변환해야 한다. 프로젝트의 문자 집합이 유니코드로 설정되어 있다면 MultiByteToWideChar( ) 함수를 이용해 buffer의 내용을 유니코드로 변환한다. 변환된 유니코드 문자열은 WCHAR 배열형 변수인 msg에 저장된다. 반면에 문자 집합이 멀티바이트로 설정되어 있다면 buffer에 저장된 문자열을 msg에 복사만 하면 되는데, 이때 msg는 char 배열형이 된다. msg는 TCHAR 배열로 선언되었기 때문에 문자 집합에 따라 WCHAR나 char로 자동 변환된다.

83~87행 : 클라이언트에서 받은 문자열을 WM_PAINT에서 윈도우에 출력한다. 문자열은 한 번만 받는다.

88~92행 : WM_DESTROY 메시지가 발생해 윈도우가 종료되면 소켓에 할당된 리소스를 해제하고 소켓 통신을 종료한다.

2 메시지 수신 윈도우 프로그램 클라이언트(9-03-C)를 작성한다.

```
LRESULT CALLBACK WndProc(HWND hwnd, UINT iMsg,
                              WPARAM wParam, LPARAM lParam)
{
    static WSADATA      wsadata;
    static SOCKET       s;
    static SOCKADDR_IN  addr = { 0 };

    switch (iMsg)
    {
    case WM_CREATE:
        WSAStartup(MAKEWORD(2, 2), &wsadata);
        s = socket(AF_INET, SOCK_STREAM, 0);
        addr.sin_family = AF_INET;
        addr.sin_port = 20;
        addr.sin_addr.s_addr = inet_addr("127.0.0.1");
```

```
60          if(connect(s, (LPSOCKADDR)&addr, sizeof(addr)) == -1)
61              return 0;
62          break;
63      case WM_KEYDOWN:
64          send(s, "안녕 Server!", 13, 0);
65          break;
66      case WM_DESTROY:
67          closesocket(s);
68          WSACleanup();
69          PostQuitMessage (0) ;
70          break;
71      }
72      return DefWindowProc (hwnd, iMsg, wParam, lParam);
73  }
```

54~62, 64행 : 윈도우가 생성되어 WM_CREATE 메시지가 발생하면 소켓을 만들고 서버 주소 '127.0.0.1', 포트 번호 20번에 연결을 시도한다. 연결이 완료된 후 64행을 수행하고 윈도우를 화면에 띄운다.

63~65행 : 키보드를 눌러 WM_KEYDOWN 메시지가 발생하면 서버와 연결된 소켓 s를 이용해 서버에 '안녕 Server!'라는 메시지를 보낸다.

66~70행 : WM_DESTROY 메시지가 발생해 윈도우가 종료되는 상황이 일어나면 소켓에 할당된 리소스를 해제하고 소켓 통신을 종료한다.

3 두 프로그램을 실행한다. 처음에는 서버 윈도우가 나타나지 않지만, 클라이언트 윈도우에서 키보드를 누르면 서버 윈도우가 나타나고 클라이언트에서 보낸 메시지를 출력한다.

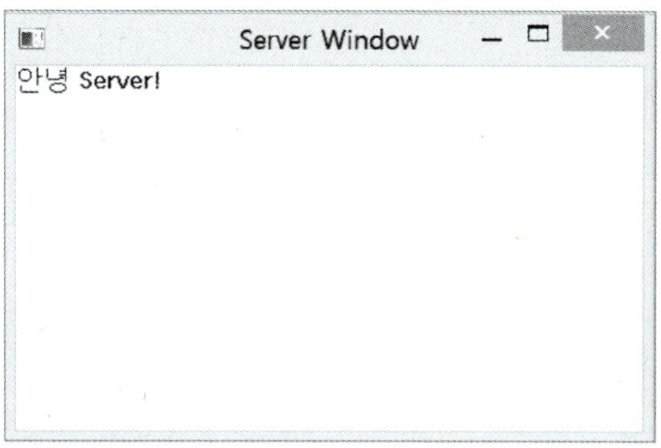

서버 윈도우

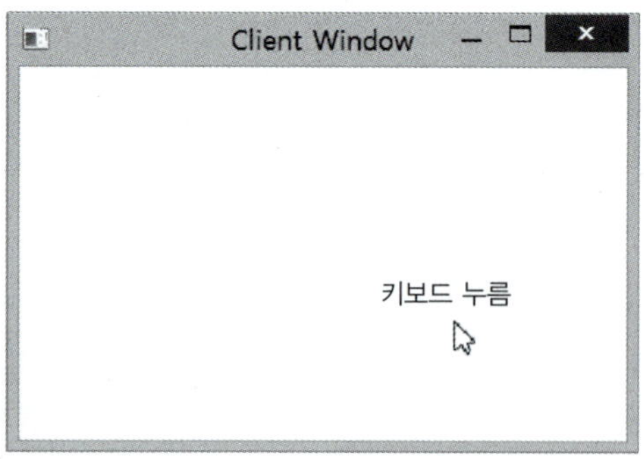

클라이언트 윈도우

03 논블로킹 통신

2절에서 다룬 프로그램은 클라이언트로부터 연결을 시도하는 신호가 도착하거나 통신 메시지가 도착할 때까지 서버가 다른 일을 하지 못하고 무한정 기다려야 한다는 문제가 있다. 이렇게 블로킹된 상태라면 일반 서버로는 적합하지 않다.

이 절에서는 서버가 무한정 기다리지 않고 다른 일을 하다가 연결을 시도하는 신호가 도착하거나 통신 메시지가 도착하면 사용자가 정의한 윈도우 메시지를 보내는 방식을 이용한다. 이를 논블로킹 통신이라고 하는데 논블로킹 통신을 위해서는 다음과 같은 함수가 필요하다.

윈도우 메시지, 네트워크 이벤트 등록 함수

```
int WSAAsyncSelect(
      SOCKET s,               // 연결된 소켓
      HWND hwnd,              // 메시지가 발생하는 윈도우의 핸들
      unsigned int iMsg,      // 등록될 윈도우 메시지
      long IEvent             // 등록될 네트워크 이벤트
);
```

WSAAsyncSelect( ) 함수를 이용하려면 먼저 윈도우 메시지를 등록해야 한다. 이것은 사용자 정의 윈도우 메시지로, 기존 윈도우 메시지와 메시지 번호가 동일하면 안 된다. 충돌을 방지하기 위해 다음과 같이 WM_USER를 사용한다. WM_USER는 메시지 정의를 위해 사용하며 숫자 2에는 다른 정수를 넣어도 된다.

```
#define WM_ASYNC WM_USER+2
```

WM_ASYNC는 특정 네트워크 이벤트 발생 시 윈도우 메시지로 사용한다. 사용 가능한 네트워크 이벤트는 다음과 같다.

네트워크 이벤트

- FD_READ : 읽을 준비가 되면 발생
- FD_WRITE : 읽을 데이터가 사용 가능하면 발생
- FD_OOB : 통신 과정에서 긴급히 전송되는 out-of-band 데이터가 도착하면 발생
- FD_ACCEPT : 접속을 요구하는 신호가 오면 발생
- FD_CONNECT : 접속이 완료되면 발생
- FD_CLOSE : 상대방이 접속을 종료하면 발생

[실습 9-4]에서도 [실습 9-3]과 같이 클라이언트에서 서버로 메시지를 한 번 보낸다. 하지만 서버가 클라이언트의 신호를 무한정 기다리지 않고 다른 메시지를 처리하다가 신호가 오면 그때 처리하는 논블로킹 방식을 사용한다. 따라서 클라이언트 프로그램은 [실습 9-03-C]와 동일하다. [실습 9-03-S]에서 윈도우가 생성되었을 때 하던 많은 일을 [실습 9-04-S]에서는 WM_SYNC 신호가 올 때 하도록 했다. 따라서 case WM_CREATE: 아래의 코드양이 줄어든 것을 확인할 수 있다.

실습 9-4 논블로킹 단방향 통신 프로그램 작성하기

1 논블로킹 단방향 통신 프로그램 서버(9-04-S)를 작성한다.

```
#include <windows.h>
#include <TCHAR.H>
#include <stdio.h>
#define WM_ASYNC WM_USER+2

… 생략 …

LRESULT CALLBACK WndProc(HWND hwnd, UINT iMsg,
                               WPARAM wParam, LPARAM lParam)
{
    HDC                 hdc;
    PAINTSTRUCT         ps;
    static WSADATA      wsadata;
    static SOCKET       s, cs;
    static TCHAR        msg[200];
    static SOCKADDR_IN  addr = { 0 }, c_addr;
    int                 size, msgLen;
    char                buffer[100];
```

```

    switch (iMsg)
    {
    case WM_CREATE:
        WSAStartup(MAKEWORD(2, 2), &wsadata);
        s = socket(AF_INET, SOCK_STREAM, 0);
        addr.sin_family = AF_INET;
        addr.sin_port = 20;
        addr.sin_addr.s_addr = inet_addr("127.0.0.1");
        bind(s,(LPSOCKADDR)&addr, sizeof(addr));
        WSAAsyncSelect(s, hwnd, WM_ASYNC, FD_ACCEPT);
        if (listen(s, 5) == -1) return 0;
        break;
    case WM_ASYNC:
        switch(lParam)
        {
        case FD_ACCEPT:
            size = sizeof(c_addr);
            cs = accept(s, (LPSOCKADDR)&c_addr, &size);
            WSAAsyncSelect(cs, hwnd, WM_ASYNC, FD_READ);
            break;
        case FD_READ:
            msgLen = recv(cs, buffer, 100, 0);
            buffer[msgLen] = NULL;
#ifdef _UNICODE
            msgLen = MultiByteToWideChar(CP_ACP, 0, buffer,
                        strlen(buffer), NULL, NULL);
            MultiByteToWideChar(CP_ACP, 0, buffer, strlen(buffer),
                                    msg, msgLen);
            msg[msgLen] = NULL;
#else
            strcpy_s(msg, buffer);
#endif
            InvalidateRgn(hwnd, NULL, TRUE);
            break;
        default:
            break;
        }
        break;
```

```
093         case WM_PAINT:
094             hdc = BeginPaint(hwnd, &ps);
095             TextOut(hdc, 0, 0, msg, (int)_tcslen(msg));
096             EndPaint(hwnd, &ps);
097             break;
098         case WM_DESTROY:
099             closesocket(s);
100             WSACleanup();
101             PostQuitMessage(0);
102             break;
103     }
104     return DefWindowProc (hwnd, iMsg, wParam, lParam);
105 }
```

66행 : 소켓 s에서 상대방이 접속을 시도하는 이벤트가 발생하면 WM_ASYNC를 hwnd 윈도우에 발생시키기 위해 설정한다.

69, 70행 : WM_ASYNC 메시지가 발생하면 lParam의 값으로 어떤 이벤트가 발생했는지 구분한다.

72~76행 : 여기서 처리하는 일을 [실습9-03-S]에서는 WM_CREATE 메시지가 발생했을 때 하도록 했다. 클라이언트가 접속을 시도하면 WM_ASYNC 메시지가 발생하고 lParam의 내용은 FD_ACCEPT가 된다. 이제 클라이언트와 통신하기 위한 소켓 cs를 만들어 클라이언트와의 통신을 전담시킨다. 클라이언트가 메시지를 보낼 때까지 무한정 기다릴 수 없으므로 FD_READ를 WM_ASYNC에 등록한다. 다른 사용자 메시지를 정의하고 사용할 수도 있다.

77~88행 : 클라이언트가 데이터를 보내면 WM_ASYNC 메시지가 발생하고 lParam의 내용은 FD_READ가 된다. 소켓 cs에서 데이터를 받아 버퍼에 저장한다.

2 논블로킹 단방향 통신 클라이언트 프로그램(9-04-C)을 작성한다. 클라이언트 프로그램은 [실습 9-3]과 동일하다.

3 두 프로그램을 실행한다. [실습 9-3]의 실행 화면과 같지만 서버 윈도우가 나타나는 시점이 다르다. [실습 9-3]에서는 클라이언트가 접속할 때까지 서버가 기다려야 하기 때문에 블로킹된 상태에서 멈춰 서버 윈도우가 나타나지 않는다. 반면에 여기서는 클라이언트가 접속하면 통지하라고 설정해두고 서버 자신은 다른 일을 처리하므로 처음부터 서버 윈도우가 나타난다.

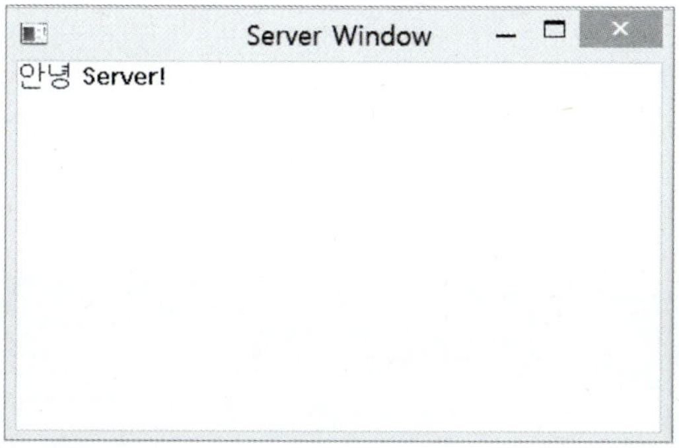

서버 윈도우

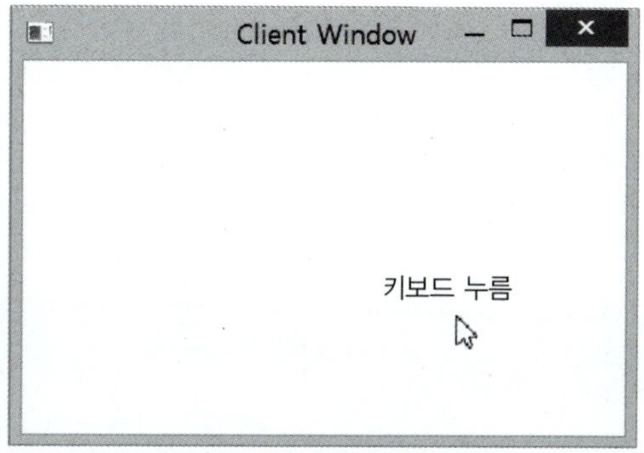

클라이언트 윈도우

[실습 9-4]에서는 클라이언트에서 서버로 메시지를 한 번 보내는 프로그램을 작성했다. [실습 9-5]에서는 논블로킹 통신으로 서버도 클라이언트에 메시지를 보내는 프로그램을 작성해본다.

실습 9-5 논블로킹 양방향 통신 프로그램 작성하기

1 논블로킹 양방향 통신 프로그램 서버(9-05-S)를 작성한다.

```
LRESULT CALLBACK WndProc(HWND hwnd, UINT iMsg,
                                WPARAM wParam, LPARAM lParam)
{
    HDC                 hdc;
    PAINTSTRUCT         ps;
    static WSADATA      wsadata;
    static SOCKET       s, cs;
    static TCHAR        msg[200];
    static SOCKADDR_IN  addr = { 0 }, c_addr;
    int                 size, msgLen;
    char                buffer[100];

    switch (iMsg)
    {
    case WM_CREATE:
        WSAStartup(MAKEWORD(2, 2), &wsadata);
        s = socket(AF_INET, SOCK_STREAM, 0);
        addr.sin_family = AF_INET;
        addr.sin_port = 20;
```

```
        addr.sin_addr.s_addr = inet_addr("127.0.0.1");
        bind(s,(LPSOCKADDR)&addr, sizeof(addr));
        WSAAsyncSelect(s, hwnd, WM_ASYNC, FD_ACCEPT);
        if (listen(s, 5) == -1)
            return 0;
        break;
    case WM_ASYNC:
        switch(lParam)
        {
        case FD_ACCEPT:
            size = sizeof(c_addr);
            cs = accept(s, (LPSOCKADDR)&c_addr, &size);
            WSAAsyncSelect(cs, hwnd, WM_ASYNC, FD_READ);
            break;
        case FD_READ:
            msgLen = recv(cs, buffer, 100, 0);
            buffer[msgLen] = NULL;
#ifdef _UNICODE
            msgLen = MultiByteToWideChar(CP_ACP, 0, buffer, strlen(buffer),
                    NULL, NULL);
            MultiByteToWideChar(CP_ACP, 0, buffer, strlen(buffer), msg, msgLen);
            msg[msgLen] = NULL;
#else
            strcpy_s(msg, buffer);
#endif
            InvalidateRgn(hwnd, NULL, TRUE);
            break;
        default:
            break;
        }
        break;
    case WM_PAINT:
        hdc = BeginPaint(hwnd, &ps);
        TextOut(hdc, 0, 0, msg, (int)_tcslen(msg));
        EndPaint(hwnd, &ps);
        break;
    case WM_KEYDOWN:
        if (cs == INVALID_SOCKET)
            break;
        send(cs, "반가워 Client!", 15, 0);
```

```
103            break;
104        case WM_DESTROY:
105            closesocket(s);
106            WSACleanup();
107            PostQuitMessage(0);
108            break;
109        }
110        return DefWindowProc(hwnd, iMsg, wParam, lParam);
111    }
```

99, 100행 : [실습 9-4]와 비슷하나 클라이언트에 메시지를 보내는 것만 추가했다. 키보드를 눌러 WM_KEYDOWN 메시지가 발생하면 클라이언트와 통신하는 소켓 cs를 사용할 수 있는지 검사한다.

102행 : 소켓을 사용할 수 있으면 '반가워 Client!'라는 메시지를 보낸다.

2 논블로킹 양방향 통신 프로그램 클라이언트(9-05-C)를 작성한다. 클라이언트 프로그램에서도 서버에서 보낸 메시지를 클라이언트가 받아야 하므로 논블로킹 통신 기능을 추가한다.

```
#include <windows.h>
#include <TCHAR.H>
#define WM_ASYNC WM_USER+2

… 생략 …

LRESULT CALLBACK WndProc(HWND hwnd, UINT iMsg,
                              WPARAM wParam, LPARAM lParam)
{
    HDC                 hdc;
    PAINTSTRUCT         ps;
    static WSADATA      wsadata;
    static SOCKET       s;
    static SOCKADDR_IN  addr = { 0 };
    static TCHAR        msg[200];
    int                 msgLen;
    char                buffer[100];
    switch (iMsg)
    {
    case WM_CREATE:
        WSAStartup(MAKEWORD(2,2), &wsadata);
        s = socket(AF_INET, SOCK_STREAM, 0);
```

```
        addr.sin_family = AF_INET;
        addr.sin_port = 20;
        addr.sin_addr.s_addr = inet_addr("127.0.0.1");
        WSAAsyncSelect(s, hwnd, WM_ASYNC, FD_READ);
        if(connect(s, (LPSOCKADDR)&addr, sizeof(addr)) == -1)
            return 0;
        break;
    case WM_PAINT:
        hdc = BeginPaint(hwnd, &ps);
        TextOut(hdc, 0,0,msg, (int)_tcslen(msg));
        EndPaint(hwnd, &ps);
        break;
    case WM_ASYNC:
        switch(lParam)
        {
        case FD_READ:
            msgLen = recv(s, buffer, 100, 0);
            buffer[msgLen] = NULL;
#ifdef _UNICODE
            msgLen = MultiByteToWideChar(CP_ACP, 0, buffer,
                    strlen(buffer), NULL, NULL);
            MultiByteToWideChar(CP_ACP, 0, buffer, strlen(buffer),
                            msg, msgLen);
            msg[msgLen] = NULL;
#else
            strcpy_s(msg, buffer);
#endif
            InvalidateRgn(hwnd, NULL, TRUE);
            break;
        default:
            break;
        }
        break;
        case WM_KEYDOWN:
            send(s, "안녕 Server!", 13, 0);
            break;
        case WM_DESTROY:
            closesocket(s);
            WSACleanup();
            PostQuitMessage(0);
```

```
098                 break;
099         }
100         return DefWindowProc (hwnd, iMsg, wParam, lParam);
101   }
```

59, 64행 : 클라이언트를 위한 윈도우가 생성되면 먼저 소켓을 만든다. 그리고 이 소켓을 이용해 서버에 접속을 시도한다.

63행 : 서버에서 보낸 데이터를 받아야 하므로 FD_READ 이벤트에 대해 WM_ASYNC 윈도우 메시지를 등록한다.

69, 85행 : WM_PAINT 윈도우 메시지가 발생하면 버퍼의 내용을 화면에 출력한다.

72, 75행 : 클라이언트 프로그램이 다른 메시지를 처리하는 중에 서버에서 데이터를 보내면 윈도우 메시지 WM_ASYNC가 FD_READ와 같이 도착한다.

76행 : 소켓 s를 서버와의 통신에 사용하므로 소켓 s를 통해 버퍼에 데이터를 읽어들인다.

3 논블로킹 양방향 통신 프로그램을 실행한다. 클라이언트 윈도우에서 키보드를 누르면 클라이언트가 보낸 메시지를 서버 윈도우에 출력하고 다시 상대에게 메시지를 보낸다. 그러면 서버가 보낸 메시지를 클라이언트 윈도우에 보여준다.

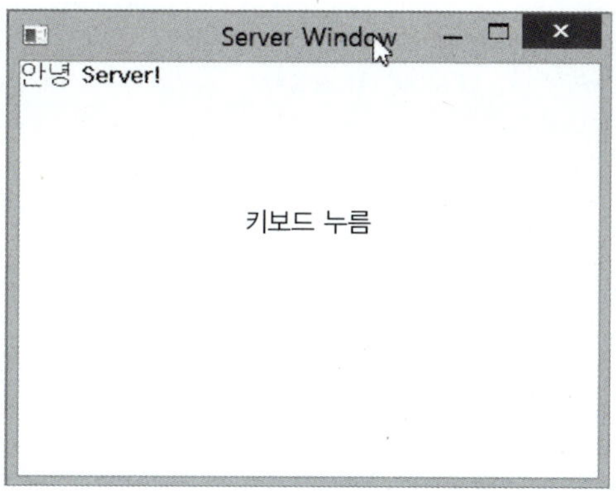

서버 윈도우

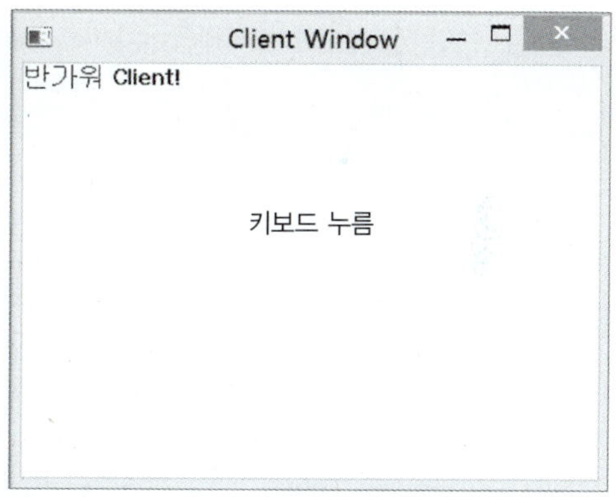

클라이언트 윈도우

04 채팅 응용 프로그램

3절까지는 소켓을 통한 기본 통신 방법을 살펴보았다. 1절에서는 소켓을 만들고 상대에 접속하는 방법을, 2절에서는 접속된 소켓을 통해 메시지를 보내고 윈도우 응용 프로그램에서 통신하는 방법을 배웠다. 그리고 3절에서는 서버나 클라이언트가 상대의 신호를 계속 기다리는 것이 아니라 신호가 오면 윈도우 메시지가 오도록 하는 논블로킹 통신을 다루었다.

이 절에서는 지금까지 배운 내용을 바탕으로 채팅 응용 프로그램을 작성해본다. 윈도우에서 입력하고 Enter 키를 누르면 입력한 메시지를 상대에게 전송하는 것이다.

실습 9-6 채팅 응용 프로그램 작성하기

1 채팅 응용 프로그램 서버(9-06-S)를 작성한다.

```
LRESULT CALLBACK WndProc(HWND hwnd, UINT iMsg,
                             WPARAM wParam, LPARAM lParam)
{
    HDC                     hdc;
    PAINTSTRUCT             ps;
    static WSADATA          wsadata;
    static SOCKET           s, cs;
    static TCHAR            msg[200];
    static char             buffer[100];
    static SOCKADDR_IN      addr = { 0 }, c_addr;
    static TCHAR            str[100];
    static int              count;
    int                     size, msgLen;

    switch (iMsg)
    {
    case WM_CREATE:
        WSAStartup(MAKEWORD(2, 2), &wsadata);
```

```
        s = socket(AF_INET, SOCK_STREAM, 0);
        addr.sin_family = AF_INET;
        addr.sin_port = 20;
        addr.sin_addr.s_addr = inet_addr("127.0.0.1");
        bind(s,(LPSOCKADDR)&addr, sizeof(addr));
        WSAAsyncSelect(s, hwnd, WM_ASYNC, FD_ACCEPT);
        if (listen(s, 5) == -1)
            return 0;
        break;
    case WM_ASYNC:
        switch(lParam)
        {
        case FD_ACCEPT:
            size = sizeof(c_addr);
            cs = accept(s, (LPSOCKADDR)&c_addr, &size);
            WSAAsyncSelect(cs, hwnd, WM_ASYNC, FD_READ);
            break;
        case FD_READ:
            msgLen = recv(cs, buffer, 100, 0);
            buffer[msgLen] = NULL;
#ifdef _UNICODE
            msgLen = MultiByteToWideChar(CP_ACP, 0, buffer, strlen(buffer),
                                  NULL, NULL);
            MultiByteToWideChar(CP_ACP, 0, buffer, strlen(buffer), msg,
                                msgLen);
            msg[msgLen] = NULL;
#else
            strcpy_s(msg, buffer);
#endif
            InvalidateRgn(hwnd, NULL, TRUE);
            break;
        default:
            break;
        }
        break;
    case WM_PAINT:
        hdc = BeginPaint(hwnd, &ps);
        if (_tcscmp(msg, _T("")))
            TextOut(hdc, 0, 30, msg, (int)_tcslen(msg));
        TextOut(hdc, 0, 0, str, _tcslen(str));
```

```
103             EndPaint(hwnd, &ps);
104             break;
105         case WM_CHAR:
106             if (wParam == VK_RETURN)
107                 if (cs == INVALID_SOCKET)
108                     return 0;
109                 else
110                 {
111 #ifdef _UNICODE
112                     msgLen = WideCharToMultiByte(CP_ACP, 0, str, -1, NULL,
                                0, NULL, NULL);
113                     WideCharToMultiByte(CP_ACP, 0, str, -1, buffer, msgLen,
                                NULL, NULL);
114 #else
115                     strcpy_s(buffer, str);
116 #endif
117                     send(cs, (LPSTR )buffer, strlen(buffer)+1, 0);
118                     count = 0;
119                     return 0;
120                 }
121                 str[count++] = wParam;
122                 str[count] = NULL;
123                 InvalidateRgn(hwnd, NULL, TRUE);
124             return 0;
125         case WM_DESTROY:
126             closesocket(s);
127             WSACleanup();
128             PostQuitMessage(0);
129             break;
130         }
131         return DefWindowProc (hwnd, iMsg, wParam, lParam);
132 }
```

54, 57행 : 서버 윈도우에 사용자가 입력한 문자열과 클라이언트에서 받은 문자열을 출력한다. 사용자가 입력한 문자열을 저장하기 위해 문자 배열 str를 TCHAR 형으로 선언하고, 클라이언트가 보낸 문자열을 저장할 배열 msg도 선언한다.

74, 82행 : [실습 9-5]의 서버 프로그램처럼 클라이언트의 접속 요구를 받아들이지만 클라이언트가 보내온 데이터를 받는 것은 논블로킹 통신을 통해 이뤄진다.

98~103행 : WM_PAINT 윈도우 메시지를 받으면 화면에 사용자 입력 문자열과 클라이언트의 문자열을 서로 다른 위치에 출력한다.

105~117행 : WM_CHAR 윈도우 메시지를 받으면 Enter 키 입력이 들어왔는지 확인해 Enter 키가 아니면 문자 배열 str에 저장하고 Enter 키이면 소켓을 통해 클라이언트에 전송한다. 여기서도 유니코드로 메시지를 유지하고 있다면 멀티바이트로 변환해 전송한다.

2 채팅 응용 프로그램 클라이언트(9-06-C)를 작성한다.

```
LRESULT CALLBACK WndProc(HWND hwnd, UINT iMsg,
                              WPARAM wParam, LPARAM lParam)
{
    HDC                      hdc;
    PAINTSTRUCT              ps;
    static WSADATA           wsadata;
    static SOCKET            s;
    static SOCKADDR_IN       addr = { 0 };
    static TCHAR             msg[200];
    static TCHAR             str[100];
    static char              buffer[100];
    static int               count;
    int                      msgLen;

    switch (iMsg)
    {
    case WM_CREATE:
         WSAStartup(MAKEWORD(2, 2), &wsadata);
         s = socket(AF_INET, SOCK_STREAM, 0);
         addr.sin_family = AF_INET;
         addr.sin_port = 20;
         addr.sin_addr.s_addr = inet_addr("127.0.0.1");
         WSAAsyncSelect(s, hwnd, WM_ASYNC, FD_READ);
         if(connect(s, (LPSOCKADDR)&addr, sizeof(addr)) == -1)
              return 0;
         break;
    case WM_PAINT:
         hdc = BeginPaint(hwnd, &ps);
         if (_tcscmp(msg, _T(""))) TextOut(hdc, 0, 30, msg, (int)_tcslen(msg));
         TextOut(hdc, 0,0, str,_tcslen(str));
         EndPaint(hwnd, &ps);
```

```
            break;
        case WM_ASYNC:
            switch(lParam)
            {
            case FD_READ:
                msgLen = recv(s, buffer, 100, 0);
                buffer[msgLen] = NULL;
#ifdef _UNICODE
                msgLen = MultiByteToWideChar(CP_ACP, 0, buffer, strlen(buffer),
                              NULL, NULL);
                MultiByteToWideChar(CP_ACP, 0, buffer, strlen(buffer), msg,
                              msgLen);
                msg[msgLen] = NULL;
#else
                strcpy_s(msg, buffer);
#endif
                InvalidateRgn(hwnd, NULL, TRUE);
                break;
            default:
                break;
            }
            break;
        case WM_CHAR:
            if (wParam == VK_RETURN)
                if (s == INVALID_SOCKET)
                    return 0;
                else
                {
#ifdef _UNICODE
                    msgLen = WideCharToMultiByte(CP_ACP, 0, str, -1, NULL, 0,
                              NULL, NULL);
                    WideCharToMultiByte(CP_ACP, 0, str, -1, buffer, msgLen,
                              NULL, NULL);
#else
                    strcpy_s(buffer, str);
                    msgLen = strlen(buffer);
#endif
                    send(s, (LPSTR )buffer, msgLen+1, 0);
                    count = 0;
                    return 0;
```

```
113                 }
114             str[count++] = wParam;
115             str[count] = NULL;
116             InvalidateRgn(hwnd, NULL, TRUE);
117             return 0;
118         case WM_DESTROY:
119             closesocket(s);
120             WSACleanup();
121             PostQuitMessage(0);
122             break;
123         }
124         return DefWindowProc(hwnd, iMsg, wParam, lParam);
125     }
```

54~55행 : 클라이언트 프로그램도 서버 프로그램처럼 TCHAR 형의 문자 배열 str와 msg를 사용한다. 설정된 문자 집합에 따라 char 형 또는 WCHAR 형으로 변환된다.

62~70행 : 윈도우가 생성되면 클라이언트가 바로 서버와의 접속을 시도한다. 윈도우가 존재하는 한 소켓 연결을 유지한다.

68, 78행 : 메시지 처리 방식이 서버 프로그램과 똑같다.

3 채팅 응용 프로그램을 사용하려면 서버 프로그램을 실행하고 난 다음에 클라이언트 프로그램을 실행한다. 서버에서는 사용자가 입력하는 문장을 왼쪽 그림과 같이 윈도우 윗줄에 출력하고 Enter 키를 누르면 출력된 메시지를 클라이언트에 보낸다. 그리고 클라이언트가 보내온 메시지는 윈도우 아랫줄에 출력한다. 반면에 클라이언트는 오른쪽 그림과 같이 자신의 메시지를 윈도우 윗줄에 출력하고 Enter 키를 누르면 출력된 메시지를 서버에 보낸다. 그리고 서버가 보내온 메시지는 윈도우 아랫줄에 출력한다.

서버 윈도우

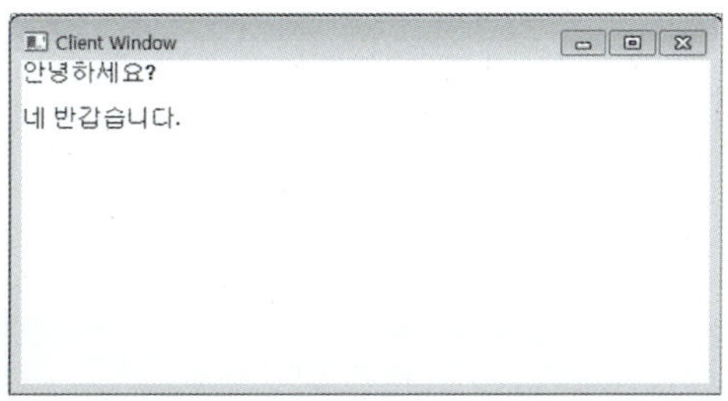

클라이언트 윈도우

요약

1 윈도우 환경에서 소켓을 연결하고 메시지를 교환하는 방법

- 소켓은 IP 주소와 포트 번호로 이뤄진 컴퓨터 통신의 끝점으로 표준화된 인터페이스를 제공한다.
- 링크할 때 ws2_32.lib를 사용하도록 프로젝트 환경에서 설정한다.
- 소켓 통신을 위해 접속을 기다리는 서버와 접속을 시도하는 클라이언트로 나누어 동작한다.
- 서버는 주소와 소켓을 연결하고[bind( )] 클라이언트가 접속하기를 기다린다[listen( )]. 클라이언트의 접속 시도[connect( )]가 있으면 접속을 받아들이고[accept( )], 그 후에 메시지를 보내거나 받을 수 있다[send( ), recv( )].
- 메시지를 주고받을 때는 ANSI 코드로 인코딩해야 한다. 그러나 프로젝트에서는 유니코드를 이용해 프로그래밍해야 할 때도 있다. 따라서 프로젝트의 문자 집합이 유니코드일 경우에는 코드 변환을 한 다음 메시지를 전송해야 하며, 받은 후에도 유니코드로 변환하고 나서 사용해야 한다.

2 서버와 클라이언트의 접속과 통신 응용

- 서버가 클라이언트의 접속을 무한정 기다리는 것이 아니라, 다른 일을 처리하다가 연결을 시도하는 신호가 도착하거나 통신 메시지가 도착하면 이를 처리하는 방식을 논블로킹 통신이라고 한다.
- 논블로킹 통신으로 받아들일 윈도우 메시지나 네트워크 이벤트를 등록하는 함수는 WSAAsyncSelect( )이다. 등록된 메시지나 이벤트가 발생하면 사용자가 정의한 윈도우 메시지가 도착한다.

연습문제

1 다음과 같은 프로그램을 작성해보자. 서버 프로그램은 윈도우 화면에 원, 직선, 사각형 중 하나를 선택해 그릴 수 있다. 윈도우 상단에 〈전송〉 버튼을 만들고, 서버 프로그램에서 도형 하나를 그리고 〈전송〉 버튼을 누르면 서버에 그려진 도형이 클라이언트 화면에도 동일하게 나타난다. 메시지 전송은 한 번이며 서버에서 클라이언트로 일방적으로 보낸다.

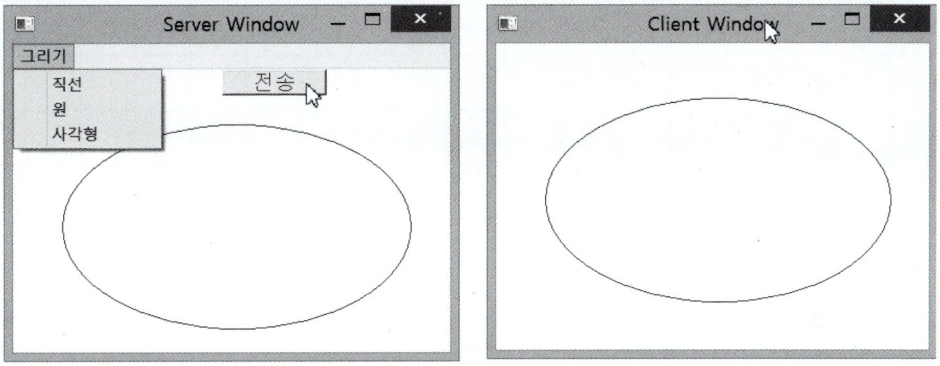

▶ HINT [실습 9-4]의 프로그램을 이용한다. 클라이언트가 서버에 접속하게 한 다음 클라이언트에 논블로킹 수신을 설정한다. 서버 윈도우에 도형을 그리고 〈전송〉 버튼을 누르면 그려진 도형의 종류와 좌표 값을 문자열로 변환해 클라이언트에 전송한다. 보내고 받는 메시지의 형식은 '도형의 종류를 나타내는 정수, 두 점의 x 좌표, y 좌표'이다. 클라이언트는 서버가 보낸 데이터에서 도형의 종류와 좌표 값을 얻어 클라이언트 윈도우에 도형을 그린다.

2 연습문제 1번의 결과 프로그램은 서버에서 그린 그림을 클라이언트에 나타내는 단방향 전송 응용 프로그램이다. 이번에는 클라이언트에서도 원, 직선, 사각형 중 하나를 선택해 그릴 수 있는 프로그램을 작성해보자. 그리고 클라이언트 윈도우 왼쪽 상단에도 〈전송〉 버튼을 만들어 서버에 도형을 보낼 때 사용한다. 메시지 전송이 양방향으로 이뤄진다.

▶ HINT [실습 9-5]의 프로그램을 이용한다. 먼저 클라이언트가 서버에 접속하게 하고 클라이언트와 서버 양쪽에 모두 논블로킹 수신을 설정한다. 서버 윈도우나 클라이언트 윈도우에서 도형을 그리고 〈전송〉 버튼을 누르면 그려진 도형의 종류와 좌표 값을 문자열로 변환해 서버는 클라이언트에, 클라이언트는 서버에 전송한다. 보내고 받는 메시지의 형식은 연습문제 1번과 같다. 서버든 클라이언트든 상대가 보낸 데이터를 받아서 도형의 종류와 좌표 값을 얻어 자신의 윈도우에 도형을 그린다.

3 다음과 같은 프로그램을 작성해보자. 서버와 클라이언트를 실행하면 다음 그림과 같이 양쪽 윈도우에 4행 8열의 표가 나타난다. 표 내부에서 마우스 왼쪽 버튼을 클릭하면 마우스 커서가 포함된 정사각형 내부에 원이 나타난다. 원이 나타날 때는 자신뿐 아니라 상대에게도 클릭된 위치를 알려주어 상대 윈도우에도 원이 나타나게 한다. 표 외부나 이미 원이 있는 사각형을 클릭했을 때는 변화가 없다.

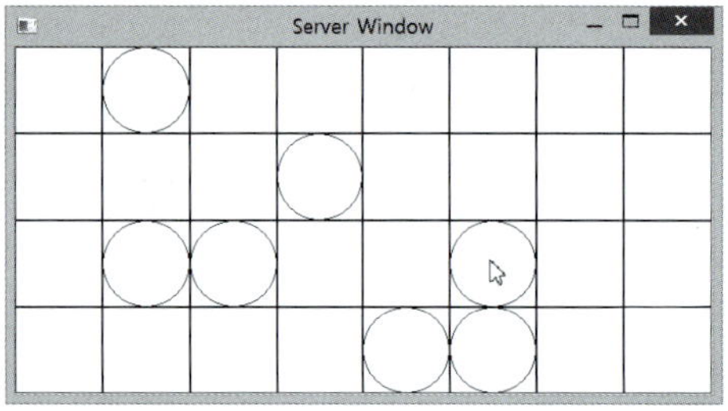

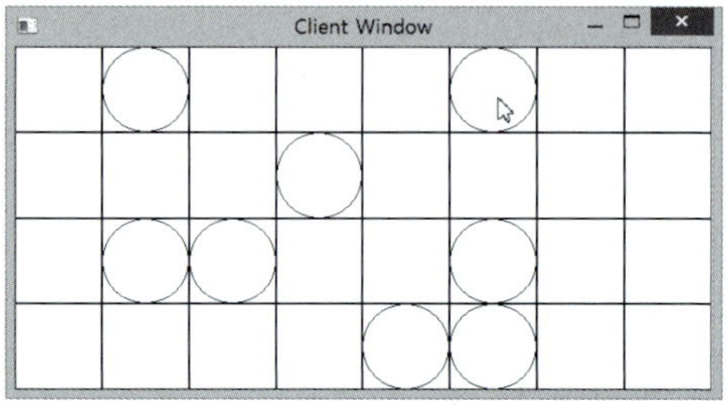

▶ **HINT** 연습문제 2번처럼 [실습 9-5]의 프로그램을 이용한다. 클라이언트가 서버에 접속하게 하고 클라이언트와 서버 양쪽에 모두 논블로킹 수신을 설정한다. 서버 윈도우나 클라이언트 윈도우에 4행 8열의 표를 나타낸다. 정사각형 내부에서 마우스 왼쪽 버튼을 클릭한 곳에 원을 그리고, 선택된 정사각형의 위치를 문자열로 변환해 서버는 클라이언트에, 클라이언트는 서버에 전송한다. 보내고 받는 메시지의 형식은 '정사각형의 행 번호와 열 번호'이다. 서버든 클라이언트든 상대가 보낸 데이터를 통해 위치 값을 얻어 자신의 윈도우에 원을 그린다.

4 다음과 같은 프로그램을 작성해보자. 서버와 클라이언트를 실행하면 다음 그림과 같이 양쪽 윈도우에 4행 8열의 표가 나타난다. 서버에서 표 내부를 마우스 왼쪽 버튼으로 클릭하면 마우스 커서가 포함된 정사각형에 빨간색 원이 나타나고, 클라이언트에서 표 내부를 마우스 왼쪽 버튼으로 클릭하면 파란색 원이 나타난다. 그런데 서버와 클라이언트가 서로 번갈아가면서 클릭될 수 있게 한다. 표 외부나 이미 원이 있는 사각형을 클릭했을 때는 변화가 없다.

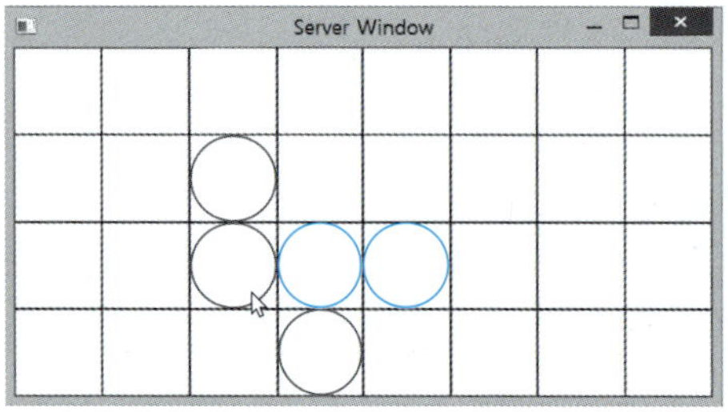

빨간색 ○ 파란색 ○

▶ **HINT** [실습 9-6]의 프로그램을 이용한다. 클라이언트가 서버에 접속하게 하고 클라이언트와 서버 양쪽에 모두 논블로킹 수신을 설정한다. 연습문제 3번과 같이 서버 윈도우나 클라이언트 윈도우에 4행 8열의 표를 나타낸다. 서버 윈도우의 정사각형 내부에서 클릭한 곳에 빨간색 원을 그리고, 선택한 정사각형의 위치를 문자열로 변환해 클라이언트에 전송한다. 그동안 클라이언트 윈도우에서는 마우스의 다른 클릭을 모두 무시한다. 서버가 보낸 데이터를 받은 클라이언트는 정사각형의 위치 값을 얻어 자신의 윈도우에 원을 그린다. 클라이언트 윈도우에서도 클릭을 받아들이며, 같은 방식으로 자신의 윈도우에 파란색 원을 그리고 원의 위치를 서버에 보낸다. 서버도 클라이언트가 데이터를 보낼 때까지 마우스의 클릭을 무시하고 기다린다.

※**5** 연습문제 4번의 결과 프로그램을 수정해보자. 표를 20행 20열로 확장하고 통신을 이용해 오목 게임을 할 수 있도록 구현한다. 한쪽이 5개를 완성하면 누가 이겼는지 화면에 표시하고 프로그램을 종료한다.

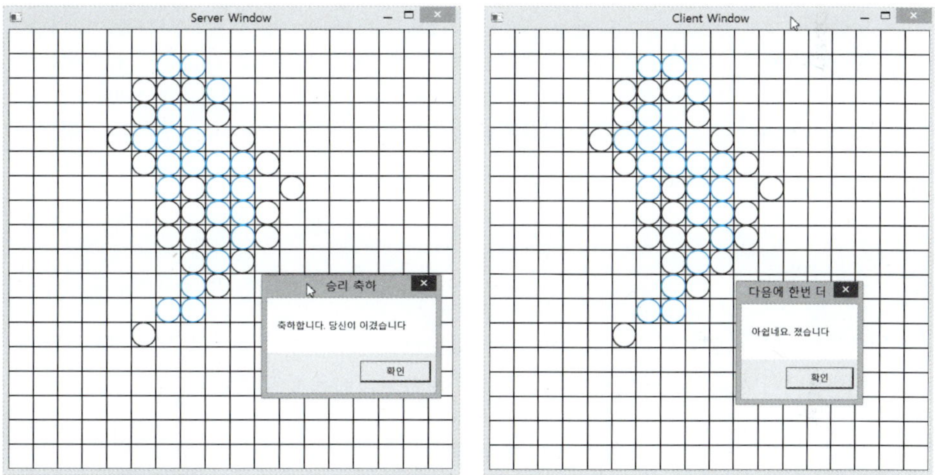

빨간색 ○ 파란색 ○

▶ **HINT** 통신 관련 기능은 연습문제 4번의 프로그램을 이용한다. 마우스를 클릭한 정사각형의 위치를 바탕으로 게임 종료 여부 검사를 추가한다. 게임 종료를 점검하기 위해 마우스를 클릭한 위치를 기준으로 8개 방향으로 동일 색상의 원이 몇 개나 연속되는지를 파악해야 한다. 8개 방향은 UP, RIGHT-UP, RIGHT, RIGHT-DOWN, DOWN, LEFT-DOWN, LEFT, LEFT-UP이다.

6 다음과 같은 프로그램을 작성해보자. 클라이언트가 서버에 접속하면 클라이언트와 서버의 윈도우 화면 아래 모서리에 원이 2개 나타난다. 왼쪽 검은색 원은 서버의 원이고 오른쪽 흰색 원은 클라이언트의 원이다. 서버 윈도우에서 Space Bar 키를 누르면 파란색 포탄이 포물선을 그리면서 클라이언트 쪽 원을 향해 날아간다. 원이 이동하는 모습을 양쪽 윈도우에서 볼 수 있는데 그림처럼 포탄의 자취가 남을 필요는 없다.

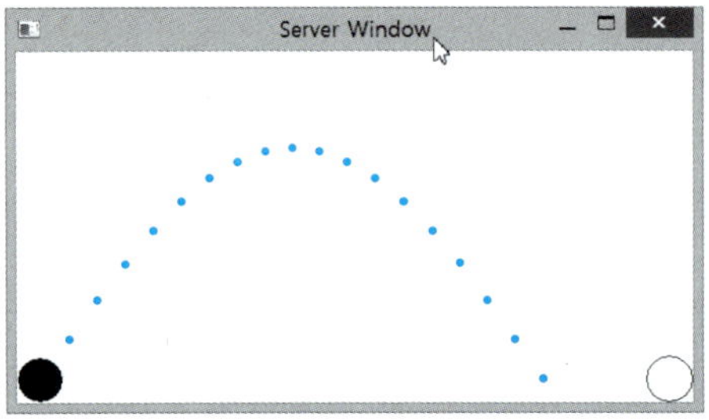

▶ **HINT** [실습 9-4]의 프로그램을 이용한다. 클라이언트가 서버에 접속하게 하고 클라이언트에 논블로킹 수신을 설정한다. 그런 다음 서버 윈도우와 클라이언트 윈도우에 양쪽을 나타내는 검은색 원과 흰색 원을 그린다. 서버 윈도우에서 Space Bar 키를 누르면 서버가 클라이언트에 포탄을 발사했다는 의미로 키 값을 데이터로 전송한다. 그 후 서버는 포물선을 따라 왼쪽에서 오른쪽으로 이동하도록 파란색 포탄을 자신의 윈도우에 출력한다. 클라이언트도 서버에서 보낸 데이터를 받아 왼쪽에서 오른쪽으로 파란색 포탄이 이동하도록 자신의 윈도우에 출력한다.

※7 연습문제 6번의 결과 프로그램은 서버에서 클라이언트 쪽으로만 공격이 가능했다. 이번에는 클라이언트에서 서버 쪽으로도 공격이 가능하도록 프로그램을 확장해보자.

▶ **HINT** [실습 9-5]의 프로그램을 이용한다. 클라이언트가 서버에 접속하게 하고 클라이언트와 서버 양쪽에 논블로킹 수신을 설정한다. 서버 윈도우와 클라이언트 윈도우에 양쪽을 나타내는 검은색 원과 흰색 원을 연습문제 6번과 같이 그린다. 서버 윈도우에서 Space Bar 키를 누르면 서버가 클라이언트에 포탄을 발사했다는 의미로 키 값을 데이터로 전송한다. 그 후 서버는 포물선을 따라 왼쪽에서 오른쪽으로 이동하도록 빨간색 포탄을 자신의 윈도우에 출력한다. 클라이언트도 서버에서 보낸 데이터를 받아 왼쪽에서 오른쪽으로 빨간색 포탄이 이동하도록 자신의 윈도우에 출력한다. 클라이언트 윈도우에서 Space Bar 키를 누르면 클라이언트가 서버에 포탄을 발사했다는 의미로 키 값을 데이터로 전송한다. 이번에는 클라이언트가 공격했으니 포탄이 오른쪽 흰색 원에서 왼쪽 검은색 원 방향으로 이동하게 그려준다.

※8 연습문제 7번의 결과 프로그램을 확장해 자신 쪽에 있는 원을 좌우로 이동하며 상대에게 포탄을 쏠 수 있게 해보자. 왼쪽, 오른쪽 방향키를 이용해 원을 좌우로 조절한다. 좌우로 이동 중인 원을 상대 윈도우에서도 확인할 수 있어야 한다.

▶ HINT 클라이언트와 서버의 접속 및 데이터 전송은 연습문제 7번의 방식을 이용한다. 그런데 연습문제 7번에서는 Space Bar 키를 누르면 포탄이 발사되었다는 의미로 상대에게 키 값을 데이터로 전송했지만, 여기서는 클라이언트나 서버를 의미하는 원의 위치가 달라져도 상대에게 알려야 한다. 원의 위치를 변경하는 것은 왼쪽, 오른쪽 방향키이므로 → 와 ← 중 어떤 것이 눌렸는지 상대에게 데이터를 보내야 한다. 그러면 데이터를 받은 쪽에서는 키 값이 Space Bar 키에 해당하면 연습문제 7번과 같이 수행하고, → 나 ← 이면 상대 원의 위치를 변경한다.

※9 서버와 클라이언트를 다음 그림과 같이 하나의 프로그램에 작성해보자. 메뉴에서 서버와 클라이언트를 위한 대화상자를 띄우고 서버 대화상자에서 〈서버 시작〉 버튼을 누르면 클라이언트에서 서버와 접속을 시작할 수 있다. 접속 후 메시지를 전송하면 자신의 대화상자와 상대의 대화상자에 모두 나타난다.

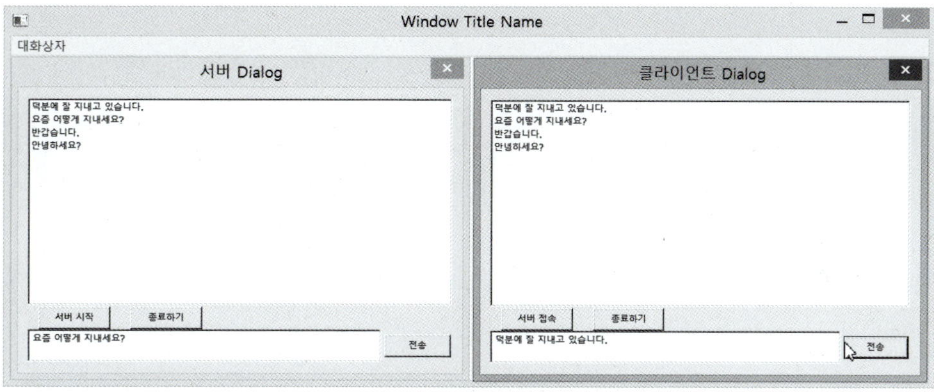

▶ HINT [실습 9-6]의 프로그램을 이용하는데 차이점은 클라이언트와 서버가 프로그램 하나로 이뤄졌다는 것이다. 윈도우에 나타나는 두 대화상자가 각각 서버와 클라이언트 역할을 한다. 서버 대화상자에서는 〈서버 시작〉 버튼을 누르면 서버용 소켓을 만들어 클라이언트의 접속을 기다린다. 클라이언트 대화상자에서는 〈서버 접속〉 버튼을 누르면 서버에 접속을 시도한다. 서버 대화상자와 클라이언트 대화상자 간의 데이터 전송과 출력은 [실습 9-6]과 유사하다.

Chapter 10

멀티스레드

학습목표

- 스레드의 개념 및 멀티스레드의 필요성을 이해할 수 있다.
- 스레드를 생성하고 종료할 수 있다.
- 멀티스레드에서 스레드 간 동기화가 필요한 이유를 이해할 수 있다.
- 멀티스레드의 동기화를 위해 이벤트를 사용할 수 있다.

01 스레드 생성하기

독립된 두 프로그램이 서로 정보를 교환하는 경우가 있다. 이때 정보를 교환하는 방법은 다양하지만 우리가 작성하는 프로그램은 명령어의 연속이다. 컴퓨터는 연속된 명령어를 차례로 하나씩 처리하는데, 이렇게 처리되는 명령어의 흐름을 스레드라고 한다. 그런데 스레드 하나, 즉 처리 흐름 하나만으로는 해결하기 힘든 경우가 있다. 예를 들어 서버가 여러 클라이언트의 요구를 동시에 처리하는 경우 스레드 하나로만 처리할 수 있으면, 한 클라이언트의 요구를 처리하는 동안 나머지 클라이언트가 무한정 기다려야 한다. 또 화면에 여러 개체의 움직임을 나타낼 때 한 개체를 처리한 다음에야 다른 개체를 처리할 수 있다. 이런 문제는 바로 멀티스레드를 이용해 해결할 수 있다. 멀티스레드는 CPU가 각 스레드를 번갈아 처리함으로써 여러 스레드를 동시에 처리하는 것과 같은 효과를 낸다.

멀티스레드를 Win32 API 환경에서 사용하려면 다음 두 가지를 기억해야 한다. 첫째는 process.h 파일을 포함하는 것이고, 둘째는 비주얼 스튜디오 환경에 멀티스레드 DLL을 이용해 코드를 생성한다고 설정하는 것이다.

❶ CreateThread( )나 _beginthreadex( ) 함수를 사용해 Win32 API 환경에서 멀티스레드 프로그램을 작성할 수 있다. 그런데 CreateThread( ) 함수는 안전성에 문제가 있으므로 _beginthreadex( ) 함수를 추천한다. _beginthreadex( ) 함수는 Win32 API에서 정의된 라이브러리가 아니라 C 런타임 라이브러리이다. 따라서 windows.h 파일이 아니라 C 런타임 라이브러리가 정의된 process.h 파일을 포함해야 한다.

❷ 비주얼 스튜디오에서 멀티스레드 DLL의 설정을 확인한다. 비주얼 스튜디오 솔루션 탐색기의 프로젝트 이름에서 마우스 오른쪽 버튼을 누르고 [속성]을 선택해 속성 창을 띄운다. 비주얼 2013에는 멀티스레드 DLL의 사용이 기본으로 설정되어 있기 때문에, 속성 창에서 [구성 속성]-[C/C++]-[코드 생성]을 선택해 확인만 하면 된다. 오른쪽에 나열된 속성 정보 중 [런타임 라이브러리]가 '다중 스레드 디버그 DLL(/MDd)'로 설정되어 있음을 확인한다.

그림 10-1 프로젝트 속성 창 띄우기

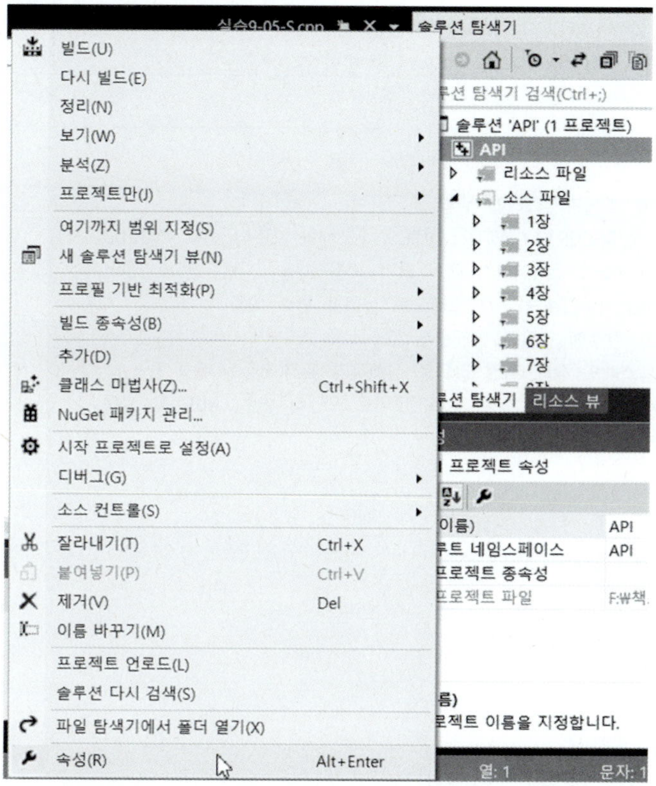

그림 10-2 멀티스레드 DLL의 설정 확인

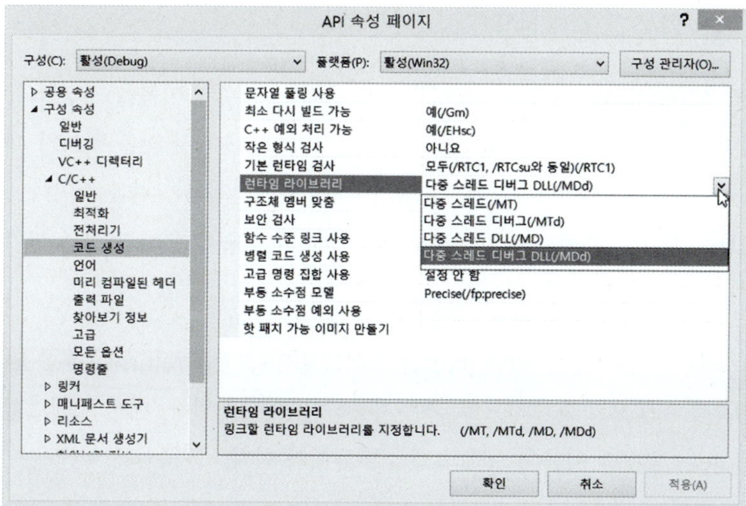

스레드 프로그램을 작성하는 데 다음과 같은 함수를 사용할 수 있다. 앞서 언급한 안정성 문제로 여기서는 _beginthreadex( ) 함수를 사용해 스레드를 생성한다.

스레드 생성 및 종료 함수

• 스레드 생성하기

```
uintptr_t _beginthreadex( // 스레드 핸들 값 반환
     void      *security, // SECURITY_ATTRIBUTES 구조체의 포인터 변수, NULL을 사용
     unsigned stack_size, // 스레드를 위한 스택의 크기, 0을 사용
     unsigned (*start_address)(void *), // 스레드로 실행할 함수 이름
     void *arglist, // 스레드 함수에 전달될 매개변수 주소
     unsigned initflag, // 스레드 상태 지정 값으로 실행하기 위해 0을 사용
     unsigned *thrdaddr // 스레드 ID를 받기 위한 32비트 포인터 변수, NULL을 사용
);
```

• 스레드 종료하기

```
void _endthreadex(
     unsigned retval // 반환을 원하는 값
);
```

• 스레드 정리하기

```
BOOL WINAPI CloseHandle(
     HANDLE hObject
);
```

_beginthreadex( ) 함수에 전달되는 매개변수가 복잡해 보이는데 여기서는 세 번째와 네 번째 매개변수만 기억하고 나머지는 기본 값을 사용한다.

- **세 번째 매개변수((*start_address)(void*))** : 스레드로 수행할 스레드 함수의 이름을 지정한다. 주의할 점은 함수 원형이 (unsigned int(__stdcall *)(void *))를 만족하지 않을 것이기 때문에 반드시 형 변환을 해야 한다는 것이다. 자세한 내용은 [실습 10-1]에서 살펴볼 것이다.
- **네 번째 매개변수(*arglist)** : 함수에 전달될 변수의 주소인데 이 또한 실습을 통해 자세히 살펴본다.

_endthreadex( ) 함수로 스레드를 종료할 수 있다. 하지만 스레드 함수에 있는 return( ) 문을 만나면 _endthreadex( ) 함수를 자동으로 호출하므로 굳이 사용하지 않아도 된다. 대신 스레드를 구동한 곳에서 CloseHandle( ) 함수를 이용해 스레드 핸들을 닫아야 한다.

일반 함수를 스레드 함수로 사용할 수 있는데, 이때는 매개변수를 구조체 하나로 모아 포인터로 전달해야 한다.

[실습 10-1]에서는 단순한 형태의 멀티스레드 프로그램을 작성해본다. 프로그램을 실행한 후 윈도우에서 마우스 왼쪽 버튼을 클릭해 실행 화면을 확인할 수 있다.

실습 10-1 멀티스레드 프로그램 작성하기

```
#include <windows.h>
#include <TCHAR.H>
#include <process.h>
#include <time.h>
HWND      hwnd;    // WinMain() 함수의 지역변수를 전역변수로 전환

… 생략 …

void ThreadProc()
{
     HDC hdc;
     int i;
     srand((unsigned)time(0));
     hdc = GetDC(hwnd);
     SelectObject(hdc, CreateSolidBrush(RGB(rand() % 256,
                                            rand() % 256,
                                            rand() % 256))
     );

     for (i = 0; i <= 10; i++)
     {
          int num;
          num = rand()%500;
          Sleep(3000);
          Rectangle(hdc, 0, 0, 20, num);
     }
     ReleaseDC(hwnd, hdc);
     return;
}

#define THREAD_NUM 10
```

```
70 LRESULT CALLBACK WndProc(HWND hwnd, UINT iMsg,
71                                 WPARAM wParam, LPARAM lParam)
72 {
73     static HANDLE hThread[THREAD_NUM];
74     int i;
75     switch (iMsg)
76     {
77     case WM_LBUTTONDOWN:
78         for (i = 0; i < THREAD_NUM; i++)
79         {
80             hThread[i] = (HANDLE)_beginthreadex(
81                 NULL,
82                 0,
83                 (unsigned int(__stdcall *)(void *))ThreadProc,
84                 NULL,
85                 0,
86                 NULL
87             );
88             Sleep(2000);
89         }
90         break;
91     case WM_DESTROY:
92         for (i = 0; i < THREAD_NUM; i++)
93             CloseHandle(hThread[i]);
94         PostQuitMessage(0);
95         return 0;
96     }
97     return DefWindowProc(hwnd, iMsg, wParam, lParam);
98 }
```

03, 04행 : _beginthreadex( ) 함수를 이용하기 위해 process.h를 포함하고, time( ) 함수를 이용하기 위해 time.h를 포함한다.

05행 : 화면 디바이스 콘텍스트를 얻어오기 위해 윈도우 핸들이 필요하므로 WinMain( ) 함수의 지역 변수였던 hwnd를 전역변수로 전환한다.

53~55행 : 각 스레드는 임의의 색을 가진 자신만의 브러시를 생성해 등록한다.

58~64행 : 3초 간격으로 0~499의 숫자를 임의로 얻어 세로 길이로 설정하고 가로 길이는 20인 사각형을 화면에 출력한다. 즉 출력할 사각형의 세로 길이가 3초마다 바뀐다. 출력 시 이미 등록한 스레드

의 브러시를 이용하므로 스레드에 따라 사각형의 색이 다르다.

77~90행 : 마우스 왼쪽 버튼을 누르면 THREAD_NUM으로 정의된 숫자만큼 스레드가 생성되어 스레드 함수 ThreadProc( )를 수행한다. ThreadProc( ) 함수를 스레드로 수행하려면 _beginthreadex( ) 함수를 이용해 ThreadProc( )를 호출하면 된다.

83행 : 함수를 형 변환하기 위해 스레드 함수 이름 앞에 (unsigned int(__stdcall *)(void *))를 사용한다. _beginthreadex( ) 함수에서 (void *) 타입의 매개변수를 받아 (unsigned int) 타입의 데이터를 반환하는 함수를 스레드 함수로 요구하기 때문이다. 잘 이해되지 않으면 스레드 함수 이름 앞에 무조건 써야 한다고 알아두자.

84행 : 스레드 함수에 매개변수를 전달하려면, 전달하려는 값을 공간 하나에 모두 저장한 다음 그 공간의 주소를 네 번째 매개변수로 전달한다. 그러면 스레드 함수에서 넘겨받은 주소를 토대로 내용을 얻어온다. 여기서는 매개변수를 전달하지 않으므로 NULL로 지정했다.

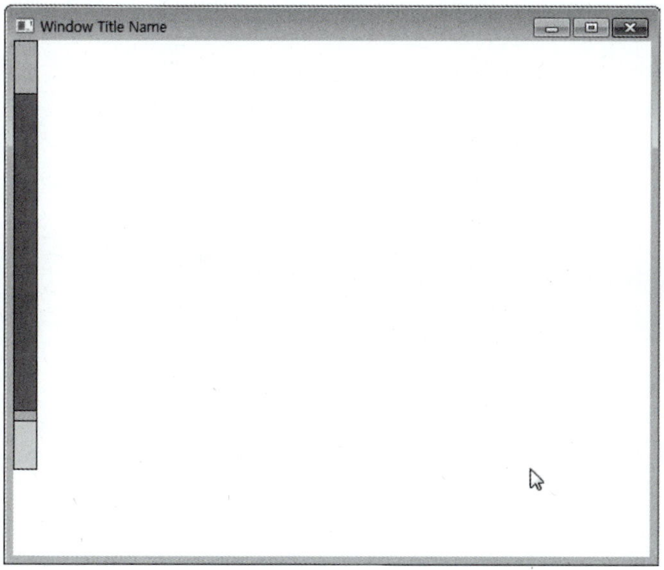

[실습 10-1]의 프로그램은 여러 개의 스레드를 생성해 수행한다. THREAD_NUM의 숫자를 크게 하면 생성되는 스레드의 수가 많아지므로 화면에 사각형이 나타나는 속도가 더 빨라진다. 이와 같이 멀티스레드를 이용하면 여러 가지 일을 동시에 처리할 수 있어 처리 속도가 향상된다.

[실습 10-1]의 프로그램은 모든 스레드가 동일한 위치에 사각형을 출력하기 때문에 각 스레드

에서 만들어내는 결과를 구분하기 어렵다는 문제가 있다. 이 문제를 해결하려면 각 스레드가 출력할 위치를 스레드 함수에 매개변수로 전달해야 한다. [실습 10-2]에서 매개변수를 이용해 이 문제를 해결해보자.

[실습 10-2]에서는 각 스레드가 서로 다른 위치에 사각형을 출력해 여러 개의 스레드가 각각 동작하는 것을 확인할 수 있다. 이때도 프로그램 실행 후 윈도우에서 마우스 왼쪽 버튼을 눌러 결과를 확인할 수 있다.

실습 10-2 스레드 함수에 매개변수 전달하기

```
void ThreadProc(void *arg)
{
    HDC hdc;
    int i;
    int xPos = *((int *)arg);
    srand((unsigned)time(0));
    hdc = GetDC(hwnd);
    SelectObject(hdc, CreateSolidBrush(RGB(rand() % 256,
                                           rand() % 256,
                                           rand() % 256))
    );
    for(i = 0; i <= 10; i++)
    {
        int num;
        num = rand()%500;
        Sleep(3000);
        Rectangle(hdc, xPos, 0, xPos+20, num);
    }
    ReleaseDC(hwnd, hdc);
    return;
}

#define THREAD_NUM 10
LRESULT CALLBACK WndProc(HWND hwnd, UINT iMsg,
                         WPARAM wParam, LPARAM lParam)
{
    static HANDLE hThread[THREAD_NUM];
    static int xPos[THREAD_NUM];
```

```
075     int i;
076 
077     switch (iMsg)
078     {
079     case WM_CREATE:
080         for (i = 0; i < THREAD_NUM; i++)
081             xPos[i] = i*100;
082         break;
083     case WM_LBUTTONDOWN:
084         for (i = 0; i<THREAD_NUM; i++)
085         {
086             hThread[i] = (HANDLE)_beginthreadex(
087                 NULL,
088                 0,
089                 (unsigned int(__stdcall *)(void *))ThreadProc,
090                 (void *)&xPos[i],
091                 0,
092                 NULL
093             );
094             Sleep(2000);
095         }
096         break;
097     case WM_DESTROY:
098         for (i = 0; i < THREAD_NUM; i++)
099             CloseHandle(hThread[i]);
100         PostQuitMessage(0);
101         return 0;
102     }
103     return DefWindowProc(hwnd, iMsg, wParam, lParam);
104 }
```

50, 51행 : ThreadProc( ) 함수는 각 스레드가 출력할 위치의 x 좌표가 저장된 공간의 주소를 매개변수로 전달받는다. 이것은 WndProc( ) 함수에서 (void *) 타입으로 변환해 전달한 것으로, x 좌표인 정숫값을 얻기 위해서는 (int *) 타입으로 다시 변환해야 한다. 그러면 스레드에서 출력할 위치의 x 좌표를 얻을 수 있다. 여기서는 얻은 정숫값을 xPos라는 지역변수에 저장한다. 스레드마다 지역변수가 만들어지므로 각 스레드가 지역변수의 내용을 변경해도 다른 스레드에는 영향을 주지 않는다.

63행 : 각 스레드가 지역변수 xPos에 저장한 출력 위치에 3초마다 사각형을 출력한다.

74행 : 각 스레드에 사각형을 출력할 위치가 있어야 하는데, 위치의 x 좌표를 저장하기 위해 WndProc( ) 함수에 배열 xPos를 선언한다. 배열의 크기는 생성될 스레드의 수와 같다.

84~96행 : 마우스 왼쪽 버튼을 누르면 2초마다 THREAD_NUM 개의 스레드를 실행한다. 그리고 스레드를 실행할 때 각 스레드가 출력하는 위치의 x 좌표 값이 저장된 주소를 (void *)로 형 변환해 전달한다.

90행 : 스레드 함수에 스레드의 출력 위치를 매개변수로 전달된다. 배열 xPos의 각 단위 공간 주소는 스레드가 생성될 때 ThreadProc( ) 함수에 차례로 전달된다. 이때 반드시 (void *) 타입으로 전달해야 한다. 스레드 함수에 매개변수를 넘겨줄 때는 매개변수가 저장된 공간의 주소 (&xPos[i])를 넘겨주므로 각 스레드를 위한 매개변수 공간을 따로 만드는 것이 좋기 때문에 여기서는 xPos를 배열로 선언했다. 배열이 아닌 스칼라 변수를 이용하면 모든 스레드에 동일한 공간의 주소가 전달되어 한 스레드가 실수로 내용을 변경하면 다른 스레드에 영향을 미칠 수 있다.

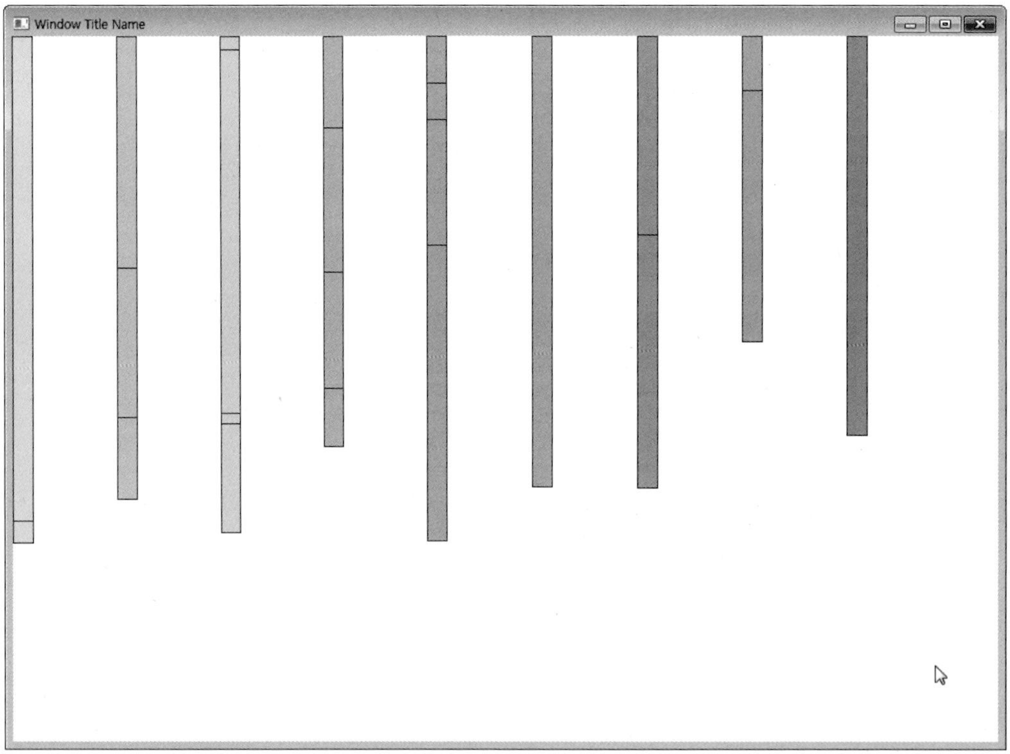

02 스레드 동기화하기

멀티스레드는 여러 개의 스레드가 동시에 수행되는 개념이다. 문제 하나를 해결하기 위해 스레드들이 협력하려면 동일한 공간을 공유해야 한다. 그런데 공유 공간을 여러 스레드가 수정할 경우 동기화가 아주 중요한 문제이다. 여기서는 여러 스레드가 동일한 공간을 공유할 때 발생할 수 있는 문제를 먼저 살펴보고, API에서 제공하는 동기화 방법으로 문제를 해결해본다.

[실습 10-2]에서는 모든 스레드가 독립적으로 실행되었으나 [실습 10-3]에서는 다음과 같이 각 스레드가 만들어내는 값 중 가장 큰 값을 구한다. 가장 큰 값을 저장할 전역변수를 선언하고, 각 스레드가 만든 수를 해당 변수의 내용과 비교해 변수를 더 큰 값으로 변경한다.

그림 10-3 스레드를 이용해 큰 값 구하기

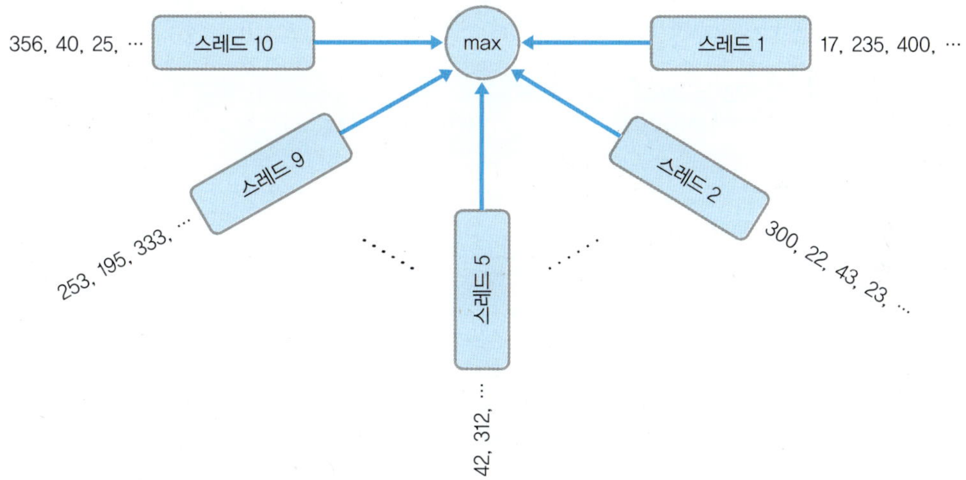

실습 10-3 전역변수의 영향 알아보기

```
int max;
void ThreadProc(void *arg)
{
    HDC hdc;
    int i;
    int xPos = *((int *)arg);
    srand((unsigned)time(0));
    hdc = GetDC(hwnd);
    SelectObject(hdc, CreateSolidBrush(RGB(rand() % 256,
                                           rand() % 256,
                                           rand() % 256))
    );

    for(i = 0; i <= 10; i++)
    {
        int num;
        num = rand() % 500;
        if (num > max)
        {
            Sleep(3000);
            max = num;
            Rectangle(hdc, xPos, 0, xPos+20, num);
        }
    }
    ReleaseDC(hwnd, hdc);
    return;
}

#define THREAD_NUM 10
LRESULT CALLBACK WndProc(HWND hwnd, UINT iMsg,
                         WPARAM wParam, LPARAM lParam)
{
    static HANDLE hThread[THREAD_NUM];
    static int xPos[THREAD_NUM];
    int i;

    switch (iMsg)
    {
```

```
083     case WM_CREATE:
084         for (i = 0; i < THREAD_NUM; i++)
085             xPos[i] = i*100;
086         max = 0;
087         break;
088     case WM_LBUTTONDOWN:
089         for (i = 0; i < THREAD_NUM; i++)
090         {
091             hThread[i] = (HANDLE)_beginthreadex(
092                 NULL,
093                 0,
094                 (unsigned int(__stdcall *)(void *))ThreadProc,
095                 (void *)&xPos[i],
096                 0,
097                 NULL
098             );
099             Sleep(2000);
100         }
101         break;
102     case WM_DESTROY:
103         for (i = 0; i < THREAD_NUM; i++)
104             CloseHandle(hThread[i]);
105         PostQuitMessage(0);
106         return 0;
107     }
108     return DefWindowProc(hwnd, iMsg, wParam, lParam);
109 }
```

45행 : 최댓값을 저장하기 위해 정수 max를 전역변수로 선언한다.

61, 62행 : 각 스레드는 0~499의 난수를 만들고 난수가 max의 값보다 큰지 검사한다.

64행 : 저장에 앞서 3초간의 Sleep 시간을 두었는데, 이는 스레드가 전역변수를 공유할 때 발생할 문제를 제기하는 데 사용되었다. Sleep이 아니라 스레드가 수행하는 다른 일도 가능하다.

65행 : 난수가 max보다 크면 해당 난수를 max에 저장한다.

86행 : 최댓값을 얻기 위해 max의 가장 작은 0을 기본 값으로 저장한다.

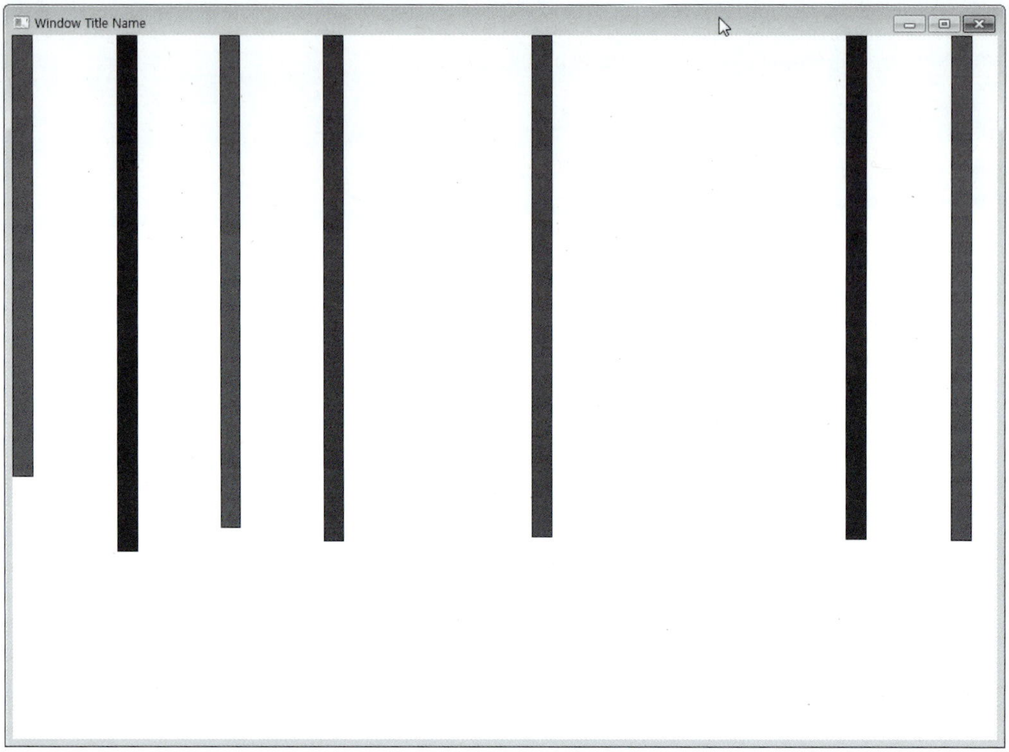

[실습 10-3]의 프로그램에서는 생성 난수 중 더 큰 수만 max에 저장되어 사각형을 그리는 데 사용된다. 따라서 사각형의 크기가 점점 더 커져야지 작은 사각형이 나오면 안 된다. 하지만 [실습 10-3]을 실행하면 보통은 사각형이 점점 커지지만 가끔 작은 사각형이 나타나기도 한다. 이는 스레드 간의 동기가 맞지 않기 때문에 발생하는 문제로 스레드 간의 동기화를 통해 해결해야 한다. 그림에서 사각형이 그려지지 않은 것은 스레드가 생성하는 난수가 max에 저장된 값보다 작아서 그런 것이지 오류가 아니다.

[실습 10-3]에서 발생한 문제의 원인을 [그림 10-4]를 통해 살펴보자. 일단 모든 스레드가 전역 변수 max를 무질서하게 사용하는 데 문제가 있다. 1번 스레드와 2번 스레드가 번갈아 실행되고 max에는 현재 5가 저장되어 있다고 가정한다. 1번 스레드가 난수 15를 만들어 max에 저장된 값 5와 비교한다. 조건이 TRUE이기 때문에 3초간 Sleep에 들어갔다가 Sleep이 끝난 후 max에 15를 저장한다. Sleep은 다른 일처리를 하고 있다고 가정하기 위한 것으로 시간 지연용이다. 1번 스레드가 Sleep인 동안 2번 스레드가 난수 10을 만들어 max에 저장된 값 5와 비교한다.

역시 조건이 TRUE이기 때문에 3초간 Sleep에 들어가고 Sleep 후 10을 max에 저장한다. 1번 스레드가 Sleep 후 15를 저장하면 2번 스레드는 max가 15로 변경된 것을 모른 채 Sleep 후 자신이 실행되는 시간에 max에 10을 저장한다. 그러면 지금까지 생성한 값 중 가장 큰 값이 15임에도 불구하고 max에는 10이 저장된다.

그림 10-4 동기화의 필요성

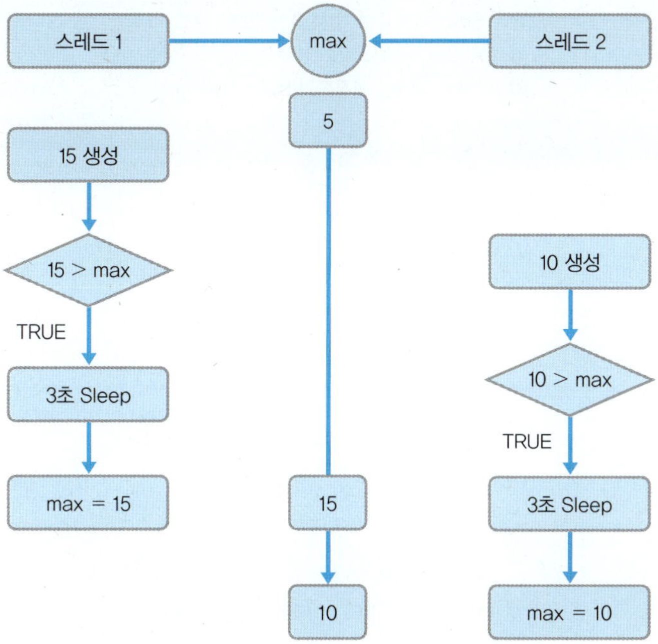

멀티스레드에서는 크리티컬 섹션, 이벤트, 세마포어 등을 이용해 동기화가 가능하다. 하지만 여기서는 Win32 API 과정에 집중하기 위해 이벤트를 이용한다. 이벤트는 스레드 간의 동기를 맞추는 데 사용되는 동기화 개체이며, 생성된 이벤트는 시그널 또는 넌시그널(non-signal) 상태가 된다.

스레드는 WaitForSingleObject( )나 WaitForMultipleObjects( ) 함수를 만나면 이벤트의 상태가 넌시그널이 될 때까지 기다려야 한다. 이벤트의 상태는 수동이나 자동으로 변환되는데, 일반적으로 다른 스레드가 SetEvent( ), ResetEvent( ) 함수를 이용해 수동으로 변환해준다. 각 함수에 대해 좀 더 자세히 알아보고 실습을 통해 사용법을 익히자.

이벤트 관련 함수

- 이벤트 생성하기

```
HANDLE CreateEvent(                       // 이벤트 핸들 값 반환
      LPSECURITY_ATTRIBUTES lpEventAttributes, // 보안 속성, 보통은 NULL 사용
      BOOL bManualReset,                  // 시그널/넌시그널 수동 변환 설정
      BOOL bInitialState,                 // 초기 상태
                                          // TRUE : 시그널 상태로 이벤트 생성
                                          // FALSE : 넌시그널 상태로 이벤트 생성
      LPCTSTR lpName                      // 이벤트 이름, 보통은 NULL 사용
);
```

- 이벤트 설정하기

```
SetEvent(                                 // 이벤트를 시그널 상태로 변환
      HANDLE hEvent                       // 이벤트 핸들
);
```

- 이벤트 재설정(리셋)하기

```
BOOL ResetEvent(                          // 이벤트를 넌시그널 상태로 변환
      HANDLE hEvent                       // 이벤트 핸들
);
```

- 단일 개체 대기하기

```
DWORD WaitForSingleObject(
      HANDLE hHandle,                     // 대기할 개체의 핸들
      DWORD dwMilliseconds                // 대기 시간, INFINITE는 무한정 대기
);
```

- 복수 개체 대기하기

```
DWORD WaitForMultipleObjects(
      DWORD nCount,                       // 대기할 개체의 개수
      const HANDLE *lpHandles,            // 기다릴 개체들의 핸들
      BOOL bWaitAll,                      // 대기할 개체가 모두 기다려야 하는지 여부
                                          // TRUE : 모든 개체가 시그널 상태가 되기를 대기
                                          // FALSE : 1개의 개체라도 시그널 상태가 되기를 대기
      DWORD dwMilliseconds                // 대기 시간
);
```

이벤트 관련 함수 중 주요한 몇 가지를 살펴보자.

- **CreateEvent( )** : 이벤트를 만들기 위해 사용한다. 중요한 것은 두 번째 매개변수로, TRUE

로 설정하면 이벤트 값(시그널, 넌시그널)을 수동으로 변환한다. 따라서 프로그램이 잘 작동하도록 SetEvent( )와 ResetEvent( ) 함수를 사용해야 한다. 반면에 FALSE로 설정하면 자동으로 이벤트 값 변환을 하는데, WaitForSingleObject( ) 함수는 시그널 상태와 넌시그널 상태로의 변환을 자동으로 수행한다.

- **WaitForSingleObject( )** : 첫 번째 매개변수에 주어진 이벤트 개체 값이 시그널 상태이면 진행하고, 넌시그널 상태이면 두 번째 매개변수에 주어진 시간 동안 대기한다. 만약 여러 개의 스레드가 동시에 대기 중이면 이 중 하나만 대기에서 풀리고 나머지는 계속 대기하게 된다.
- **WaitForMultipleObjects( )** : 두 번째 매개변수로 주어진 개체가 모두 시그널 상태인지, 즉 종료되었는지 검사한다. 시그널 상태가 아니면 대기하는데, 세 번째 매개변수가 TRUE이면 모든 개체가 시그널 상태가 될 때까지 기다리고 FALSE이면 개체 하나가 시그널 상태로 변할 때까지만 기다린다.

[실습 10-4]에서는 이벤트를 이용해 [실습 10-3]의 문제를 해결했다. 출력되는 사각형의 크기가 점점 더 커질 뿐 작아지지 않는다.

실습 10-4 이벤트 이용하기

```
HANDLE hEvent;
int max;
void ThreadProc(void *arg)
{
    HDC hdc;
    int i;
    int *pX = (int *)arg;
    srand((unsigned)time(0));
    hdc = GetDC(hwnd);
    SelectObject(hdc, CreateSolidBrush(RGB(rand() % 256,
                                           rand() % 256,
                                           rand() % 256))
    );
    for(i = 0; i <= 10; i++)
    {
        int num;
        WaitForSingleObject(hEvent, INFINITE);
        num = rand()%500;
```

```
            if (num > max)
            {
                Sleep(3000);
                max = num;
                Rectangle(hdc, *pX, 0, *pX+20, num);
            }
            SetEvent(hEvent);
        }
        ReleaseDC(hwnd, hdc);
        return;
}

#define THREAD_NUM 10
LRESULT CALLBACK WndProc(HWND hwnd, UINT iMsg,
                                    WPARAM wParam, LPARAM lParam)
{
    static HANDLE hThread[THREAD_NUM];
    static int xPos[THREAD_NUM];
    int i;

    switch (iMsg)
    {
    case WM_CREATE:
        for (i = 0; i < THREAD_NUM; i++)
            xPos[i] = i*100;
        max = 0;
        break;
    case WM_LBUTTONDOWN:
        hEvent = CreateEvent(NULL, FALSE, TRUE, NULL);
        for (i=0; i<THREAD_NUM; i++)
        {
            hThread[i] = (HANDLE)_beginthreadex(
                NULL,
                0,
                (unsigned int(__stdcall *)(void *))ThreadProc,
                (void *)&xPos[i], 0, NULL
            );
            Sleep(2000);
        }
        WaitForMultipleObjects(THREAD_NUM, hThread, TRUE, INFINITE);
```

```
105             CloseHandle(hEvent);
106             break;
107         case WM_DESTROY:
108             for (i = 0; i < THREAD_NUM; i++)
109                 CloseHandle(hThread[i]);
110             PostQuitMessage(0);
111             return 0;
112         }
113         return DefWindowProc(hwnd, iMsg, wParam, lParam);
114     }
```

48행 : 스레드 함수에서 각 스레드가 동시에 접근하면 안 되는 것은 전역변수 max와 관련된 부분이다. 스레드 하나가 max 값과 생성한 난수를 비교하고 그 결과에 따라 명령어를 처리하는 동안 다른 스레드는 기다려야 한다.

63, 71행 : 스레드들이 동시에 수행되더라도 WaitForSingleOject에 처음 도착한 스레드만 진행하고 나머지 스레드는 WaitForSingleOject에서 기다린다. 먼저 도착한 스레드가 수행된 다음 이벤트를 시그널 상태로 변경하면 기다리던 스레드 중 우선순위가 가장 높은 스레드가 수행된다.

93, 104, 105행 : 스레드를 수행하기 전에 먼저 이벤트를 생성하는데 이 이벤트는 스레드들의 동기를 맞추는 데 사용된다. 스레드가 수행되는 동안 WaitforMultipleObjects에서 스레드들이 모두 마칠 때까지 기다린다.

104, 105행 : 스레드를 시작하게 한 WndProc( ) 함수는 WaitForMultipleObjects( )에서 모든 스레드가 종료되기를 기다린다. 스레드가 모두 종료되면 스레드 핸들은 시그널 상태가 되고 함수 수행을 진행할 수 있다.

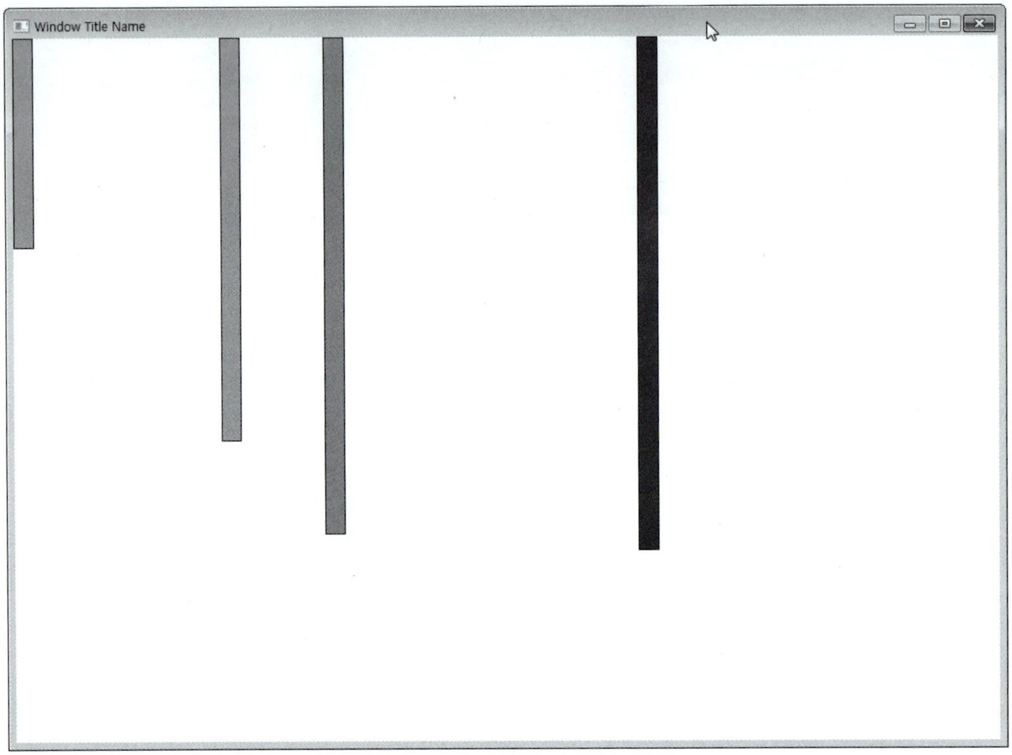

[실습 10-4]의 실행 결과를 보면 대부분의 스레드가 사각형을 그리지 못한다는 것을 알 수 있다. 이는 각 스레드가 생성한 난수가 max 값을 넘지 못해 그런 것이지 오류가 아니다. [실습 10-3]에서는 max 값을 넘지 못해도 스레드의 동기를 맞추지 못해 max에 난수를 저장하고 사각형을 그리는 오류가 발생했다.

요약

1 윈도우 환경에서 멀티스레드를 이용하는 방법

- 스레드는 CreateThread( ) 함수보다 _beginthreadex( ) 함수를 사용해 생성하는 것이 좋으며, 이를 위해서는 process.h 파일을 포함해야 한다.
- 스레드 함수는 (unsigned int(__stdcall *)(void *)) 형으로 형 변환을 해야 사용할 수 있다.
- 스레드 함수에 매개변수를 전달하려면 전달할 값이 저장된 공간의 주소를 (void *) 형으로 형 변환해야 한다.
- 여러 스레드에 매개변수를 전달할 때는 각 스레드를 위한 공간을 확보한 다음 전달하는 것이 좋다.

2 멀티스레드에서 동기화하는 방법

- 멀티스레드에서 동일 공간의 내용을 수정하려면 동기화가 필요하다.
- 멀티스레드에서 동기화하는 방법으로는 크리티컬 섹션, 이벤트, 세마포어 등이 있다.
- 이벤트는 스레드 간의 동기를 맞추는 데 사용되는 동기화 개체로, 생성된 이벤트는 시그널 또는 넌시그널 상태가 된다. 스레드는 WaitForSingleObject( )나 WaitForMultipleObjects( ) 함수를 만나면 이벤트의 상태가 넌시그널이 될 때까지 기다려야 한다. 이벤트의 상태는 수동이나 자동으로 변환되는데 일반적으로 다른 스레드가 SetEvent( ), ResetEvent( ) 함수를 이용해 변환해준다.

연습문제

1 마우스를 클릭할 때마다 스레드가 하나 수행되어 화면에서 임의의 위치에 원을 하나 그리고 원의 색을 1초마다 변경하는 프로그램을 작성해보자.

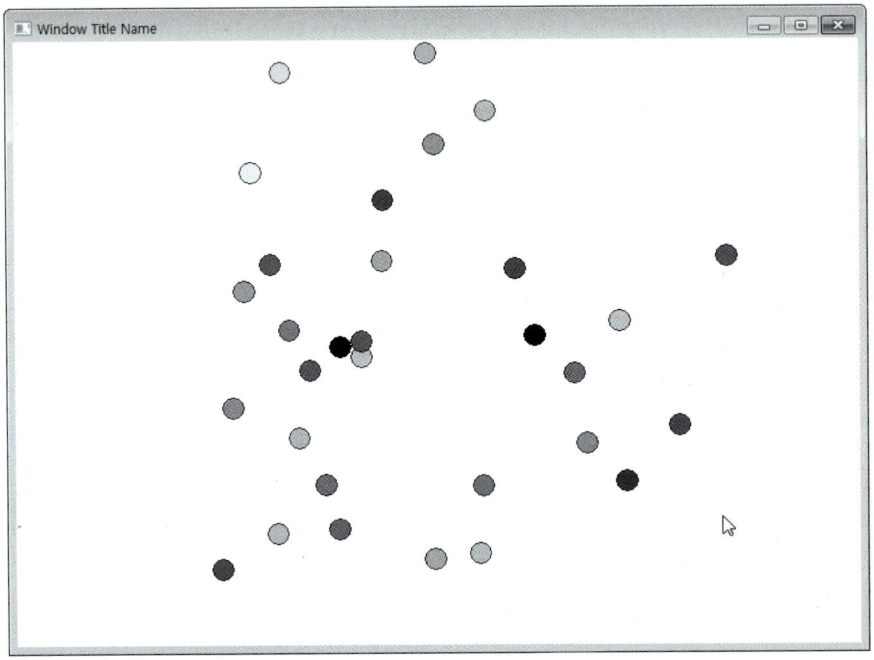

▶ **HINT** [실습 10-2]의 프로그램을 이용하되 클릭할 때마다 스레드를 하나 구동한다. 스레드 함수에서는 rand( ) 함수를 이용해 원을 출력할 임의의 위치를 얻어 해당 위치에 원을 반복해 출력하는데, Sleep을 통해 1초간 시간 지연을 준다. rand( ) 함수를 이용해 출력하는 원마다 새로운 색으로 만든다.

2 마우스를 한 번 클릭하면 원이 윈도우에서 바운드되고 한 번 더 클릭하면 멈추는 프로그램을 작성해보자.

▶ **HINT** SetEvent( )와 ResetEvent( ) 함수를 이용하고, 원이 윈도우에서 바운드되는 것은 스레드 함수에서 처리한다.

3 멀티스레드를 이용해 원 10개가 윈도우에서 바운드되는 프로그램을 작성해보자. 윈도우에서 마우스 왼쪽 버튼을 누르면 스레드 10개가 수행되고, 각 스레드는 원이 윈도우 안에서 이동하게 한다.

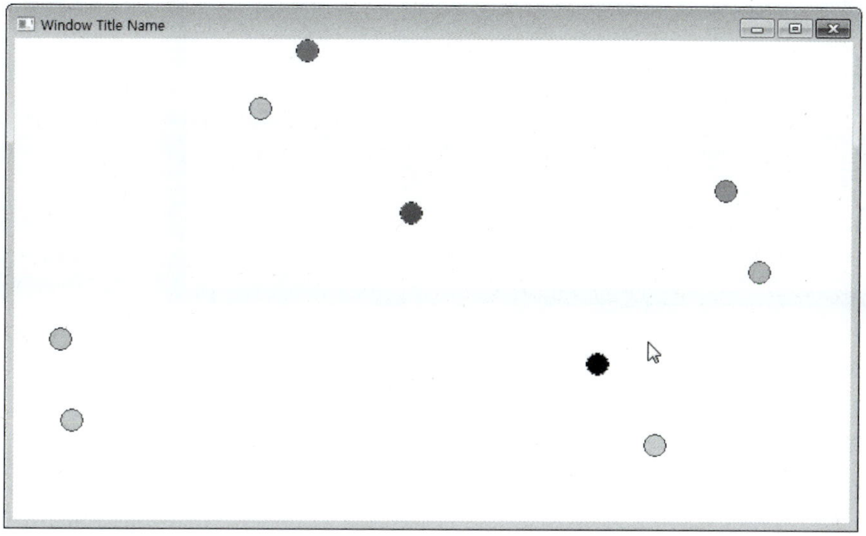

▶ **HINT** [실습 10-2]의 프로그램을 이용한다. 윈도우 내부에서 마우스를 클릭하면 스레드 10개를 구동한다. 스레드 함수는 7장 연습문제 5번의 결과 프로그램을 이용해 작성할 수 있다.

※4 연습문제 3번의 결과 프로그램을 확장해보자. 원 10개가 윈도우 안에서 이동하다가 서로 충돌하면 스레드가 종료되고 충돌한 원들이 사라진다.

▶ **HINT** 원 10개를 서로 다른 스레드에서 각각 관리하게 한다. 즉 각 스레드가 원의 좌표를 계속 수정한다. 각 스레드는 자신의 원 좌표와 나머지 9개 원 좌표 사이의 충돌을 검사해야 한다. 각 원의 좌표가 계속 변하기 때문에 이벤트를 이용해 접근 순서를 조정해야 오류를 방지할 수 있다.

※5 다음과 같은 프로그램을 작성해보자. 프로그램을 실행한 후 마우스 왼쪽 버튼을 누르면 스레드 10개가 동작한다. 스레드마다 고유의 색상 정보를 가지며, 임의의 위치에 일정 시간 동안 원이 나타났다가 사라지게 한다. 먼저 임의의 x 좌표와 y 좌표를 나타내는 양의 정수 2개를 얻는다. 단, 두 좌표 값은 20의 배수여야 한다. 그리고 이 좌표를 기준으로 반지름이 10인 원을 그린다. 원은 4~9초 동안 나타났다가 1~2초 동안 사라지고 다시 4~9초 동안 다른 위치에 나타났다가 1~2초 동안 사라지기를 반복한다.

▶ **HINT** 연습문제 4번의 결과 프로그램과 구조가 유사하다. 윈도우에서 마우스를 클릭하면 스레드 10개를 구동하고, 각 스레드 함수는 반복문을 이용해 위치를 바꿔가며 원을 출력한다. 원이 나타났다 사라지는 것은 Sleep을 이용해 구현한다. 스레드들이 서로 독립적으로 구동되므로 동기화할 필요가 없다.

※6 연습문제 5번의 결과 프로그램은 10개의 스레드가 독립적으로 원을 그리는데, 여기에 3장의 연습문제 10번에서 구현한 프로그램을 적용해보자. 처음에는 길이가 2인 벌레가 검은색 테두리 내부를 움직이면서 스레드가 만든 원을 먹는다. 원을 먹을 때마다 벌레의 길이가 하나씩 길어지고 벌레에 먹힌 원을 만든 스레드가 종료된다.

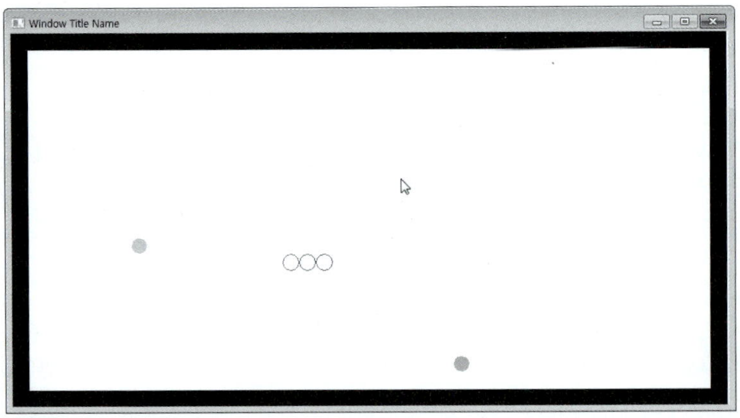

▶ **HINT** 연습문제 5번과 3장 연습문제 10번의 결과 프로그램을 결합한 형태이다. 각 스레드는 먹잇감 원을 반복적으로 생성하고 삭제하며, 벌레는 자동으로 이동해야 하므로 타이머 메시지로 움직이게 한다. 벌레의 위치를 저장하는 공간과 먹이가 나타나는 위치를 저장하는 공간이 필요하다. 벌레가 움직일 때마다 벌레가 먹이를 먹었는지 검사하기 위해 벌레 머리의 좌표와 먹이의 좌표를 계속 비교해야 한다.

M

N O

P

R

S

T U

V

W

기타